U0694399

万卷方法学术委员会

U H E Z U O Z H I X I N G Y A N J I U

RUHE ZUO
ZHIXING
YANJIU

万卷方法 / 质性研究方法译丛
主编 陈向明

如何做质性研究

■ 大卫·希尔弗曼 著 ■李 雪 张劼颖 译 ■卢晖临 校

重庆大学出版社

图书在版编目(CIP)数据

如何做质性研究/(英)希尔弗曼(Silverman,D.)著;李雪,张劼颖译.—重庆:重庆大学出版社,2009.1(2021.11 重印)
(万卷方法.质性研究方法译丛)
书名原文:Doing Qualitative Research
ISBN 978-7-5624-4697-2

Ⅰ.如… Ⅱ.①希…②李…③张… Ⅲ. 社会科学—研究方法 Ⅳ. C3
中国版本图书馆 CIP 数据核字(2008)第 198134 号

如何做质性研究
大卫·希尔弗曼 著
李 雪 张劼颖 译
卢晖临 校
责任编辑:雷少波 罗 杉 版式设计:雷少波
责任校对:秦巴达 责任印制:张 策
*
重庆大学出版社出版发行
出版人:饶帮华
社址:重庆市沙坪坝区大学城西路 21 号
邮编:401331
电话:(023) 88617190 88617185(中小学)
传真:(023) 88617186 88617166
网址:http://www.cqup.com.cn
邮箱:fxk@ cqup.com.cn (营销中心)
全国新华书店经销
重庆长虹印务有限公司印刷
*
开本:787mm×1092mm 1/16 印张:21.25 字数:416千
2009 年 1 月第 1 版 2021 年 11 月第 7 次印刷
印数:11 001—13 000
ISBN 978-7-5624-4697-2 定价:69.00 元

目　录

第一部分　导　言

第二部分 开始研究

第三部分 分析资料

第四部分　保持联系

第五部分　写　作

第七部分　复　习

第八部分　研究完成之后

导言

第一部分

第一部分为我们考虑如何开展质性研究提供了背景。第 1 章是简要介绍了本书主题及如何更好地使用本书。第 2 章比较了质性研究和量化研究,并提出了这样的问题:怎样才能确定质性方法是否适合你的研究题目? 第 3,4 两章给出了一些例子,它们是学生所做的研究工作的最初和最后几步。这两章显示,我们能从学生们的经验和想法中汲取什么东西。最后,在第 5 章里,我着手处理(并试图使人们容易理解)"原创性(originality)"这一在研究中令人头疼的概念。

1 如何使用本书

How To Use This Book

本书是我1985年以来编著的关于方法论的第五本教科书。人人都知道,关于研究方法的教材常常销路不错,但这并不能成为再写一本的借口。那么你或许会问:这本书讲了些什么呢?

简单地说,在我看来,学生们仍然缺乏一本为指导他们开展质性研究、撰写报告,以及应用研究成果而专门编写的实用手册。这正是本书的目的所在。本书与其他的方法教科书不同,它是在新手们会面临的实际问题的情境下讲授质性研究技术的。为了实现这个目标,本书统合了学生们"在田野中"的经验实例、相关的案例研究、关键技术的总结,以及用来测验你的练习。

本章较为简短,我勾勒了本书的结构,并提出了一些建议,以便充分地使用本书。

第一部分针对的是刚读研究生的学生。第二部分则假定你已经解决了最初的疑问,现在则需要处理一些着手做研究设计时会出现的基本问题。第6章讨论了如何选择论题。第7,8两章则是关于运用理论和选择方法的。至于应该选择哪个(哪些)案例进行研究这个棘手的问题,则在第9章里加以讨论。第二部分的最后一章是关于如何撰写研究方案的。

第三部分集中处理当你开始收集和分析数据时可能面临的问题。在第11章中,我概述了尽早处理数据的收获。第12章讨论了如何进行初步分析。接下来的两章是关于如何运用计算机进行质性资料分析,以及关于信度和效度的。第15章告诉你,如何应用你在第三部分学到的知识评估质性研究的优劣。

在第四部分,我介绍了与你的资料、"田野里"的研究对象,以及所在院系保持联系的途径。在四章的内容中,我讨论了做记录(包括研究日记)、处理田野中的各种关系(包括一些伦理议题)、如何充分借助导师的指点,以及如何获得研究反馈。

阿拉索塔里将写论文比喻成通过逐渐调节自身平衡学会骑自行车的过程:

> 对写作而言,首先和首要的是分析,其次则是修改和润色。有一种观点认为,一个人可以轻而易举地一挥而就,这就像是说骑自行车从来也不需要

恢复平衡一样毫无意义。(Alasuutari,1995:178)

沿着阿拉索塔里的思路,第五部分是关于研究的“写作”阶段。这五章处理了下述话题:如何开始写研究报告;如何写出精彩的文献回顾和方法论章节;以及如何将结论部分写得生动活泼。

对博士生而言,答辩是这一过程中关键的和令人畏惧的一步。它似乎神秘莫测,仿佛一些古怪的共济会仪式!第六部分则尝试着揭开博士考试的神秘面纱。尽管第六部分只与博士生有关,第七部分则面对所有读者,讨论了精彩的质性研究,这也为我们提供了纵览本书主题的机会。

第八部分的三章讨论了一项完成的研究可能带来的后果。研究是否能够出版?是否可能因此获得一份工作?这种可能性取决于你的研究水平。无论研究水平如何,一个好的研究报告总是为特定的读者而作的。

从第二部分往后,本书的次序大体上按照开展一项研究的时间顺序安排。然而我意识到,人们阅读教科书的方式与读小说通常不同。例如,也虽然你想抵抗住诱惑,不去迫不及待地跳到侦探小说的最后一章,但当阅读教科书时,这样的禁令却毫无意义。例如,也许你一开始就想参考第18章关于如何充分借助导师指点的部分,或者,如果你想迅速掌握这本书讲述的故事,你可能立刻转而阅读第26章。因此,本书的每一章大致上都自成一体,这就可以使你毫无困难地穿行其间,选择需要的章节阅读,并在适当的时候使用本书提供的词汇表。

因为质性研究很少遵循从假设到发现的平滑轨迹,所以有选择地跳读也是有用的。与其说这是一个缺陷,还不如说是一个机会,我们将会看到,这使我们在新的想法和田野中的新机会出现时可以重新定位我们的工作。因而,当这一情形出现时,大多数读者都会翻阅本书的相关章节。另外,事先浏览一下本书,然后在研究的不同阶段再细读某些章节也会获益不少。

设计本书的例子和练习是为了让初学者掌握实践技能,而不是简单地在考卷上写出正确的答案。练习的内容主要取决于你所处的研究阶段,并可以在与之相一致的相关章节中找到。跳读或浏览本书时,在研究的相关阶段做练习,并听从导师的反馈和建议通常是有用的。

最后,当然,没有哪本书能够或者应当告诉读者应该怎样阅读。但完全对读者不管不顾则对任何人都没有好处。在这个意义上,我所提供的结构试图给你提供初步的指导。下面就轮到你了。正如哲学家路德维希·维特根斯坦所说:

> 如果你的师傅害你跑了冤枉路,我们所做的一切都是为了使你不走弯路。下面的工作就交给你了。(Ludwig Wittgenstein,1980:39e)

在质性研究中，你能（不能）做什么

What You Can (and Can't) Do with Qualitative Research

读完本章，你将能够：

- 认识到“质性”研究与“量化”研究之间并不存在简单的区别。
- 理解这两种研究方法的用处与局限。
- 判断出质性研究方法是否适合你的研究问题。

2.1 引 言

本章有助于回答以下三个具体问题，这三个问题都是你在开始质性研究时应当考虑的：

- 质性研究方法是不是总是最好的方法？
- 质性研究是否适合我感兴趣的某个问题？
- 如果适合，那么它将如何影响我界定研究问题的方式？

在某种程度上，整本书都是为了回答这些问题。但先给出一些初步的答案则会帮助你准确理解有关议题。我将通过一些实际研究的例子进行论证，这与我在其他章节中的做法一样。

2.2 质性研究方法是不是总是最好的方法

我以前工作过的社会学系能授予质性研究的硕士学位。这个头衔足以说明，通常由民族志学者讲授的、有关质性研究方法的课程意义多么重大！但这个头衔还能吸引另外一些学生，他们关心的是质性研究方法能够使他们避免什么错误，而不是能提供什么好处。

“质性研究”似乎意味着我们用不着统计技术，也完全不必把调查研究或流行病学中用到的一些量化方法放在心上。事实也正是这样——尽管我们希望学生们修读一些调查方法方面的课程，并注意经常为量化研究者提及的信度与效度问题也是其他任何可靠的研究需要考虑的（虽然方式不同）。

然而,这个头衔还蕴含着一种危险,即它似乎假定一种固定的偏好,或者说是预先界定了什么是"好的"或至少是"合适的"(如:质性的)研究,以及什么是"不好的"或者是"不合适的"(如:量化的)研究。但每个好的研究者都明白,方法是不能预先确定的。相反,你应当选择那种与你的研究目标相适应的方法(见 Punch, 1998:244)。

例如,如果你想发现人们的投票倾向,那么像社会调查这样的量化方法就会是最合适的选择。另一方面,如果你想探索人们的生活史或日常行为,那么质性方法便很受赞许。一种主张认为,任何有价值的研究都应当完全遵循量化逻辑,这样它便排除了许多有意思的现象:诸如在日常生活中,无论是在家里、办公室,还是其他公开和私下场合,人们实际干了些什么? 这正应了那句俗话("知人善任"),就是说研究问题决定了什么方法最适合。

所以,我们绝不能假定质性方法具有内在的优越性。事实上,对某些我们感兴趣的研究问题来说,有时候量化方法更适合。因而,在选择方法时,一切都取决于我们想发现什么。量化方法也好,质性方法也好,没有哪种方法在本质上比其他方法更优越。

另外,研究问题不是中立的,这一点我们以后就会看到。我们如何表达一个研究问题,必然会反映我们对世界是如何运行的看法(无论清晰与否),这种看法表现为某个特定模型。在质性研究中,存在着多个相互竞争的模型。

所以,当我们宣称要致力于质性方法时,我们至少还需要回答两个更深层次的问题:

- 我们到底能想到哪些方法(如:访谈、焦点组、观察、文本分析、视频或录音资料)?
- 这些方法以什么方式与我们的研究问题相关联? 以什么方式与我们关于世界是如何成为一个整体的模型相关联?

在接下来的两部分,我将告诉你,如何才能开始考虑回答这些问题。

2.3 我是否应当使用质性方法

表 2.1 大致回答了这个问题。它表明,并不是每个研究问题都适合进行质性研究。你得考虑自己到底想发现什么,而不是被一些时髦和微不足道的偏好左右——尽管在做统计计算时你可能不够自信。所以,按照表 2.1 的第 2 条,如果你有兴趣进行系统的比较,并用来解释某些现象之间的差异(如犯罪与自杀率),那么就建议你使用量化方法。同样,根据经验,如果在你关注的问题上,大部分发表的研究报告都是量化的(第 3 条),那么反其道而行是不是值得呢? 我在本书中几次提到,如果能将你的研究置于已有的、经典研究的脉络中,那就很有意义。最不可取的做法莫过于重起炉灶。

表 2.1　我是否应当采用质性研究？

1. 我到底想发现什么东西？不同的问题需要使用不同的方法来回答。
2. 就我所研究问题的重心而言，我想达到什么目标？是要详尽地研究这一现象或情形吗？还是对进行标准化的和系统的比较感兴趣，并试图解释差异？
3. 别的研究者是怎样处理这个问题的？我在多大程度上愿意与他们保持一致？
4. 哪些实际性的考虑会动摇我的选择？例如，我的研究将持续多久，我是否有资源用这种方式进行研究？我是否能够进入到那个打算深入研究的个案中去？是否可以获得定量的样本和资料？
5. 究竟是量化方法还是质性方法能使我们更多地了解这个问题？每种方法各能带来什么知识回报？
6. 对我来说，哪种方法更为得心应手？我是否忠于某个特定的研究模型，而这一模型又体现了特定的方法论？我是否有直觉，知道一项好的研究是什么样的？

来源：Punch，1998：244-245

下面我试着用一个例子来充实表格里提到的、较为宽泛的指导原则。这个例子显示，当选择适合你的研究问题的方法时，需要考虑哪些问题。具体地说，我要用一个研究实例来集中讨论表 2.1 中的第 5，6 两条。

几个月前，我正漫不经心地读着招聘大学研究人员的广告，这时候一则广告吸引了我的注意力。下面是有待处理的研究问题：

> 心理—社会层面的不幸遭遇与哮喘病的发病率和护理有着怎样的关系？

上面说，这个问题可以通过访谈这一质性方法来研究。

我立即想到：怎样通过质性访谈来处理手边的这个问题？难点不在于哮喘病患者无力回答有关他们过去的问题，也不在于他们可能说谎或是误导访谈员。问题的关键是，当面对某个结果（在这个案例中则是一种慢性病）时，哮喘病人和我们一样，会以某种方式来说明他们的过去，即强调某些特征，同时忽略其他一些特征，以便与结果相符。换句话说，访谈员想让被访者以回顾的方式重书历史，而此时被访者对该研究关心的因果问题还不甚了了。

这并不是说，不能以这种方式搜集有价值的资料，而是说，还需要处理一个完全不同的议题——有关疾病的叙述。在叙述中，“原因”和“联系”是作为修辞手法使文章不断深入的。相反，量化方法似乎更适合前面提到的那个研究问题。和质性的访谈相比，量化调查能够采集更大的样本，并能够将研究结果推论到更大的总体。另外，这样的调查已经将信度的测量标准化了，从而能够确保研究关注的“事实”足够精确。

其实，为什么大规模的量化研究非要被局限在调查或访谈这两种方法之内不可呢？如果我追求有关这两个变量（心理—社会层面的不幸遭遇与哮喘病的发病)之间关系的可信的、可概括的知识,我倒可以先看医院的记录。

我相信这个例子说明了研究设计应当与研究主题匹配的必要性。不过它也夸大了质性方法与量化方法之间的对立。

如果有足够的资源,那么把不同的方法结合起来,即采用质性研究证明细节,如人们在某个情境下是如何互动的,同时采用量化方法辨别差异(参见第8章),许多研究问题都可以得到彻底的解决。事实上,简单的量化测量是好的质性研究的特征之一。这表明,"质性/量化"的二分法是值得怀疑的。在本书中,我认为社会科学中的许多二分法或截然对立都是很危险的。它们最多不过是教学手段,用来辅助学生理解某个较难的论域——它们帮助我们学会行话。但它们也可能堕落为研究者不思考的借口,将他们分成不同的"武装阵营",并阻碍相互借鉴。

当然,就像表2.1(第6条)说的那样,这些不切实际的争论远没有这个简单的测试有用:"什么才是适合我的?"正如贝克尔在评说他对质性资料的使用时说的那样:

> 这正是我完成的那类研究,但它是出于实际的需要,而非意识形态的选择。在这种研究中,我知道怎么做,并能发现乐趣所在,所以我便继续做下去。(Becker,1998:6)

贝克尔还写到,他的"选择"并没有使他忽略量化方法的价值:

> 我一直对采取其他方法的可能性持开放态度(只要它们不是作为宗教信条强迫我),我还发现,从其他方法的角度,如调查研究或数学建模方法,来评判自己的研究是特别有意义的。(Becker,1998:6)

不光有时候用量化的框架来考虑质性研究是值得的,就像贝克尔建议的那样,而且,在某些情况下将质性方法与量化方法结合起来也会增色不少。我在第14章将会说明,可以使用简单的表格来辨别异常个案。

在本部分,我用了一个例子说明,在决定选择哪种方法之前,仔细分析考虑你的研究问题是相当重要的。但我也暗示,情况要比上面说的复杂得多。

2.4 通过不同的模型来开展研究

重新回到表2.1的第6条将会帮助我们更好地理解这种复杂性:即我是否要选择某个特定的研究模型,而它意味着采用某种特定的方法论?模型为观察现实提供了一个总体框架,并且会对我们用以界定研究问题的概念造成影响。

就拿前面的例子来说吧。我们是用一个自变量(心理—社会层面的不幸遭遇)和两个因变量("哮喘病发病率"和"哮喘病的护理")之间的关系来界定研究问题的。从表面上看,这些种类的概念是从实证主义的模型中得来的。这个模型鼓励我们记录变量之间的关系,而变量是研究者通过操作性界定获得的。如今,尽管实证主义是量化研究中最为常见的模型(即默认的选择),但却不能与绝大多数的质性研究设计相匹配。这就是我对哮喘病研究设计中选择质性方法感到迷惑不解的原因。

质性研究设计倾向于使用较少的案例。一般来说,质性研究者愿意为了细节翔实牺牲样本规模。此外,质性研究者和量化研究者在什么是"细节"的认识上也颇有分歧。后者往往追求变量间关系的某些方面的详情。恰恰相反,对质性研究者来说,"细节"是在诸如人们的理解和互动这些事务的详情中被发现的。这是因为质性研究者倾向于使用事实的非实证主义模型。

请注意,在前面的叙述中,我对模型的描述是消极的。这样做是经过深思熟虑的,因为在这里就会发现,质性研究中并不存在已经达成共识的单个模型。

一些质性研究者相信,和单纯的量化资料相比,质性方法可以使我们获得关于社会现象的"更深入"的理解。在《质性研究手册》(*Handbook of Qualitative Research*)第二版[①]的引言中,邓津和林肯是这样说的:

> 质性研究者强调现实的社会建构本质,重视研究者与研究对象之间的密切关系,并注重那些影响调查的情境性约束。他们要回答这样的问题,即社会经验是怎样被创造并被赋予意义的。与之相对,量化研究则强调变量之间,而非过程之间的因果关系的测量与分析。这些研究的支持者宣称,他们是从价值中立的角度进行研究的。(Denzin and Lincoln,2000:8,斜体系作者的强调)

到目前为止一切顺利。邓津和林肯似乎想提供一个单一的模型,这个模型则与量化研究中的模型尖锐对立。然而,如果我们将构成模型的要素分解,就会发现一切还尚不清晰。例如,并不是所有的质性研究者都赞同,"价值"会自动进入到他们的研究之中去(参见第14,17章)。

另外,在上述引文中,似乎还存在着一种张力,即关注"社会建构"与关注"社会经验"与"意义"之间的张力。为什么"社会建构"一定要关注经验与意义的概念,而不必涉及行为与互动呢?用哮喘病的例子来说就是,为什么一项质性研究必须要关注经验,同时却要排除诸如诊所中互动的组织这一要素呢?要知道,正是在互动中,医生、病人和病人家属一起定义了"哮喘病护理"。

在引言稍后部分,有一条线索揭示了邓津和林肯关注的重心。他们写道:

> 质性研究和量化研究人员都关注个人的观点。但质性研究者认为,通过细致的访谈和观察,他们能够更加贴近行动者的视角。他们觉得,量化研究者很少能够捕捉研究对象的视角,因为他们不得不依赖那些与研究对象

---

① 本书中文本的四卷本已由重庆大学出版社于2007年出版。

更为疏远的、推论性的经验方法和资料。(Denzin and Lincoln,2000:10,斜体系笔者的强调)

注意这里表明的“个人的观点”和“行动者的视角”。这反映了质性研究的强大传统,它将观念、意义和感受放在首位。出于这个原因,我们可以将其称为感受主义模型(参见 Gubrium and Holstein,1997)。

然而,邓津和林肯也认识到,质性研究者还使用许多其他的模型。简单地说,我就可以举“社会建构”这个术语做例子,它出现在邓津和林肯的第一段引言中。建构主义模型恰与感受主义(emationalism)模型对立,它认为互动优先于意义,并因而更愿意观察人们做了些什么,而不涉及他们想些什么或有什么感觉。表 2.2 概括了这两个模型间的区别。

表 2.2　两个模型的比较

	感受主义	建构主义
关注焦点	意义、感受	行为
目标	真正的领悟	研究现象是如何被建构的
首选的资料	开放式访谈	观察;文本;磁带

我写过一篇文章,进一步讨论了感受主义的立场,收在希尔弗曼(Silverman,2004)主编的一本书中,我还在本书的第 7 章更为深入地检视了模型的本质和作用。现在我只想让你对这种认识有所了解,即“质性研究”可以指称许多不同的东西。

到现在为止,整个争论可能让你觉得一头雾水。作为初学者,你可能觉得,最糟糕的事情莫过于陷入敌对阵营之间难分难解的争论之中,当然这种看法不无道理。

然而,如果我们不把这一争执当作论战,而是看成催促我们辨明问题的号角,即它督促我们工作,并协助我们界定研究问题的话,这场争论则不无裨益。我在第 6 章指出,如果我们想开展有效的研究,那么纯粹的理论论争意义不大。关键是要选择一个对你来说有意义的模型(当然,与质性研究相关的模型不只两个——参见第 7 章)。任何模型的长处和不足都只能在你的应用中才能显露出来。

鉴于此,我将以一项案例研究结束本章。这项研究是个绝佳的例子,它显示了使用清晰模型的好处,并显露了质性研究的独特解释力。

案例研究:“积极的想法”

威尔金森和基青格(Wilkinson and Kitzinger,2000)(以后都简写作 WK)想知道外行和医务人员何以假定“积极的想法”能够帮助患者更好地面对癌症的。他们指出,支持这种看法的最有力证据来自于问卷调查,即被访者通过在方格里画勾或在数字上划圈表明自己的立场。

除了这种量化研究之外,还有什么别的方法呢?相比之下质性研究更为可取,它是通过分析癌症患者在开放式访谈中的回答来进行研究的。此类研究脱胎于感受主义模型,它通常挑出患者想要表达的意义和感受并加以分析。而且就像 WK 指出的那样,此类研究也大体上支持量化研究的发现。但这里还有一个问题:

> 这两种研究存在着一个共同的假定,即参加研究的人是“天真的”被访者,他们从本质上都愿意向研究者精确地报告自己的想法。(WK,2000:801)

与之形成对照的是,WK 更乐于把有关“积极的想法”的陈述当作行动来对待,并在谈话发生的特殊背景下来理解它们的功能。所以,尽管他们使用的资料与感受主义者(访谈和焦点组)相似,他们分析资料的方式则与之迥异。WK 使用建构主义模型,将“恐惧标记”插入到“积极的想法”的适当位置,并检视其使用的时机和方式。

下面我们来看一段资料摘录,这是他们在乳腺癌患者的焦点组中使用的:

摘录 2.1(WK,2000:805)(见附录的会议记录部分)

Fiona:人生如白驹过隙,你根本没有时间考虑自己<u>是否</u>承受得了,以及<u>是否</u>应该花这笔钱。你知道,我们还想着明年底要去澳大利亚度假呢。我想你就得这样想。如果你真想去,就得为这个目标努力。我的意思是,当一切如常的时候,他们说,“好啊,你现在康复了”,你也知道,“一切都会好的”,但其实没有人<u>知道</u>下<u>星期</u>、下个<u>月</u>或明<u>年</u>会怎么样。所以我觉得,你不得不保持积极。

Fiona 现在用一句“你不得不保持积极”结束了她有关花钱的评论,因为“人生如白驹过隙”。但我们是否能说这就表明了她是一个“想法积极的人”呢?

首先,正如 WK 指出的那样,Fiona 的话表明,她所谓积极的想法的目标是模糊、多变的。她所“积极设想的既不是癌症及其后果,也不是康复的可能性,而是远离癌症的[生活]”(WK,2000:805)。

其次,如果我们仔细观察 Fiona 说的话,就会注意到她使用了多种声音来表达自己的意思。“你”代表了任何可能的人的意见(例如:“如果你真想去”和“你不得不保持积极”)。“他们”则出现了一次,用来指其他一些人,这些人告诉你的事情可能不是真的。“我”用来指考虑这一切事务的人(“我觉得”)。

Fiona 和这些焦点组中的许多妇女一样,在提及“积极的想法”时使用“你”的立场。这里的“积极的想法”和那些“你不得不做的事情”一样,是被作为格言来使用的。

格言的好处是,因为它们应当反映共同的世界观,所以接受者只能表示同意(Sacks,1992,Vol. 1:23-25)。那么,如果你说,“你不得不保持积极”,就很可能只是达成共识而已,这和你说“众人拾柴火焰高”是一回事。有趣的是,WK 指出,Fiona 的最后一句评论的确透露出同意的意思。

Fiona 说的话既令人费解又颇为巧妙。在许多情况下我们都试图与他人保持一致，而 Fiona 精心组织她的回答也正是为了这一目的——请注意她也使用了一句格言（“人生如白驹过隙”）来表明花钱治病是天经地义的。

这表明，至少我们不能把所谓 Fiona 的“积极的想法”从她的含义丰富的评论中单独抽出来。在下面这段摘录中我会强调这一点：

摘录 2.2 [WK,2000:807]

Hetty：起初，当我发现自己得了癌症时，我对自己说，这不会击垮我的。结果我就没有被击垮。（Yvonne：对。）但很明显你的病情在恶化，因为癌症很可怕。

Yvonne（插话）：对，但你不得不保持积极态度。我就很积极。

Betty（插话）：后来我告诉了 Purcott 医生，他对我说，对癌症患者而言最有用的就是一种积极的态度。

Yvonne：对，一种积极的人生观。

Betty：如果你决定和病魔作斗争，那么你身体的其余部分就会，就会开始……

Yvonne：推动自身。

Betty：和病魔斗争。

从表面上看，摘录 2.2 也支持这种观点，即“积极的想法”是癌症患者的内在认知状态。然而：

> 这忽略了重要的一点，即那些正讨论“想法积极”的妇女在一定程度上并不是对罹患癌症的自然反应[自然反应（他们在资料的其他地方用了这个词）是，“很明显你的病情在恶化，因为癌症很可怕”]，但作为一种道德要求，“你不得不保持积极态度”。（WK,2000:806-7）

从而 WK 的分析表明，这些妇女用两种不同的方式来描述她们的境遇：

*积极的想法*是作为一种道德要求出现的，它是道德秩序的一部分，即他们应当想法积极。

其他的反应（包括恐惧和哭泣）可以简单地视作“我做过”什么，而不是“你不得不做什么”。

以上两种方式的区别表明，关注谈话是如何组织起来的，而不是仅仅将它当作一扇透明的“窗户”，以为透过它就可以看到潜在的认知过程，这样做是很有必要的（WK,2000:809）。与惯常的感受主义模型不同的是，WK 的建构主义模型使我们对同一现象的理解相当不同，而且也更符合逻辑。

这样做的好处有二。首先，我们得在一个诸如“倾诉苦恼”这样的、更广泛的活动范围内来理解“积极的想法”出现的情境。这样我们就从实质理论转向了形式理论，并因而开启了进行更广泛的比较的可能性（参见 Glaser and Strauss，1967）。第二，建构主义模型不是简单地确认外行或医务人员们有关这一现象的观念，而是帮助病人和医务人员形成具有潜力的新洞识。

2.5 结　论

威尔金森和基青格的研究使我前面有关质性和量化研究的区别不甚清晰的评价随之发生了变化。早期关于“积极的想法”的质性研究只是简单地重复量化调查的发现,但却付出了精确性的代价,因为它的抽样规模较小。但通过使用一种完全不同的模型,质性研究者就获得了新发现,而这些发现是通过量化方法很难获得的。

但是,我们仍没法清晰地划分量化研究和质性研究的界限。质性研究包含很多内容,涉及多种方法和相对立的多种模型。

最后,一切还要取决于你要分析的问题。我将用下面的话来结束本章,这段话表明,将质性/量化之别推到极致是很荒唐的:

> 我们并不是一定要从文字和数字中二者择一不可,也不是非得在精确和不精确的资料中做非此即彼的选择;其实我们面对的是精确程度有所不同的若干资料。而且,对任何特定的问题来说,什么样的精确程度是合适的应当取决于描述对象的本质、描述的准确程度、我们的目的,以及我们可以运用的资源。不必对某种方法论范式顶礼膜拜。(Hammersley,1992:163)

要　点

- “质性”研究包括多种不同的研究路径。
- 虽然一些“量化”研究应该受到批评,或者是不充分的,但某些“质性”研究也是如此。
- 应该根据你的研究问题和模型来选择研究方法。
- 开展质性研究并不意味着不必遵循严格的和重要的标准,这些标准适用于任何企图从“幻想”中发现“事实”的研究。

练　习

2.1　回顾一项你熟悉的研究并回答下面的问题:

1. 它的研究方法(质性,量化,或二者相结合)在多大程度上与研究问题的性质相适合?

2. 它的研究方法在多大程度上与本章中对质性、量化两种研究的批评相一致?

3. 在你看来,这项研究如何能够在方法和概念上加以改进?

2.2　关于你的研究问题:

1. 请解释为什么质性研究方法是适当的。

2. 量化研究方法是不是更合适？如果不是的话，为什么？
3. 把质性和量化方法结合起来是否有意义？试解释之。

拓展阅读

The most useful introductory texts are Alan Bryman's *Quantity and Quality in Social Research* (Unwin Hyman, 1988), Nigel Gilbert's (ed.) *Researching Social Life* (Sage, 1993), Clive Seale's (ed.) *Researching Society and Culture* (Sage,2004) and Keith Punch's *Introduction to Social Research* (Sage,1998). More advanced qualitative analysis is offered by David Silverman's *Interpreting Qualitative Data: Methods for Analysing Talk, Text and Interaction* (Sage,2001), especially Chapter 2; Matthew Miles and Michael Huberman's *Qualitative Data Analysis* (Sage,1984), Martin Hammersley and Paul Atkinson's *Ethnography: Principles in Practice* (Tavistock, 1983) and Norman Denzin and Yvonna Lincoln's (eds) *Handbook of Qualitative Research* (2nd ed, Sage,2000). A particularly useful source is 'Inside qualitative research', the introduction to Clive Seale et al.'s edited book *Qualitative Research Practice* (Sage,2004,1-11).

In addition to these general texts, readers are urged to familiarize themselves with examples of qualitative and quantitative research. Strong (1979) and Lipset et al. (1962) are good examples of each. Wilkinson elaborates on her work in Wilkinson (2004). Sensible statements about the quantitative position are to be found in Marsh (1982) (on survey research) and Hindess (1973) (on official statistics).

3 研究经历 I

The Research Experience I

读完本章,你将能够:

- 理解若干基本议题,这些议题是开展一项研究时,从最初的想法到资料分析这段过程中会遇到的。
- 理解理论与方法之间重要的关联之处。
- 明白初学者在遵循一致的分析路径时,是如何严格地分析资料的。
- 知晓如何分析你自己在田野中的影响力。
- 认识到记研究日记的重要性,并注意你的想法是如何随着不可避免的偶然因素的出现而变化的。

3.1 引 言

打开电视机,浏览一下各个频道的节目。你肯定能找到一个谈话节目,节目中的嘉宾正在诉说人生的起伏。你也可能找到某个体育频道,它播放的常常不是比赛实况,而是运动员参加的谈话节目,内容是关于他们的希望和感受的。

我们生活在这样一个世界上,大众传媒所能提供的人们的"经历"远远不能满足我们对其的渴求。人们变本加厉地追求"私人"信息,以至于我们应当抵制这种不正常的欲望(参见 Atkinson and Silverman, 1997)。

但是,情况并非总是如此。一本有关开展研究工作的信息和建议的书如果不介绍一些个人的"故事",很容易被认为空洞无物、毫无助益。如果能从这些故事中汲取有用的经验,并应用到实践中,我们就得到了实实在在的收获,不再只是纸上谈兵。

本章讲的是有关我的三个研究生的故事,意图正在于此。这三个学生不仅都是我指导的社会学专业的博士研究生,而且在其他方面也有很多共同点。凯里(Moira Kelly)和亨特(Sally Hunt)都是在拿到第一个学位的很多年后才开始研究工作的,奥里斯通(Simon Allistone)则是在 29 岁时开始读博士的。另外,他们都是在戈德史密斯(Goldsmiths)学院获得的质性研究方面的硕士学位,而且硕士论文也都是由我指导的。

在做研究的同时,莫伊拉(Moira)和萨利(Sally)都承担要求颇高的工作。莫伊拉先后做过研究护理师、健康促进研究经理和健康研究员;萨利则是护理专业的讲师。西蒙(Simon)与他们两人的情况有所不同,他之所以能够全职攻读博士学位,是由于(他供职的)"英国经济与社会研究委员会"同意他离职三年。

他们的研究涵盖了质性方法的许多内容。莫伊拉分析了她做过的访谈,萨利开展了一项组织民族志的研究,西蒙则研究了同学聚会中的互动情况。尽管他们三人读的都是社会学博士,但他们的真正兴趣则在于其他学科:健康研究与护理学(莫伊拉与萨利)、组织研究(萨利与西蒙)、媒体研究与教育学(西蒙)。

尽管他们三人使用的都是音频资料,但他们分析的视角却颇为不同。萨利利用戈夫曼(Goffman,1974)的框架(frame)概念,研究了一个心理健康小组(MHT)在照顾无家可归者时的决策。西蒙将他对教师家长会的研究建立在来自谈话分析(CA)的话头转换(turn-taking)这一概念上。莫伊拉在对癌症病故者依然健在的病友的访谈进行分析时,则把谈话分析与一种新方法结合起来,这种方法是研究人员很熟悉的,即把访谈当作叙述进行分析。

我知道许多读者的兴趣和背景都不同,但我可以保证,理解下面的内容并不需要任何专业知识。就我现在的目标而言,学生们使用的方法远没有其研究路径有意义。另外,就像我在后面将要讲到的那样,任何打算撰写研究论文的人,无论水平如何,都有必要吸取本书讲到的经验教训。

他们的研究所花的时间长短不同,或许这比理论视角相同更重要。西蒙用了四年的时间读完博士学位。由于工作的压力,莫伊拉用了七年,萨利则用了十年。时间长短的不同与实践中的偶然因素密切相关,与研究设计的技术性议题则关系不大。

在后文中,他们三人多用自己的话讲故事,这些内容是从他们的研究日记中摘录的。我只是加了一些标题和旁白。在每个故事结束后,我总结了几条一般性的结论。本章的最后是一个总结,共有十五条内容,旨在引导研究者完成一项成功的研究。

3.2 莫伊拉的研究日记

3.2.1 开 始

当我作为研究员参与到一项关于临终安养院和医院对晚期癌症患者的护理的研究中时,研究过程便开始了。这个项目的目标是比较这两个机构对患癌死者及其配偶的护理质量。该项目从1994年10月持续到1995年9月,负责人是戈德史密斯学院的西尔(Clive Seale)。该研究项目进行了量化数据与质性访谈资料的搜集。在项目开始前,我已经在圣·克里斯托福临终安养院(该项目的赞助方）做了四年的研究护理师。我想使用该项目的一些质性资料来撰写博士论文，并运用我在硕士阶段学到的一种理论视角。

我对常人方法学颇为着迷，因为它使得识别常人在实施社会行动时采用的技能与惯例成为可能。在我看来，对社会互动进行微观分析是理解某些健康议题和难题的有价值的方法。这些议题和难题是我在临床卫生机构担任精神病科护士和研究护理师时遇到过的，其中许多难题的解决都取决于参与各方（专业人士与外行）的互动习惯和技能。

我在临终安养院做研究护理师时研究过许多不同的问题。在其中一项研究中，我动员呼吸困难的病人参与一项随机化控制的实验。正是这一经历使我开始对研究中使用的测量方法与被研究者的真实习惯二者之间（不相匹配）的关系感兴趣。

在这项研究实验中，呼吸困难被视为一种主观症状。然而，在实践中我发现，护士和医生们对病人的呼吸困难想当然地进行评价，有时候彼此之间并不一致，有时候与病人自己的评价也不相同。这构成了我的硕士论文的基础。我在论文中运用戈夫曼的框架分析（Goffman，1974）来处理病例记录资料。这项研究强调，观察人们是如何做事的要比记录他们叙述自己做了些什么重要得多。但这项研究还停留在分析参与者的习惯上。

3.2.2 理论取向

硕士阶段的研究经验，连同我作为实践者、政策制定者和社会学家的经历，引导我相信由理论关注（而不是由某个确定的社会问题）驱动的社会研究可以同时对政策和实践作出贡献。它不是通过一开始就对该问题作出严格的界定来实现这一点的，而是通过发展诸如卫生保健经验这类社会议题的知识来贡献社会的。

这与我做健康研究员和实践者的经验相符，我曾观察到，当试图通过使用特定的定义和类别来测量健康和疾病的状态时，难题就出现了。

似乎退后一步再细细观察一下这一现象是有益的。如果理论追求驱使研究向某个方向前进，而这一方向又能够提供关于社会问题的新视角的话，就能够得出更多有价值的结论（参见本书第 15 章）。理论关怀应当掌控着所研究问题的分析性概念，否则便有陷入纸上谈兵的危险，或者提供给决策者和实践者的不过是用他们的术语表达的、他们所想要的答案。

3.2.3 研究资料

西尔主持的这项研究一共做了 70 份访谈，访谈对象是南伦敦地区失去配偶的人。其中 35 名被访者的配偶是在临终安养院去世的，另外 35 名被访者按照年龄和性别配对，他们的配偶则是在医院中去世的。样本是从癌症患者的死亡证明书中获得的，这些人大约死于六到九个月前。死亡证明书保留在当地的公共卫生部门，研究业已获得伦理委员会的同意。

每名被访者都收到了一封邀请他们参与研究的信函。在信件寄出几天后，我登门拜访，并请求他们接受访谈。在所有的访谈开始前，被访者均签署了同意访谈的书面文件。研究的主要发现于 1997 年刊登在《姑息医学》(*Palliative Medicine*)上，是由我和西尔共同完成的。

在被访者的同意下，有 65 份访谈做了录音记录。访谈是以一个开放式问题开始的——“请告诉我发生的事情”。这样做的意图是，在这部分访谈中，研究者尽可能少地打断被访者(MK)，让被访者按照自己的思路组织叙述。对这个问题的回答，即原始“故事”，构成了我的博士论文的资料。访谈的其余部分是由一个包含了一系列问题的半结构式问卷组成的。

许多质性研究在一开始就提出了清晰的目标。目标可能包括为一个特定的话题搜集和分析资料，例如，描述病人们对某一患病经历的看法。像本研究这样的常人方法学研究，其目标则相当宏观，它们往往致力于检验某些资料。分析一开始，这些研究就把可以进行详细检验的、所有可能的研究问题摆在桌面上。因而，在研究的每一步都需要决定具体目标是什么。目标可以是非常具体的，但接着就要做一个更为一般性的解释，看看在检查的时候，那些成员在对话中做了些什么(例如进行评估)。所以，目标可以随着研究过程的进展而不断发展。

保持目标的灵活多变很重要，因为被访者并不把“癌症”、“亲人离世”这样的话题当作生活的中心。我在研究早期所做的描述和介绍中，也使用了诸如此类的标签。但是，尽管这些叙述是有关癌症的，被访者应要求讲述的“死亡的故事”也是有关癌症的，他们却并不把癌症当成一回事。与之相似，作为研究者的我曾经把这些资料看作是“丧偶者的叙述”，并且使我自己和别人都觉得这是关于“亲人离世”的分析。然而，被访者的描述却与亲人离世毫无关联。例如，他们并没有谈论失去亲人的个人感受。这说明，在意义制造的过程中，有必要考虑具体背景的相关性。

我最初的设想是探讨一下道德叙述的特征。这与绝大多数的访谈研究都不太一样，在这些研究中，被访者提供的信息通常都被看作是关于被描述的事件和经历的资料。

常人方法学学者认为这是成问题的，他们则把访谈视作关于真实事件的、不可靠的信息来源。一项包含卫生保健方面的描述的访谈，不能直接当作是关于保健的报告。如果你这样对待原始资料，那么就算你认识到这些传统的议题是有误差和偏差的，也可能会受到误导。

第一个例子所强调的是，要研究被访者(未亡配偶)是如何诉说他们想说的内容的(作为社会世界的成员)，而不是关注他们正在说什么，例如“亲人离世谈话”。换句话说，这不是一项关于丧偶者的研究，而是关于社会互动的研究。我的分析遵循贝克(Baker,2002)的理论取向,关注说话者在谈话中构建了一个什么样的社会世界,以及说话者假定了一个什么样的社会世界,以便按照他们的方式来说话。

3.2.4 进入资料:合理的分析

我是通过反复阅读最初转录的五份访谈记录来开始分析的,并试图找到一个分析的起点。我的主要兴趣在于被访者的叙述,部分原因是,被访者的话占了绝大部分。我响应萨克斯的号召,检验了一些(访谈)资料,试图发现"事情是如何发生的"(Sacks,1992,第一卷:11)。但随着谈话的进展,我得作出判断,确定"事情"会是什么样的。这就生发了几个有意思的问题,即被访者在叙述中正在做什么。同时,这些问题的出现也表明有必要做进一步的探索。新的探索包括:制作一份"合情合理的"记录,运用时间来定位事件,医学专业人士与门外汉的构成,对批评的分析,探索性别议题和挖掘感受。

假定可以从几个不同的方向来分析资料,研究者就得决定先分析什么。所有的叙述都是道德适当性的展示,这符合巴鲁克(Baruch,1981)采用的(常人方法学)原则。这些叙述的一个主要特征是,被访者通过描述,以某种方式建构了他们和其他人的行为,这些行为可能是合理的,也可能是不合理的。这似乎是一个光辉的起点。我再三阅读了所有的手稿,并抽取其中的某些部分。在这些部分中,丧偶者正在呈现他们和其他人的行为,或合理,或不合理。我系统地阅读了这些资料摘要,弄清楚了诸如丈夫和妻子这样的配对的作用,以及其他一些类别的意义。此外,我还在寻找关于活动的描述,正是这些描述暗示了特定的类别(参见 Silverman, 1998)。

3.2.5 研究过程:批评、评估与访谈

我重读了最初五份访谈记录的手稿,找到了一些批评医学专业人士的例子。医学专业人士特指医生和护士。叙述中的批评内容并不那么清晰可辨,大量的辨认工作是围绕着批评展开的。许多不同"种类"的批评都非常独特,从"谨小慎微"到"直截了当",凡此种种,不一而足。讲述者有时用语含混,这使得访谈人也不知不觉地参与到了批评语言的生产中。即使当被访者承认他们的行动是批评的时候,仍有大量关于被访者和访谈人的角色与责任的工作需要进行。

起初我打算分别分析几个批评自我(被访者)的例子,并分别进行死亡配偶的分析。但在分析了几个关于医学专业人士的批评后,按照我采纳的常人方法学原则的指导,我决定采用一种更具建设性的方法,即在撰写记录时对研究对象的实践做更详尽的分析。因此,我回过头来更为细致地观察。

我采用与传统的质性研究相似的方法,辨别出谈话中那些可以视作是行动的批评,并用一种方式描述了被访者是如何通过范畴化的工作将它生产出来的。

这意味着重新调整分析的重心，更为细致地关注双方是怎样作评价的，以及访谈记录是如何在双方的合作下被制作成“故事”的。

3.2.6 资料的选择

此处分析使用的资料是访谈记录，虽然分析只是建立在访谈资料的第一部分基础上，但从头到尾的故事构成了我的资料。

对访谈参与者的实践所做的详细分析发现，只有最初 5 个访谈涉及对医学专业人士的批评和评价。稍后运用谈话分析的方法分析了谈话的建构，这利用了 25 份访谈，它们是根据作者的理论旨趣挑选出来的。

样本的选择标准并不是预先确定的，而是在支撑该研究的理论框架的推动下，在概念上得以确立的(参见 Curtis et al. ,2000)。米切尔(Mitchell,1983)曾经讨论过，为了使分析具有理论上的充分性，研究过程中必须确定选样的原则。本研究采用了两种不同的常人方法学研究方法，这势必影响到选样原则的确定。只有在“交谈的细节”中，(访谈记录中的)交流实践才能被辨别清楚(Drew, 2001：267)。我采用了 Drew 推荐的细化分析，并进行案例间的比较，在适当的地方还进行了深入和扩展的分析。

3.2.7 实践的相关性

本研究试图对有关健康和疾病的社会学知识有所贡献。考察访谈是如何被生产出来的，使被访者叙述中的地位这一分析要点得以凸显。这些记录是作为“对卫生保健经历的评价”保留下来的。以这种方式建立记录，对有关健康和疾病的社会学，以及卫生保健政策，特别是有关“外行”或“消费者”对卫生保健经历的评价是如何被制作出来的这一问题，有着深远的影响。

英国政府制定的政策越来越多地强调消费者，这使得人们开始寻找最好的方式，以便发现消费者想从公共医疗卫生服务中获得什么，以及他们对于获得的服务在多大程度上表示满意。相当多的此类研究都是量化的，但是当消费者倾向于一致表明他们的满意程度很高时，问卷和量表却显示他们相当沮丧(Avis et al. ,1997)。因而，人们开始寻找评价卫生保健满意度的不同方式，并越来越多地进行质性研究。这表明，人们对质性研究的兴趣一部分是受到研究需求的日益增长的刺激。这些研究使消费者在改善服务的过程中能够发表自己的意见。我的研究探讨的正是这一正在兴起的议题，运用常人方法学的分析方法，对搜集到的外行或消费者的评价进行分析。

3.2.8 结 论

我做过多年的健康研究员，但这却是我第一次在问题都没有界定清楚的情况下就开始上马了，而且还需要把解决的办法找出来。

这个项目包含一系列的质性研究，它们的目标是描述一些不为人所知的现象。然而，即使在这些研究中，你也只是大概地知道自己需要描述什么。在本研究中，我打算描述某种一直在继续，但却找不到起点的现象。

要想避免在描述研究对象的行动之前引入我自己的分类标准，并不那么简单。但我相信，对被访者的行为进行细致入微的分析，将能为有关健康和疾病的社会学带来新的洞察力，这是我在研究一开始就希望的。常人方法学吸引我的是，在悬置外部的结构性因素及设定的“主观状态”时，被访者通过谈话来生产社会行动的能力是如何被阐释的。这要通过“描述被访者”的观点和解释才能实现，这些内容构成了他们理性行动和参与社会生活的基础(Drew, 2001:267)。

3.2.9 莫伊拉的故事的意义

莫伊拉的故事的开端(1,2)表明，以一个你熟悉的、实质性领域作为博士论文的基础是很有必要的。她的工作经验和硕士阶段的研究都属于健康领域，从而，当选择博士论文题目时，仍在这一熟悉的领域选材就颇有意义。

她的硕士论文表明，她使用了一种具体的方法来构造卫生保健中的互动这一概念，而这种方法具有某些局限(1)。现在她想略微调整一下分析的焦点(2)。但她坚信，为了理解资料，必须有这么一个焦点。对莫伊拉来说，理论不是使研究看起来更体面的橱窗装饰品，而是她用以理解资料的实际方式。

莫伊拉搜集的访谈资料是另一个目标不同的研究的一部分(3)。好在这些资料都作了录音记录，她得以将它们重新转录出来，用来处理新的分析问题。请注意，这并不意味着此前的文字记录是“不好的”。文字记录像其他记录信息的方式(如田野笔记、日记、备忘录)一样，它的优劣只有与具体的研究问题和理论取向联系起来时，才能得到评判。

莫伊拉的资料的即时可用性使她不必像其他的博士生那样，而是可以在研究开始的第一天就着手进行资料的分析工作。我在第 11 章指出，诸如此类对现存资料的二次分析绝对是完成博士学业的捷径，因为你就不必搜集资料了——当然前提是你不会为拖延和/或敷衍了事寻找借口。

莫伊拉像许多的质性研究人员一样使用归纳法，她避免过早地对资料进行分类，并在钻研文字记录的同时确定研究问题和目标(4)。她的理念是“回过头来更为细致地观察”(5)。所以，就她的分析取向而言，仅是简单地叙述配偶对诊疗的“批评”是远远不够的。她试图理解那些显而易见的批评意见是如何被置于“评价”和“故事”的共同制作之中的。

显然，莫伊拉的研究路径需要非常仔细地关注言语互动中的细节。所以她将分析的焦点集中在 65 份访谈中的 5 份上。但这并不意味着其他的访谈被弃之不顾。在她的论文章节中，使用了一个更大的样本来进行谈话分析。她的研究正是通过这种方式将深入分析和扩展分析结合起来的。

莫伊拉的研究路径表明，质性研究和量化研究之间并不一定是对立的两极（参见第2章）。我们的研究问题和许多量化研究不同，它要求对小规模的资料进行详尽的分析。但是，通过将深入分析和扩展分析结合起来的办法，我们得以理解相对大规模的资料，并能够以相当的可信性来检验假设。

最后，莫伊拉的故事表明，理论指向的研究绝不等于与现实毫无关联。恰恰相反！正是那些非理论的研究，才对实际事务毫无贡献，这是因为研究者没有时间或能力思考他们的资料。就像莫伊拉指出的那样，她的研究对当前的争论有着实质性的贡献，这些争论是有关外行或消费者对卫生保健服务的评价的(7)。该研究还填补了健康与疾病研究中“结构”分析之外的空白，即理解在卫生保健服务的互动中参与者的技能(8)。

3.3 萨利的研究日记

3.3.1 获准进入

当我开始这项案例研究时简直束手无策。我有一个模糊的想法，要去探索医疗专业人士是如何建立诊断的。这个想法建立在我过去的经历基础上，我曾经在一个与急诊处有联系的单位担任过精神病科的联络官。病人的入院登记表令我颇为惊讶，因为我多次读到“精神分裂症/情绪紊乱”被作为入院的理由。我觉得这一谨慎的描述几乎可以“涵盖”医患双方所有临床的或法律上可能发生的事情。一直以来，我还对“患病生涯”这个概念很感兴趣。

我预计，进入研究场所将会很困难，因为心理健康是一个特别敏感的伦理话题。起初我试图通过协商进入病人活动的地方，但并不成功。另一个难题是要把全职教学的要求和轮班的约束相协调。

我得以进入心理健康的案例研究工作实出偶然，这与希尔弗曼（Silverman，1987）进入儿科精神病学领域的经历异曲同工。我在当地的超市与以前的一位同事偶遇。

在听我叙述了进入病人活动场所的困难后，他邀请我与他所在的社区小组见面。能有这个机会，我既高兴又欣慰，但那时我并没有把这看作是一种支持。直到今天，经历了多年的反思之后，我才意识到这一点。

随后我分别参加了两次会议，一次是与小组的精神病学顾问一起，另外一次是与小组的领导（一位社区的精神病科护士）一起。我逐渐被允许对小组的每周案例分析会做录音记录，并同意在研究结束后销毁这些录音带。

对小组会议的选择是一个深思熟虑的过程。会议议程都是“预定好的事件”，这样我就不必浪费时间等着那些不相关的事情过去，而可以把这些资料都握在手中（参见第4章）。当我成功地进入田野后，就成了一个参与观察者。

在全职工作的条件下，开展一项关于“单身的无家可归者”的案例研究对研究者的要求很高，我得具有丰富的个人资源，而且在操作上还会受到种种局限。研究场所的范围如此辽阔，研究对象的性格又如此多样，所以我选择观察专业的社会工作者，而不是服务的使用者。出于某些现实原因，我成为心理健康小组(MHT)每周的案例分析会的一个参与观察者。

3.3.2 做记录

获得了观察有关心理健康的社会工作的机会后，我就开始观察和记录与会者在会议上的发言和行为。我把会议内容录了下来，并在录音过程中用手写下一些观察笔记。这使我能够保留一些视觉信息，要是仅仅依靠录音机的话，这些资料就会丢失或无法获得。

在长达八个月的时间里，我一共录下了15次会议，每次会议持续约75分钟。由于录音机的问题，第一次会议没能录下来。总共有45个案主的故事被记录下来。在这些故事里，有13个故事被完全转换成文字，另有4个故事的一部分被转换成文字。最短的一份文字记录只有3页。1小时的会议录音平均需要10小时才能整理成文字。

搜集资料一共花了45小时。这包括20小时的录音工作和25小时的参与观察。在把完整的叙述转录成文字的过程中，没有做任何删减。叙述是按照时间顺序被转录的，这与田野工作的时间框架是一致的。

我之所以选择以这种方式搜集资料，是因为它很适于用来研究情境下的行动。录音带提供了详尽的谈话记录，这是田野笔记没法做到的，而整理文字本身也是一项研究活动。

制作转录文本并不是一件简单的事。大体而言，我是根据常识性推论来构造这个文本的，因为我以前从没有做过转录的工作。因而，转录并没有始终遵循公认的惯例。但世界上不存在十全十美的转录文本，我整理出的文本足以满足分析目的的需要。

在不太隔音的环境中，包含多种声音的录音其实用性大打折扣。例如，很难分辨出同时发出的多种声音，而且也不容易弄明白，与主要的行动同时发生的次要的互动是什么。我使用标准的拼写和标点符号，试图尽可能如实地转录听到的内容，这样读者就不会觉得与会者的叙述“非常奇怪”了。我并不打算把谈话的强调部分也标出来，停顿的长度也不是特别精确。

实地观察表明，谈话从容不迫，甚至有些“悠闲”，并常常被笑声打断。我估计了一下，停顿最短的“嗯”持续了一秒钟，而最长的停顿则持续了几乎四秒。

访谈的文字记录不可能是完美的，但对于案例研究的分析而言，它们能够满足研究目的的需要。它们保留了心理健康小组活动的大量细节，这正是我进行分析所需要的。

如果说有什么后见之明，那就是假使能重新转录录音的话，我会使用更多传统的转录技巧。这将保留下我的“原创性”工作。然而，由于缺乏那种通常与谈话分析相关的记录能力，这是否可行还未有定论。从方法论的角度来看，我并不需要谈话分析学者要求的那种精致的细节。

3.3.3　分析资料

一开始，我就为每份案例记录起了个宽泛的、描述性的标题。标题是根据与会者对案例的介绍来取的，包含了他们的年龄和性别。一个标题的例子是：“50岁的妇女，刚被当地的一家收容所收容”。

我尽量“平淡”地描述，但在后面的检查中发现，在很多例子中，我都用自己语言对公开的陈述进行了概括。而我本来想把标题作为区别不同的录音记录的方式，并把它们与所附的田野笔记相匹配。这清晰地表明，即使只是笔记记录人，我作为实地工作者的记录能力也会受到以往从业经历的影响。

其他还有一些令人诧异之事。有一个标题是这样写的：“收容所里的一个29岁的男子受到监视，他对宗教录音带非常着迷。”我又听了一遍录音，随后又反复阅读了田野笔记，发现叙述人并未使用过“监视”一词。标题体现了我本人的、宽泛的、描述性分类。

我试着尽可能多地转录下说过的话，并尝试着在田野笔记中记下社会活动赖以发生的环境。在全部转录完六份记录后，我开始在原始资料中寻找那些反复发生的事件。这些宽泛的、分析性类别分列如下：

- 案主的脆弱
- 偏差行为与常识性推论
- 性格的作用
- 其他专业人士和机构的疏离
- 接受规则
- 可互换的角色

“案主的脆弱”和“偏差行为”是心理健康小组成员们关注的话题。上述的其他几项是在标注前两类的事件后发现的。在此过程中没有使用任何计算机软件。这既是优势也是劣势，因为这样会导致前两个类别灵活、不稳定。例如，如果没有直接的分析目标，最后一个类别就会被取消。

我有录音带、文字记录和田野笔记，这些东西帮助我回到原始资料中，并可以在分析过程中重新界定类别。我通过这些方法来检验假设。假设是关于与会者所作的常识性推论的，而推论是从实地工作中产生的。正是在这里，我打算建构一个模型，随后又放弃了，因为它太过呆板，难以解释与会者社会行动的复杂性。

我还考察了资料中与假设相矛盾的事件（参见第14章），其中一个事件涉及的案主不是由这个小组直接负责的。

分析中完全没有使用统计测量手段。但是我计算了一下在与会者的叙述中,一共提到了多少次"家庭的历史",这提供了新的解释思路来说明把性别作为阐释框架的意义。哈莫斯利和阿特金森(Hammersley and Atkinson,1983)指出,量化以一种不同的方式使用数字,可以用它来帮助我们谋求精确(参见第14章)。在本研究中,可以用计数的方法来检验预感。

我把注意力集中在与会者的活动上,这使我想出了最初的几个问题,即他们需要了解哪些知识才能开始工作。这些问题也是建立在我起初对诊断是如何构建的这一问题的兴趣之上。直到我完成了最初两个阶段的实地工作,并构造了几个类别,以便进行初步的分析后,我才开始分析文字记录中的摘录部分而不是全文。在这个意义上,我的研究不同于那些只使用"支持性的"摘录的研究。

3.3.4 用分析的方式产生一个研究问题

我以这种方式来分析摘录,试图发现与会者发言的"含义",以及他们的发言造成了什么效果。接着我将重心转移到以话语为基础的问题上:"参与者是如何行动的?"研究这个问题的愿望来自于我阅读的其他民族志作品,那时我正绞尽脑汁界定我的研究问题。

尽管我的前期观察为研究提供了描述性的背景,我仍然需要把注意力集中在提出清晰的问题上,以便向资料发问,并用这些问题来指导搜集资料的行动。

戈夫曼的*框架分析*(Goffman,1974)是最早影响我的研究思路。它探索了含义的关系性维度。在戈夫曼那里,框架是由其使用方式而非其内容界定的。通过"初级框架结构"可以看到事件。所用的具体框架则提供了解释事件的方式。

对戈夫曼而言,框架既是结构性的,也是灵活可变的,因为它们很容易受到互动双方的影响而发生变迁。它们的确很容易受损,因为一直是争论的焦点。在分析事件时,我的研究的大部分内容都使用了戈夫曼的框架概念,以便用它来解释在心理健康小组成员之间,理解是如何达成的。

资料的分析和阅读可以相互促进。在某种意义上,知识的更新永无止境。在本研究中,阅读文献从始至终都是与心理健康小组的资料建立联系的机会。例如,在研究进行到一半时,分析失去了目标。阅读霍尔斯泰因(Holstein,1992)有关描述性研究的做法的文章以及洛瑟克(Loseke,1989)对收容所里形容憔悴的妇女所做的研究,我学到了新知识,它是关于消除社会问题的成就的。与之类似,在研究快结束时,正是基青格和威尔金森(Kitzinger and Wilkinson,1997)的新材料帮助我确立了关于"性别"的一章,这个想法则来自我阅读的霍尔斯泰因(Holstein,1992)的文章。

3.3.5 对参与观察的反思

现在我是研究地的一个参与观察者,这里的成员和我一样都是卫生保健的专业人士。虽然我不再直接执业,但这一身份可能对资料产生的影响仍是一个重要的议题。

假定每个进入田野的研究者缺乏相关经历或没有任何先见是不现实的。同样,假定他们的存在对资料不会产生任何影响也是不切实际的(参见 Strong,1979:229)。在我的案例中,我承认自己的存在会影响到我能看到什么,但我难以预测以“何种方式”影响或在多大程度上影响。在这个意义上,由该小组创制的资料是一个共同生产的过程,这其中也包括作为研究者的我的一份功劳(Emerson et al. ,1995:106)。

与斯特朗在儿科诊室的研究经历不同,我不想被小组成员当成是“家具的一部分”(Strong,1979:229)——这很可能是由于我的执业者背景的缘故。我感觉到,随着实地工作的进行,我越来越被他们接纳。

一开始我就被纳入到心理健康小组的行动框架之中了。在实地工作过程中,他们不能容忍我选择坐在房屋的角落里,于是便“命令”而不是邀请我和他们一起围坐一圈。即便如此,我在讨论中仍然保持沉默。

用小组长的话说,这样做是为了“使大家闭合成一圈”。正像珀拉基拉(Perakyla)对自己作为研究者的角色所做的猜测那样,或许这是搜集资料的最好途径,也是与研究地点的成员保持联系的最佳方法(Perakyla,1989:131)。当然我这样做是出于实用的考虑,因为我知道录音带就是记录的资料,所以我就自由地观察并作笔记(参见 Silverman, 2001:68)。但是,就像哈莫斯利警告的那样:“当环境很熟悉时,发生误解的危险就变大了。”(Hammersley,1990:8)

我担心自己在小组中可能太过“放松”了,但反思后发现并非如此。我揣度,建设一种民主氛围可能对小组是有益的,因为当我想参与和观察时,就能置身其中。

然而,与小组成员“过分融洽”可能导致的危险一直是困扰我的一个问题。尽管我和小组成员的专业背景相似,我仍然得用质疑的眼光看待他们的观点。

3.3.6 伦理上的考虑

对本研究而言,获得伦理上的支持也绝非一帆风顺。1992 年的前几个月,我就把研究方案递交给了信任医院(Trust Hospital)的伦理委员会,心理健康小组正是隶属于这家医院。除了强调我的研究是质性研究,以及预计的研究对象是职员而非案主之外,我唯一能做的就是确定无疑地陈述,我打算对心理健康小组每周的案例分析会进行录音。

此外,我发现他们要求我填写的表格也没法填。表格是按照单纯的*临床*研究的标准类型设计的,涉及受试者的情况,但却不符合社会学研究的需要。我觉得它具有很强的“身体”指向。

有一个问题问“潜在的风险”是什么,以及我能采取哪些预防措施来避免。

泄露机密的一个可能的途径就是我对这一问题所做的书面回答。在整个研究中，我承诺使用假名来称呼职员、案主和研究地点，以体现匿名性和保密。

因为工作还在进行之中，所以文字记录中即使是提到当年的月份或季节的地方也被替换了。合法的日期，如实地工作的日期被保留，案主的年龄也被保留，因为这是分析所必需的。另外，无论在研究的任何阶段，只要伦理委员会要求，我都同意写一份报告来说明研究的进展情况。我没有得到访问案主的许可，也没法接触他们的案例记录。

我保证把所有的录音带都锁在家里，并且亲自完成转录工作，而不依靠秘书的帮助。我还承诺，在研究结束时销毁所有的录音带。我不指望着能见到或访问到案主。最后，我承诺，向小组所有成员充分解释我要做什么，要是得不到他们的允许，就不继续进行研究。

几个月后，我收到了伦理委员会主席寄来的同意书，允许我开展研究。我还和信任医院的心理健康部主席讨论了我的研究方案，他是一名执业的精神病顾问。他在原则上没有表示任何反对意见，并建议我和小组顾问及组长联系，以便获得他们的个人许可。我照办了。

但是，参与观察者的身份也引发了许多伦理问题，这些问题超出了正式同意书的范围。研究开始前我相信，在道义和实践的双重层面上，开展参与观察的最好方式就是在小组中尽可能地保持开放。

我做出上述决定的根本原因是，这样做将会使我在实地工作开展期间能够随意发问，而不会招致太多怀疑。保持开放姿态会使我获准做录音记录。这一策略在一定程度上发挥了作用，虽然我所具有的专业知识总能使我意识到，这个小组向我提供的信息在某种程度上是受到限制的。

我意识到，我的存在可能会影响到那些被观察者的行为，特别是当小组意识到我的医疗专业背景时更是如此。我在进入研究地时认为，一定程度的专业自觉是不可避免的，但我接受这一点，因为这是获准进入所必需的“妥协”。这是我们双方心照不宣的假定，正是在此基础上，我的研究和他们的工作才得以进行。

在这个意义上，对我目前作为研究者的角色而言，过去作为执业者的经历绝不是劣势。它是资料的一个来源，这对于案例研究者来说是有益的。

举例来说，研究中有许多次，小组成员因为有我的存在才会问什么是“伦理上的正确性”。我意识到，在某些场合下，他们被观察的后果之一就是要公开地展示自己的道德适当性。我的一般印象是，他们把我当成是级别更高的成员，例如，当成是年长的、有经验的专业人士，如今在高级教育机构工作。我感觉到，在我存在的场合中，小组成员的道德适当性展示是相当明显的，特别是当伦理困境出现时。

3.3.7 萨利的故事的意义

研究问题很少是平白无故地从天而降的。有时候，我们能从导师那里幸运地“获得”一个问题。在萨利的故事中,她自己的工作经历和此前的学术研究使她想起了一个有趣的问题。她以前做护士的经历使她注意到自己以前读过的有关患病“生涯”的文章,工作人员给病人贴标签的功能,以及这些标签一旦应用将会带来的有意或无意的后果(1)。

现在萨利需要找个地方来探索这个议题。她利用一次偶然的会面获得了进入一个卫生保健机构的机会(1)。她的那份全职工作的要求现在影响了她从研究地点搜集到的资料。她像许多的兼职研究者一样,不是写一部耗时的民族志,面面俱到地把心理健康小组的活动都记下来,而是把焦点集中在例会上。这意味着她的分析重心必然只是硬币的一面:不是关注医院的工作人员和案主怎样看待对方,而是关注工作人员是如何把无家可归的案主分类,并决定是否(以及怎样)帮助他们(1)。

我有三句话送给研究新手们。第一,从事研究是给你提供一个机会去探索自己真正感兴趣的问题。要是你的经验使你有能力采用某种研究路径,或是支持你完成某项研究的话,一个好的问题就近在咫尺了。第二,当进入研究场所很难时,可以向萨利一样依靠你的熟人和经验。第三,我在第6章指出,有必要缩小研究问题和资料的范围,研究才具有可行性。有时候,缩小范围是出于相当寻常和实际的原因——例如,在萨利的例子中,可以利用的时间较少,这使得研究范围必须缩小。假定你彻底分析了占有的资料,这将不成问题。但事实上,确定研究的方向会带来很多好处。

萨利指出,把录音带作为核心资料来补充田野笔记是一个很大的优势(2)。其实,有时候听录音可以发现笔记中的关键性错误(3)。

萨利的这种转录磁带的方式很适合她的研究问题,对此她颇为满意。但经过反思,她认识到,使用一种现有的抄录方法,如运用谈话分析的符号进行转录,而不是从零开始进行整理,也许过于简单了(2)。

这说明了一点:当面对新任务时(如发现资料、提出问题、转录资料),要想想是否已经有了一些处理方式。要知道,轮子早就存在,再去发明实属多此一举。

当萨利开始分析资料时,她像莫伊拉一样,采用了归纳的方法。她先找出在一次会议上反复出现的那些事件,然后把研究扩展到几次会议中,来“检验某种预感”(3)。重要的是,她在寻找肯定性的证据同时,也寻找相反的证据来检验她的预测(3)。

萨利在研究中认识到,即使是最具归纳色彩的研究路径,也需要某些理论取向的支持。戈夫曼对“型构(framing)”的论述为她的研究指明了方向(4)。但在分析资料的过程中,她还阅读了其他著作,并做好了准备,一旦她提出了新发现和新概念,就修正已有的研究方向(4)。

此外,萨利的日记讨论的是参与观察中常见的议题:你自己的前见是怎样进入到研究之中的?处于被人观察的状态下会怎样影响到人们的行为(人们怎样对待你以及这种行为与他们惯常的行为方式的关系)？她还探讨了一些伦理问题,诸如获得知情同意①,以及你会向被研究者透露什么等(5,6)。萨利指出,考虑这些问题是明智的,但同样应当把它们当作有价值的资料来使用。事实上,她也的确通过使用"框架"这一核心概念,描述了心理健康小组对她的范畴化,并从而更充分地理解了她与其他小组成员的关系。

3.4 西蒙的研究日记

3.4.1 开 始

我获得的第一个学位是社会学和传媒研究的理学士,之所以这样选择,是因为接受了一些错误的建议,即所谓联合荣誉学士学位要比其他学位地位更高。我还觉得,传媒研究意味着课程必然集中在那些具有意义的文化产品上,并因而与绝大多数人的日常生活相关。这里没有必要详述我的思想发展过程,因为此处只需要一个提纲挈领式的个人介绍。但是值得指出的是,到本科快毕业时,我已对社会学中的多个派别都随意把社会结构作为解释资料的一种方式这一趋势深恶痛绝。

通过检视我在城市大学最后一年所做项目的关注焦点,就可以发现我持这种立场的基础所在。在这个项目中,我把传媒在整个社会层次制造标签和原型并强制推行的角色看作是"道德企业家"(参见 Becker, 1963; Cohen and Young, 1973; Cohen, 1980),并把它作为一个重要的题目。这个项目由一项比较研究构成,具体来说,是对两份同时期的报纸上的新闻报道所做的研究,内容分别是发生在20世纪50年代和90年代的两个相似的犯罪故事。不走运的是,我去往大英图书馆下属的报刊馆,以及阅读那里保存的报纸,这一经历让我突然有了与研究资料相脱离的感觉。我深深地怀疑自己读到的印刷品的真实性,以及由此做出的判断的可靠性,因为我认识到,自己对于当代读者是否能完全理解这些内容毫无把握。

正是在这种心境下,我决定扩展自己在研究方法方面的知识,并于1997年参加了伦敦大学戈德史密斯学院关于质性研究方面的社会学硕士课程,以便获取一些研究的实际经验。

3.4.2

课程使我熟悉了大量关于研究方法的知识,正是上课期间对谈话分析的介绍极大地吸引了我的注意力。随着课程把我此前的误解放在更大的背景下加以

---

① 知情同意(informed consent)是指在医务人员为患者提供足够医疗信息的基础上,由患者做出自主医疗决定(同意或拒绝)。这里是指被访者在知晓调查者的身份、目的后,决定是否同意接受访问。——译者注。

清晰地呈现,也就是把社会结构的"理论相关性"问题作为社会学内部一直持续争论的一部分(参见 Silverman, 2001),我接受了"十要"的宣称(ten Have's statement),即"谈话分析拒绝使用关于人类行为的、可以利用的'理论'作为其论述基础或组织其论述,它甚至拒绝建构自己的'理论'"(ten Have,1998:27)。

为了提出"一个不同的概念来把社会生活理论化",谈话分析在解释社会现象时,不再使用"明显的"社会结构性因素。尽管一般来说,社会结构的概念在社会学调查中是一个重要方面,"但问题是它自己不应被分析"(Boden and Zimmerman, 1991:5)。许多社会学的分析处理社会结构的方式在萨克斯关于社会的类比中有精彩的总结,大意是社会科学把它看作是整架机器的组成部分,谁占据哪个位置是随机的。整段话值得详细地引述如下:

> 这种观点认为,世界上有一些地方,只要我们能找到它们,就有能力处理好秩序的难题。反之则不能。从而我们脑中就形成了这样一幅图像:一架机器的前面有一些窟窿。从窟窿里喷出一些好东西,从它背后喷出来的则是垃圾。社会科学家们关心的是发现"好问题",也就是机器里按顺序产生的那些资料,并尝试着建造一些必要的设备来获得结果。(Sacks,1984b:21-2)

寻找"好问题",不仅要根据那些与宏观制度相关的"大问题"来开展,也有必要为所研究的现象赋予一套秩序。谈话分析不是将寻求秩序的工作建立在分析者对秩序可能是什么样子的论述上,而是企图检视个人如何适应(并呈现)秩序:"可以审视人类所做的一切事情,以便发现他们的某种做事方式,而且那种做事方式可以被稳定地描述出来。换句话说,我们可以认为秩序存在于社会各方面。"(Sacks, 1984b: 22)

我发现,谈话分析不仅已经不再关心那些势不两立的理论进展之间毫无意义的理论论争,而且它的方法论焦点也使我印象深刻。谈话分析从"人们干了些什么"的各个方面发现了某种秩序,通过把焦点集中在这些秩序上,它划定了自己的研究范围。因为就像萨克斯指出的那样,"对某些微小的现象所做的详尽研究可能会导致无数种对人们行为方式的理解,对于人们用来建构和整理个人事务的对象种类,恐怕也有多种理解"(Sacks,1984b, 24)。其实,这一关注焦点意味着社会结构的问题对我具有了新的意义,因为通过检视互动双方呈现自身相对于他人的身份,以及这对于他们有着怎样的重要性时,谈话分析必然要处理"'他们是谁'的含义,这与平常说的'社会结构'有着直接的关系"(Schegloff, 1991:48)。

3.4.3　希望关注现实

虽然针对研究对象的理论表述已经不再是首要的考虑因素,我仍然倾向于研究那些具有实践相关性的问题。在某种层次上,这是因为我对自己的能力缺乏自信,觉得自己不能为有关互动的知识积累增加任何有价值或有趣的东西,而"十要"把这看作是"纯谈话分析"的目标(ten Have,1998:8)。但这同样要归结为对一种轻蔑观点的反应,即英国媒体认为社会学研究毫无意义,并且没有得到很好的开展①。幸好我发现谈话分析着手处理了这两个问题。

平凡的对话不仅提供了"最为富饶的研究领域"(Heritage,1984:240),而且它还"把在日常对话中发现的活动作为原始资料,来分析制度的对话"(Silverman, 2001:172)。除此之外,希尔弗曼(Silverman,2001)在讨论社会科学对整个社会的贡献时,强调谈话分析能够提供一种新视角来看待制度环境下的参与者。他指出,"研究者不应从有关'好的'和'坏的'交流的规范性标准出发"(Silverman,2001:278),而应当把焦点放在理解"参与者展现的*技巧*,以及被发现的交流模式的*功能*上"(Silverman,2001:278,斜体为原作者所加)。

3.4.4 找到一个话题

心里装着这些问题时,我正好发现了家长会的资料。这时候,我的研究同伴是一位新入职的小学教师,当她在家长会上出现时,表现得不太自如。她认为教师训练课并没有教她如何应对这样的会议。教师在家长会上遇到的困难与我父母的一桩轶事相映成趣,他们参加这类会议的经历恰好符合贝克(Baker)和基奥(Keogh)所概括的"公关演练说":

> [家长会]被看作是仪式性的相遇,会上教师按照惯常路线描述一下学生的兴趣和学习情况,家长参与会议则是为了表明他们对子女学业的重视。(Baker and Keogh,1995:264)

上面的描述包含了这样的观点,即家长会是一个事件,会上"什么也没有完成"(参见 Baker and Keogh, 1995)。就像贝克和基奥说的,它是"一次常人方法学调查的邀请,如果不是挑衅的话"(Baker and Keogh,1995:265)。但同样也要记住,贝克和基奥对这类会议的描述源于他们对"教育方面的传说"的理解(Baker and Keogh,1995:264)。的确有一些家长发现这种场合是很好的机会,可以回顾和评论一下子女的学业进展。这种场合自身也为检视这类会议提供了进一步的确证。

汉迪和艾特肯在他们对小学的组织机构的研究中指出,对所有学校而言,"校方与其服务的家庭和社区之间都存在着纽带"(Handy and Aitken,1994:246),但实际情形要复杂许多。他们指出:

---

① 虽然可以征询的例证有很多,但下面这段话则可谓切中要害,它是巴克利(Will Buckley)在1999年5月30日的《观察家》(*Observer*)上发表的文章的一部分:

> 现在我们又开始了。但还是有很多研究宣称,男人是糟糕的家长,他们每天和孩子呆在一起的时间不到15分钟……差劲的父亲对此毫不理会,因为好像又有一个无聊的社会学家做了几个电话访问,并胡乱拼凑了一些数据。

> 一些家长过分紧张，不切实际地希望从学校获得更多的有关孩子的信息。但令人悲哀的是，有很多家长一旦把孩子送到学校，就立刻放弃了作为家长的责任。老师们清楚，他们真正想看到、了解和帮助的，常常是那些从不到学校去的家长。(Handy and Aitken, 1994:246)

要是知道家长们对子女学业的看法有这么大的差别，还知道老师们对于家长会也是各持己见，那么对于构成学校共同体的各个部分，如老师、家长或子女对家长会众说纷纭，就丝毫也不感觉吃惊了。为什么对于家长会"是什么"会有这么大的争议呢？带着这个问题，我需要检视一下家长会上到底发生了什么。

3.4.5 获准进入

参加了这些会议后，我被这个议题吸引，并开始考虑把它们作为我学位论文的基础。我在研究同伴所在的学校一直是以非正式的牧师身份出现的，这表明我与校长的关系相当融洽，所以我可以直截了当地拿着一份研究方案和他接洽，要求记录一些家长会的内容。一旦向他解释清楚研究的过程并得到同意，他是很乐意提供方便的，但有一个限定条件：我只能接触我的研究同伴一人的家长会资料。由于不愿意冒失去已获得的研究权利的风险，我决定不去展现六年级任何其他教师的记录。当时我并没有太担心，因为这一限制正好迎合了我的时间表，即我用来搜集、转录和分析资料以便撰写硕士论文的时间。当论文公之于众时，我其实只使用了一次会议的资料，同时剩下了(我感觉是)大量多余的资料。

3.4.6 担心样本规模

当把这一研究的发现推广到更大范围时，只把焦点放在一位老师身上会带来一些局限。对她而言，教师使用的对话技巧是独一无二的，因而不好把它推广到其他老师在家长会中的表现上。同样，她是个班主任，而不是科任教师，这也是一个重要的影响因素。可能科任教师在家长会上的表现会有所不同，因为他们要应付的是课程表中的某一科目。

另外，在学年的不同阶段，家长会可能呈现不同的形式，即使它是由本研究中的同一位教师主持的也是如此。简而言之，由于样本只涉及一位教师的一次家长会，实际完成的家长会的多种变化形式可能都被忽略了。

那么，怎么能从抽样的多样性和外部效度的角度来看待这一研究呢？既然搜集资料的具体困难和上面提到的理想的研究设计之间存在着张力，那么这一研究是否能就被研究的现象说点什么有用的东西呢？

我认为，如果把本研究看作是通过详细考察一个案例，来寻找关于此类会议的问题的一个尝试，而不是把它当成企图提供关于所有家长会的绝对"真理"，就能够回答上面的问题(参见本书第9章)。在某种程度上，这样提出问题要依靠谈话分析中一种视角的指引，即"在对发生互动的制度设置所作的案例研究中，

那些可能的社会实践，也就是*语言使用的可能性*”是所有谈话分析的重要对象（Peräkylä，2004：297，斜体为原作者所加）。

可以将可能性这一要素理解为，把研究发现某种程度的普适性赋予谈话和互动现象。但就像西尔指出的那样，“读者必须做出自己的判断，来决定该发现是否与自己的处境相关”（Seale，1999：108）。补救的方法很简单：“如果细节，或者说对‘输送’文本‘浓厚的’描述是现成的，那么分析层次的变化可能带来的危险就能得到最认真的处理。”（Seale，1999：108）因而，本研究可以看成是*解释性的*，而*非确定性的*，它通过这种方式，运用在具体环境下的单独个人的行为来检视常规的情形，从而为未来的分析开辟了道路。

3.4.7 缩小研究题目

尽管我随后认识到了硕士论文的不足，并试图在博士阶段的研究中纠正它们，硕士论文中的发现（未经修饰的发现）还是构成了研究方案的基础。我把这一方案递交给了不列颠研究委员会（经济与社会科学研究委员会）的一位官员。研究方案的主体是关于谈话分析的方法与该资助机构所关心的沟通与学习这一主题领域的关联的，但它还涉及下述研究问题：

> 很显然，这些会议被归为内行—外行之间的互动这一类别，有关参与者的问题则与互动者不同的权力实践相关。在这一场合中，家长和教师都可以宣称对有关他们的互动对象——孩子——的话题有着某种“专家”层次的知识。研究问题是，这种对能力的双重宣称对由家长和教师——最有权力的互动者——共同建构的联合文本有着怎样的影响？

除了最明显的那些难题，即不加质疑地使用诸如“权力”和“宣称具有专业知识”这些概念，此外，这一研究方案还与谈话分析的固有目标相悖，即分析应当从普萨斯（Psathas，1990：45）所谓“无动机的观察”开始（参见前文莫伊拉的讨论）。萨克斯对此总结道，“当我们从一份资料开始分析时，至于结束时我们要提出什么问题，会做出什么发现，这些统统不在考虑范围内”（Sacks，1984b：27）。所以，虽然研究方案有所谓的固定目标（不管它是多么局限），我在博士阶段的一开始就尽量“重新”分析资料，丝毫不受“我会在哪里‘结束’”这一问题的约束。

当然，中心问题是关于学术训练的，它不仅关心一次分析应当集中关注一个还是两个分析性概念，而且要求允许把对话细节放到它们合适的地方。萨克斯指出，“不要去管做描述的人以何种方式呈现它，只要它被描述出来就行”（Sacks，1992：Vol. 1，472）。

从关注个别的兴趣特点，到把它们整合到会议的总体性结构组织中，这种变化体现了训练的效果。谈话分析处理和解释谈话中“稳定的、反复出现的结构性特征”（Heritage，1984：241）。我通过检视关于孩子的汇报的演变轨迹，力图使研究既涉及家长对教师的回答，也包括这一回答形式是如何塑造展开的演变轨迹的这一问题，从而一个研究框架就这样变得日益清晰起来。

3.4.8　西蒙的故事的意义

撰写本科毕业论文的经历使西蒙理解了"社会结构"这一重要概念的用处和局限(1)。这也再次说明，通过将你从图书馆学到的观念运用到新的话题之中，你才真正理解了它。

然而，仅对概念的缺陷保持警觉是不够的。你还需要学习分析资料的方法并且学会使用。谈话分析是西蒙研究社会世界的钥匙(2)。当然，这些方法没有对错之分，只是用处大小不同罢了(参见我在第7章对模型的讨论)。对西蒙而言，谈话分析的作用是双重的。首先，这使他明白什么样的资料是他需要的，以及应该怎样进行分析。其次，这种研究方式对他具有特别的意义，因为他得以参照以前的研究经验，而且也许还怀着愉悦的心情。

但理论的吸引力是一柄双刃剑。审美情趣的满足有时意味着你无法从图书馆的迷人魅力中抽身而出，去直面外部世界(参见我在第8章对"宏大理论"的讨论)。西蒙从开始就对此种危险保持警惕，并决定把他的理论"偏狭"与对实际问题的关注结合起来(3)。

这时候，西蒙像萨利一样，遇到了意想不到的好运气。他的研究伙伴是一所小学的教师，似乎正是为他搜集资料而设的。家长会越来越近了，对与会者和被研究者来说，它看上去是一个令人困惑的场合(4)。西蒙依靠他与学校建立的偶然联系，得到了校长的许可，得以把资料录制下来(这是谈话分析的要求)。

但获准进入也给他带来了一些烦恼。西蒙现在正为样本数太少而发愁。仅仅研究一位教师的工作足已完成一篇硕士论文，但写博士论文能行吗？西蒙的结论是，如果你考虑到了它的局限性(5)，而分析质量又很好的话，它也足以支撑一篇博士论文。

西蒙在资料分析阶段的确遇到了多种突发性问题。这导致了张力的产生：在他使用的归纳法与资助机构要求的初始假设之间的张力。有时候，他的确犯了只见树木不见森林的错误。幸好，随着他的观察揭示了家长会的序列性结构，一个总体性的、统一主题逐渐清晰起来(6)。因而，西蒙的论文是围绕着班主任向家长报告"消息"的轨迹组织的。

3.5　结　论

很显然，研究生们能够讲述关于他们的研究经历的许多个不同的故事，我也不想欺骗读者说，你读过的故事都是典型的和有代表性的。但这些故事里有若干条要点值得一听。

我把它们列成一份由*15条指南*构成的表。当然你得像对待处方一样，把它应用到你所在的环境中去。但我相信,下面列出的各点适合于从本科论文、硕士论文直到博士论文的*所有层次*的学生研究。

1.*从熟悉的领域着手*:如果可能的话,请选择那些手边就有的、容易获得的资料进行研究。举例来说,如果你像莫伊拉一样,正好有来自另一项研究的、可以进行(再次)分析的资料,抓住这个机会。在困难的环境下搜集资料是没有“品行积分”的哦。在这个阶段要保持放松,这样你就能集中精力开展资料分析中千头万绪的重要工作。

2.*确定理论取向*:我在本书中反复提到,研究绝不仅仅是技术。这三个故事都是找到了一个对他们而言有意义的理论路径,从而能为推论和资料分析提供坚实的基础。

3.*缩小研究题目*:尽量寻找一个适合你的理论和资料的题目,并且这个题目是可行的(这个议题在第6章有详尽的讨论)。接下来,要是你愿意,你可以像莫伊拉、萨利和西蒙那样,使你的研究对某个实质性领域(如健康、疾病和教育)和方法论(如访问研究、民族志和谈话分析)作出贡献,并引发对社会政策的一些思考。

4.*不要重复做无用功*:我在第5章里讨论了“原创性”在研究中的含义。在这里有必要回顾一下前面的故事:莫伊拉把较早的一项研究作为她的研究模型,而她和西蒙还使用了一种发展得很完善的转录磁带的方法。所以,在研究一开始可以在学校图书馆或系资料室看看那些好的论文。要是可能的话,最好在导师的指导下开展工作。

5.*保持写作*:把你的想法忠实地记录在纸上。不必担心内容太短或凌乱。一张写有500个单词的纸能使你受到正确方向的指引,这显然是有意义的,而且不必浪费大量的时间和精力。

6.*尽早进行资料分析*:不要因为文献回顾和收集资料的紧迫性而偏离了早期的资料分析。如果在研究初期得不到任何资料,可以试着分析其他人的资料——如已出版的资料、导师的资料等(参见第11章)。

7.*批判性地考察资料*:当你开始辨别资料中可能存在的某种模式时,别急着下结论。通过与资料的不同部分作比较(莫伊拉就是这样做的),并找出偏离的那些案例(像萨利),你可以确定这一模式是否稳固。

8.*征求导师意见*:以便检验你的想法是否有意义,并树立信心。

9.*运用其他的资源和机会*:研究生应当抓住每个机会,参加相关的会议,当然提交会议论文更好。还应该修一些合适的训练课程。寻找一下,看看是否有研究生的研究小组正在做相似的课题。如果没有,可以尝试建立一个这样的小组。

10.*别指望会有一个稳定的学习曲线*:对高潮和低潮的到来要有心理准备,它们是必然会发生的。例如,萨利发现,她早期有关心理健康小组是如何做决定的想法过于简单，西蒙则为如何把不同的发现整合在一起而困惑。挫折也可以是机会：萨利找到了一个更好的解释模型，西蒙则渐渐找到了一个总体性的模型。

11. *记研究日记*：莫伊拉、萨利和西蒙把他们当时的想法、希望和担忧整理成一个文件夹。这可是无价之宝，就像我在第 22 章讲到的那样，当你撰写方法论那一章时，它可以经编辑后使用。

12. *把整块的工作时间做上记号*①：如果你是兼职做研究的话，找出整块的时间非常重要，这样你就可以心无旁骛地进行研究。当需要进行深入的资料分析和写作时，请使用整块的时间。

13. *不必自责*：要是遇到了挫折，最好放松一下。

14. *实地研究中的人际关系也可以用作资料*：在实地研究中，别人是怎样对你的，这绝不仅是一个技术问题。莫伊拉和萨利思考了她们与研究对象是如何互动的，并以此形成了资料。

15. *要明白研究设计中不存在所谓"完美的"模型*：实际中的偶然因素（如是否具有进入渠道；所能利用的时间）可能影响任何一项研究。不要害怕处理那些你碰巧获得的资料。审查员不会把你的研究同某种"完美的"模型相比较，但他们会希望你考虑到资料和分析的局限。

要 点

- 从一个熟悉的领域开始研究会相对容易。
- 找到一个适合你的确定的理论取向。
- 一旦对你的领域有所了解，就请尽快缩小你的研究问题。
- 不要重复做无用功——了解别人都做了哪些工作，并在此基础上前进。
- 保持写作。
- 立刻开始分析资料。
- 批判性地审视你的资料——别急着下结论。
- 和导师一起检视你的想法——要是你在研究初期偏离目标，也不必担心。
- 利用系里、系外的其他资源和机会。
- 别指望自己能画一条稳定的学习曲线——所有研究都会遇到困难。
- 记研究日记。
- 把整块的时间标注记号，并用来完成不同的任务。
- 不必自责。
- 把实地研究中的人际关系作为研究资料。

---

① 第 12 条和第 13 条是泰勒（Vicki Taylor）在读过本章的草稿后提出的。

- 要明白研究设计中不存在完美的模型。

练　习

3.1　在给定的一段时间内记研究日记(本科论文一个月,硕士论文三个月,博士论文至少六个月)。

记录:

1. 你的想法的变化过程,包括题目、资料、理论和方法。
2. 从文献中或课程和谈话中获得的新想法。
3. 和导师的讨论会,以及会议的效果。
4. 你在工作中的生活—事件和它们对你工作的影响。

当这段时间接近尾声时,重读你的研究日记并评估:

1. 在这段时间你有什么收获?
2. 要想在日后做得更好,要做到哪些?
3. 在下一个相同时间段内的研究目的。

拓展阅读

The best place to look for similar research histories is in the writings of students at your own university. BA students should seek to obtain past successful undergraduate dissertations from their department. Graduate students should study MA and PhD theses in the library, focusing particularly on the work of people who had the same supervisor as you. If the methodology chapter does not include an autobiographical account, try to contact their authors and discuss what lessons they draw from their experience.

Judith Bell's *Doing Your Research Project* (2nd edn, Open University Press, 1993) is a good introduction to research at the undergraduate level. Estelle Phillips and Derek Pugh's '*How to Get e PhD* (2nd edn, Open University Press, 1994) is the best British account of the practical issues involved in writing a PhD. For an American guide, see Kjell Rudestam and Rae Newton's *Surviving Your Dissertation* (Sage, 1992).

研究经历 Ⅱ 4

The Research Experience Ⅱ

读完本章,你将能够:

- 考虑你的研究的理论基础。
- 知道何种资料和方法与你的研究问题相关。
- 掌握质性资料分析的要素。
- 了解设计一项可操作的应用研究要涉及哪些内容。

4.1 引 言

在这一部分,我打算说明撰写质性研究论文的背景。我先对质性研究做一简要概述。然后就像第 3 章一样,看看能从三项已经完成的论文中吸取什么教训。

对本书的许多读者而言,完成研究生或本科生的学位论文是一个遥远的、可望而不可及的目标。所以我们在这一章引用了研究生们在研究初期的一些叙述。通过这些叙述,我们得以检视分析上的方法论问题和实际中的问题,这些问题都是开始做研究的人需要面对的。

在某种意义上,学术新手远没有达到著名学者的水准。设想一个可以上下滑动的成就层次的等级,那么期刊论文作为著名学者的“存货”,位于(或应当位于)学术成就的塔顶。有些令人惊讶的是,著作则位于稍低的层级,因为它不像论文那样依赖独立评审。再往下则是已完成的学位论文,它们可以看作是学徒出师时的技能展示。

我对研究等级的理解只是为了说明研究生涯的不同阶段——而绝不是一种道德分类。尽管我已经在这个舞台上表演了三十多年,我绝不会瞧不起研究生在第一年中的作品。坦率地说,有时候我在研究生第一年的讨论会上听到的想法要比许多期刊论文的观点激动人心得多!

接下来,我不想涉及质性研究早期的所谓有代表性的调查,而是罗列了一些资料,它们是我从研究生那儿找到的,这些研究生有本系的,也有芬兰多所大学不同的社会科学与人文科学专业的①。

尽管下文涉及的研究范围有限,我希望你最后觉得它并不局限于此。换句话说,我希望读者通过阅读下面的例子,能在想法和兴趣方面找到一些共鸣。

在为本章整理下面这些内容时,我得确定一个组织它们的原则。具体地说,我得选择是根据题目、理论还是方法来组织它们。我认为,按照题目分类可能很生动,但似乎使读者没法处理不同的题目。要是按照理论分类,那就太抽象了,而且可能使来自不同专业背景的读者感到困惑不解。所以我从方法角度进行分类,包含质性研究者使用的(和打算使用的)许多方法,但愿这样能使内容更为丰富。

因而,接下来的讨论正是按照方法组织起来的,各部分分别是访谈研究、民族志、文本分析、使用录像带和录音带资料做研究,还涉及多种其他方法。但这里的方法并不局限在技术层面上。我在下文中清楚地指出,只有当方法被置于特定的理论视角中时,它才具有意义和生命力。

本章的组织方式和第3章一样,我依次描述每个案例,对每个例子做一些评论,再概括一下每种方法的要点。在本章的结束,我提出了一些建议,以便帮助研究者迈好研究的最初几步。

每个标题下面都列出了学生所在的专业及其姓名。

4.2 访 谈

4.2.1 在老年人社区中生活和应对

(情报研究/社会学)[蒂皮(Tippi)]

蒂皮是这样描述她参与的合作研究的:“我们想询问这些居民对于生活了多年的社区感觉如何。”她的研究建立在主题访谈的基础上,被访者是社区中八位随机抽取的老年人。她指出,研究目的是“要(弄明白)……(在这个社区中)生活的基本意义”。她是这样描述她的访谈的:“老年人被问及日常作息时间,他们对亲戚、服务、邻里和环境的态度,他们的兴趣爱好,以及对照早年的生活经历,他们如何看待今天的社会。”

初步的发现表明了两点。首先,该社区成员所讲述的生活故事都是同一类型的。其次,这些人把自己描述得较为独立,这一点超出了她起初的设想。他们把“应对”描述为尝试掌控财政的、社会的、与健康有关的以及安全这四方面的事务。

当研究者从访谈中抽取被访者的想法时,这类研究往往潜藏着一个分析性的

---

① 这些研究思路来自研究生工作坊(研讨会)上的介绍,我在戈德史密斯学院和芬兰欧路(Oulu)大学都参与了这些工作坊的协调工作。在芬兰,我在工作坊开始前就能够利用学生们写的研究摘要。我还借助了自己在戈德史密斯工作坊上做的即时记录,要是有什么不准确的地方,我表示歉意。无论如何,心里都应当记住,这是学生研究的早期阶段的记录,毫无疑问是需要改善和修改的。因此,学生的姓名都作了匿名处理。

议题,即假定人们认为其经历只具有一种意义,这在多大程度上是合适的? 在这项研究中,生活在这一社区里,难道就不具有多重意义吗,这些意义可以是人们告诉研究者的,或是相互倾诉的,抑或是对护理员或其他什么人说的(Gubrium, 1997)?

这引发了一个重要的方法论问题,即是否能把访谈中的回答当作获取“经历”的直接途径,或是当作积极建构的叙述(Holstein and Gubrium, 1995)。这两种立场都是完全可行的,但你采取的立场需要证明和解释。

4.2.2 学生们对于评估和反馈的看法

(行为科学)[劳拉(Laura)]

劳拉正在分析学生们在远程教育中对散文所得评语的反应。她的研究问题是:“评语是否在需要的时候表达了必要的反馈意见?”她的资料来自对11个学生所做的主题访谈,这些学生是从四个不同地区选取的。她的初步发现表明,学生们想得到关于散文的更为详细的、批评性的反馈意见,这样的话他们就能知道自己的差距是什么,以及如何来弥补差距。

劳拉将研究的理论基础描述为诠释的方法,它建立在研究者和被访者是如何阐释世界的基础之上,并试图实现二者的视域融合。这是个野心勃勃的计划,其价值需要在资料分析中加以阐明。事实上,要是把这项研究做成一个针对某个社会问题的描述性研究或许会简单些。但无论采取哪种思路,蒂皮的项目中也出现了的访谈资料的地位问题,都需要在研究中涉及。

4.2.3 足球与男子汉气概

(社会学)[斯迪芬(Steven)]

斯迪芬的研究路径建立在有关男子汉气概的理论基础上,这属于性别研究的一般性领域。具体来说,他的研究是有关球迷与男子汉气概的。他对于理解球迷的体验与其行为呈现方式(例如在媒体中)相对立这个问题有着浓厚的兴趣。

当描述所谓“体验”的时候需要谨慎从事。这是“切割蛋糕”的一种方式,别的研究路径(诸如体育运动的媒体呈现研究)使用其他形式的资料,无法与之直接相提并论。

他所使用的资料来自他对球迷的访谈。斯迪芬承认,他还需要理顺那些令人棘手的方法论议题,这些议题涉及他的抽样步骤、与被访者的关系以及他是如何分析资料的。他或许可以参考康韦尔(Cornwell,1981)有关健康、性别与贫困的研究,题目是*艰苦糊口*(Hard Earned Lives),这项基于访谈的研究与他的研究目的有共同之处。

在这种情形下,使自己熟悉那些有关分析访谈资料的方法论文献是明智之举。即使你站在对立的立场上,也需要证明其正当性,否则就有做无用功的危险。

4.2.4 外语课堂上对课文的处理

(英语)[皮亚(Pia)]

在芬兰,教科书是学习外语的主要手段。但以教科书为基础的学习常被看作是单调乏味的,或是让学生觉得毫无趣味。皮亚的问题是,人们是否以不同的方式谈论外语教学?它们之间是否存在着矛盾?她还有一个更大的关注点,即到底是什么阻碍了课堂的改革?

她的资料是由12份访谈构成的(一半是对老师的访谈,另一半是对学生的访谈)。她还实施了五个"边想边说"环节,在这个环节中,她要求学生做课文的练习,并同时把想到的东西说出来。这个创意颇为有趣,因为它试图把人们说的话与他们正在做的特定工作联系起来,尽管有可能人们的实践技能远比他们能用语言说明的内容复杂得多(Garfinkel, 1967)。需要在研究中对这种可能性做出分析。

皮亚把她的分析路径描述为话语分析(DA)。这意味着她对于找出谈论外语阅读的不同方式更为感兴趣,而不是要处理通过教科书学习外语的实际感受。假设后者可以被看作是社会问题的话,那么在话语分析与直接处理社会问题之间就存在着不相匹配的情况,因为话语分析假定关于社会定义的议题是最为重要的。这说明,要么就抛开话语分析,要么就要重新界定问题。

如果我们对教室里发生的事情感兴趣,那么就有一个更进一步的问题:访谈资料的适当性。难道我们不应当观察人们到底做了些什么,而是去问他们是怎么想的吗?我们谈论教育的方式是否与教育中真正发生的事情直接相关呢?

4.2.5 作为叙述的家庭悲伤与恢复过程

(精神病学)[凯塔林(Katarin)]

凯塔林分析的是针对那些经历了丧子之痛的夫妇的访谈。她对于家庭成员是如何建构有关其悲伤和恢复过程的故事感兴趣。她发现了起作用的三种话语:

- 宗教话语("万事澄明……我觉得自己的信仰增强了")
- 医学话语("我们的孩子没能活下来,这倒是好事,因为它的肺还没有发育好")
- 抗议话语("谁能决定哪个人能活,哪个人不能活?")

凯塔林把她的工作称为叙述分析。她把被访者的叙述当作是巧妙组织起来的故事,从而抓住了资料中生动的和具有理论意义的部分。

这里只有两点需要注意。首先,仅是找出被访者谈话内容中的不同话语可能会得到一份简单罗列的、还原式的清单。有时候,要想弄明白这些话语是以何种精巧的方式叠加在一起的,就得超越这份清单,才能在分析上有所斩获(参见Silverman, 2001:198-202)。

其次,在访谈(或对话)中,叙述的聚集总是一个双向的过程。因此,我们不能把被访者的问题看作是通往真实叙述的(可能是歪曲的)途径,而应当看作是某种叙述得以聚集起来的过程的一部分(参见 Holstein and Gubrium, 1995)。

4.2.6 丧偶者的叙述

(社会学)[莫伊拉(Moira)]

我们在第3章中首先碰到的是莫伊拉的研究。这里我描述一下她在一个研究生工作坊上对项目早期设想的介绍。莫伊拉当时使用的是她在早期研究中得到的访谈资料。她和凯塔林一样,关注丧偶者是如何组织有关丧偶的故事的。莫伊拉的研究路径取自常人方法学,后者关注人们是如何阐释谈话的合理性和道义感的。在这些故事中,人们表示,他们听到了(并先发制人地控制了)可能是针对他们的指责。如此一来分析充分表明,何以人们并不是"判断能力上的傻瓜",而是表现了对维持和修复道德秩序的切实关注。

她的方法来自萨克斯的成员身份的类别分析。她使用了巴鲁克(Baruch)关于母亲与残疾子女的"道德故事"作为例子。我们在前面几章已经看到,把研究建立在基于某种清晰的理论路径的早期研究的基础之上,是撰写成功的研究论文的一条捷径(参见第6章)。

莫伊拉在介绍中说明了她是如何使用这种方法来分析五份资料摘要的。随后,她还可以沿着既有的理论路径,更为深入地分析资料的一些片段,以便精确勾勒出特定的描述是如何支持特定的行动的。这些行动有"抱怨"、"为自己辩解"等。这样的话,她就能和凯塔林一样,避免仅仅是*罗列*不同类别的诱惑。

4.2.7 访谈:小结

从六项访谈研究中抽出了一些共同的主题,我在下文中做了概括。为了简单起见,我用问题清单的方式将其列举出来。这些问题都是你在计划进行访谈研究时需要考虑的。

很明显,此处和别处一样,我关心的是资料的分析,而不是搜集资料的技术。我坚信,所谓提供资料搜集的诀窍不过是要冒过于简单化或陈腐不堪的风险罢了。另外,在质性研究中,当你企图搜集资料时会发现,调查地点本身就是资料来源,而不仅仅是有待解决的技术性问题(参见第17章)。

你赋予资料什么地位

许多访谈研究都被用来获取被访者的想法。在多大的程度上可以认为人们只赋予其经历一种意义?难道一种情形(例如在公共教养院中生活)或一项活动(如作为一位男性球迷)就没有多重意义吗?这些意义可以是人们告诉研究者的,彼此倾诉的,也可能是告诉护理员和其他人的(Gubrium, 1997)。

这引发了一个重要的方法论问题,即是否能把访谈中的回答当作获取"经历"的直接途径,或是当作积极建构的叙述(Silverman, 2001;Holstein and Gubrium,

1995)。这两种立场都是完全可行的,但你采取的立场需要证明和解释。

你的分析立场是否与实际关注的问题相适应

如果你的目标只是要对某个给定的社会问题做出回应的话,那么某些野心勃勃的分析立场(如诠释学、话语分析)倒可能会喧宾夺主,议题本身反而显得不重要了(例如,在一个老年人社区生活和应对,学生们对评估和反馈的看法)。要是这样的话,不如承认存在着处理资料的多种复杂的方式,但却将你的研究设定为一项基于某个清晰的社会问题的描述性研究。

访谈资料是否真的有助于你处理问题

如果你对教室里发生的事情感兴趣,那么是否应当把访谈作为主要的资料来源呢? 细细思索你为什么决定做一项访谈研究。当然,这样的话搜集资料会相对快一些,但仍然没有文本和档案研究来得快。你在多大程度上受到媒体中无处不在的访谈的影响(Atkinson and Silverman, 1997)?

在教室这个例子中,难道你观察不到人们*干*了些什么,而偏偏要去问他们是怎么*想*的吗? 或者也可以搜集学校的常规档案,例如学生的成绩单、目标宣言等?

当然了,可能你还是想做一项访谈研究。但不管你采用什么方法,都需要证明其正当性,并且表明,你已经考虑过了相关的实际性和分析性议题。

你的研究目标是不是太大了

为研究设定一个相对谨慎的目标会有助于你开展研究。对原创性、研究范围或研究的可应用性所做的大而无当的宣称是不会长久的。在说明你所采用的研究路径时要小心谨慎。要表明你已经认识到,它是"切割蛋糕"的一种方式,而其他的路径,使用其他形式的资料,是无法与之相提并论的。

适当的分析会超越固定的条条框框

按照某些理论主题找到资料中的主要要素只是进行资料分析的第一步。通过考察这些要素是如何联系在一起的,你就能把访谈员和被访者的生动沟通展示出来,并能像他们一样,说出一些生动和有创意的话来。

下面我们转向民族志研究,它包括观察的某些要素。接下来将会看到,这些种类的研究同样引发了复杂的方法论和分析性的议题。

4.3 民族志

民族志的基础是在特定的环境下进行观察工作。民族志研究的最初推动力来自人类学。人类学家认为,如果你的确想理解一群人,就必须进行长时间的观察。人类学的田野工作通常意味着在学会当地语言并参与当地人的社会事务的基础上,在一种文化中生活长达数年的时间。

与之相对,非人类学家则更愿意研究周围的具体生活或他们自己社会中的亚文化。接下来我们就要讨论后一种研究路径的几个例子,这些发生在教室、医院和互联网上的互动构成了研究观察的对象。

4.3.1 关于小组学习中同伴互动的沟通功能的分析

(**教育**)[**凯洛琳**(Caroline)]

在小组中学习已经成为现代社会的一个普遍特征。这种"学习"的性质引发了与已知的社会问题相关联的一个问题,它虽然清晰但却缺乏研究。凯洛琳评论道:"当小组学习没有老师的直接控制时,孩子们通过语言沟通来建构知识的方式一直没有得到充分的研究。"

凯洛琳在班级小组中选择年龄在 10 到 12 岁之间的孩子进行调查和搜集资料,他们学习的是数学、科学和语言三门课程。她关注的焦点是"同伴互动的社会认知与人际交往的动力",所采纳的分类则以"在互动中辨识出来的沟通的功能"为基础。

这是一个从理论上加以界定的问题,但却可能提供有实际意义的信息。它所使用的方法得到了清楚的界定,来源于话语分析的某种形式。但凯洛琳的研究还引发了一个更为一般性的议题,即研究者如何辨别出资料中的特征。

凯洛琳在"互动中辨识出的沟通功能"中分析了那些消极的态度,这种做法引起了人们对社会研究中被忽视的一个议题的关注:即分析者如何辨别出资料中的特征?众口一词的答案是:要遵循适当的程序性规则。例如,资料的编码员通常按一定程序接受训练,其目的是确保研究路径的一致性。

这是一个可靠的和值得信任的方法,它是用来提高研究方法的信度的。但要知道,编码绝不是科学家们的专利。在某种意义上,这些学生像我们所有人一样,也对他们在周围听到和看到的东西进行"编码"。另外,这种"编码"还可以发生相互作用(Sacks, 1992; Silverman, 1998)。

当然,就像我在前面说到的那样,研究"蛋糕"可以用许多不同的方式进行合理切割。所以我并不赞成研究者们仅仅把"编码"看作是纯粹分析者的问题,并从而忽略了普通人的工作。相反,我至少建议,他们应该提及并对这一广为人知的评论作出回应(参见 Clavarino et al. ,1995)。

4.3.2 分析放射科医生是如何工作的

(**信息处理科学**)[**朱莉亚**(Julia)]

放射医学像许多医学专业一样,最近经历了巨大的技术变迁。传统的 X 光片被补之以计算机化和数字化的照片。朱莉亚指出,任何新技术在创造新的可能的同时也带来了新的制约。她关心的是工作场所中这种以技术为中介的互动形式。

朱莉亚使用录像带、观察和访谈来搜集有关放射照片分析会议的资料。通过考察工作场所中的实际互动,她希望能促进有关人—机互动的知识积累,并为日后的技术设计做铺垫(参见 Suchman, 1987; Heath, 2004)。

希望你会同意这种说法,即把在理论上界定的研究路径与实际问题结合起来是令人振奋的。但朱莉亚却写道,她关注的则是访谈和录像带中都丢失的某种东西:

> 到目前为止,很显然,研究中有一些东西是我无法通过访谈"触及"的(人们不太乐意把那些对他们而言非常熟悉、司空见惯的内容表达出来),也无法通过观察以及视频资料的互动分析"触及"的(那些方面不太明显,难以直接观察到)。

朱莉亚以一种非常复杂的方式提出了一个时常困扰研究生的问题:任何资料来源都必然是"片面的"。我相信这个问题很大,但从实践层面来说又很容易解决。你只要别企图发现"完整的图像"就行了。你需要单独分析不同类型的资料,并意识到所有的资料都是片面的。

你知道在任何研究地点都有多种可供研究的现象,但有了上面这种意识,你就可以应付自如了。要是必须超越具体的资料,那也得等到你完成小规模的分析之后。在我看来,开头就担心"完整的图像"实在是使研究止步不前的"诀窍"(参见 Silverman and Gubrium,1994)。

4.3.3 互联网上的新闻组

(社会学)[丹尼(Danny)]

丹尼的话题是互联网。他关注的是人们是如何通过网络,而不必借助音调调整或身体语言集合成一个社区的。更宽泛的议题则包括互联网是如何管理的,它是如何发展的,以及在网上人们交换了些什么。他打算把注意力放在网络新闻组上,因为它们的讯息是公开的,而且它也为观察"社区"是如何聚集、如何发展的提供了一个有趣的途径。

丹尼的研究路径来自他本人的兴趣,他把网络看作是新的权力所在地。出于这个目的,他借用了德国批判主义哲学家于尔根·哈贝马斯的"扭曲的沟通"这一概念,并沿着这个思路,把人们实际的沟通方式与哈贝马斯的规范理论相比较。

丹尼的研究显示了进行理论选择的意义。使用哈贝马斯的"扭曲的沟通"这一概念,会给他的研究一种有别于其他理论的独特的推动力。

即使你想避开这些宏大理论,这本身也是个理论选择!在这个意义上,没有人能(也不应当)逃避理论。同时,只要研究者对自己采用的理论保持警觉,做一项描述研究就不会出什么错。

4.3.4 民族志:小结

再说一遍,我关心的是你如何来分析资料。下面我来概括一下前面提到三个问题。

对资料进行编码涉及哪些内容

我们已经看到,资料编码员通常按照一定程序接受训练,以便确保使用的方法是一致的。在本书的稍后部分,我们考察了计算机辅助质性资料分析是如何协助这种编码的。

但正如我已经指出的那样,“编码”并不是研究人员的专利。我们每个人都对周围发生的事情进行“编码”。

对此,可以把这种日常“编码”(或“阐释性实践”)作为调查对象。或者,我们也可以用更为传统的方式进行研究,但要对针对这种方式的广为人知的批评作出回应。

我的资料是“片面的”吗

当然是。但这并不是问题所在——除非你不切实际地宣称要描绘出“整幅图画”。那么为资料的片面性欢呼吧,为现象的具体性欣喜吧,因为它使你能够进行细致入微的分析。

我的理论恰当吗

理论必须与你感兴趣的研究问题相适应。理论不是一种约束,相反,它可以为你的研究带来多个前进方向。

4.4 文 本

把有关“文本”的内容作为一个独立的部分似乎有点多此一举。人们在网络上不正是在建构文本吗?而且,如果我们把访谈看作是叙述的话,那么当研究者分析打印出来的资料时,同样意味着寻找文本特征。其实,把访谈转录出来就意味着把它变成一份写好的文本。

在这个部分,我把文本作为一个探索工具,来寻找那些由单词和图片构成的资料。这些资料是在没有研究者干预(例如通过访谈)的情况下被记录下来的。接下来我考察了关于文本的五项研究。

4.4.1 分析宗教教科书

(师范教育)[珀梯(Pertti)]

自从1985年以来,芬兰的学校采用了一份关于宗教课程的说明大纲,这个大纲主要建立在芬兰路德教会(the Finnish Lutheran Church)的三部教科书基础上。珀梯的研究路径是把这些教科书当作是一种文学类型(参见Silverman, 2001:198-200),它向学校渗透了某种价值观。他考察了诸如目录的特征之类的内容,并提出这样的问题:“在这些文本中,他者是如何通过特定的分类方法得以建构起来的?”他的分析取自米切尔·福柯(Foucault,1977,1979)对主体和纪律的建构的讨论。

资料的可控制性给这项研究带来了不少便利——三本教科书足够用来进行珀梯想做的分析了。分析遵循一种得到清晰界定的理论路径,尽管同时处理福柯式的观点和文学意义上的作家可能不太经济。具体而言,站在福柯式的立场上,你可能想从教育本身来研究它,而不是运用从文学研究当中发展出来的观点来作研究。

4.4.2 日本"现代性"的形式

(**社会学**)[**尤基**(Yoji)]

对于日本现代性在多大程度上依赖于来自西方的概念和实践(例如,假定历史是"进步"的),以及它在何种程度上是西方殖民化的特征,尤基表示出了浓厚的兴趣。他的资料来自东京城市空间的呈现方式。尽管主要关心的是家庭,尤基对其他的机构,如监狱、警察局、医院、学校和工厂也很有兴趣。

尤基的研究路径来自福柯(Foucault,1977)关于空间的微观政治学论述。从这个视角出发,他关注的是空间是如何被种族化、殖民化和性别化的。这又引发了对空间是如何建构"现代"主体(如"我们"和"他们")以及"内城"和"外城"(如市中心和犹太人区等)的关注。

尤基和珀梯一样,采用了一种清晰的分析路径。不过他可以借鉴珀梯采用的小数据库的方式,这可以通过集中处理一份档案或资料来实现。现在他正在分析修复的明治时代建筑物的历史资料,而且集中处理一个这样的时期和/或把资料限定在视觉图像或某些文本上可能会很有成效。

4.4.3 中年妇女的身体在20世纪的医学化

(**社会学**)[**格里塔**(Greta)]

格里塔对于中年妇女何以成为医学和心理学话题感兴趣。格里塔和珀梯、尤基一样,使用的都是福柯的话语分析方法,关心主体在权力/知识的多种形式中的建构。通过使用这种方法,她得以描绘出医学中的关注点是如何从生物医学模型转变成医学心理学模型,并在最近又转变成医学—心理学—社会学模型的。

她的资料来自《英国医学杂志》(*the British Meddical Journal*)、医学教科书和1970年代更年期专科诊所的历史记录。在研究初期,仅是关键词分析就带来了丰硕的成果,例如它阐释了临床上的"妇女慢性盆腔痛"是如何出现在话语中的。

随着研究的进展,格里塔像凯塔林和莫伊拉进行的访谈研究一样,试图描述不同的话语是如何层压在一起的。她还得决定,是否要寻找更多的资料(如妇女杂志的建议页上刊登的文章和信件),还是压缩她已获得的资料的数量。

4.4.4 本地报纸是如何呈现"犯罪"的

(**社会学**)[**凯**(Kay)]

对英国报纸的分析通常将注意力集中在大众流通媒体上,并且运用来源于马克思主义或文艺研究中的理论模型进行分析。凯的研究则与众不同,她使用的资料来自当地的小报,还吸收借鉴了报纸研究文集,而这些研究都使用了成员身份的类别分析方法(参见 Silverman, 1998:第5 章和第7 章)。凯把两份不同地点的报纸——一份伦敦郊区报和一份北爱尔兰的城市报纸——结合起来研究,这构成了很好的比较视角。通过考察本地报纸在描述犯罪时使用的类别(例如全国和本地二者间的界限),可以发现这种比较的价值。

凯和珀梯一样很好地掌握了资料。她把资料的范围限制在两份报纸关于"犯罪"故事的标题上,从而可以很方便地进行"细致入微"的描述。她和格里塔一样都使用了清晰的分析路径,当她试图揭示资料中建构的精致的关系丛时,这种方法发挥了巨大的威力,远远超出一个简单的列表工具所能做的一切。

4.4.5 高等教育中的"事业话语"

(**社会学**)[**内尔**(Neil)]

内尔的研究关注的是高等教育中的策略发展文件,这些文件是随着近来第三部门的发展应运而生的。他关心的是所谓"事业话语",以及它是如何构成专家们的认同概念的。

内尔像凯一样,最初的研究路径都是来自常人方法学,并且建立在萨克斯的成员类别分析基础之上。但内尔承认福柯的研究方法很有吸引力,并试图用福柯的"文本建筑"概念来重新确定问题。

内尔遇到的难题是,福柯并没有提供一个清晰的方法论(可以参见 Kendall and Wickham, 1998)。他试图从费尔克劳夫(Norman Fairclough)的"批评逻辑学"和符号学对结构聚合关系的研究中找到一种可用的方法(参见 Silverman, 2001:198-200)。使用这些方法的目标是分析整个文本而非若干摘要。当内尔把资料分析的细节展示出来时,这些方法的价值就更加显而易见了。

但我仍然觉得忧心忡忡,因为内尔只分析了一个案例,资料的确太少了。但就像米切尔(Mitchell,1983)说的那样,质性分析的效度更多地取决于分析的质量,而不太取决于样本量的大小。此外,通过把不同的因素进行区分、比较,即使是一个案例,也还是能够运用比较方法的。

4.4.6 文本:小结

将资料限制在一定范围内

文本分析和许多其他的质性研究方法一样,依靠细致入微的资料分析进行。为了使这样的分析变得有效,就亟需把分析的资料限制在一定范围内。所以,尽管在研究刚开始时搜集不同类型的资料(如报纸上的报道、科学教科书、杂志的建议页)是有用的,通常还是只搜集那些分析起来最有效的资料组。选定了采用何种资料后,就应当进一步限定资料的范围,可以只分析文本的几页或文本的某些部分

(如标题)。

选择清晰的分析路径

上面讨论的所有文本研究都认识到了选择一种清晰界定的方法是很有价值的。尽管内尔不能确定到底选择何种方法,但他也相信这很关键。选择研究方法(如福柯的话语分析,索绪尔的符号学,萨克斯的成员身份类别分析)后,便可以把它当作一个提供了一组概念和方法的"工具箱",以便选择资料并开展分析。

恰当的分析绝不仅是提供一份清单

在上面讨论到访谈研究时,我曾经反复重申这一点。对我而言,质性研究的独特贡献在于,它能够利用理论资源对公开的少量资料进行深入分析。这意味着我们不能像量化研究那样,仅仅满足于对资料进行简单编码。相反,我们需要表明(在理论上被界定的)要素是如何聚集在一起或是如何相互层压的。

4.5 录音带

到目前为止提到的三种质性资料都可以归结为某种文本类型。例如,在访谈研究中,研究者通常分析书面的记录,在民族志研究中,研究者常常进行录音,并分析书面的田野笔记。

同样地,对自然发生的互动的录音通常在分析之前(并作为分析的一部分)就被转录下来。分析转录内容的两种主要的社会科学传统分别是谈话分析(CA)和话语分析(DA)。关于谈话分析的简介,可以参见"十要"ten Have,1998;关于话语分析的介绍,可以参见波特和韦瑟雷尔(Potter and Wetherell,1987)以及波特(Potter,2004)的作品。下面的两个例子都是关于谈话分析的运用的(第2章讨论的西蒙的研究中,还有一个更深入的例子)。

4.5.1 临终安养院中的队会

(**社会学**)[**安东尼**(Anthony)]

在做硕士论文的同时,安东尼开始在伦敦郊外的一家临终安养院做志愿者。院里的职员直到后来才允许他用录音机把他们的一部分工作录制下来。他之所以选择队会作为研究对象,是出于两个原因。首先,搜集这样的资料不必打扰病人。其次,讨论病人的队会是按期发生的事件,所以安东尼用不着浪费时间等待"相关"资料的出现。而且,另外一个研究者已经录制了一些安养院的队会,并愿意把高质量的磁带借给他。

安东尼在硕士论文中使用了谈话分析的方法,并运用杰弗逊(Jefferson)的对话转录法转录他的新资料(参见本书附录)。接下来他遵循谈话分析对谈话的组织序列的关注,考察了转录稿。经过初期一系列断断续续的观察后,他选定了出现争议并由队员解决的那些序列进行研究。通过"偏好组织"这个概念,他使用谈话分析方法广泛研究了一致和争议是如何被处理的(Heritage, 1984:265-9)。但如今安东尼认识到,资料允许他用一种新的角度分析"第三方"是如何应对他人的争执的。这看上去不仅在分析上有趣,而且在实践中也与医学人士关心的有效决策问题密切相关。

4.5.2 母语为英语者与其他人互动中的不对称

(英语)[马拉(Marla)]

马拉正在分析录制下来的自然发生的对话,这些对话是母语为英语者和芬兰人(系非正式对话和专业人士/案主的会面)用英语进行的。她指出:

> 语用学和社会语言学的研究表明,当对话者的语言学资源和社会文化资源不完全一致时,多种形式的沟通困难就会出现。

但她采用了一种不同的方法。她没有把不对称看作是"困难",而是想要考察参与者是如何"把不对称当成一种资源来使用,并以此来对话语背景和人际关系进行重新协商的"。

本研究和其他优秀的研究一样,建立在反直觉的想法基础上,它来自于一个清晰的理论视角(谈话分析表明,参与者可以把明显的困难当成是资源来使用)。马拉的资料、方法和分析路径完美地结合在一起,就像安东尼的例子一样。

4.5.3 录音带:小结

选择一个概念或问题

选定一个清晰的分析路径是有帮助的,但绝非一劳永逸。危险在于,你想从那种研究路径中获取太多的发现或概念并加以运用。这会使你的分析显得混乱而单薄,或者使研究沦为与概念相一致的现象的简单罗列。你可以把问题缩小为一个(例如偏好组织或可以作为资源的困难),然后再开始进行生动的观察。

为问题赋予一个新角度

随着资料分析的进行,你应当为已选定的概念或议题赋予一个新角度。在上述研究中,我们已经看到,可以通过反直觉的想法和标记文献中极少处理的某种额外特征做到这一点。

尽可能简便地搜集资料

对绝大多数学科来说,搜集资料都不会得到"品行积分"——也许人类学是个例外,因为大多数人类学家在规定的年份里都和"部落"呆在一起。选择"困难的"情境进行资料搜集(可能是因为"相关"的事件没有发生,或是背景太吵,录音效果差),结果可能导致在更为重要的资料分析阶段,你用来分析的时间太少。

马拉和安东尼都发现了在实践中有效搜集资料的方法。他们都选择研究规律性的会面,安东尼则用其他人录制的磁带作为自己资料的补充。我在前文指出,对其他人搜集的资料的二手分析应该提倡而不是反对。

4.6 录像带

当人们进行面对面的互动时,他们不单单使用语言——除非是在打电话。分析录像资料的研究者能够发现语言之外的许多其他线索。但就像我们将要看到的那样,复杂的资料常常意味着复杂的分析!

4.6.1 桌面型视频会议环境下的谈话、文本和视觉沟通

(英语)[厄尔基(Erkki)]

厄尔基正在对一项为期一个月的教学实验进行研究,实验内容是把大学课程放在互联网上进行教学,实验地点是芬兰和瑞典。想法和论文定期交流,每周的报告会和反馈环节也通过视频会议(互联网讨论会)举行。两地的视频环节都作了录制并转录成文字(参见 Heath, 2004)。

厄尔基把谈话分析和戈夫曼(Goffman,1974)关于特定场合所接受的"参与框架"的概念结合起来进行分析。当然这个场合是不同寻常的,因为参与者对时空的共享是通过技术手段得以实现的。在某些场合,照相机的位置被固定下来。而在另外一些场合,照相机则在参与者身边不停地移动。这使厄尔基能够把握视频会议技术的不同使用是如何影响互动的。

厄尔基把能够处理的资料和一种清晰的理论路径("参与框架"),连同系统设计所需输入的内容结合起来。但正像她认识到的那样,处理视频资料是非常复杂的,因为转录和分析都比是录音资料的情形要复杂得多。好在这方面(即以技术作为互动中介的那些互动)的谈话分析越来越多,这使厄尔基可以把它们当作模型来使用(Heath,2004)。

4.6.2 母亲与一岁以内婴儿的互动

(芬兰语)[苏珊娜(Suzanne)]

这是一项对苏珊娜的孩子萨拉(Sara)和其他人之间互动的研究,研究基于九个半小时的视频资料,内容是萨拉一岁生日前的22个生活片段。苏珊娜最早关心的是,婴儿在多大时开始模仿别人。后来她打算描述在孩子的不同年龄,她对孩子说了些什么(以及以何种方式)和在孩子学说话的过程中,哪些语言要素开始出现。

她和厄尔基一样,也使用了转录的方法,并从谈话分析那儿借用了一些分析思路。她以这种研究路径为基础,把母—子之间的谈话看作是互动,例如母亲在具体情境中是如何阐释婴儿的话和行为的,以及她对此作何反应?

在她的研究介绍会上,苏珊娜提交了一组问题,我列在下面并给出了自己的答案:

- 一个婴儿(我自己的孩子)的资料够不够?对质性研究来说,一个案例就足够了。但很明显有一个问题需要考虑,即你本人就是案例中主要的行动者,这是否合适?不过从谈话分析的角度看,由于我们的行为非常复杂,以至于连我们自己也无法掌控或改变它,从这个意义上说这样做问题不大。
- 因为没法总能看到母子在一起,那么一台摄像机够吗?这不是主要的缺陷。一旦认识到不存在"完美"的互动记录,那就只能基于你能获得的东西进行研究。
- 基于十小时的录像带,在多大的程度上能够重构出婴儿与家人之间的互动的方方面面?永远也不要企图重构出互动中的一切!这不但不可能,而且很可能使你偏离某个清晰的问题焦点。
- 对互动情境的分析是否能提示一些线索,说明婴儿是如何反过来阐释母亲的行动的?谁知道婴儿(和母亲)在想什么?谈话分析指导我们观察每一方做了什么,而无法推测他们在想什么。
- 是否应当把与姿势和表达方式有关的模仿从语言模仿中抽出来单独加以分析?不!应当使用丰富的视频资料来考察谈话、姿势和表达方式之间的相互交织。
- 是否应当使用更多的研究方法(如诠释学)?想也别想!一发现某种方法适合你,就要坚持下去。使用多种方法一点也不经济,而且可能导致研究推迟完成。
- 我们应如何区分"模仿"和诸如"重复"等其他行为?观察母亲是如何对待孩子的话的,例如是否会表扬她。但要做好换题目的准备。"模仿"可能使你在一开始就能抓住问题,但细致的描述也许会使你走向别的方向。

4.6.3 伦敦西班牙移民的种族认同建构

(社会学)[维维安娜(Viviana)]

维维安娜的研究关注的是文化消费类型,即一代与二代移民之间的代际差异。她已经从访谈研究转向主要依靠观察和录制西班牙人家庭一起看电视的场景。

维维安娜的研究涉及两个相互重叠的领域——媒体研究和民族研究。很重要的一点是,她应当想明白主要的问题是关于媒体信息接收的,还是我理解的那样,是关于民族认同的,只是把媒体作为一个案例来研究。此外,尽管视频是很好的资料,但分析它却是相当的困难。即使对访谈资料的分析也有上述所有的困难(参见上文),但它似乎更适合研究种族认同的问题。通过录像你得推断人们的认同。通过访谈,你却可以请人们说出他们的认同。

4.6.4 "女性经历"在电视上是如何被呈现和问题化的?

(社会学)[诺拉(Nora)]

诺拉的研究关注的是"忏悔"类的电视节目,即由 Oprah Winfrey 和别的脱口秀呈现的那些节目。她尤为关注这类节目是如何运用"心理健康"的。

她指出,大多数优秀研究都把关注点放在与民主和抵抗有关的观众参与上。

这类研究的问题是,它们只是简单提出权力、阶级和性别的一般性结构。而诺拉则遵循福柯的研究方式,试图把主体性问题化。具体而言,她对权力的生产力感兴趣,即它对女性而言意味着什么,哪些行动者可能会接受这种主体立场,以及建构权力的知识类型是什么。

她的研究从福柯式的视角出发,把关注对象放在媒体产品上,并承诺要开辟一片新的研究领域。但主要的困难是,福柯的作品中缺乏关于媒体产品方面的详尽的经验研究。所以我建议她迅速回顾一下其他研究传统的方法论,看看是否有什么有价值的东西可以借鉴。具体来说,谈话分析就是一种详细地转录视频资料的方法,并能够处理单一个案研究的信度和效度问题(Peräkylä,2004)。

4.6.5 录像带:小结

前面有关录音资料的要点都在这里用到了,所以这里只涉及我对视频资料研究的一些其他观察。

处理复杂资料时要小心谨慎

尽管视频资料非常引人入胜,但分析起来却非常麻烦,因为转录和分析过程都比录音资料困难得多。所以对于研究是否需要视频资料,请你三思而后行。比如说,福柯和认同理论都没有为视频资料分析提供清晰的模板,这与谈话分析完全不同。

尽量简单

你可不是在拍故事片!一台摄像机就能满足绝大多数要求。有了资料后要明确一个研究焦点。永远也别企图重构出录像带记录的互动的方方面面。

坚持一种研究路径

你可以用各种方式检验分析资料的不同方法,但一旦确定,就只使用一种清晰的分析路径。只有在需要特定的技能时(例如在转录视频资料时),才可以利用一下其他的研究方法。

4.7 多元方法

研究者时常想使用多种方法。例如,民族志作者常常想把观察和对"重要报告人"的访谈结合起来。在下文中,我考察了四个民族志作品,它们都运用了观察以外的其他方法。

4.7.1 文本是如何建构的

(社会学)[安妮(Anne)]

安妮的研究关心的是,一个文本从书籍转换成电视或电台节目时是如何变化的。她还关心表演这一中介会导致什么效应。

她的研究路径来自于中介理论方面的文献,这些文献是有关文学作品、电影、声音/音乐和艺术的。尽管或许要做大量的工作来区分这些理论和日常的假定,因为日常生活经验也告诉我们,当书籍内容被转换为大众媒体产品时,有些东西"丢失"了,但这些文献还是为她的研究奠定了坚实的基础。

安妮打算研究媒体在生产过程中的实践行为,她还想访问转换者、剧本作者和演员,试图理解中介者们熟知的那些原则。看上去这是个很有趣的项目,它分析的是可以获得的资料。但我担心她的资料分析会不会太简化了,因为她关注的是媒体实践和产品,却把那些生产过程中的"意图"抛在一边,而且只分析一份文本的转化。

4.7.2 博茨瓦纳妇女的公共生活(1800 年以来)

(**社会学**)[**莫西**(Mercy)]

本研究是对莫西早期研究的发展。它围绕着有关妇女、权力和政治的问题展开,背景是博茨瓦纳的社会与文化。她的研究取自女性主义视角,即关注那些限制妇女在博茨瓦纳发挥政治影响力的因素。这意味着她着重关注父权制度,它体现在 kgotla 体系中和妇女破碎的公民权利之中。由此引发出一系列的研究问题,包括妇女经历的变迁,限制妇女参与政治生活的规定以及外部因素的影响作用。

为了回答这些问题,莫西打算使用三种方法:访谈、焦点组和档案材料分析,还有可能借鉴福柯的某些思路。但她的研究要获得政府的支持才行,这使她可能会受到一些限制。

这是个野心勃勃的研究项目,如果只使用一组资料,可能更容易管理。最好不去援引福柯的东西,除非决定把文本资料作为首要的关注对象。但就像所有的实地研究一样,应当把她与官方机构打交道的经历也作为资料,而不是当作资料收集前遇到的技术性难题才有意义。

4.7.3 战后美国的"音乐会舞蹈"

(**社会学**)[**里塔**(Rita)]

里塔的教育背景先是学习舞蹈,近来则研习社会学。里塔发现,二战后,美国政府通过派遣文化"大使",与舞蹈界建立了一种新的关系。这一时期恰与美国舞蹈"风格"避开表现主义走向形式主义同时。

里塔想解释美国政府支持舞蹈背后的政治考虑,以及一种新风格的出现。这种风格避免表现"自我"或"内在情感"。她把焦点放在两组舞蹈公司上,同时还考察了舞蹈表演和舞蹈理论家的论述。

里塔的方法来自于布迪厄的著作,她借鉴了他的相关论述。布迪厄认为,团体是一个场所,行动者在这里为了得到支配权而斗争。布迪厄的著作应当能够帮助她实现综合历史学与社会理论的宏伟目标。

把用不同方法收集的资料合并在一起是否可行还不能确定。这不仅扩大了研究范围，而且引发了许多复杂的问题，即如何确定一组资料和其他组资料之间的联系及相对重要性。（参见第14章我对多方参较的评论）。

4.7.4 妇女如何体验抑郁症

（社会学）［菲莉帕（Philippa）］

菲莉帕的研究关注的是，当妇女在精神病社区中生活时，她们如何体验抑郁、自我和认同。她对这个问题的兴趣部分来源于家庭和工作经历，部分则是出于好奇心，因为统计数据显示被诊断为“抑郁症患者”的妇女是男性的两倍。

她的分析路径来自福柯的谱系学分析，并随之关注“抑郁症”是如何构成的。这种研究路径不同于女性主义，后者关心的是父权制和厌女症，并且从符号互动论的角度出发，关注精神病专家的贴标签行为。从这种路径生发的研究问题有：当妇女是“抑郁”的主体时，她们如何谈论自己？和“正常”的人相比，她们如何给自己定位，如何谈论自己？在探索抑郁症是如何构成、如何被治疗时，我们在多大程度上能够发现“药理学文化”的痕迹？

她的资料来自那些她作为咨询师在工作中遇到过的妇女。不同寻常的是，尽管使用了这种研究路径，菲莉帕最初却选择运用问卷来搜集资料（这部分反映了她对于访问那些她咨询过的人缺乏自信）。问卷的试调查显示，不应答率很高。她于是修改了问卷，并计划做一些档案资料的分析。

菲莉帕明白，也许有更好的研究设计。具体来说，使用焦点组或只设一个问题的开放式访谈（例如“告诉我你的故事”）可能会克服使用引导性问题或难以回答的问题带来的麻烦。然而，她的项目野心不小，而且她可能想完全依靠可用的档案资料进行分析，并且一如既往地展现福柯风格。

4.7.5 多元方法：小结

保持简洁 Ⅰ

多元方法和录像带一样充满了诱惑，因为它们似乎能提供一幅更丰富的图画。但你需要注意，使用多种来源的资料意味着你得学习更多的资料分析技巧。你得抵制这样的冲动，即当分析一组资料遇到困难时，便想避重就轻地使用别的资料。

保持简洁 Ⅱ

因为你希望看到一种现象的多个方面，所以你常常想使用多元方法。但这也可能意味着你还没有把研究问题缩小到足够窄。有时候，更好的办法是把分析不同种类的资料当成研究的一次“演练”。要是这样的话，“演练”就成了一次有用的测试，以便发现何种资料最容易搜集和分析。

保持简洁 Ⅲ

“标示”出不同类别资料之间的关系，这或多或少是一项繁复的工作，不过复杂程度则取决于你使用的分析框架。具体来说，如果你把社会现实看作是在不同背景下以不同方式建构的，那么你就不能只关注那种很明显的“现象”。

应该仔细考虑研究设计，而不是匆匆选择一种最诱人的设计。但提出上述几条忠告并不是说不能使用多种搜集资料手段。最后，一切都取决于资料分析的质量，而不是取决于资料本身的质量。

4.8　结　论

在本章中，我们考察了学生的研究项目的早期阶段，并给出了下述几条建议：

- 分析时要界定研究问题。
- 把资料限制在一定范围内。
- 阐明你的资料分析并不局限于简单罗列现象。
- 提出研究目标时要谨慎。
- 想想你的研究与其他学者的研究是否相关，与“社会”是否相关。

界定研究问题

（1）研究“问题”不是从天上掉下来的！有时候它们的来源是一次学术论战；有时候则来自某个迫在眉睫的社会问题；无论如何，你都得考虑一下你界定研究问题的方式，其*分析性基础*是什么。选定一种研究路径后，就把它当作一个“工具箱”，可以为你提供一组概念和方法来选择资料和进行分析。

（2）研究路径必须适应你感兴趣的研究问题的需要。其实，理论不是约束，而是能产生多个研究方向的资源（参见第 6 章）。它会影响你赋予资料以何种地位——例如，把资料当作对现实或真或假的呈现——以及如何编码。

限定资料的范围

（1）问问你自己，哪种资料最适合研究问题的需要，然后确定使用何种资料——例如，你是对人们想法如何或感觉如何更感兴趣呢，还是对人们做了什么事儿更感兴趣呢？

（2）为了使分析过程有效率，限制要分析的资料的范围势在必行。所以，尽管分析不同类型的资料在研究初期可能有用，通常还是需要建立资料组，也就是那些分析起来最顺手的资料（参见第 8 章）。

（3）使资料搜集过程尽可能简便易行。大多数学科都不会为搜集资料增加“品行积分”。要是在“困难的”情形下搜集资料（可能因为“相关的”事件没有发生，或甚至因为背景太吵了录音效果很差），那么在进行重要得多的分析阶段时，你很可能投入的时间太少。

（4）对复杂性保持警惕。例如，就像你已经看到的那样，尽管视频资料很有吸引力，分析起来却难得多。所以请你把资料搜集过程变得尽可能简单。去寻找那些容易搜集到的资料。别担心它只给你提供了看问题的一个“角度”。有所失必然有所得！

资料分析要超越对现象的简单罗列

（1）选定一种清晰的分析路径会对研究有帮助，但绝非一劳永逸。危险是你可能想从那种分析路径中得到太多的发现或概念。这会使你的分析变得混乱和单薄，或者沦为简单罗列那些与每个概念相一致的观察。把问题缩小为一个，那样你就可能有新的发现。

（2）根据某种理论纲要确定资料的主要要素，这是资料分析的第一步。接下来要考察的是这些要素是如何联系在一起的（参见第 11，12 章）。

（3）在资料分析过程中，你应当为选定的概念或问题找到一个新角度，你可以提出一个反直觉的设想，或是把文献中很少提到的某个额外的特征标示出来。

谨慎地提出研究目标

提出谨慎的研究目标会有助于研究的开展。对原创性、涉及范围或对社会问题的适用性夸下海口，到头来只会竹篮打水一场空。在确定研究目标时要谨慎小心。它只是“切蛋糕”的一种方式，而使用其他资料的别的路径，没法直接与之相提并论。

相关议题

（1）完成研究后，好好想想本研究对当今的学术论争有什么贡献。它是如何使我们的知识得到增长，或是如何改变我们对特定的方法、概念的认识的（参见第 24 章）？

（2）你所采取的分析立场对于你关心的问题而言是否适当？例如，当代许多社会理论看待世界的方式都有所不同，或是从被访者角度，或是从政策制定者或实践者角度。要是你使用了一种研究路径，就有必要仔细考虑一下你能为这些群体提供什么东西——当然了，你也能够给他们提供许多有趣的发现，而且比大多数传统研究的发现要多得多（参见第 24，28 章）。

要　点

在本章中，我们考察了学生的研究项目的早期阶段，并给出了下面的建议：

- 在分析上界定你的研究问题。
- 把资料限制在一定范围内。
- 说明你的分析不仅仅是现象的罗列。
- 谨慎地提出研究目标。
- 想想你的研究是否与其他学者的研究相关，以及它与“社会”有什么关联。

练 习

4.1 下面的练习主要是为了帮助你思考本章出现的几项议题而设的,它们是关于用不同方式搜集和分析质性资料的价值和意义的。请按照以下的步骤进行,并最好与其他同学讨论:

1. 用不超过两句话界定你的研究问题。

2. 解释一下你打算是用什么方法来搜集资料。为什么要使用这种方法?

3. 为什么不能用其他方法?或者别的方法为什么不适合?

4. 你打算搜集多大规模的资料?少用一点资料能行吗?一定需要更多的资料吗?

5. 你欣赏哪种理论路径?在资料分析过程中,它在什么地方能帮助你,在什么地方会阻碍你?

6. 有没有其他合适的/不合适的研究路径?为什么?

7. 在你的理论/方法/资料中,什么地方可以简化,以便使你的研究更有效率?

拓展阅读

An excellent practical guide to the business of writing a dissertation is Pat Cryer's *The Research Student's Guide to Success* (Open University Press, 1996). Judith Bell's *Doing Your Research Project* (Open University Press, 2nd edn, 1993) is a much more basic treatment, mainly aimed at undergraduate dissertations. If you plan to do qualitative interviews, a useful website is:

http://www, andrle. org. uk

5 什么是“原创性”

What Counts as ‘Originality’?

读完本章，你将能够：

- 知道成为一名专业的研究者要具备哪些条件。
- 明白独立的批判性思考的基础是什么。
- 更加自信地追求“原创性”。

5.1 引 言

所有学生都想知道，什么样的标准才能让他们通过。许多学生在开始一项研究时都渴望能有“原创性”。对许多学生而言，不论研究是为了获得博士学位、硕士学位，抑或只是为了撰写一篇简单的本科论文，“原创性”都既是目标，又是评判的标准，审查人就是用它来攻击你的！

这些担心是出于缺乏知识，即你不知道接受新的、“更高”层次的教育能使你学到什么。在这方面，我们正在讨论的就是进入新的学习阶段后的共同经历。

许多社会转型都伴随着一些通过仪式，教育生涯也不例外。在英国的中学里，16岁后你就升入了六年级，这时候你得确定一个较窄的学习方向，并且要变得更自主、更坚强。在我所在的学校里，男孩子们刚脱下短裤就突然发现，级任老师称呼他们为“先生”。我们在教室里四下张望，但很奇怪的是，这个称呼就是针对我们的。

当你开始读大学时，这一过程还要以某种形式重复一次，全世界都是如此。现在你真的得靠自己了。你需要达到新的标准，而且还没有任何明显的支持渠道。时间是你自己的，你需要决定在图书馆、计算机中心待多久——或者，要是在英国大学的话，还要在学生会的酒吧待上一段时间。

接下来，更糟的是当你读硕士或博士的时候。似乎是一夜之间，过去你所能依靠的一切东西现在都不复存在。你不再是出色的本科生，而不过是芸芸众生之一，估计大家在本科时都是好学生。在过去，大学考试很神秘，你曾为之苦苦努力；如今，即使有一些更深入的书面考试等着你去参加，这也已经不是判断学生的主要标准了。

从学士到博士转变的困难在一定程度上得到了缓解,这就是对第一年的研究生提供一些课程,这些学生里有不少都已经获得了硕士学位。但还有一些过分的怀疑折磨着新入学的博士生。你"能行"吗?首先,你有创新的能力吗?或者说,你能学会"原创性"吗?

5.2 原创性

> 原创:不是从别处获得、复制、模仿、翻译得到的;新鲜的;创新的;独立发明的。(Chambers English Dictionary,1990)

在字典上查查"原创性"的含义,会发现它的含义有多种。你不想抄袭别人的文章,那么毫无疑问,你满足上面给出的"原创性"的"消极"含义:你的论文不像是"从别处获得、复制、模仿、翻译得到的"。

但"原创性"的"积极"含义是什么呢?你能做到"新颖的、创新的、独立发明的"吗?另外,既然英语同义词词典上说"想象力"和"原创性"有关,那么你有想象力的天赋吗?

不论你怎么回答这些问题,都会给自己带来麻烦!显然,要是你认为自己不是特别"新颖"、"有创意"、"善于创造"和"有想象力",那么你就会担心自己是否有能力进行一项有价值的研究。相反,如果你自信满满,那就很可能低估了这些名词对你的要求。

要是你怀疑我的话,可以浏览一下你所从事领域中的某本期刊上的书评页。我猜想,你可能在文中各处找不到这些单词。请记住,许多书评都是由著名学者撰写的,他们可都是以优异成绩取得博士学位的。

如果著名学者的文章也不都是"新颖的"、"有创意"、"善于创造"或者"有想象力的",那么你又有多大机会做到呢?答案是:毫无问题!这也许让你吃了一惊。

优秀博士论文的审阅者极少使用这些词汇。大多数学位论文不过是可靠的和符合要求的罢了。这实际减少了学术中使用"原创性"这一术语的频率。即使是诺贝尔奖获得者也会怀疑他们自己所谓的"天才"。相反,他们通常依靠研究团队的支持,并常常引用那句古老的比喻:"百分之一的灵感,百分之九十九的汗水。"(Mulkay,1984)

正如菲利普斯和皮尤所说,就博士的水平而言,"对知识有原创性的贡献"是一种非常含混的说法:"它并不是那种动摇学科基础的巨大突破。"(Phillips and Pugh,1994:34)按照库恩的说法(Kuhn,1970),博士的研究不太可能导致所在学科的范式转换。他们指出,博士论文说明你很好地掌握了所在领域的研究开展方式(例如,你能够进行库恩所谓的"规范科学"研究)。这在现实中意味着什么呢?

> 对已有研究进行综合,这是此前没有人做过的;使用已有的资料,但做出

> 新的阐释，为老问题寻找新证据……（以及）以某种方式进行知识生产，这种方式以前也没人用过。（Phillips and Pugh，1994:61-62）

从而菲利普斯和皮尤建议道，博士不太可能做出“原创性”的成果，较有可能的是向读者展示，你是一个“非常专业的研究人员”（Phillips and Pugh，1994:19）。这意味着展示：

- 你有些话想说，这些话正是你的同伴们想听的；
- 你对于“正在被你所在的学术共同体发现、争论、撰写和出版的东西”很敏感（Phillips and Pugh，1994:19）。

从而，最好把博士看作是进入学术共同体之前的一个学徒。这意味着：

> 你不是为了做研究而做研究；你做研究是为了表明，你已经学会了如何按照专业标准做研究。（Phillips and Pugh，1994:20）

5.3 成为专业人士

“原创性”只是伦敦大学的博士论文审阅人必须把握的四条标准之一。要授予博士学位，审阅人必须呈报下述内容：

- 本论文的确是这个候选人所做；
- 本论文对这一主题的知识作出了独特的贡献，并且显示了原创性，如新事实的发现和/或展示了*独立的批判力量*（这是我强调的）；
- 本论文在文字表述上令人满意；
- 本论文适合出版……可以直接提交出版或进行删节和修改后出版。

尽管上文提及的“原创性”是第二种意义上的，可所有这些标准都关乎专业性。我们自己只需要关注第二条标准：新事实的发现和/或展示了独立的批判力量。

在大多数社会科学的研究中，“新事实的发现”很少能成为重要的或有挑战性的标准。在自然科学中，可能博士生会发现某种新物质或新过程，并因此受到称赞。但在我的经验中，从事质性社会科学研究的博士生们很少说他们发现了新“事实”。要是他们真的发现了，很可能会面临这样的反问：“什么事实？”

例如，有这样一篇学位论文，它宣称发现了某个群体有着此前不为人知的信念和行为。任何一个称职的审阅人都会问他：“为什么这种情形很重要？”换句话说，这个“发现”有什么分析上的或实践上的意义？

这种提问方式并不是审阅人要有意和你为难。我在第7章指出，任何科学发现都要接受评估，相关的问题有：它是从哪种理论视角得出的结论？它有什么价值？

这意味着尽管“事实”绝非不重要，但它们得和理论视角相关联。他们来自于理论视角,并对理论视角有所贡献。显然,“独立的批判性思考”是评价论文的主要标准。

这一标准能说服你吗?如果专业性是由独立的批判性思考构成的,那么怎样才能变得独立、有批判性和足够专业呢?

5.4 独立的批判性思考

其实,研究中通常并没有所谓的秘诀或神秘过程。我们在第3章中看到了莫伊拉、萨利和西蒙是如何像一个纯粹的手艺人那样开展研究的。虽然有时候他们可能在浴室里跳起来,高呼“找到了”,但他们在大多数时间里都埋头苦干,在挫折和机遇面前,他们努力进行分析。

我利用他们的经历以及我指导过的其他学生的论文,在下面列出了四个步骤,这四个步骤能够帮助你进行“独立的批判性思考”:

- 提出一个概念或一种方法。
- 带着批判的眼光思考你的研究路径。
- 把你的研究建立在已有研究的基础上。
- 做好改变方向的准备。

5.4.1 提出一个概念和/或一种方法

1997年,埃科特(Acourt)完成了一篇理论性的博士论文,内容是关于社会科学文献中“进步”这一概念的出现及消失。他对这一概念在分析上和实践中的相关性做出了有力的论证,从而让审阅人觉得他的确具有“独立的批判性思考”。

许多社会科学的学位论文都有详尽的经验资料的支撑。萨利运用戈夫曼(Goffman,1974)的“框架”概念来说明那个精神健康小组是如何决定给无家可归者提供哪些服务的。莫伊拉和西蒙则运用了社会学家萨克斯用过的概念和方法来研究这个叙述性的过程。

莫伊拉使用成员类别策略(MCDA)和谈话分析(CA)来分析访谈资料,这些访谈的对象是那些最近其配偶在医院病故的人。西蒙使用谈话分析方法来研究家长会上谈话的序列安排。

早在1981年,巴鲁克(Baruch,1981)就使用过上述方法的一种(MCDA)来分析访谈的转录稿。访谈对象是那些残疾儿童的父母。他像莫伊拉和西蒙一样,显示了自己使用和推进萨克斯的特殊方法的能力。莫伊拉使用了巴鲁克的论文作为她自己的分析基础,并说明他对那些作为“道德故事”的访谈的分析可以如何加以改进。

在通常情况下,莫伊拉、西蒙和巴鲁克都难免受到其导师的兴趣和能力的影响。对我而言,我很久以来就想推广萨克斯的研究(参见 Silverman, 1998),而我的其他四个顺利毕业的博士生就使用了萨克斯创立的次级学科中的概念和方法。

当然了，社会科学中有许多概念和方法可以使用，我的学生的研究尽管体现了我对语言过程和表征的兴趣，但还是体现了这种多样性。莫瑟尔(Kobena Mercer)在他关于鲍威尔(Enoch Powell)这个英国政治家的研究中，就从符号学的法国学派中借鉴了某些观点(Mercer, 1990)。而福柯的话语分析中的相关概念则出现在弗雷泽(Mary Fraser)对某家英国护理杂志中的孩子形象的研究中(Fraser, 1995)。

在所有这些例子中，由于研究路径是理论指向的，所以论文可以理直气壮地宣称它对概念发展有所贡献。

5.4.2 带着批判的眼光思考你的研究路径

我们在第3章已经看到，你此前的经历通常对你如何分析资料产生重要影响。例如，萨利一直都很警惕这种影响的作用方式，因为她的护理经历可能会影响她与健康领域的同事的关系，而且她可能觉得同事们的某些行为理所当然。

有时候，对某种研究方法的全盘怀疑会对你如何看待资料产生深远的影响，所以莫伊拉对传统观点很不满意，因为它认为开放式访谈是一扇可以探查人们经历的潜在的窗。她不是使用从访谈中抽取的摘要来解释特定的类别，而是分析被访者讲“故事”时凭借的连续策略。与之类似，Simon也决定不把家长会看作是纯粹的社会结构变量的“产物”(例如，家长的阶层和种族，以及对孩子能力的测量)。

十五年前，我的另一个学生切普曼(Gill Chapman)想出了一个与众不同的方法来显示自己独立的批判性思考。在讨论了可以用来分析护士会议录音带的多种可能的方法后，她决定实验一下各种概念和方法。在她的学位论文涉及经验资料的那些章节中，每一章都包含了对资料的分析和对使用方法的批判性评估(Chapman,1987)。

5.4.3 建立在已有研究的基础之上

千万别做无用功！先寻找一个在某些方面与你的兴趣和话题相似的已经完成的研究。然后模仿那项研究，并在某些方面进行发挥。

当然了，由于资料的限制，你不太可能“检验”那项研究的每项发现。但通过细致的分析，你可以选择某种有依据的方式来反思其方法和结论。

有时候，博士论文中出现的较现实的模型尤其可贵。我记得，莫伊拉就是用了我以前指导过的一篇博士论文作为她研究的范型。所以，在研究一开始，你就可以去图书馆寻找较早的学位论文，而且如果可能的话，要特别注意寻找由你的导师指导过的那些论文。

5.4.4 做好改变方向的准备

有时候学生们相信,最重要的是说明它们的研究遵循了某个逻辑性序列。这种序列结构建立在报告研究成果的方式的基础上,其顺序如下:

- 研究问题。
- 假设。
- 资料分析。
- 结论。

但是,任何做过研究的人都知道这种僵化的序列很少得到遵循。而且,要是你发现了新资料或新概念,以及如果你的资料重心不同,那么你就得把某种预期的方法转向别的方法(参见第 12 章,我讨论了自己在对一个小儿心脏病治疗中心的研究中,是如何改变研究方法的)。

因而,正如我在第 25 章中说的那样,尽管你的审阅人会在你的研究中寻找有关逻辑结构的证据,但他们还是想看到,你在研究中相当灵活,已经做好了在合适的时候改变方向的准备。毕竟,总是遵循某个预先决定好的计划是很难有什么原创性的。

5.5 结 论

本章说明,并非只有天才才能写出好的学位论文。一旦你把研究生的任务界定为展现自己的专业能力,那么在面对已有的研究成果时,便能够抛弃那些所谓的天才训练过程,也用不着担心你是否达到了爱因斯坦(Einstein)、凯恩斯(Keynes)或科里(Mary Curie)的水平!

无论如何,当你知道导师对你的论文的反应后,你就很可能发现这一点。菲利普斯和皮尤指出,研究者只是在最初几个月担心自己的想法是否具有原创性。在那以后,这个问题就烟消云散了。

许多年前的博士论文审阅过程很好地揭示了这一点。哲学家路德维希·维特根斯坦(Ludwig Wittgenstein)的博士论文是由两位名教授审阅的:伯特兰·罗素和 G. E. 摩尔(G. E. Moore)。他们毫不怀疑该论文的优点,有证据显示,他们都觉得维特根斯坦的论文在某些方面已经超越了他们。但在他们的报告中,罗素和摩尔清晰地说明,获得博士学位与成为天才大相径庭。他们写道:

> 这是一部天才之作。当然它也达到了剑桥大学对博士的要求标准。

要 点

各种水平的学生都想有原创性。但本科和硕士生们聊以自慰的是,即便是博士生也很难实现这一目标。对获取研究学位来说,“原创性”主要意味着你有能力展示自己“独立的批判性思考”。你的这些想法可以通过以下的方式来展现:

- 提出一个概念或一种方法。
- 带着批判的眼光思考你的研究路径。
- 把你的研究建立在已有研究的基础上。
- 做好改变方向的准备。

练 习

5.1 克赖尔(Cryer)说,我们可以用一次旅行做类比来理解研究中的原创性:“研究生是探险家,而旅行则是研究项目”。(Cryer,1996:145)克赖尔使用旅行做类比,目的是表明“原创性研究”具有不同的含义。

温习一下下面设计的每种原创性,从“你的研究能够作出什么贡献”这一角度进行思考,并确定哪种最适合你的研究:

- 工具、技术和程序上的原创性。
- 探索未知领域的原创性。
- 探索未预料到的东西的原创性。
- 使用资料时的原创性。
- 结果的原创性。
- 副产品的原创性(Cryer,1996:146-8)。

你可以每隔一段时间就回顾一下这个练习,想想你看待自己研究的方式有没有什么变化。

拓展阅读

Estelle Phillips and Derek Pugh's *How To Get a PhD* (Open University Press, 2nd edn, 1994: Chapters 3-6) gives a realistic, supportive account of what is required to achieve a PhD. Another helpful account of what counts as 'originality' in student research is Pat Cryer's *The Research Student's Guide to Success* (Open University Press, 1996: Chapters 15-17).

开始研究

第二部分

本书的第一部分面向刚刚开始进行研究的学生。

本书的第二部分,假定你最初的那些疑惑已经得到解决了,现在需要去解答开始设计一个研究时出现的实际问题。第 6 章讨论如何选择一个主题。第 7 章和第 8 章试图解答理论的使用和方法论的选择问题。选择哪个或哪些案例去研究,这个棘手的问题将在第 9 章中得到讨论。第二部分最后一章则分析了如何撰写一个研究计划。

6 选择一个题目

Selecting a Topic

读完本章，你将能够：

- 理解为什么你需要一个清晰的研究主题。
- 认识到阻碍你缩小研究范围的主要问题是什么。
- 找到解决这些问题的方案。

6.1 引　言

这一章探讨了你在解释自己的研究课题时可能会碰到的问题。然后我会提出一些用以解决这些问题的策略。

当你向别人说起你正在“做一项研究”的时候，这通常会给人留下深刻的印象。关于这项研究，人们可能还想要知道更多的东西。假如碰到这样的情况，你会发现，如果不能清楚地解释你到底想要研究什么，将会是多么的尴尬。这么说吧，假如对方是一位非常聪明的教授，这一尴尬可能会扩大成千上万倍。你将如何作出回答呢？

要提出一个清晰的研究题目，既有现实的原因，也有社会的原因，假如你了解到这一点，那么回答上面的问题就会容易一些了。首先，澄清以下问题会帮助你给研究找到焦点，如表6.1所示。

表6.1　研究问题的作用

1. 它们组织了研究计划，并且给研究以方向性和连贯性
2. 它们限制了研究计划，限定了研究的边界
3. 它们使研究者聚焦
4. 将研究写下来的时候，它们给你提供框架
5. 它们指出将来需要的方法和数据

来源：Punch，1998：38

很遗憾,许多大学的社会科学教学,更多的是鼓励学生被动接受知识,而不是形成为自己思考的能力。他们总是教学生如何能更好地越过评估的障碍,而不是使用他们的知识去形成一个可行的研究课题。

上述现象在这种时候就可以看得到:质性研究方法的课程,鼓励学生机械地学习对量化研究的批评,而对于别的可以替换的方法,只提供最低限度的实践。相反,在量化研究方法课上,有一个趋势是死记硬背一些程式化的知识,这在起草一个研究计划的时候倒是实用的(比如,界定变量和测量)。

在这样的环境当中,选择一个通过质性方法来研究的课题是一项非常冒险的行动。因为这意味着你要投身到一条特别的行动路线当中,而不是重申那些填鸭式的"批评"。

面对这样的风险,学生们通常会试图从下述三种看似"低风险"的策略中选择其一,以确保安全:

- 过分简单的归纳主义。
- 事无巨细(kitchen sink)的策略。
- 宏大理论。

下面,在提供一些更加令人满意的解决之道之前,我会对以上每一种策略做出简短的讨论。

6.2 过分简单的归纳主义

在诸多门类的社会科学当中,质性研究传统最初的特征就在于,它不像多数量化研究那样要求有严格的研究设计。所以,人类学家会选择他们的部落,居住下来,学习语言,所做的无外就是记录田野日志。同样的,社会民族志学者,会辨识行动、制度,或者是亚文化,而且所做的仅仅就是"待在那儿"。这两种情况,其指导思想都是在日常成就(daily accomplishment)当中,抓住"现实"。

这么做就是期望,通过"深度的"处于田野当中,意义得以以某种方式自己"浮现"出来。这种方法论确信,任何事先所作的对主题或者概念的界定,都会妨碍对所处的那部分文化世界作出敏锐的理解。

在1960年代,格拉泽和施特劳斯(Glaser and Strauss,1967)关于理论"扎根于"资料,而非研究开端所作假设的思想,明显地支持了上述的观念。颇具讽刺意味,但是又可以理解的是,量化研究者也同样赞同,质性研究就是非结构化地"暴露在"所研究的世界当中。我们在一个量化研究的文本中,可以读到这样的话:

> 田野研究实际上就是研究者把自己浸入自然的事件、环境当中……以得到关于事件情势的第一手资料。(Singleton, et al. ,1988:11)

和那些朴素的归纳主义者们一样，辛格尔隆等人提及“情势”的时候，把“现实”当作好像是一个单一的、静态的、有待观察之物。和那些质性研究者一样，他们强调质性研究的“浸入”性，其实就暗含了与那些更具有焦点的研究方法的比较。这一点在随后的论述中又得到了强调，在下文中，他们把质性或者田野研究和“探索”以及“描述”（Singleton, et al. ,1988:296）视为是同一的，还认为，“在一个人对所研究的主题知之甚少的时候，可以使用这种方法”（Singleton, et al. ,1988:298-9）。

在一部质性研究著述当中，作者也注意到了，在研究方法谱系上处于两端的研究者的这种表面上的共识：“关于田野研究的普遍想像就是，把预先的结构化和聚焦研究设计做到最少。”（Miles and Huberman,1984:27）

对于这种观点，以及支持这种观点的那些共识，迈尔斯和休伯曼提出了两点异议：其一是理论的普遍存在，其二是进行研究设计的必要。下面我将会依次简单地考察这两点。

首先，“任何一位研究者，不管他多么的秉承非结构化或纯粹归纳法的理念，在进入田野的时候，都会带着一定的有倾向性的思想、焦点和工具”（Miles and Huberman,1984:27）。正如古布里厄姆和霍尔斯泰因所言，某些民族志学者表面上的非理论观念，也来自理论：

> 将“预先假定”作到最少，从而得以见证他们所谓的“真实”世界，这样的取向是自然主义调查研究的关键所在。（Gabrium and Holstein,1997:34）

即是说，仅仅是怀着“忠实的呈现客观世界”的企图“呆在那儿”作研究的理念，是一种未加反思的迷思，它来自被古布里厄姆和霍尔斯泰因称之为自然主义的理论。当然了，如果没有一些概念指导，一个人是无法认识所研究的田野的。所以说，问题在于，很多空谈的自然主义者并没能清楚地认识到自己的研究所依赖的理论。

反对仅仅简单地进入田野并归纳观察的第二个理由是，它可能成为研究草率、没有焦点的一个借口。梅森（Mason,1996:6）认为，质性研究并非只能对社会世界作“描述”或“探索”。正如迈尔斯和休伯曼指出的那样，这样无焦点的研究，将是一场灾难：

> 最初的研究设计越是松散，收集资料的可选择性就越小；在某个关键性结构或者规律从环境中浮现出来之前，每一件事在研究者看来都很重要。然而这个过程可能会非常漫长。（Miles and Huberman,1984:28）

另外，这样的一种纯粹的归纳式方法，无视作研究需要的知识积累。如果这不是故意反科学的把戏，那只能说它太天真了。1920 年代和 1930 年代，芝加哥学派的学生们遵循罗伯特·帕克的训谕，离开他们的扶手椅，进入天然的城市街头生活领域（Bulmer:1984），从他们的研究当中，我们可以辨识出归纳主义者的主张。到了1960年代,即便格拉泽和施特劳斯也认为,田野研究者们需要尝试从看似孤立的、独立归纳的研究当中,发展出形式理论。

到了世纪之交,质性研究还没能发展出类似的理论,形成互有关联的累积性知识体系,那就确实很可悲了。正如我最近提到的:

> 我们不再必须把质性研究当作是临时性的研究,或者从来都没有最初的理论假设。这是因为质性研究已经组建了一个有用的、累积性的知识体系。(Silverman,1997:1)

有时候,先前的文献或者(对于有经验的研究者来说)某个研究,其假说亟待检验,再检验其发现的时机也已经成熟了。在这种情况下,尤其是某个先前的研究是用你感兴趣的理论方法做的,试图另辟蹊径、重新开始是危险的。

当然,如同第3章所示,这并不意味着你必须囿于最初的想法。质性研究的魅力正在于,它丰富的资料给我们提供了机会,使我们可以随着分析的进行改变焦点。但是这种研究方向的改变,就和最初的研究计划一样,并不是凭空而来,它反映了理论、概念、资料之间的精妙互动。

6.3　事无巨细的策略

以上建议你避免过分简单的归纳主义,而同时你也要避免走向另一个极端。在起草最初研究计划的时候,选择一个非常宽泛的主题是很有诱惑力的。你可能会把有关一个问题你能想到的所有方面都包括进来,希望以此来展示你知识的广博,从而给导师留下深刻的印象。

不幸的是,这种事无巨细的策略,简直是一场灾难。除非你有支持一个庞大的研究团队的资源,否则,一个好的研究计划,深度比广度更重要。如果你把研究主题定得非常的宽泛,那么就不可能在比较深的程度上把任何事情说清楚。

正如我告诉我的学生那样,你们应该试图“对很少(的问题)说很多的东西”。也就是说,要避免“对大量的事情说得很少”的诱惑。事实上,后面那条路是一种“逃避”。确切的说,正是因为话题的范围太过宽泛,研究者就可以从一个方面游移到另一个方面,从而避免了精炼和检验分析的每一个步骤。

下面将要学习的这个案例,为我们展示了一个作研究的学生是如何凝练和缩小她的问题的。经过一段时间,沃勒(Seta Waller)从一个非常宽泛的对“酒鬼”心理的兴趣,逐渐转向对病人叙述的叙事结构的关注,这个问题相对狭窄,但是可行。

案例学习:Seta 缩小主题范围的过程

我对酗酒问题的研究兴趣是很自然的,因为我曾经在这个领域工作过很多年。然而,我以往的研究经验和所受训练,只是在医疗社会学领域用量化的方法来研究酗酒问题。

在社会政策和管理领域接受训练之后,我参加了一个精神病院的酒精依赖治疗小组(ATU)。在这个 ATU 里面,我参与了一系列测量酗酒者治疗效果的量化研究。

当我打算展开博士研究的时候,最初的兴趣是搞清楚病人们对于他们自己的酒精滥用问题是怎么想的——他们如何将这个问题概念化。这个研究将会是量化的,但是和那些常见的测量治疗效果的量化研究有所不同。这样,我就开始设计一个调查酗酒者的酗酒概念的量化研究。在我曾工作过的酒精依赖治疗小组的一个四周住院治疗项目当中有一些病人小组,样本将会从他们当中抽取。

在制订出一些关于酗酒概念的等级量表之后,接下来就要对病人进行访谈了。我做了一个针对小样本的探索性研究。这个研究要病人完成一个五等级的量表,这个量表由一组陈述组成,回答有五个等级,从强烈同意到强烈反对,来表示对于每个陈述的赞同情况。

这整个过程持续了有八个月。然而,当试图从数据当中探寻意义的时候,我对自己的探索研究结果感到并不满意。我觉得量表所表示的态度和信念是十分不确定的;我开始质疑,怎么才能肯定,对一个陈述"强烈同意",对于所有的病人来说,指的是一样的意思呢。

我开始思索一个新的研究,这个研究将使用我在戈德史密斯大学社会学硕士课程上学到的质性研究方法。在这门课上,我开始意识到访谈资料是和情境有关的,可以将自然发生的资料或者非结构性访谈所得的资料处理成可以分析的文本,而不必去判断其真伪。

我在工作中形成的对于酗酒问题的兴趣已经有好多年了,我决定用开放式访谈而不是传统的结构性方法,来考察酗酒者如何叙述自己的体验。因此,我以一种不带指示性的方式要求病人告诉我关于他们喝酒的事情。我对最初的一些访谈用磁带录了音,当回头看那些记录的时候,我认为这些就是我应该做的。用这种方法得到的资料十分的丰富,我受到鼓舞,决定继续使用这种研究方法,接着进行了 40 个访谈。

最开始我分析资料的方法,是考察它们的"社会意义",主要考量的是,"为什么"某种特定的原因被病人们用来解释自己的酗酒行为。这部分是受到了道格拉斯的研究(Douglas,1975)启发。然后,我追随戈夫曼(Goffman,1974)的方法论,试着用了框架分析法。在用框架分析法分析了部分病人的访谈资料后,我对结果还是不满意,因为没法知道工作人员是否使用相似的框架。病人的医院记录无法提供充足的资料来研究这个问题。我意识到我的兴趣在于,病人是如何形成并且表述他们的酗酒问题的,然后我试图去探寻,他们为什么要使用如此的方式来表述。

采用质性方法,使得我可以考察病人叙述的结构,从而去看他们是如何完成并且组织表述的。这些叙述的结构看起来似乎都有一个共同的时序组织模式。通过探查他们的叙述使我认识到,病人们在展示一种能力,把自己表现为一个道德完备的个体。巴鲁克(Baruch,1981)研究先天性疾病儿童的父母的样本,也发现了这一问题。我还发现,病人们在展示他们对自己问题具有一定的洞见,而且在显示自己的博识。

所以说,我现在使用的方法并非仅仅是分析的转换,而是另外一种看待资料的方式,这样就可以看出,它如何帮助我们去理解酗酒者对自己问题的说明和表述。

以上案例研究证明了,从方法论和理论当中汲取的思想是如何帮助我们使研究主题更加详细的。然而,一些人更习惯于仅仅是在理论水平上作研究,并且试图用对理论的综述或者批评代替对资料的分析。按照米尔斯的说法(Mills,1959),我也在这里称之为,宏大理论。

6.4 宏大理论

事无巨细的研究是蜻蜓点水似的掠过很多东西,而宏大理论则忙于建立理论的帝国。他们牢牢地黏在扶手椅里面,这样的理论家们决不会为"事实"浪费一丁点儿时间。反之,他们有时候会花时间把那些冗言的蜘蛛网拉得更长,正如米尔斯(Mills,1959)所说的,这些冗言蜘蛛网可以被削减成寥寥数语。

不过,不要轻视从来都不迈出熟悉的大学图书馆就可以获得学位这种情况。事实上,我是最没有资格批判宏大理论的人,因为我本人的博士学位就是通过这种研究方法获得的。

然而,上述的每一种"策略"都为以后可能出现的问题埋下了种子,能认识到这一点通常是比较明智的。对于宏大理论来说,这些问题有:

- 你能够为了完成论文而从图书馆里走出来吗?每一本书都肯定会有推荐阅读的"重要的"参考书目或者文献清单,等等,依次类推,没有尽头。任何认为靠待在图书馆拿博士是一种"速成法"的人,都需要好好深思熟虑一下,他是不是有停止阅读的意志。持这种想法的人,还应该去读一下阿根廷作家博格斯的短篇小说《巴别塔的图书馆》。这个短小精悍的故事,讲的就是那些以为只要不停地看,最终所有的知识都会在下一本书里面被揭示的学者们。
- 理论潮流是变化的——没有哪个领域比社会科学更是这样的了。假如你投身于一个理论课题的研究,那么,就一定会经常密切关注理论界的风向,比如说,从巴黎,刮到了一个不明之地,那里有个学派,其思想你完全不熟悉。

假如你在做宏大理论,你可能会花大量的时间去建构关于这个世界的优美的论述,然而,却从未触及这个世界赖以存在的真实基础之所在。卡夫卡(Kafka,1969)的一篇精彩的短篇小说《一只狗的调查》,创造了"空气狗"(Lufthunde)这么一个令人惊异的意像。它漂浮在地面上方的一个垫子上,从高处视察这个世界,然而却切断了和世界的任何联系(如此的隔绝,以至于狗的观察者们想知道这些狗是如何繁殖的)。不过,本书的读者可能对解决问题更感兴趣,而不只是批判。所以,我在下面就提出一些实际的策略,这对那些有可能成为"过分简单的归纳主义者","事无巨细者"以及"宏大理论家"的人或许会有所帮助。

6.5 给过分简化的归纳主义者的策略

假使先前的教育并没有给你提供多少属于自己的研究理念，你也不需要太担心，因为这种困境并不少见，而且是可以解决的。

如果你发现自己处于这种困局当中，那么可以使用我以下概述的三种策略。每种方法都试图鼓励你使用已有的知识，作为生成可研究问题的资源。我要讨论的这三种策略是：

- 使用概念作为使你敏感化的资源。
- 追随别的研究发现。
- 引入第三个变量。

6.5.1 使用概念

把你既有的知识当作资源，去思考它怎样才能帮助你对诸多可研究的问题更加敏感。在一本早先的书里面（Silverman，2001：9-11），我试图区分三种类型的敏感性：历史的，政治的，还有情境的。

这几点基本上都很清楚。历史敏感性是指，当确立一个研究主题时，在任何可能之处，研究者都应该去检视相关的历史证据。政治敏感性则为我们展示当前媒介“恐慌”背后的既得利益，并且揭示出，如果像这样决定研究主题，就和做出与行政的或者管理的利益一致的研究设计一样，难免犯错。

在这个清单上，情境敏感性可能是最不具有自明性，而且争议最多的了。所以，下面给出了一个比较长的解释。我使用“情境敏感性”想表达的是以下两个意思：

- 可以认识到，表面上一致的制度诸如“家庭”、“部落”或者“科学”，实际上在不同的情境当中，有着十分不同的丰富含义。
- 能够理解，社会生活参与者在积极地对他们的所作所为建构一个情境，以及在任何情况下，研究者都不应该对他们的行动涉及哪种情境简单地加入自己的假设（Silverman，2001）。

这样的情境敏感性能够为我们揭示出，在不同的地方语境、地方文化当中，尤其是对于这些表述的不同受众，诸如“从抑郁中康复”、“高品质的照顾”、“城市治疗”（Gubrium，1988），指的都是不同的现象，都有着各自不同的特殊含义[①]。

最后要说的是，上面考察的这三种敏感性为我们提供的生成研究主题的路径，可能是不同的，甚至是相互矛盾的。我并不推荐在研究的一开始就全部用

---

① 更多此类关于评估质性研究质量的话题的讨论见第 15 章。

上。但是,假如我们对其中的任何一个方面都不太敏感,那就会陷入以常识化的方式来确定主题这样的危险。这个问题,我还会回头再谈,尤其是在第 7 章里面。

6.5.2 追随别的研究发现

菲利普斯和皮尤(Phillips and Pugh,1994:49-52)提出,当你的研究想象力怠惰的时候,有个办法可以帮忙,那就是从前人提出的概括出发,然后尝试通过假定新的条件,找出它的局限性。

大部分社会科学的本科教育都非常强调"经典"文献,所以,有时你可以动用你的关于"经典"作品的知识,来形成一个研究题目。在更早的一本书里面(Sliverman,1985:10-11),我给出了关于如何给经典论述提出新的条件的两个例子:

- 古尔德纳(Gouldner,1954)注意到,马克思・韦伯的关于科层制的"理想类型",很大程度上是建立在对政府官僚制度研究的基础之上的。这就意味着,韦伯强调了在取得共识的过程当中,民主确定的正式规则的作用。通过研究私人领域当中的规则,古尔德纳得以辨识出机构中的人员接受规则的不同水平和基础。
- 利普塞特等人(Lipset et al., 1962)注意到,米歇尔斯(Robert Michels)的"寡头政治的铁律",把焦点放在致使组织不民主的工厂那里。通过对一个高度民主的组织的研究,Lipset 等人认识到,在组织运作的过程当中,反民主和民主的压力是同时存在的。通过研究,他们质疑了这个铁律的必然性。

更近一些时候,我开始对这个问题感兴趣,即在何种情况下,顾客有可能会表现出,他们接受了咨询时健康专家给予他们的建议。赫里蒂奇和瑟菲(Heritage and Sefi,1992)研究了英国的健康顾问和初为人母者间的谈话,他们发现,母亲们更能接受那些和她们表示关注的事有关的建议。

在我个人关于 HIV 测试咨询的研究(Sliverman,1997)当中,我以赫里蒂奇和瑟菲的发现作为我最初的研究焦点。然而,我观察到,在很多的咨询中心都有时间限制,这就意味着,咨询者们很难采纳这样一种表面上"以顾客为中心"的建议。然后,我就转而研究,咨询双方在给予或接受可能无关建议的时候,会如何行动,以避免明显的分歧(Silverman,1997:154-181)。

6.5.3 引入第三个变量

正如鲁德斯坦和牛顿(Rudestam and Newton,1992:12-16)所说的,引入第三个变量意味着给你感兴趣的研究领域增加一个关注的因素。他们给出了一个学生的例子,他感兴趣的研究是年轻人如何看待老年人。通过引入第三个变量,你可以使得这个研究不那么宽泛,更加具有可研究性,而且更有趣。比如说,你可以问：和祖父母一起居住是不是会影响年轻人的看法？或者，你可以把焦点放在媒体中的老年人形象如何影响了年轻人对老年人的看法上。还有，运用上述的“情境敏感性”，通过询问如何，以及何时、何地年轻人产生对老年人的看法等问题，你还可以再进一步聚焦研究。

如果你有成为一个“过分简化的归纳主义者”的倾向，那么，你现在可以试着做一下本章末的练习6.1。

6.6 给事无巨细的研究者的策略

> 做得更少，但更彻底。(Wolcott,1990:62)

沃尔科特(Wolcott)的建议很棒。通常来说，限定研究范围是起草研究计划最关键的任务。事无巨细的研究者的头脑中充斥着太多的想法，对他们来说，把研究聚焦到某一个部分实在是太困难了。

每一件事看起来都很吸引人，各个方面看起来都相互有关联。你的每次阅读，似乎都只是平添了更多的想法(而且显示出还有更多要读的)。所以说，要你去领会由小见大的价值，实在是说起来容易，做起来难。问题就是在于，怎么样才能把你的想法限定在一个范围内。

为了帮助解决这个问题，我在下面列出了三个比较实用的技巧：

- 画一张流图。
- 找到一个谜题。
- 通过一个聚焦镜头去观察。

6.6.1 流　图

处理资料意味着从消极阅读到积极的分析。如果在研究最前面的阶段你没能限定一个主题，那么分析资料将会比较困难：

> 研究问题太多，基本资料的不同部分之间的关联就很难突显出来，也很难成功地把研究发现整合起来。(Miles and Huberman,1984:36)

要限定研究范围，在研究早期画一个流图是比较有用的，在这个流图中把关键的概念以及他们的关联罗列出来。正如迈尔斯和休伯曼所说的：

> 概念框架最好被图示出来，而不是用文本表示。把整个框架在一页纸里面表现出来是比较有好处的。(Miles and Huberman,1984:33)

不管是写书还是作研究，画单页的流图都是一种非常有用的技术。例如，当我写作本书的时候，我会定期回到另外一个文档，这个文档里面有这本书的大纲。从作最初的阅读开始，我就持续地修订这个大纲。在写每章的时候，还是会继续修订这个大纲。

你需要很多次尝试,把流图转换成陈述,这个过程也是很有用的。迈尔斯和休伯曼的建议是,你可以试验不同的方法把研究焦点具体化。不过,他们最基本的建议是"从一个模糊的研究问题开始,然后试图把它弄清楚"(Miles and Huberman,1984,35)。

6.6.2 找到一个谜题

想要打破这个无止境的事实和理论的恶性循环,有一个办法,就是把书放在一边,然后问你自己:我到底想要发现什么? 更具体地说,我想要解决的谜题是什么?

把做研究想象成是通过一系列活动来解决一个谜题,就像是拼版游戏、填字游戏,或者是破案一样。每一个活动都和一组在某种程度上具有独特性的活动相关[见 Alasuutari(1995)的论述,他把质性研究和夏洛克·福尔摩斯拿来类比]。梅森认为,"所有的质性研究都应该围绕一个智力谜题形成"(Mason,1996:6)。她区分出了三种问题,能形成那种用来组织质性研究的智力谜题,它们是:

- X 是如何,或者为什么发展的?(一个关于发展的谜题)
- X 是如何作用的?(一个关于机制的谜题)
- 什么导致了 X,或者,X 对 Y 有什么影响?(一个关于原因的谜题)。(Mason,1996:14)

让我们来想想,按照梅森的方法,怎样才能找到一个谜题。比如说,你对"虐待儿童"有着一般性的兴趣,你可以通过选择以下的问题来限定你的研究主题:

- 儿童虐待最初是如何,或者因何而被认识的?(一个关于发展的谜题)
- 儿童虐待如何(以及被谁)辨识?(一个关于机制的谜题)
- 儿童虐待者和被虐待的儿童的特点是什么? 儿童虐待对双方会产生什么影响?(一个关于原因的谜题)

一旦你列出了这样一个清单,你应该认识到不是所有的谜题都能得到满意的解答。所以,你选择哪个谜题呢? 以下的问题,值得进一步问一问:

- 哪个谜题,我最感兴趣?
- 哪个谜题,我的导师/资金提供者最感兴趣?
- 哪个谜题和那些我已经具有某种理论、实质或者实践背景的议题最相关?
- 哪个谜题,可以形成一些问题,这些问题可以用我自己的资源和容易取得的资料得到解答?

6.6.3 聚焦镜头

沃尔科特(Wolcott,1990)给我们举了一个例子,这个例子讲的是一个永远也无法结束自己对教室行为研究的博士生。这个可怜的学生是一个真正的“事无巨细的研究者”,他总是在阅读更多的东西,收集更多的资料。

沃尔科特用聚焦镜头的比喻给我们呈现出来一个实用的解决之道。就好比说你要给一个旅游胜地拍一些照片,你可以找个合适的比较高的位置,比如说附近的一座山,然后试着拍整个景区的照片。那么,就像沃尔科特指出的那样,“假如你想把更多的东西拍进照片里,那么你就得牺牲细节的特写”(Wolcott,1990:63)。

你也可以选择聚焦在一个小的景象上面。失去广泛性的同时,细节方面可能会得到显著的改善——比如你喜欢的一道独特的菜肴,或者两个当地人的互动。

现在,我们就把这个聚焦镜头的比喻应用到如何改善你的研究任务上面来。沃尔科特建议,“把一些易于处理的‘独个的单元’(unit of one)作为焦点”(Wolcott,1990:69)。那么,假如你是他的那个学生,你对教室行为感兴趣,你就可以聚焦在某一个学生、某一天,或者一个关键的事件上面。

这样聚焦研究的一个好处,就是能够产生一个可以处理而且能够达成的研究任务。此外,你也可以不被特写镜头局限。你可以就像个摄影师那样:

> 你可以逐渐地把镜头越拉越近,越拉越近,直到可以处理的叙述性任务出现,然后,还可以再次调焦,重新获得远景。(Wolcott,1990:69)

根据沃尔科特所说的,稍后你还是可以通过更多的来自不同“事实”水平的资料,不断尝试拓展你的结论。但是最初的聚焦可以帮你离开图书馆,开始进行资料的处理。

如果你有成为“事无巨细的研究者”的倾向,那么你现在应该试做后面的练习6.2。

6.6.4 一个警示:避免还原论

通过引入第三个变量进行研究,有个好处是可以防止这样的倾向,把一个复杂的社会过程仅用一个单独的原因来解释。一般只有这两种情况才要求这样的还原论,法庭上的交叉问询(回答是或者否!),还有媒体采访(要求简单化,有时使得研究人员看起来就像是语无伦次的唠叨者)。

所以,不能把我对“事无巨细的研究”的诊断,还有具体化研究问题的建议,和试图把复杂的社会世界消减成一个变量混为一谈,否则那就再糟糕不过了。这就像是医生碰上那些把他们的心都弄沉了的病人一样,你作了一个关于研究的细节性的研讨,却得到了一些诸如这样的聪明回应:“非常有意思。可以肯定,你的描述都跟权力/性别/后现代性等有关。”

如果所有的事情都可以被简化成一个因素，那么这个世界将会是多么美好，多么简单。不过，在目前，我们只能把追求这种简单的任务交给那些顽固派，以及那些勇敢地追寻事件的单一理论的理论物理学家们。

所以说缩小研究问题，不应该和上述的这种还原论相混淆。我赞同最近的一本质性方法教科书作者的观点：

> 考虑到社会世界的变化和复杂的机制，这样的还原论观点是令人痛心的。它是那些无力应付社会研究的不确定性和模糊性的心智的反映。(Coffey and Atkinson，1996：15)

6.7 给宏大理论家的策略

很明显，宏大理论可能导致这样的失败，就是把“现实”还原成几套没有事实根基的范畴。不过，我怀疑，读者中的少数感到自己有建立理论的眼光和气度的人，将不会被我所说的东西劝阻。事实上，正如我已经提到过的，基于图书馆的工作，有时候是写出一篇可被接受的论文的捷径。

在这种情况下，我所能做的一切有用的事情，就是祝你好运，然后给你提两个建议，推动你在这条道路上的工作。首先，试着忽视流行的风尚。其次，考虑一些资料可以怎么帮助你，使你的理论建立得更好。以下是这两条建议的展开。

6.7.1 忽略风尚

如果你已经在理论花园当中找到了适合自己的一隅，那么就要坚持下去。不要在意那些总是读某位新作者的“重要”著作的家伙。十有八九，这只会让你分心。在导师的指导下，做一些将会成为你的核心材料的阅读，并且停留在这里。当写完了论文的大部分内容，你才有奢侈去做更广泛的阅读，并且以此来反观你所处位置的含义和局限——也许是为你的最后一章而读。在那个时候之前，不要分心。

6.7.2 找一些资料

如果只是在扶手椅里面做研究，即使是最活跃的思维，也不免会有点空泛。所以，要考虑检视某些实证资料。也许这些算不上你文章的中心，但它可以对你怠惰的想象力有所补救。

以我所在系的两位“做理论”的博士为例。尼克(Nick)对被他称之为“拒绝工作”的东西感兴趣，他把这和关于“欲望的本体论”的理论思想相联系。除了这个异常复杂的理论之外，尼克还收集有关 Autonomia——一个意大利的拒绝工作运动——的历史，以及英国失业救济组织的材料，他认为这些是值得做的。

杰克(Jake)的兴趣在于批判有关社区的既存理论。在这个文本当中,他试图描述的东西,大得像是在做哲学研究。然而,为了帮助思考,他观察并且采访无家可归的人、乞丐,以及主流社区。对于他正在从事研究的"道德遭遇的立场现象",这些材料被定下来仅仅作例证之用。

6.8 给所有研究者的策略

不管你是倾向于成为上述的这种宏大理论家,还是事无巨细的研究者,或者是简单化的归纳主义者,对于那些想要选择研究课题的人来讲,有一些对所有人都适用的普遍的重点问题。我把这些重点问题称为:

- 找到一个可研究的(不只是狭窄)的研究主题。
- 认识主题和资料分析之间存在"反馈性循环"。
- 理解到你的范畴(或者变量)总是理论浸入的。

下面我来介绍这几个重点问题。

6.8.1 找到一个可研究的研究主题

"限定"对于一个好的研究计划来说,是必须的,但是这还不够。是有可能发生这种情况的,你有一个被限定的很狭窄的研究题目,它也很清楚,很明白(使用了那些和资料指标有着清楚联系的概念),但是这个题目却不可研究。比如说,对于这个题目你没有办法获取适当的资料,或者仅仅是这个题目太无趣,或者太不重要。表6.2列出了可研究的研究问题的三个特征:

表6.2 可研究的研究问题

1. 可被回答:我们可以看到,什么样的资料可以回答它们,以及如何获取这些资料
2. 相互联系:这些问题彼此之间以某些有意义的方式相互联系,而不是毫无关联
3. 实质价值:这些问题有意思并且有价值,能够成为研究被资助的理由

来源:Punch,1998:49

6.8.2 认识反馈性循环

一个好的研究,从A(研究主题)到B(研究发现)之间,不会走得很平顺。Seta的例子(前文讨论过)告诉我们,一个机敏的研究者,总是随着从别人那儿以及自己的研究资料当中获得的新发现转移自己的焦点。韦尔德把这种资料和主题之间来回往复的作用称作"反馈性循环"(Wield,2002:42)。下面我们来看看,他是如何强调在这样的反馈情境当中的研究焦点问题的:

每个阶段研究工作的结束,都会对研究计划的焦点构成挑战,并且导致某种程度对焦点的重估。你会发现，自始至终都必须在期待和实践之间保持小心的平衡。如果早期对研究焦点的设定太强，可能会使你忽视那些事实上比你选择的问题更重要的问题。而一个太弱的研究焦点，会使得在接下来的研究中，问题的每个方面既到处浮现，又难以获得！所以，在研究进程中，需要始终把焦点当作一个问题，这样才能避免陷入上述的极端。(Wield,2002:42)

6.8.3 认识到范畴的理论浸入

Seta 的例子很好地说明，我们用来表述研究问题的那些范畴不是无倾向性的，而总是有理论浸入的。在她的例子当中，问题围绕着她赋予被访者的叙述何种意义而展开。来看看两种最极端的陈述：这到底是酗酒者的原始经验，还是为了建构一个酗酒的故事而引发的叙述？

诸如此类的问题，我已经在第 4 章检视一些访谈研究的时候讨论过了。希尔弗曼(Silverman,2001:83-118)对这些问题做了更加详尽的讨论。研究设计和分析性问题之间的相互依赖关系，将在本书的下一章里面得到讨论。

6.9 结　论

就像所有的性情倾向一样，不管你倾向于成为一个过分简单的归纳主义者，事无巨细的研究者，还是一个宏大理论家，这都源自于你的个人气质和经验。这样的话，你不大可能被我所写的东西轻易改变。所以，本章将不会继续试图改变你，而是为你既定道路上的研究加一把劲。

另一方面，如果把这些倾向仅仅看成是个人性情，又是一种过度还原了。古布里厄姆(个人通信)提醒我，过分简化的还原主义，事无巨细的研究者，还有宏大理论家，对所有的社会科学研究都有害。从这个意义上来说，这些倾向会在我们所有人当中出现，我们需要对其保持持续的警惕，不管我们的研究是理论的还是实证的。

要　点

如果你抵制住三个诱惑，选择一个研究主题将会更容易：

1. 过分简化的归纳主义者认为，我们研究这个世界的时候无需做出任何假设。实际上，尽管我们只是怀着"忠实地再现客观世界"的意愿"待在那儿"，假设也会以某种形式出现。过分简化的归纳主义，充其量也只是一种未加反思的迷思，它忽视了任何观察都具有理论浸入的特性，而且还会成为松散的、无焦点研究的借口。抵御这种倾向最有效的方法是：

- 使用概念作为使你敏感化的资源。
- 使用别人概括的结论。
- 引入第三个变量。

2. 事无巨细的研究者试图把关于一个问题你能想到的所有方面引入研究，通过这样来显示自己知识的广博，并且给导师留下深刻印象。然后，如果你对主题界定得非常宽泛，通常就很难对它说得很深。对于一个好的研究计划来说，深度比宽度更为重要。防止这一倾向的方法是：

- 画一个流图。
- 找到一个谜题。
- 透过一个聚焦镜头观察。

3. 宏大理论家构建理论的帝国。他们牢牢地黏在自己的扶手椅里面，从来不会被一点点“事实”烦扰。其结果不是达至启蒙，而仅仅是冗言的蜘蛛网。这个倾向可以通过以下方式得到改善：

- 忽略最新的潮流。
- 寻找一些资料。

练　习

6.1　给过分简化的归纳主义者的策略

1. 试着把你的研究想法跟以上讨论的某一个或者所有类型的“敏感性”联系起来。

- 历史的
- 政治的
- 情境的

你将如何重新表述你的研究兴趣？

2. 回顾一个你熟悉的理论或者研究。试着假设出一个新的条件，它可以使你发展出一个新的，同时也是相关的研究主题。

3. 试着给你的感兴趣的研究领域加入少量的新的变量。然后看看哪一个变量可以给你的研究增加最多的深度，并且/或者最容易研究。（比如，材料是否是可以得到的，还有是不是相对容易收集？）

6.2　给事无巨细的研究者的策略

1. 画一个一页纸的流图，这个流图要罗列出你的核心概念，以及它们之间如何相互关联。

2. 就以下的问题，回顾你的研究兴趣领域，并且用一种类型的谜题形成你的研究问题：

- X是如何，或者为什么发展的？（一个关于发展的谜题）
- X是如何作用的？（一个关于机制的谜题）
- 什么导致了X，或者，X对Y有什么影响？（一个关于原因的谜题）。（Mason，1996：14）

3.使用聚焦镜头的技术，聚焦在一些可操作的“独个的单元”上面，这些单元是可能成为解决你的谜题的原初材料。

6.3 来自霍华德·贝克尔（Howard Becker）的小技巧

霍华德·贝克尔写过一本书，对作研究的学生非常有用，这本书叫做《交易的小技巧》（Howard Becker，1998）。他提出的一个小技巧在下面的练习中有所体现：

1.让你的导师，或者一个对你的研究比较了解的同学，对你正在试图研究的东西，给出一个快速的描绘。

2.然后对这个关于你的研究的描绘给予回应（例如否定它，或者修改它）。

正如Becker所言，这个练习会帮助你对你正在试图做的事情有更好的了解。

拓展阅读

To help you think some more about defining your research, I recommend three basic texts: Amanda Coffey and Paul Atkinson's *Making Sense of Qualitative Data* (Sage, 1996), Chapter 1; Jennifer Mason's *Qualitative Researching* (Sage, 2nd edn, 2002), Chapters 1-2, and David Silverman's *Interpreting Qualitative Data: Methods for Analysing Talk, Text and Interaction* (Sage, 2001), Chapter 1. Useful but more specialist texts are: Pertti Alasuutari's *Researching Culture* (Sage, 1995), Chapter 13; Martyn Hammersley and Paul Atkinson's *Ethnography: Principles in Practice* (Tavistock, 1983), Chapter 2; and Anselm Strauss and Juliet Corbin's *Basics of Qualitative Research* (Sage, 1990), Chapters 1-4.

7 使用理论

Using Theories

读完本章,你将能够:

- 知道理论是什么。
- 区分理论、模型,以及概念。
- 思考从你的资料中建构理论的方法。

7.1 引言

有些人因为消极的原因而成为质性研究者。也许他们不擅长统计(或者认为自己不擅长),所以不敢冒险作量化研究。或者也许他们不太擅长图书馆工作,所以也不想尝试去写一篇纯理论的论文。

然而后一种情况,就涉及研究和理论的关系问题。在某种程度上,这种关系是因社会科学的学科不同而相异的。因为,至少到目前为止,在依赖理论的重要程度上,各个社会科学是有所不同的。就举两个例子,心理学和人类学,它们和别的社会科学所有的差异,都体现在它们对理论的轻视这个方面。

在心理学当中,基准就是实验研究。心理学家的座右铭似乎就是:"通过一个控制实验来展现事实,让理论一边待着吧。"人类学家也一样对"事实"感兴趣。但是,他们最重要的事实是通过用观察法所作的研究揭示出来的,其案例通常是遥远地方的一个族群或者部落。不过,直到最近,大多数英语国家的人类学家,却追随心理学家把"事实"摆在高于"理论"的位置上。

而一代代的英国社会学学生,都被非常清楚地告知,理论在该学科当中的根本重要性。比如说,虽然本科社会学课程往往分成三个主要的部分(社会学理论,社会学结构,以及研究方法),可社会学理论课程总是被赋予最高的地位。而且,近来在心理学和人类学当中,理论也变得更加重要了。我们可以看到传统主义者与质性的话语分析者(心理学),以及后现代主义者与性别理论家(在人类学当中)之间的战斗打响了。

对博士论文的评估办法也反映了社会科学对理论的关心程度。正如我们在第

5 章所见，在评价一个质性研究的时候，“发现新的事实”并不是一个重要的甚至是有挑战性的标准。任何科学发现通常都是这样来评估的：把它同该发现所源自的，也是可能为之作出贡献的理论视角联系起来。这意味着，“事实”不是不重要，但它总是依附于理论的。一个成功的论文，通常展示了与理论对话时的“独立的批判精神(用伦敦大学博士学位章程的原话说)”。

然而，这就引出了一个重要的问题。究竟什么是“理论”？在下面的章节里面，我将会说明，为什么对于质性研究者来说，理论总是比枯燥冗长的理论书籍更有意思。下面的一节我将会区分理论、模型，以及假设的不同，并说明在建构理论的过程当中概括的作用。最后，作为本章的结论，我将就如何从资料中建构理论提出一些建议。

7.2　什么是理论

奥·布莱恩曾经用万花筒来举例子，说明这个问题。正如他所解释的：

> 万花筒……(是)儿童玩具，由一根管子，一些棱镜，很多半透明的彩色玻璃或塑料碎片组成。当你转动管子，透过万花筒的棱镜看进去，可以看到底部的形状和颜色变化。管子转动了，不同的棱镜发挥作用，颜色和形状的组合模式随之变化。同样的，我们可以把社会理论看作是某种万花筒——通过转换理论视角，被观察的世界也会改变形状。(O'Brien，1993：10-11)

利文斯顿(Livingston)有一个具体的例子，形象地展示了理论是如何像一个万花筒一样发挥作用的(Livingston，1987)。他让我们想象，我们被要求在街道上作社会研究，从哪儿开始入手呢？表 7.1 列出了几种选择。

正如利文斯顿指出的那样，每一种观察的方式都涉及了基本的理论和方法论抉择。非常粗略地说，如果我们认同这一类理论，把社会看作是相互关联的社会事实(想想人口统计学，或者宏观经济学)，我们最有可能去收集官方的统计数据(表 7.1 的第一个选择)。相反，如果我们认为社会意义或者观念是重要的(就像社会学的某些学派，或者心理学)，就可能会想要使用访谈来作研究(选择 2)。又有可能我们是人类学家，或者是想要*在现场*观察并且/或者记录人们事实上在做什么的那类社会学家，我们可能会选择 3 或者 4。但是要注意，我们从较高的位置俯视而获得的对人的行为的看法(选择 3)和从街头层次去看(选择 4)是非常不同的。从较高的位置去观察，人们更像是组成类似楔形的几何形状的蚂蚁，而从街头层次去观察，人的行为看上去更为复杂。

表 7.1 观察一个街道:资料的可能性

1. 官方数据资料(交通流量,事故)
2. 访谈(人们如何应对交通堵塞)
3. 从一个塔上观察(观察几何形状)
4. 在街道上观察/摄录(人们如何排队/组织他们的移动)

来源:Livingston, 1987:21-7。

重要的是要知道,某类资料并不比另外的那些更真实。比如说,人们并不是真的更像蚂蚁,或者复杂行动者。这都取决于我们的研究问题。而研究问题不可避免地要涉及理论。正如利文斯顿暗示的那样,甚至为了评估某项社会服务意愿而设计的政策取向的研究,在选取某种评估方法的时候,也包含了理论问题(见第 8 章我对 HIV 咨询研究的讨论)。

所以我们确实需要社会理论来帮助我们去澄清研究当中哪怕是最最基本的问题。贝克尔(Howard Becker)引述的从前的一位美国著名心理学家的话,恰好表明了这个论点:

> 一个人只能通过一些图式或者形象去看这个经验世界。科学研究的全部行动都要受到这种潜在的图式引导和塑造。这个图式决定了问题的选择和陈述,决定了什么才是资料,资料之间关系的种类,以及命题应该以何种形式呈现出来。(Blumer, 1969: 24-25)

但是,奥·布莱恩关于万花筒的比喻,以及 Leingston 关于观察一条街的例子,都说得有点远了。那确切地说,"理论"究竟是什么呢?它和假设又有什么不同呢?

诸如此类的问题,意味着我不能再拖延界定术语这个有点令人厌烦的工作了。一旦我完成了这些术语界定,我会再一次地举出一些具体的例子,来阐明我的意思。

7.3 理论、模型以及假设

在这一节当中,我们将会讨论模型、概念、理论、假设、方法以及方法论。在表 7.2 当中,我列出了每一个术语将被如何使用。

如表 7.2 所示,*模型*为我们提供了一个认识现实的一般性的框架。简单地说,它们告诉我们:现实是什么,它由何种元素组成("本体论"),知识的本质和地位如何("认识论")。在这个意义上而言,模型大致相当于一个我们广泛参照的范式。

表7.2 基本研究术语

术语	含义	相关考察
模型	用于观察现实的一般性框架(例如,行为主义,女性主义)	有用性
概念	从既定模型当中引申出来的观念(例如,“刺激—反应”,“压迫”)	有用性
理论	一组概念,用于界定并且/或者解释一些现象	有用性
假设	可检验的命题	正确性
方法论	用于研究主题的一般性取向	有用性
方法	一项特定的研究技术	适合模型,理论,假设,方法论

来源:Sliverman;2001:3

在社会研究当中,模型的例子有功能主义(关注社会制度的功能)、行为主义(把所有的行为都解释为“刺激”和“反应”)、互动论(关注我们如何把符号意义赋予人际互动关系)、常人方法学(鼓励我们去观察人们生产有秩序的社会互动的日常方式)。

在质性研究这个更为狭窄的领域当中,古布里厄姆和霍尔斯泰因(Gubrium and Holstein,1997)使用“惯例”这个词,指受“模型”引导的分析偏好,还有对某些词汇特定的品位,以及研究风格和写作方式。他们区分了(并批判了)四种不同的“惯例”。

- “自然主义”:不愿意引入意义,而情愿“走出去,到田野去观察”。
- “常人方法学”:分享了自然主义对细节的态度,但其目的是关注人们如何以习以为常的方式建构有序的社会互动的。
- “感情主义”:渴望和研究主题的“紧密的”联系,喜欢个人自传。
- “后现代主义”:寻求解构关于“主体”和“田野”的概念。

概念很清楚地说明了特定模型之下的观念。关于概念的例子有“社会功能”(源自功能主义),“刺激/反应”(行为主义),“情境定义”(互动论),“解释的文献法”(常人方法学)。概念提供了看待世界的途径,这对于界定一个研究问题十分重要。

理论通过排列一组概念来界定和解释一些现象。正如施特劳斯和科宾所言:“理论由一组形式合理的、概念间或概念组之间的关系构成。”(Strauss and Corbin,1994:278)。

如果没有理论,诸如“死亡”,“部落”以及“家庭”之类的概念都不可能被理解。从这个意义上来讲,没有理论就没有什么可以被研究。所以说,理论提供了一个去思考这个世界的立足点,它虽然是关于这个世界的,但也是和它分离的。这样,理论就提供了(Gubrium,个人通信):

- 一个框架,以供批判性地理解现象。
- 一个基础,以思考如何去组织尚未知晓的东西。

通过激发我们对未知事物的想法,理论给我们提供了研究的驱动力。作为灵活的实体,它们也会随着好的研究而发展,被好的研究修正。然而,就我们这里使用的意义而言,模型、概念,以及理论都是自我确证的,它们会指导我们以某种特定的方式看待现象,这就意味着,它们永远不可能被证伪,我们只能评价它们的有用性。

正是最后的一个特点,将理论和假设区分开来。和理论不一样,*假设*是可以被研究检验的。希尔弗曼讨论的关于假设的例子如下(Silverman,2001):

- 接受建议的方式和提出建议的方式,这两者是相关的。
- 一个人对违禁药品的反应取决于他从别人那里学习到了什么。
- 在联盟选举当中的投票是和联盟成员当中的非工作关系相关的。

在许多的质性研究当中,在最开始的时候是没有什么特定的假设的。实际情况是,假设是在研究的最初阶段产生(或者被推导出来)。无论如何,和理论不一样,假设是可以而且应该被检验的。因此,我们以正确性或真实性来评估一个假设。

方法论是指,我们在计划并且实施一个研究的过程当中,对研究案例、资料收集方法以及资料分析方法等作出的选择。所以说,方法论决定了我们将如何对现象进行研究。在社会研究当中,方法论可能会有非常宽泛的定义(比如质性或者量化),也可能会非常狭窄(比如扎根理论或者话语分析)。跟理论类似,方法论无所谓真假,只有有用性大小之别。

最后,方法是具体的研究技术。它包括了量化的技术,比如统计相关性分析,也包括质性的观察、访谈,以及对声音和图像的记录。同样的,对于它们本身而言,方法是没有真假之分的。它们有用性的大小,取决于它们是否适用于所使用的理论、方法论、被验证的假设,以及/或选取的研究主题。所以,行为主义者可能会更加倾向于使用量化方法,而互动论者则更喜欢通过观察来收集资料。不过,取决于被验证的假设,行为主义者有时候也可能会采用质性的方法——例如,在研究的探索阶段。同样的,互动论者有时候也会使用一些简单的量化方法,特别是当他们想要从资料中寻求某种总体模式的时候。

图 7.1 展示了模型、概念、理论、假设、方法论,以及方法的关系。

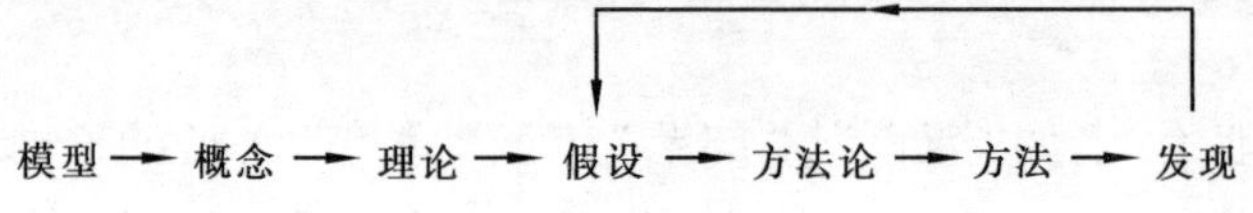

图 7.1　分析的水平

在图 7.1 当中,越是向右,就越不具有普遍性和抽象性。从发现到假设的箭头,表示假设被发现所修正的反馈机制。

7.4 一些例子

下面,让我来提供一些具体的例子,这会使得图 7.1 所示的框架鲜活起来。想象一下,假如我们对那个阴暗的话题——社会中的“死亡”,抱有一般性的兴趣,我们将怎么研究这个主题呢?

在界定研究主题之前,我们先不要去管提出假设的事,而需要思考一些非常基本的问题。假定我们是遵循爱弥尔·涂尔干(Emile Durkheim,1951)社会唯实论传统的那种社会学家,看世界的时候更喜欢去关注社会结构如何决定行动。这样的一种看待社会生活的模型,将会给我们提供一些用于死亡研究的概念。使用这样的一种模型,我们会倾向于把死亡看作是死亡的比例(或者“死亡率”)的相关统计。而且我们更愿意使用其他的社会事实,比如年龄或者社会阶层去解释此类的统计资料。

有了这些概念,我们就可以针对研究主题的某个方面建构理论了。比如说,基于我们所作的假设,死亡是一个社会事实,并且由其他的社会事实所决定,我们可以提出一个理论,说儿童时期夭亡的比率,或者说“婴儿死亡率”,是和一些社会事实相关的,比如说他们的家长,或者说他们的社会阶层。从这个理论出发,我们很容易就可以作出假设,父母的社会阶层越高,一个孩子在出生第一年内死亡的可能性就越低。这个假设有时候也可以被表述为“在社会阶层和婴儿死亡率之间存在负相关”。

正如上文提到过的,一个社会事实的模型往往更倾向于使用量化研究的方法论,使用分析官方统计数据的方法,或者使用大规模社会调查的方法,这种调查是通过看上去很可靠的封闭式问卷来做的。要解释这种研究的发现,就必须要对简单相关关系当中隐藏的各种因素给予必要的考虑。比如说,社会阶层可能和居住质量有关,后者(这里叫做中间变量)可能才是婴儿死亡率变化的真正原因。

图 7.2 演示了这一考察死亡的研究取向。

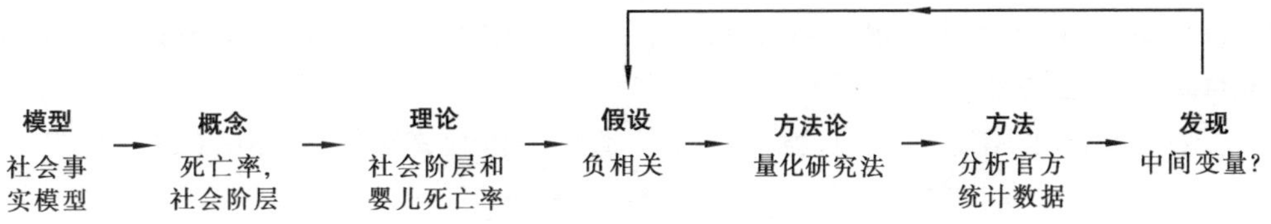

图 7.2 作为社会事实的死亡

图 7.3 则给我们展示了一个全然不同的思考死亡的方式。对于某些社会学家来说,社会制度是被其参与者的行动建构并/或巩固的。这个模型的核心观念

是，现象的特性往往取决于我们给它们贴上什么样的标签。这涉及了“情境定义”的概念，它驱使我们去关注在不同的情境之下，人们是如何给定意义的。这一思路给我们的全部信息是，“死亡”需要被放进引号里边，因此就导向将“死亡”视作社会建构的理论。

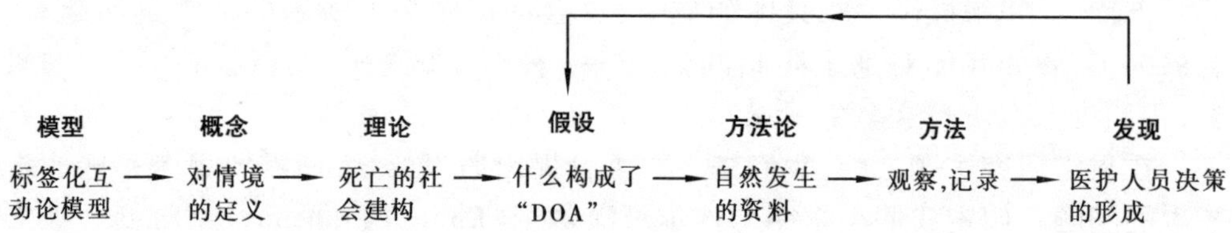

图 7.3　作为社会建构的死亡

当然，这种看待“死亡”的方式，与“社会事实”模型是截然不同的，所以，这也为我们很好地展现了理论在界定研究问题时的重要性。不过，这种方式有一点明显不利之处，它似乎跟人的直觉相反。毕竟，你可能会觉得，死亡是一个明显的事实。我们要不就是死了，要不就没死，这样的话，建构论在这里又能作什么呢？

让我来举两个反例吧。首先，在 1963 年，肯尼迪总统遭到枪击之后，被送往达拉斯医院，按照当时的说法，他头颅的一半已经被打掉了。我猜想，如果你或我这样被送到本国的急救部门，他们会粗略地检查一番，然后得出的结论会是“到达的时候已经死亡”（DOA）。恰恰因为他们面对的是一位总统，工作人员需要做得更多。所以他们对肯尼迪进行了将近一个小时的治疗，以示他们对如此一位重要的人物尽了最大的努力（cf. Sudnow，1968a）。

所以，想想近来的这个讨论：是否，或者应该在何时结束重伤病人的生命维持系统。在此，人们是死是活，再次被界定行动所建构。请注意，这样的界定会产生实际的效果。

当然，看待死亡是如何被社会所建构的（有时候被称为“社会建构论”），只是一种对该现象理论化的方式，本质上它并不比“社会事实”的方式更好或者更差。不过，一旦我们采取了某个模型，它就会对我们的研究进程产生非常大的影响。比如说，正如我们所见的，如果“DOA”是一个标签，以不同的方式使用于不同的对象，我们可以发展出一个假设，讨论“死或者生”的标签是如何被运用到不同的病人身上的。

因为我们采用这个模型，就会试图从那种事件自然发生的环境（或者说非研究生成的）当中去收集研究材料，比如说真正的医院；使用观察以及/或者录制视频音频的方法。不过，需要注意的是，这并不是要排除对量化资料的收集（比如医院记录）。不如这样说，这意味着我们的资料可能主要是质性的。在最初的研究之后（比如 Jeffery，1979；Dingwall and Murray，1983），研究的发现会告诉我们，医疗决策是如何与（病人的）年龄、假定的道德身份，以及社会阶层相关的。反观

图 7.3,这些发现重新修正了我们最初的假设。

7.5　概括与理论建构

对资料的理论化并不会因为假设的精致而止步不前。在这一节当中,我会讲我们如何从成功验证的假设当中得出一些概括,以及其如何为*建构*理论作出贡献。对于理论建构更为深远的讨论,将会出现在第 12 章和第 13 章里面,在探讨扎根理论(Strauss and Corbin,1990)的时候提及。

首先,我们需要认识到,案例的研究尽管只是局限于一组特定的互动,我们依然可以从中检视,特殊的话语和行动是如何嵌入社会组织的某种模式当中的。

道格拉斯(Douglas,1975)关于一个中美部落 Lele 的研究,给我们提供了一个经典的例子,展示了人类学家如何使用一个个案研究,作出更为广泛的概括。道格拉斯注意到,某种食蚁兽,也就是被西方动物学家叫做“穿山甲”的动物,对于 Lele 的宗教仪式生活格外重要。对于 Lele 来说,穿山甲既是一种宗教崇拜物,又是一种怪异畸形之物。他们觉得它既具有动物的特性,又具有人的特性——比如说,它们往往每次只有一个后代,不像其他大多数动物。对于它而言,Lele 的那个陆地和水生生物的分类也不适用,因为它有时候在陆地上,有时候在水里。而且奇妙的是,在被捕获的动物当中,穿山甲对于 Lele 来说是独一无二的,它们不试图逃走,而是把自己贡献给猎人。

幸运的是,道格拉斯拒斥了所谓“旅游者”的视角,她超越了好奇心,而转向一种系统性的分析。她注意到,很多族群会拒绝认知环境当中的怪异之物。因为认真地对待异常之物,将会致使族群分类体系的“自然”地位受到质疑。

在旧约全书当中,我们也可以找到对怪异之物排斥的经典的例子。道格拉斯指出,猪被认为肮脏,是因为在旧约里面,它是异常的。根据旧约的说法,猪有裂开的蹄子,这使得它洁净,但是它不拒绝反刍的食物,这又使得它肮脏。所以猪被认为特别肮脏正是因为它是反常的。虽然和另一个部落的人结婚是不被赞成的,但是更不能允许的是,和一个本族人与外人结合所生之子结婚。这两个例子,都是在试图回避异常之物。

然而,Lele 是个例外:他们赞美反常的穿山甲。对于道格拉斯而言,这意味着对于异常之物排斥的倾向并不是普遍的。如果对于不同的群体,这是不同的,那么就需要去关注他们的社会组织。

的确,Lele 的社会生活有一些独到之处。他们和其他部落相处的经历是十分成功的。他们和其他部落的人交换物品,而很少有战争的经历。

和其他的部落相处得比较好,又意味着什么呢?它说明对边界,或者界线的成功跨越。那这又和异常之事物有什么关系呢?异常之物,是跨越界线的。这就是对为何 Lele 和普遍情况不同的一个回答。

道格拉斯提出，Lele 对待异常之物的态度，其根源在于社会组织。他们对穿山甲的正面的态度，是因为它和他们一样，跨越了边界。相反的，古以色列人认为异常之物是不好的，因为他们自己关于跨越界线的经验是非常不愉快的。事实上，从旧约当中我们可以读出来，古以色列人在和其他部族之间的交易经历中可谓损失惨痛。

通过历史比较的方法，道格拉斯从对单个个案的解释，发展出了一个更为普遍的理论：社会交换和对异常之物的反应之间存在关联。格拉泽和施特劳斯（Glaser and Strauss，1968）把像这样对理论普遍化，描述成从实质理论到形式理论的转化。在他们自己关于医院对疾病末期病人救治的研究当中，他们展示了如何通过比较的方法，把对人们死亡迫近意识的解释（实质理论），发展为对整个“意识环境”范围的解释（形式理论）。

道格拉斯说明了对异常之物的态度以及跨越边界的经验之间的关系，这也可以被用在其他的地方。也许与其他族群不愉快的交易经历，可以解释为什么一些以色列犹太人和一些巴勒斯坦穆斯林一定要把“圣城”耶路撒冷标上自己的印记，而拒绝对这个圣地的多方使用。

无论如何，道格拉斯关于 Lele 的研究例证了，我们需要作出这种定位，即个别的元素是如何嵌入整个社会组织当中的。她的研究，是以一种很明确的涂尔干式的方式完成的。这种方式，把行为视作是“社会”的表达，而社会作为一个“看不见的手”，对人的行为进行约束和形塑。而莫尔曼（Meorman，1974）则为我们展示了，如何通过使用一种建构论的框架，去检视人们最细微的活动，这种方式不再把社会组织作为一个纯粹的外力。在这个研究当中，人们不再是“文化傀儡”（Gafinkel，1967），他们满怀技能，不断重建着道德秩序。

7.6 如何将资料理论化

大多数读者不会像莫尔曼或者道格拉斯那样，通过研究得出一系列定义非常明确的理论思想。如果你也是这样，你的问题就是如何对资料去做理论性的思考。以下列表仅仅是提供了一些建议。尽管不是很全面，它还是可以作为一个对于资料理论化的初步指导。可以把它和我在第 6 章探讨的三种研究敏感性联系起来阅读。

假如你正在进行研究，建议你考虑以下的六个问题：

（1）“*什么*”以及“*如何*”的问题：要抵御急于匆忙解释资料的冲动。不要从“为什么”这个问题出发，而要去问这里使用了“什么”文字的、行为的、情境的资源，它们是“如何”被使用的（以及产生了什么样的后果）。

（2）*年表*：去关注人们行为的时序，或者他们的叙述中所用的时间。或者，随着时间流动去收集资料，以观察变化的整个过程。可以适当地搜集历史的证据，它至少可以说明,你的研究问题是怎么产生的。

(3)*情境*:如何将资料置于某种组织化的情境、社会过程,或者一系列的经验当中? 例如,莫尔曼所示,受访者参与某项访问主题涉及的活动本身,与他对访问作出的回答是不一样的。因此,可以想象一下你研究的现象将会有多少种版本。

(4)*比较*:就像道格拉斯通过比较不同的族群如何对待异物,阐发她的理论。要持续尝试将你的资料和其他相关的资料做比较。假如你无法找到有可比性的案例,可以想办法把你自己的资料分成若干组,然后进行比较。要记得比较法是最基本的科学方法。

(5)*含义*:当呈现自己研究的时候,要去思考怎样才能把你发现的东西与较之最初的研究主题更为广泛的问题联系起来。这样,一个非常狭窄的主题(就像 Lele 的有关对异物的认知这一主题)就可以和更广泛的社会过程(比如社群如何应对反常事物)相联系。

(6)*横向思维*:就像 Lele 那样吧。不要在概念间树立强有力的边界,而要去探寻看似矛盾的模型、理论以及方法论之间的关联。赞美反常之物吧!

7.7　结　论

科学哲学家托马斯·库恩(Thomas Kuhn,1970)指出,一些社会科学缺乏一套单一的、共识性的概念。用库恩的话说,这使得社会研究是“前范式的”,或者说,至少处于一种范式竞争的状态。正如我已经提到过的,这样的状况导致社会科学的整套课程体系在研究方法的选取方面,能给我们提供的,只有一些“非此即彼”的选择题。

这样的课程被一些学生充分领会。他们学习范式的对立,去选择 A 而不是 B,然后鹦鹉学舌地汇报 A 的全部优势和 B 的全部缺陷。毋庸置疑,这样的学生没有作任何思考,因为这样的课程也不能提供任何他们作了思考的证据。甚至,他们选择 A 也是基于老师的暗示,或者明确的偏好。这或许可以部分解释,为什么那么多的社会科学本科课程,却导致了学生对于走出去作研究的习得性无能。

学习竞争的“武装阵营”决不会让你能够直面研究资料。在田野当中,资料是非常散乱的,比任何一个阵营所表明的还要散乱。也许两方都有可学习的东西,或者,我们应该更加积极一点,当拒绝了这样的课程所提供的对立两极,我们就能够开始询问一些更有趣的问题了。

即便当我们决定了使用质性以及/或者量化的方法,我们还是会涉及理论和方法论的抉择。这样的抉择不仅和我们如何概念化这个世界有关,也涉及了我们的研究如何对事物作出思考。

但是只有当解释某事的时候,理论才变得有价值。贝克尔(Becker,1998:1)

提到,当学生们询问他对理论的看法的时候,伟大的芝加哥学派创始人休斯(Everett Hughes)的回应是很粗暴的,他可能会说:"什么理论?"对于休斯来说,抛开了任何观察空谈理论,就像是没有田地而空驶一台拖拉机。对我来说也是这样。

所以说,理论既非某种身份的象征,也不是对于一个研究来说可以任意选择的附加之物。没有理论,研究将会无法想象的狭隘。没有研究,理论只是扶手椅上的遐想。

要 点

研究问题不可避免地要涉及理论。所以在社会研究当中,我们确实需要社会理论,以帮助我们探讨即便是非常简单的问题。不过,需要把理论和模型、概念区别开来。

- *模型*提供了一个对于我们如何看待事实的普遍性的框架。
- *概念*是从一个特定模型中引申出来的、明晰具体的思想。
- *理论*把一系列的概念安排起来,去界定和解释某现象。
- *方法论*界定了一个人应该如何去研究现象。
- *方法*是具体的研究技术。

你可以通过思考以下的问题提高自己将资料理论化的水平:

- "*什么*"和"*如何*"的问题。
- *年表*:按时间顺序收集资料,去检视变化的过程。
- *情境*:思考如何把你的资料放进某个组织的环境、社会过程,或者一系列的经验当中。
- *比较*:想办法把你的资料分成不同的部分,并且加以比较。
- *涵义*:思索你的发现如何和更广泛的问题联系起来。
- *横向思维*:探寻看似截然对立的模型、理论、方法论之间的关联。

练 习

7.1 霍华德·贝克尔(Howard Becker)指出,他的同事伯纳德·贝克(Bernard Beck)是这样指导学生理论化他们的资料的,他要他们"告诉我你发现了什么,但是不要提到任何现实案例的标志性的特征"(Becker,1998:126)。

贝克尔(Becker)给出了一个例子,是他自己的关于芝加哥的老师的研究。他指出这些老师通过转入其他的学校来寻求位置的提升,而不试图在当时所在的学校得以升职。那么,既要使用资料,但是又不能谈及"老师"或者"学校",贝克尔(Becker)要如何说明他的研究,才能让贝克(Beck)满意呢?

拓展阅读

Clive Seale et al.' s edited book *Qualitative Research Practice* (2004) contains seven chapters which show the relevance of seven contemporary theories to qualitative research (Part 2 'Analytic frameworks': 107-213). Becker's (1998) book, *Tricks of the Trade*, contains two chapters which are highly relevant to learning how to theorize about your data (Chapter 2 on 'Imagery' and Chapter 4 on 'Concepts'). Jaber Gubrium and James Holstein's (1997) text *The New Language of Qualitative Method* is an invaluable, thought-provoking guide to the vocabularies, investigatory styles and ways of writing of different theoretical 'idioms'.

8 选择方法论

Choosing a Methodology

读完本章,你将能够:

- 懂得如何去选择一个适合你的研究主题和分析模型的方法。
- 对于你是否要坚持使用自然发生的资料作出一个理性的选择。
- 决定你是不是要使用多种方法。

8.1 引　言

正如我们通过第 7 章所了解到的,决定如何使用方法论,总是要涉及理论。在这一章当中,我将会对设计研究过程当中有关方法论的问题提出一些更为具体的建议。首先要引出"研究策略"这个概念。我将会通过一个研究的例子来阐明它。然后,我们将讨论一个有争议的问题:在质性研究设计当中,自然发生的资料是否具有特殊的地位。最后要探讨的是,使用多种研究方法的意义何在。

8.2 你的研究策略

在第 7 章当中,我给"方法论"所作的定义是,"用于研究主题的一般性取向"。在这个意义上,你对方法的选择应该反映出了一个"整体性的研究策略"(Mason, 1996:19),因为你的方法论决定了使用何种方法,以及每种方法应该如何被使用。

当决定研究策略的时候,需要注意四个问题:

- 对于使用何种方法早作决定。
- 理解方法、方法论和社会之间的联系。
- 充分意识到模型对不同方法的意义和使用的影响。
- 选择适合研究主题的方法(一或多个)。

8.2.1 一个及早的决定

了解自己想要弄清楚的是什么,必然会导致这样一个问题,即你如何得到那些

资料？（Miles and Huberman,1984:42）

量化研究通常要以确立一组变量和所使用的方法（通常用的是既存的、得到证明的方法）开始。那么，如果要开展质性研究，你需要在选择方法的问题上走多远？

迈尔斯和休伯曼（Miles and Huberman,1984）提出了这个问题，他们认为，对于多大程度上使用被其称作“预定方法”（比如预先确定的方法和测量）的那些方法，质性研究是有一个可选择的范围的。

- *没有预定方法*：田野工作必须对那些未预料的，可能被“预定方法”掩盖的现象开放；你所需要的就是“一些方向性的问题，一些观察的标题（以及）一个粗略的既有文献分析表”（Miles and Huberman,1984:42）。
- *大量的预定方法*：如果研究是没有焦点的，那么你可能会收集多余的资料；使用较早研究所用的方法可以让资料具有可比性。
- *一个开放的问题*：探索性研究的结构化程度应该比正式研究低很多；如果你的样本规模很小，那么跨案例比较就会受到限制，因此，对于标准化的研究方法的需要将会变少。

迈尔斯和休伯曼指出，虽然在量化研究当中，预先结构化是更为常见的，但是对于更多的质性研究来说，预先结构化也值得考虑。所以，对于开始一个没有任何“预定方法”的研究来说，还是有理由作出一些决定的。质性研究可以是高度结构化的，而且，对于非量化研究来说，迈尔斯和休伯曼所说的那种“无预定方法”，不应该成为一个默认的选择。早点对你更倾向于使用的方法作出决定是更好的。

8.2.2 方法是和方法论以及社会相联系的

大部分研究方法既可以用在基于量化方法论的研究中，也可以用在基于质性方法论的研究当中，如表8.1所示。这个表其实强调了我先前提出的观点，方法是这样的一种技术，其具体意义取决于它们在何种方法论当中被使用。这意味着我们不能把方法当作是单纯的技术。

表8.1 四种方法的不同用途

	方法论	
方 法	量化研究	质性研究
观察法	初步的工作，比如编制问卷之前的工作	理解另外一种文化的基本方法
文本分析	内容分析，比如按照研究者的分类进行计算	理解参与者的分类
访谈	对随机样本以封闭式问题为主的“调查研究”	对小样本的开放式问题
记录	偶尔用来对访谈记录的准确性进行检查	用于理解参与者如何组织他们的谈话以及身体活动

来源：Silverman,2001:12

举个例子,虽然有可计量的、标准化的观察表,但是一般不会认为观察法是量化研究当中收集资料的重要方法。这是因为,观察法是没法用于大样本的研究的。量化研究者还认为,观察法不是一个十分可靠的资料收集方式,因为不同的观察者会记录下来不同的观察。如果要使用的话,观察法只适用于一个量化研究最初的或者"探索性"的阶段。

相反,观察法对于质性研究来说具有基础性的意义。从最早的人类学家(Maliinowski,1922;Radcliffe-Brown,1948)对非西方社会的先驱性个案研究开始,到二战前芝加哥学派的社会学家们(Hughes,1984),观察法被选用为理解其他文化或者亚文化的方法。

不过,方法的使用,还处于一个更广泛的社会背景当中。举个粗浅的例子,文本要依赖印刷技术的发明,视频和音频录制还要靠现代传媒技术。

另外,诸如观察以及访谈一类的活动,并非只是社会研究者独有的。比如,正如福柯(Foucault,1977)所言,对犯人的监视是现代监狱改革的核心,而在访谈当中进行问讯则又生产了天主教忏悔和精神分析咨询的重要特征。其普遍性可以从当代社会研究中访谈的中心地位得以体现。我们可以想想,访谈是大众传媒产品多么显著的(或者流行的)特征,从"脱口秀",到"名人访问"。或许可以说,我们生活在一个访谈社会里,在这里,访谈处于赋予我们生活以意义的核心地位(Atkinson and Silverman,1997)。

这样的一个更为宽广的社会背景,也许可以解释质性研究者为何倾向于使用诸如访谈之类的方法。当然,像这样把文化和方法之间联系起来,就给我们提供了一个机会,使得我们可以去检视自己的方法论取向。然而,这样的自问(有时候,被称为是自反性,我认为是一种误称)本身并不能确保我们作出正确选择。正如我在第 14 章和第 15 章中指出的那样,这样的保证来自于研究设计的稳健性和可信性。

8.2.3 模型决定了方法的意义

很多质性研究者都相信,较之单纯从量化资料中得到理解,他们可以对社会现象提出一个"更深的"理解。然而,质性研究者声称的所谓的"深度"理解,已经涉及了诸多不尽相同的领域,比如"内部经验"、"语言"、"叙述"、"符号系统",或者"社会互动的形式"。表 8.2 展示了这些方法以及相关的质性模型。

表 8.2 质性研究的方法和模型

方 法	模型 Ⅰ	模型 Ⅱ
观 察	"背景"资料	理解"亚文化"
文本和文献	"背景"资料	理解语言和其他的符号系统
访谈	理解"经验"	叙述的建构
视频和音频记录	很少用	理解互动如何被组织

表8.2所列的研究方法,都不是中立的,而是取决于所采用的模型,这些模型涉及对社会现实的机制的理解。在这个表里,我把不同的方法简单地划分为两种模型。不过,如果用第7章里面古布里厄姆和霍尔斯泰因关于惯例的说法,自然主义者会优先理解“亚文化”,情感主义者则更倾向于理解“经验”,并且把注意力集中在开放式的访谈上,民族学家会倾向于理解“互动”,而后现代理论者会优先注意符号系统。

要确保某个方法的使用是适当的,这些惯例和模型是必须的,但是还不足够。总之,纯粹理论上的证明,并不能确保一个方法是适用于分析某些资料的。

8.2.4 选择一个合适的方法

没有正确或者错误的方法。只有适用于研究主题和所使用的模型的方法。

让我们从第4章当中找两个具体的例子,蒂皮(Tippi)对老人社区的居住体验感兴趣。她的“体验”概念很显然是来自于情感主义模型。这样一来,她选择开放式的访谈就非常合适。相反,如果她对这样的社区当中人们的行为感兴趣,那么这个自然主义的主题就要求她用观察法。

安妮(Anne)的研究关于,当从书籍转向电视或者广播的时候,某种叙述是如何转变的。她试图去观察在这个生产的过程当中发生了什么,看来对于该主题这是非常合适的方法。不过,她还想要访问参与者,去理解他们的意图。

这里的问题是,在她的研究设计当中,潜存着情感主义和自然主义的冲突。假如她首先想要理解的是人们的行为,那么自然主义使得观察成为最重要的方法。反之,如果她最关注的是“经验”和“动机”,那么她应该坚持使用访谈的方法。在我随后关于“多元方法”的讨论当中,还会继续讨论这个观点。

当然,有时候,横向思考,并且去结合不同的方法和模型是有道理的。但是对于大多数初学者来说,最稳妥的选择是简单化,而且使得主题、方法和模型之间能够直接配合。

下面是关于一个例子的扩展讨论。这个例子展示了,我在设计一个关于HIV测试咨询研究(Silverman,1997)的时候,是如何应对以上问题的。

8.3 选择一个方法论:研究一个例子

8.3.1 咨询研究

这里讨论的关于咨询的研究,是我在作为一个医疗社会学家工作的时候所做的。在1979年和1985年之间,我用英国门诊咨询有关病人和孩子的资料做一些研究。与此同时,我还从事一项关于成人肿瘤医院的小研究,比较同一个医生所做的国民医疗服务(NHS)和私人咨询。该项研究发表了一些文章(Silverman,

1981,1983,1984;Silverman and Bloor,1989),最后结集成书(Silverman,1987)。在这本书里面,我集中探讨了表面看上去"以病人为中心"的医疗工作产生了哪些不同的方向。

1987 年,我被允许参加一个每周的诊断,这个工作是由一个英国城内医院的生殖泌尿科举办的(Silverman,1989)。这个诊断的目的是检查服用了 AZT(逆转录酶)药物的 HIV 阳性病人的病情变化。AZT 似乎可以减缓病毒滋生的速度,现在还在开发的实验阶段。

就像任何一个观察研究一样,我的目的也是收集关于发生在自然环境当中的社会过程的一手信息。我并不试图去访问有关人员,因为我关注的是他们在诊所当中自然发生的行动,而不是他们对自己所作所为的想法。研究者就待在诊室里面,所处的角度既可以观察医生,也可以观察病人。

通过医生,研究者的在场获得病人的同意。考虑到那种情况可能比较敏感,不会允许录音。取而代之的是对细节采用手写记录,就记录在纸张上,每次咨询的记录单写一张。样本数目不大(七个诊所当中,十五个男性患者的三十七次咨询),也不需要具有代表性。因为这个领域观察法很少被使用,所以这个研究确实是一次探索。然而,正如我们即将看到的,我试图把我的发现和其他的关于医生—病人关系的社会研究联系起来。

桑塔格(Sontag,1979)指出,疾病总是作为道德的或心理的隐喻而被理解。这个早期研究的一个主要发现是,HIV 阳性患者具有道德负担。例如,很多病人都要使用闹钟叫醒他们,晚上再起来吃药。正如有个病人所言:"如果泄露出来就完了。每个人都会知道你得了什么病。"

然而,尽管看待艾滋病的社会风气如此,病人在医护人员面前如何表现他们自己,还是有一定的自由的。四种自我呈现(Goffman,1959)可以被辨识出来的,我称之为"酷"、"紧张"、"客观",以及"戏剧化"(Silverman,1989)。但是每个病人和每种特定的"风格"并不存在简单的对应关系。在每一次咨询当中,每一种自我呈现的方式,对于每一个病人来说都是可选择的,在那里它可能有一种特殊的社会功能。所以关注点在于社会过程,而非心理状态。

顺着这个思路,我还发现"积极思考"的精神对很多病人来说何以非常重要,以及医生如何系统性地把注意力集中在病人的"身体"而非"精神"上。这又引出了一些有关医生和病人所作的努力发生分歧的实际问题。

我在写这个研究的时候,当时在公共资助的健康教育机构(HEA)工作的韦林(Kaye Wellings)为我指出了扩展这个 HIV 咨询研究的可能性。直至当时 HEA 还一直在资助一个研究,该研究调查在大众传媒当中投放有关"安全性行为"信息的有效性。受到 1980 年代末英国的一些 HIV 测试的启发,Kaye 认为,可以长期地观察在作 HIV 抗体测试的人群当中发布宣传健康行为信息的有效性。

我对这个研究感兴趣有两个原因。首先,这是我的关于艾滋病患者医疗咨询研究的一个逻辑上的发展。其次，它也提供了一个把我感兴趣的点继续下去的机会，我关注的是专业人员同事之间在实践当中是如何交流的——与课本和训练手册的指令形成对照。所以，我提交了一个研究计划，并得到了 HEA 从 1988 年底开始为期 30 个月的资助。

8.3.2 量化的偏见

麦克利奥德（McLeod）提醒我们“几乎所有的咨询和心理治疗研究都要从心理学展开”（McLeod，1994：190）。这样的一个后果就是把研究的焦点放在了有关个体属性的量化研究上面。这就意味着语言学和社会学问题，比如语言的使用和社会情境，被忽视了（Heaton，1979）。

聚焦在心理学上，同样还会影响研究设计，使得心理学偏好的实验法以及/或者统计方法在研究中占主要的地位。当然了，没有一种研究方法在本质上优于其他的，所有的事都要取决于研究者的研究目的。所以这只是一个要去重新平衡咨询研究的不同方法的问题。

因此，在设计研究计划的时候，我需要平衡两个相互竞争的目标：

- 我的渴望，想要检视 HIV 咨询是如何在咨询顾问和病人之间真实发生的。
- 必须要适应这样的环境，现在大部分咨询研究都充斥着量化的方法论，以及怎样才构成一个好的咨询的标准化的假定。

8.3.3 方法论的设计：三种熟悉的选择

量化的或者标准的方法提供了三种关于咨询研究的方式，它们看上去都非常注重信度和效度。这三种方法论在表 8.3 当中列出。

表 8.3 咨询研究的三种方法论

1. 通过研究访谈探明他们的认知和行为，测量顾客对咨询的反应。这可能需要对同一群患者作一个长期的研究。这个研究可以有实验设计，也可以没有
2. 通过客观的行为指标来测量顾客对咨询的反应。这也可能需要对同一群患者作一个长期研究
3. 测量真实的咨询和某个被认可的“好的咨询”的标准的符合程度

来源：Sliverman，1997：16

为了强调方法论选择出现在研究的最初阶段，我会在下面对每一个策略作出探讨。这样，我们就可以看到每个策略所产生的方法论和分析问题。我将要表明，从某一个问题，或者这两个问题的角度来说，每种策略都不能完全令人满意。

研究访谈

正如上述,这可以是一个实验设计,也可以是非实验设计。

在实验设计当中,我们把顾客随机分成两组。第一组作咨询,而第二组(也就是控制组)不进行咨询。然后向两个组的成员询问有关艾滋病的知识,以及他们打算如何保护自己以防感染此病。几个月之后,这个访问将会再次进行,以比较他们当时的行为和实验前的行为。

在非实验设计当中,通过研究同一群病人,来评估既存的咨询程序。同样的,我们也会在一段时间之后追踪这一群病人。

这种研究设计的好处在于,可以做大规模的研究,它们基于表面上非常确凿的研究,并提供看似很"硬"的数据。然而,也出现了很多问题。当然,我知道,使用这种方法的研究者已经注意到了这些问题。相应地,他们也有一些独特的手段去解决这些问题。让我罗列一些出来:

(1)我们需要在多大程度认真对待病人对于自己行为的说明?有没有这种可能性,病人倾向于提供他们认为医生和研究者想要听到的回答(McLeod,1994:124-126)?

(2)研究(1)是不是忽略了健康咨询施行的组织情境(比如说,医生和其他工作人员的关系,有关默认的"好的咨询"的理论,可获取的资源,人员流动,等等)?这些情境在非实验的情况下,可能会塑造咨询的特征,决定其有效性。

(3)即便我们可以绕开不给控制组做所谓的前测咨询所带来的实践和伦理问题,难道被指派进控制组的经验不会影响测量的可靠性和发现的有效性吗(McLeod,1994:124)?

(4)这两个研究设计是不是都把被试者当作是相互之间不会发生社会互动的"各个独立个体的集合"(Bryman,1988:39)?这样的结果就是,咨询作为一个在现场一步一步发生的社会过程,我们很难把握它实际上是如何组织的。这样,我们能否对真实的咨询工作所知更多,值得怀疑。

非实验的研究可以采用量化的设计,也可以采用质性的设计。在后一种情况下,我们可能会想要开展一些数量较小的开放式访谈,从而"以一种移情的方式,进入所研究的人或者群体活生生的经验"(McLeod,1994:89)。

这种对"活的经验"的追求,意味着很多质性研究者更喜欢开放式的访谈(见第15章)。不幸的是,不论是"开放式"访谈提供的看似"深入的"说明,还是我们通过实验或者问卷对信息、态度和行为所作的看似确凿的测量,在人们日常生活的行为和言语当中,都很难找到站得住脚的基础。此外,假如我们的关注点在于咨询和健康行为的关系,这些研究能够通过研究对象对研究者问题的回答反映他们在现实中是如何跟专业人员和其他人交谈的吗?

有一个非常好的例子可以说明这一点。在最近一次召开的关于 AIDS 的社会学会议上面,很多社会学者都表达了这样的顾虑,要招募愿意回答有关自己性行为问题的样本是困难的。结果,有人建议说不如随后就继续召开一个会议,在这个会议上大家可以交流一下招募此类样本的办法。

当然,招募样本的问题对于调查研究来说是基本的。而且,对于一些可能有些“棘手”的问题,比如诱导被访者讲述有关自己性行为的事情,调查者一定需要考虑寻找愿意的人。

同时,众所周知,限制 HIV 传播最好的方式,应该是鼓励人们和他们的伴侣去讨论他们的性行为。这就意味着在这个领域里,从事基于访谈的研究是有局限性的。此类研究,必须把精力集中在寻找愿意在访谈中谈论自己的性的人。然而,在“自然发生的”情形下,比如伴侣之间,或者在实时咨询的情境下,人们又是如何谈论性的,这样的研究并不能告诉我们。

行为指标

这种方法试图引入对行为的测量,这种测量可以可靠地反映出咨询的有效性。这种方法的好处在于,它不像访谈研究,它不依赖那些可能不可靠的东西,譬如顾客的认知,以及他们关于自己的行为和行为变化的报告。不仅如此,它消除了我们对顾客通过咨询可能获得的信息本身的关心,使得研究可以说明,从咨询当中获知的一些东西和顾客行为的改变之间并没有直接关联。

关于 HIV 测试咨询,一个瑞典艾滋病科的资深医生的建议是,最好的行为指标是血清转化(从 HIV 病毒中产生抗体)。这样,我们大概就需要研究一群血清反应是阴性并且做了咨询的病人。过了很长一段时间之后,比如十二个月,我们应该给他们再作检测,以确定不同的咨询中心,以及不同的顾问的病人血清转化的比例。这样就可以确定,我们能够测量咨询对于促进安全性行为的有效性。

如上所述,这种方法的优势在于它可以对行为作出量化的测量,这种测量表面上是客观的。不过,和访谈法一样,它在可靠性方面也有着严重的缺陷:

(1)我们怎样才能确信咨询作为变量是独自对报告的行为发生作用的?虽然我们可以控制一些中间变量(例如性别,年龄,性向,毒品使用,等等),还可能有一些无法测量的变量可能和报告的行为有关(比如从其他途径获知信息的机会,获得安全套和洁净的注射器的可能性,等等)。

(2)决定评估咨询哪个部分,通常是很灵活的。从整个一次咨询(或者甚至是对相同的顾客的多次咨询),到一次咨询的一个微小的片断,都是可以的。后者可以获得精确性,但是却缺失了整个情境。这个情境可以通过研究整个一个咨询获得,但是这样就有可能失去精确性。

(3)尽管此类测量是可靠的和精确的,但其结果“仅仅评估了某种方式的存在和缺失,而不是其运用的熟练程度”(McLeod,1994:151)。

如果在试图把测量和某类特定结果加以联系的研究当中,使用这种通过固有的、标准化的指标来评估的方法,似乎就更加成问题了。正如麦克利奥德(McLeod,1994)所指出的那样,一个这样的研究(Hill et al. ,1988)发现,顾客的回应的变化当中,只有百分之一和观察测量的顾问的行为有关!

8.3.4 方法论选择

现在是摊牌的时候了,我要提出我选用的方法——谈话分析(下文中简写为CA),我的研究就建立在它的基础之上。在第3章和第4章讨论的研究当中,我们看到过谈话分析的方法,尽管对社会组织的关心使得其主题是"互动中的对话",它最关注的核心问题的还是谈话是如何被组织。

同样的,顾问们作为"顾问",也不会把谈话当作是微不足道的小事情。可是,假如我们承认谈话的中心在社会生活当中,为什么咨询研究者优先研究的是录制的和转录的谈话呢?假如其他的资料也是有用的,也就是通过对行为改变的观察或者对顾客进行访问得来的那些资料,对谈话录音磁带的转录又有什么特殊价值呢?

要谈论以上问题,可以思考一下,如果研究的是发生在"日常活动"当中的资料,如何才能保存像咨询这样的互动"现象"呢。虽然这些自然发生的资料也是被沾染过的(比如说它可能需要录音或者转录),但它通常能够对研究对象在研究环境之外如何行事,为我们提供一个非常好的线索。

相反,关于访谈研究,正如赫里蒂奇所说的那样,"对于主题的言辞表述,是作为观察真实行为的一个合适的替代品"(Heritage,1984:236)。在这里,我们被诱使把回答者的表述当作是对某种既存的社会或者心理世界的反映。

可是,即使咨询研究者试图使用磁带记录真实的互动,有时候他们也会偏离咨询本身。比如说,尽管麦克利奥德(McLeod,1994)倡导研究"治疗的一些内在的东西",他还是尝试引入这样的做法:在"回忆人际过程"时,给参与者回放磁带,以"重新刺激人们在咨询中有的那种真实的体验"(McLeod,1994:147)。这样一来,和许多质性研究者一样,对于麦克利奥德而言,人们是如何思考和感觉的,比他们实际上做了什么更为重要。

不过,如果我们在设计一个咨询研究时受到了这种诱导,那我们就否认了一个所有顾问认可的问题:谈话本身就是行动。虽然许多标准版本的咨询也都认识到了这一点,但是如果我们只研究咨询的这个版本,那就会把注意力仅仅局限在已知的行动上面。

还有一个选择,就是去调查咨询是如何真实的进行的,而不被那些有关"好的"交流的标准束缚。这样,才有可能发现顾问和顾客两方那些我们之前未注意的技巧,以及表面上"功能不良"的咨询行为实际上的交流"功能"。

8.3.5 总结和推论

在这一节当中,我用HIV咨询研究的例子展示了设计质性研究的多种选择。我并无意指出谈话分析对于咨询研究是"唯一正确的方法"。我想论证的是,选择某种特定的研究方法常有你未曾想到的、更为丰富的含义。这些含义涉及你偏好的分析模型,还包括信度和效度的问题,以及(在这个具体例子里)和职业性实践的关系。要想把这一点搞清楚,你现在应该试着做一下练习 8.1。

在设计该项研究的时候,我所采取的立场有以下两个问题需要进一步的探讨:我选择在*原地*研究行为(比如自然发生的资料),而且我拒绝结合多种研究方法。这都反映了我本人的偏好。因为其他的人也可以(正当的)作出别的选择,所以在这里检视一下这两个问题还是值得。

8.4 自然发生的资料

一些质性研究者倾向于避免通过建立某种"人工的"的研究环境来获取资料,诸如访谈、实验、焦点小组或者调查问卷。他们认为,既然有那么多的自发的资料(研究者没有涉入),为什么不研究它们并以此进入人们日常的所作所为当中,而要去研究那些被研究者问到的东西呢?有些人会认为这种进入是很难的,不过你可以借助横向思维,转向那些容易进入的领域。

举一个在我最近的一次讲演当中,有人提出来的例子,我们可能会认为,一对夫妻协商他们自己不同的睡眠模式这样一个问题,只能通过访谈当事人才能探明。可是,如果这是一个社会成员的实际问题,那么它可能就会出现在某些杂志刊载建议或者来信的板块当中。为什么不在诉诸访谈之前,先试着去寻找真实的事例呢?

另外,访谈和(某种程度而言)焦点小组的问题是,研究者需要通过向被访者提问来展开研究。相反,自然发生的资料的魅力就在于,它可能会带来我们未曾预料的东西。正如萨克斯曾经说过的:"通过展示其发生,我们就可以从目前尚未想到的事情展开研究。"(Sacks, 1992, Vol. 2:420)

虽然我非常赞同这个观点,不过它还是有局限性的(Speer,2002)。例如:

- 从本质上来讲,资料无所谓能否令人满意,这都要取决于你想用资料做什么。
- 没有资料是"没被人碰过"(比如,现场会有录音仪器,这些仪器是被研究者放置的)。
- "自然"的和"非自然"的都是需要被研究的,而不是作为默认的研究资源加以使用。

这些论断都十分有力。不过,较之放弃自己偏好的方法,我更愿意采取一种不教条的立场。这包括了以下两个要点:

- 一切都取决于你的研究主题。所以,正如斯皮尔(Speer)所言,如果你想要研究咨询是如何做的,那么去寻求咨询者和参与者的回顾性说明或者使用一个实验研究可能都是没什么价值的。
- 我们需要考虑研究环境多大程度上对研究主题存在影响。比如说,在一个实验研究当中,局限在于谁可以说话。这就使得研究环境对于其主题(关于“自我修复”)存在影响,并且削弱了它的结论(Schegloff,1991:54)。没有这个限制,此研究将会更加全面。

总结:基于资料的种类选择的任何一种方法,都没有本质上的对或者错。但是,作为一个非情感主义者,我赞同波特的观点,假定(未加思考的?)开放式访谈在质性研究当中占主要地位:

> 我们不如把需要辩解的问题颠倒过来。问题不是我们为什么要研究自然的事实,问题是,我们为什么不研究?(J. Potter, 2002:540)

8.5 多种方法

到现在为止我都假设你只想选用一种方法。不过,表 8.2 当中罗列的方法通常都是相互结合的。比如许多质性个案研究都把观察结合进访谈当中。这或许是因为你有许多研究问题,或者“因为你想用不同的方法或者资料来源来彼此确证,所以你用了某种方法论的多方参较”(Mason,1996:25)。

例如迈尔斯和休伯曼(Miles and Huberman,1984:42)提供了一个关于嫌疑犯是如何被逮捕、被指控的研究案例。你可能会认为它结合了很多的方法:

- 访谈(对嫌疑犯、警察,还有律师)。
- 观察(逮捕和指控)。
- 收集文件(这个过程产生的)。
- 录制(逮捕和指控)。

如果你是一个纯粹的经验主义者,对研究设计的理论基础并不感兴趣,那么多种方法看起来会是个好主意。对来自不同情境的资料抱一种积累的视角,我们可以检视不同资料的交叉之处,来对事实的“真实”状态做一个多方参较。因此,有些质性研究者相信,多方参较改善了单一测量的可靠性。但是多研究法是不是总是具有分析价值的呢?

正如我在第 4 章所提到的,把一组资料和另一组“对应”起来,是一个多少有些复杂的任务,它取决于你的分析框架。尤其是,假如你把不同的社会事实看作是在不同情境中以不同方式建构起来的,那么就不可能诉诸一个表面上由所有资料表示出来的单一的“现象”(见第 14 章)。

梅森(Mason,1996:27)给出了一个例子,它错误地试图把关于个人体会的访谈资料跟对某文本的话语分析(DA)结合起来的。它会产生谬误是因为,话语分析是把所有的叙述都看作是社会建构的,因此就不能认为访谈的叙述可以作为现实的一个确定的版本。

这种多方参较以牺牲分析资料的情境意义为代价,试图跨越我们材料的情境边界。就社会研究的目的而言，简单地构想存在着一个中心现实，由不同情境收集来的资料都和它相接近，可能是没什么益处的。

至少，我们应该注意费尔丁和他的建议，它们涉及使用多方参较要依照的一些基本规则(Fielding,1986)，如下所示：

- 总是从一个理论视角或者模型开始。
- 选择能够解释这个视角当中的结构和意义的方法和资料(比如通过展示所研究的互动的结构性环境来完成)。

许多社会学和其他学科的理论视角都说明，我们不能为了达至一个普遍的“真理”而简单地堆积资料。这就意味着我们需要谨慎地接纳在护理、家庭医疗以及其他领域使用多种研究方法的呼唤。正如哈莫斯利和阿特金森指出的：

> 不能采取天真的“乐观主义”态度，相信不同来源资料的结合，可以达至一个更为完备的图景，而没有任何问题。(Hammersley and Atkinson,1983:199)

就像第4章已经说过的那样，人们经常是怀着错误的希望来使用多种方法的，他们以为这样就可以揭示出“全景”。但是这个“全景”是一个幻像，它迅速招致了杂乱无章的研究，这些研究基于未分析的资料，以及错误的或者理论上难以理解的研究问题。比如，多研究方法可能会诱使初学者在分析一组资料遇到困难时，转向另一组资料。通常更好的做法是，为你的资料的部分性而欢呼，并且为允许你详细检视的特定现象而欣喜。

8.6 结 论

关于多种方法以及自然发生的资料的争论，说明了一个问题：我们要在其中作出方法论抉择的环境，是与理论分不开的。它强调，很多看上去只关乎技术的选择，都渗透着理论。

当然，这使得设计一个研究变得更加复杂了。不过，关心这个层面存在的理论问题，至少在以下两个方面对我们有所助益。首先，它可以使你简化研究设计，因为你认识到了试图研究“全景”通常会令人误入歧途。另外，它给研究增加了理论性，甚至使研究设计更加优雅。就像我在第一部分说过的，最好的研究对“很少的东西说得很多”。

要 点

- 由于方法论决定了使用什么方法，以及如何使用。你对方法的选择应该反映出你的研究主题以及总体研究策略。
- 虽然大部分研究方法既可以用于质性研究，也可以用于量化研究，但研究方法毕竟不只是技术。不同的理论惯例或者模型,为我们使用不同的研究方法提供了合理性。

- 方法并不只是属于社会研究者自己的事情。在选择方法之前,你应该考虑到一个更广泛的社会环境。而方法正是在其中被定位、被使用的。
- 在你从诸如访谈或者焦点小组之类的研究方法当中获取资料的时候,要仔细考虑。有时候这样的方法确实和你的主题以及模型切近。但是,有时候,你可能会因之忽略颇具启发性的、自然发生的资料。
- 在采用多种研究方法之前要慎重考虑。很多模型都告诉我们,不能简单地把资料堆积起来,以获取一个普遍的“真理”。选择一个简单而精确的研究,而不是去寻找一个关于“全景”的幻像。

练　习

8.1　梅森(Mason,1996:19)指出,你对方法论的选择很可能反映了你自己的生活史,以及教育带给你的知识和训练。正如她所说的,“训练以及技术的实际问题……和你对方法的选择有关,它们不应该支配你的选择”(Mason,1996:19)。她建议你把可能的研究方法和可选择的资料来源罗列出来,然后思考为什么你接受或者拒绝其中的每一个。

1. 按照梅森的建议,把可能的研究方法和可选择的资料来源罗列出来。写出你对每一个接受或者拒绝的原因。
2. 回答以下问题(改写自 Mason,1996:20-21)

- 什么样的资料来源和资料收集方法是可以使用的,或者是合适的?
- 这些方法和资料来源可以告诉我什么?
- 这些方法和资料来源对于讨论社会“事实”的什么现象、成分,或者特性有所帮助?
- 它们可以帮助探讨我的什么研究问题?

拓展阅读

David Silverman's (ed.) *Qualitative Research: Theory, Method and Practice* (2nd edn, Sage, 2004) provides state-of-the-art accounts by leading scholars of the uses of interviews, observations, texts, Internet data, and audio and visual data. Other useful books on methodology are: Amanda Coffey and Paul Atkinson's *Making Sense of Qualitative Data* (Sage, 1996), Jennifer Mason's *Qualitative Researching* (2nd edn, Sage, 2002), Pertti Alasuutari's *Researching Culture* (Sage, 1995) and David Silverman's *Interpreting Qualitative Data: Methods for Analysing Talk, Text and Interaction* (2nd edn, Sage, 2001).

选择一个案例 9

Selecting a Case

读完本章,你将能够:

- 明白什么是个案研究。
- 知道个案研究的主要类型。
- 懂得如何从一个案例作出推论。

9.1 引 言

在上一章中,我用我最喜欢的研究座右铭总结道:“对很少的东西做很多。”假如你认真听取的话,你就有可能作出一个全面的、在分析上吸引人的研究。不过,在这之前至少还有三个相互纠结的疑问没有得到解决。我把它们列在下面,并对每个问题逐一作出解释:

- “*我的案例可能不重要*”。你可能会担心你研究的案例在别人看来是微不足道的,或者不是一个“真正的问题”。著名的民族志学者贝克尔指出,对于他的研究,这样的批评发生过很多次了。正如他所言:“就像有人认为悲剧比喜剧更加重要……有些问题被认为在本质上比另外一些问题更重要、更值得注意,而其他问题更琐屑,就像是墙上的小斑点一样……仅仅是个新鲜。”(Becker,1998:92)对这个抱怨,有一个很好的回应:什么是重要的,通常都是由当下的潮流决定的;谁知道接下来又有什么会成为重要的呢?看似微小的研究,通过好的分析,也可能呈现出深远的含义。
- “*我只能研究我能够进入的(一部分)案例*”。这是个更为重要的问题。当我们研究一个组织的时候,我们要依赖守门人。这些人经常会试图限制我们的研究,他们会向我们保证,如果想要知道更多,他们会告诉我们的(Becker,1998:90)。这个问题怎么解决呢?贝克尔作出了两点建议。首先,“怀疑有权威的人告诉你的每一件事”。其次,寻求别的看法(Becker,1998:91)。就像道尔顿(Dalton,1959)在他那个关于中层管理者的经典研究当中做的那样,个案研究者应该系统地评估看法、行动和兴趣之间可能的关联。

- *“我的资料太少了，只有一个案例”*。这是一个重要的问题。正如我们将要在下文看到的，即便是在质性研究中，思考从一个个案中可以进行什么样的推论也是重要的。

这一章接下来的部分将会探讨个案研究作出推论的可能性这个问题。不过，首先我们要先对两个概念作出界定。

9.2 什么是个案研究

这个问题的答案相对简单。正如宠奇指出的：

> 基本的观念是使用任何合适的方法对一个案例（或者数量较小的几个案例）进行细节性的研究。也许有许多的研究目的和研究问题，不过最一般的目标是对那个案例达至尽可能充分的理解。（Punch，1998：150）

当然，可能的“案例”是无穷尽的。如果我们像贝克尔一样，对职业感兴趣，那么从舞厅的音乐家到实习外科医生都可以成为研究案例。相反，如果你要研究童年，那么你的案例可能就是一个儿童，一个班级或者托儿所，一个关注儿童福利的慈善团体或者组织。所以，斯泰克（Stake）的建议是：

> 一个案例可能简单也可能复杂……（但是）它是很多中的一个。在任何特定的研究当中，我们都将集中研究一个。（Stake，2000：436）

以上所有都是纯粹的描述。表9.1 辨别了个案研究的三种分析特性。

表9.1 个案研究

1. 每个案例都有边界，这些边界需要在研究的初期阶段作出分辨（例如，如果你在研究一所学校，它是不是包括教室行为、职员会议、家长—教师会，等等？）
2. 每个案例都涉及研究感兴趣的某些东西，所以分析单位必须在最开始就界定好，以阐明研究策略
3. 个案研究试图保证案例的完整性。不过，为了找到某些焦点，需要确定一个有限的研究问题，针对案例的某些具体特征

来源：Punch，1998：153

9.3 从案例推论

作出普遍的推论是量化研究的一个一般性目的，它通常可以通过统计抽样的程序来达到。抽样有两种功能。第一，它使得你对你的样本的代表性有信心，“如果人口的特性已知，一个样本的代表性就是可以估算的（Arber，1993：70）”。第二，

此代表性允许你作出更加广泛的推论：

> 抽样的目的通常在于，通过研究某个精确界定的总体的一部分，去对整个总体作出推论。（Arber，1993：38）

然而，在质性研究当中是没有这样的抽样程序的。在这种研究当中，我们的资料得自一个或者几个案例，这些案例不大可能是随机选取的。选取某个案例常常是因为它可以进入。另外，即便你可以建立起案例的一些代表性样本，可能会因为这样本的规模太大，而排除了质性研究所青睐的深入分析的可能（Mason，1996：91）。

这里就产生了一个量化研究方法的使用者熟悉的问题："我们怎么知道……案例研究的发现对于案例所在的总体的所有成员具有多大代表性呢？"（Bryman，1988：88）

9.4 个案研究的类型

斯泰克（Stake，2000：437-438）区分了个案研究的三个类型：

（1）*内在的（intrinsic）个案研究*，这种研究对个案……的所有特质和普遍性都感兴趣。按照斯泰克的说法，内在的个案研究，不试图作出超越个案的概括，也不试图建立理论。

（2）*工具性的个案研究*，分析一个个案主要是为了了解某个问题，或者修正一个概括。虽然对所选个案的研究是深入的，但是其焦点却在别的问题上。

（3）*集合的个案研究*，为了调查某普遍的现象研究许多个案。

很多质性研究者都反对纯粹内在的个案研究的理念。如果你的全部目标仅是"描绘一个案例"，你可能会得到这样的正当的回应："然后又能怎样？"描述本身是一个复杂的技巧，其中难免涉及理论。如果你对此感到怀疑，那么你应该去回顾一下第7章中的表7.1。

在这样的情境下，大多数导师都会期待学生的质性研究能够发展出一些概念，并建立在这些概念基础之上。通过个案研究发展概念的例子，见第3章。

另外，个案研究当中产生的经验问题就像涉及的理论问题一样多。明智的做法是，问一问你的个案研究产生了什么样的知识。如果你要回答这个问题，就必须思考自己研究的推论程度。正如梅森所言：

> 我不认为质性研究者应该满足于对其所研究的有限经验要素作出特定的和细节性的解释……质性研究者（因而）应该以某种方式作出更具*普遍性*，或者能够得到更广泛共鸣的解释。（Mason，1996：6）

所以为描述而描述个案（*内在的个案研究*）是很难站得住脚的。个案或者质性研究者对"代表性"问题的持续担心，是比较正当的。他们如何讨论这个问题呢？

我们可以从个案推论总体，而不遵循纯统计的逻辑吗？

在本章余下的篇幅中，针对如何获得推论的问题，我将探讨四个虽不相同但都是积极的回答：

- 把质性研究和对总体的量化研究结合起来。
- 根据时间和资源立意抽样。
- 基于理论抽样。
- 采取一个假定在所有案例中都存有普遍推论的可能性的模型。

9.5 把质性研究和对总体的量化研究结合起来

量化方法有时候用来从一个案例推论到更大的总体。哈莫斯利（Hammersley，1992）推荐了三种方法，通过这三种方法，我们可以尝试从一个个案的分析中得出推论：

- 获取总体案例的相关方面的信息，并将它们和我们的案例进行比较。
- 对案例的随机样本进行调查研究。
- 整合几个民族志研究。

哈莫斯利认为，和更大的样本的比较，可以帮助我们对案例的代表性建立认识。

不过，哈莫斯利所推荐的第二、第三种方法对于学生研究者来说不太现实。比如说，你很可能没有资金支持去做一个哪怕是很小的调查研究，而整合多个民族志研究则需要大量的资源、人员，还需要和其他研究者保持密切联系。研究者之间的这种联系，使得米勒和希尔弗曼（Miller and Silverman，1995）可以对在两个咨询环境（英国为 HIV 阳性患者提供咨询的血友病中心、美国的家庭治疗中心）中如何谈论问题（trouble）采用比较的方法。在这项研究中，我们关注两个环境中三种类型的话语实践（涉及问题界定、问题解决，以及顾客问题的社会环境）之间的相似性（也见于 Gubrium，1992）。

没有这样的资源和联系，学生研究者只剩下了哈莫斯利的第一种方法可选：获取总体案例的相关方面的信息，并且将之与我们的案例进行比较。这个方法有用是因为它简单，只需要阅读其他的同类研究，并且与之相比较就可以做到。比如，在我对 HIV 咨询的研究中（Silverman，1997），我把自己的"顾问—顾客"访谈同赫里蒂奇和瑟菲（Heritage and Sefi，1992）关于保健视察员和初为人母者的访谈资料进行比较。尽管这对于建立我自己案例的代表性几乎没有什么帮助，但它使得我对自己资料所作的"建议—结果"的概括有了更加坚实的基础（Silverman，1997：124-128）。比较法可以让你在不离开图书馆的情况下，对自己的分析作出更广泛的推断。正如珀拉基拉（Peräkylä）说的：

> 比较法通过展示许多环境之间的相同和不同，直接解决了推论的可能性这个问题。(Peräkylä，2004：296)

这样一来，你的文献回顾(见第 17 章)就跟推论的可能性大有关系了，就像它显示了你的学术资格一样。

9.6　立意抽样

在完成案例比较之前，我们需要选择案例。除了便利性和可进入性之外，还有什么可以成为指导我们作出这个选择的基础呢？

我们使用立意抽样选择这样的案例：它可以例证我们感兴趣的某些特征或者过程。不过，它并非简单地支持我们随便选择任何案例。相反，立意抽样需要我们对正在研究的总体的各种要素进行精密的思考，并在这个基础上仔细地选取案例。

正如邓津和林肯所言：

> 很多质性研究者采用……立意，而非随机的抽样方法。研究者寻找一些族群、环境以及个体，研究的过程最后可能发生在他们当中。(Denzin and Lincoln，2000：370)

斯泰克(Stake，2000：446-447)给出了一个研究儿童博物馆的互动展览的例子。他假定你只有研究 4 个这种博物馆的资源。你将怎样进行下去呢？

他建议列出一个分类，并以此建立一个博物馆类型的矩阵，就像表 9.2 这样。

表 9.2　儿童博物馆的类型表

	博物馆类型		
节目类型	艺术	科学	历史
展出性	1	2	3
参与性	4	5	6

来源：Stake，2000：446-447

表 9.2 通过分类给出了六种类型的案例，而通过区分博物馆所在地是大城市还是小城市，这些案例又可以被分成十二种。你会选择哪些呢？

你需要考虑两个主要问题。首先，并不是每一格都有对应的案例。第二，你的资源并不允许你研究所有存在的例子。所以你需要作出一个实际的决定。例如，如果你只能找到两种案例，你会选择两个不同地方的参与性博物馆，还是两个不同主题的参与性博物馆呢？还是，你会把这种博物馆跟传统的基于展出的博物馆相比较呢？

假如你已经仔细考虑过这些选择了，那么你的选择就不容易遭到批评了。另外，正如我们将要在下面看到的，你怎样建立分类，并且作出选择，都应该基于你使用的理论工具。质性研究的抽样并不是统计的,也不是纯粹个人化的:它是,或者说它应该是基于理论的。为了加强你对这一点的理解,可以试做练习 9.1。

9.7 理论抽样

理论抽样和立意抽样通常被看作是同义词。事实上,当“立意”抽样背后的“意”没有理论意义的时候,这两者就不同了。

布里曼(Bryman)认为质性研究遵从的是理论逻辑,而非统计逻辑:“这个问题应该这样表达,案例的推论是推向*理论*的命题,而不是向总体或普遍推论。”(Bryman,1988:90,斜体为本书作者强调)①

梅森指出了抽样和理论的联系本质:

> 理论抽样意味着,根据你的研究问题、你的理论立场……最重要的是你要发展的理论解释选择某些群体或类别,开展研究。理论抽样涉及建构一个样本……其中的理论意味是非常深长的,因为它确立了某种特性或者标准,可以帮助发展和检验你的理论和解释。(Mason,1996:93-94)

理论抽样有三个方面的要求,下面我会作出讨论:

- 根据你的理论选择案例。
- 选择“异常”的案例。
- 在研究过程中改变样本规模。

9.7.1 根据理论选择案例

梅森写道:“对更广泛的世界所作的社会解释,和你对研究问题的建构有关。”(Mason,1996:85)这个为理论所界定的世界,“使得你选择某些样本比其他的一些更加明智而有意义”。Mason 描述了对这样一种能代表更广泛总体的样本的选择。这里,我们选择的样本是由特定的“过程、类型、范畴,或者例子组成的——它们或者和更广泛的世界相关,或者就是其中一份子”(Mason,1996:92)。Mason 建议这些例子应该包含单一的单位,诸如“一个组织、一个地点、一份文件……(或者)一次谈话”。

梅森举了一个对性别关系进行话语分析的例子。如她所言,在这种方法当中,“只是通过性别来抽取一个代表性的样本,你是不大可能根据大量的性别关系来探究整个社会世界的”(Mason,1996:85)。

所以在质性研究当中,相关的或者“可样本化”的单位,通常是由理论界定的。

---

① 正如西尔(Seale,个人通信)所指出的,较之经验推论,理论抽样可能和建立理论更为相关。在本章末尾,我赞同他的观点,并联系到阿拉索塔里的论点,也就是经验推论只应留给调查研究。(Alasuutari,1995:156)

这就意味着用诸如“性别”、“种族”或者甚至是年龄之类的特征来抽样是不合适的，因为这些特征通常是如何界定的就是你的研究的*主题*本身。

格拉泽和施特劳斯曾讨论与医院中死亡有关的“认识情境”，布里曼将它当作一个理论界定抽样的例子：

> 某个被研究的医院是不是“典型”这个问题，并不是一个关键性的问题；重要的是，濒死者的经验在更广泛的一类现象中是不是典型……也就是理论所涉及的那类现象。所以，在其他环境当中（比如医生的手术室）命题的有效性，应该是为后来的研究所关注的。(Bryman, 1988: 91)

通过下面的一个研究警察工作的例子，我们可以更好地理解案例选择背后的理论逻辑。比方说你对嫌犯的逮捕和起诉感兴趣（Miles and Huberman, 1984: 37-38）。你现在面临和以下问题有关的一系列选择：

- 研究的具体环境。
- 你关注的要素或者过程。
- 你怎样作出进一步的推论。

让我们依次看一下这几点：

环　境

作一个独立的、不受资助的研究，当环境能够提供感兴趣的现象的时候，你可能会去选择那些可进入的，并能较为容易和快捷的提供合适材料的环境。在警察研究这个例子当中，研究警察局比研究警察巡逻车、犯罪现场、嫌犯的居住地和出没场所更好。在警察局里面，你至少可以保持干燥和温暖，保证安全，你还可以期待在访问中碰到几次逮捕或者指控。不过，迄今为止，指导你选择的都是那些相当实际的影响。

研究焦点

在聚焦研究的过程中，你的选择一定要接受理论指导。选择关注特定的个体、事件或者过程的时候，你也在选择某个特定的理论框架。比如，关注有许多不同特征的警官和嫌疑人的差异行为，就汲取了结构决定行动的某种观点。反之，关注现实当中法律如何被阐释（cf. Sudnow, 1968b），可能来自于对日常解释过程中创造性力量的思考。

进一步推论

如果和其他有着同样理论取向的研究结合起来，那么一个警察局就提供了足够的资料去发展你想做的所有的概括：譬如，对常识的论证是如何进行的。不过，如果你有一个更为“结构化”的倾向，那么你需要以两种方式拓展你的个案。其一，对这个警察局的逮捕作更多的观察；其二，也许在一个地域范围内，将之与其他的警察局进行比较。

在所有的例子当中,样本都不是随机的,而是理论的。它是:

> 设计出来以对可能构成案例的特定单位,提供特写式的、细节的、小心的观察。这些案例和更大的领域有关,或者处于更大的领域当中。(Mason,1996:92)

9.7.2 选择"异常"的案例

梅森指出,你必须要克服这种倾向:选择可能支持你论点的案例。反之,寻求这样的案例:对于你正在使用的理论来说是消极的例子,是有意义的。

贝克尔的一个诀窍是这样的:

> 要坚持没有什么被想象出来的事是不可能的,所以要去寻求我们能想到的最不可能的东西,并把它们的存在,或者它们存在的可能性考虑进来。(Becker,1998:85-86)

例如,要研究致使工会不民主的力量,利普塞特等(Lipset et al.,1962)故意选择了一个美国的印刷工会。因为这个工会有少见的强有力的民主制度,较之同时代大部分美国工会来说,这就构成了一个非常重要的特例。根据一个被高度认同的理论,在所有正式组织当中,都有不可抑制的"寡头政治"倾向,利普塞特等的工会也提供了一个反常的例子。

利普塞特等之所以选择一个反常的案例,是因为它对于理论提供了关键的检验。随着对社会过程理解的增进,我们更加能够以这样的理论为基础选取案例。

9.7.3 在研究过程中改变样本规模

到目前为止,我们对理论抽样的讨论,都把它当作是研究开始阶段的问题。不过,我们也可以在研究的过程中使用这样的抽样。实际上,质性研究设计的一个优势就在于它比多数量化研究设计有多得多的(理论上丰富的)灵活性。如梅森所言:

> 理论或者立意抽样是这样的一系列程序,在研究过程中研究者交互地运用他们的分析、理论,以及抽样活动,其交互程度比统计抽样大得多。(Mason,1996:100)

这种灵活性适用于以下的情况:

- 当新因素出现时,你可能想要增加案例,从而可以说出更多关于它们的东西来(例如,你对守门人提供的解释心存疑虑)。
- 在早期阶段,你可能想要聚焦在一小部分样本上,而到后来验证新形成的概括的时候,要用到更多的样本。
- 资料分析阶段产生的未预料的概括,致使你要寻求新反常案例。

阿拉索塔里把这个过程比作沙漏：

> 通过寻找相反的和类似的案例，一个狭窄的案例分析被拓展为对一个更大实体的解说。因此在最后的阶段，研究过程发展为对一个更大实体的探讨。我们在沙漏的最底端结束。(Alasuutari，1995：156)

阿拉索塔里(Alasuutari，1995：155)用他自己对芬兰1970年代城市化社会后果的研究，给沙漏隐喻举了一个例子。他选择了地方酒吧作为观察这些效应的地点，最终把焦点集中在男性“常客”身上。这引起了第二个甚至更加狭窄的研究，它关注一个酗酒比较严重，而且有很多离婚者的群体。正如他所言，“这种民族志研究的概括性不会像外推法那样强……其结果和更大的实体相关”(Alasuutari，1995：155)。

9.8 单个案研究中存在推论的可能

我们探寻质性研究推论的第四种，也就是最后一种路径，远比前三种更为激进。根据这种思路，因为社会秩序的基本结构随处可见，那么我们无论从哪开始研究都没有问题。如果你想寻找相同的秩序，可以观察*任何*的案例。

对于这种语言学家所倡导的方法来说，某事物有存在的可能性就已经足够了。正如珀拉基拉所表明的：

> 所有对特定制度环境当中互动案例的谈话分析，其研究的中心就是可能的社会实践，例如，*语言使用的可能性*。许多实践的可能性都被认为是可以普遍化的，尽管这些实践在不同的环境当中以不同的方式实现。(Peräkylä，2004：297)

珀拉基拉用自己对于伦敦教义医院艾滋病咨询的研究论证了此观点(Peräkylä，1995)。这个研究关注顾问和他们的顾客特定的提问实践。如他所言：

> 对我分析的实践作出推论，是非常有可能的。没有理由认为合格的社会成员做不到这一点。这样，这个研究就产生了可推论的结果。对这个结果作出推论，并非是描述其他的顾问或者专业人员对其顾客的所作所为，而推论的是其他的顾问或者专业人员可以对顾客做什么，假定他们有和艾滋病咨询参与者相同的一系列互动的能力。(Peräkylä，2004：297)

这个观点最有力的支持者曾经这样说：“接触任何人，进入任何地方，我们都获得大致一样的东西”(Sacks，1984b：22)。

萨克斯对于碰到的资料有一个解决的策略。很明显，它不仅和量化社会学家采取的标准方法相冲突——他们通常使用对特定总体的随机抽样，也和质性社会学家们通常对自己案例代表性所采取的辩护相矛盾。

萨克斯对这个问题鲜有辩解，是基于他这样的一个论点：社会形式(或者他所谓的“机制”)具有明显的普遍性。例如,萨克斯注意到,小孩通过非常有限的接触就能够学习一种文化,社会语言学家沃夫(Whorf)仅通过和一个纳瓦霍人交谈就建立了纳瓦霍语法(Sack,1992,Vol. 1:485)。

这些例子表现出来的结构的普遍性,对萨克斯意味着,你收集什么资料并不重要。正如他论述的:

> 如果一个人认为事物以这种方式存在……那么你观察的是什么就不那么重要了——假如你看得足够仔细。而且你将会发现,你(已经)有了非常大的推论,因为事情的安排就是让你能够得到它们;假使一个成员遭遇到的是一个非常有限的环境,他只能那么做,那么事情已经就是这样安排的,使得他可以如此行事。(Sacks,1992,Vol. 1:485,斜体为本书作者所加)

不过,经验不足的研究者要鹦鹉学舌萨克斯对研究发现推论问题的“解决”,必须非常小心。事实上,这样的解决只适用于有关社会秩序的最基础的研究,这些研究受非常精深微妙的理论立场的指导,就像萨克斯自己的谈话分析(CA)法,(或者,也许还包括法国结构主义)。如果你对这一类研究感兴趣,你现在应该试做练习9.2。

对于CA,萨克斯的追随者认为:

> 最基本的假设是,结论要/或者应该要被推论到整个日常谈话的领域,而且在某种程度上甚至可以跨越语言学和文化的边界。(Peräkylä,1995:214)

然而,即便是珀拉基拉,也注意到这还要取决于CA研究的类型:

> 尽管最原始的谈话实践和结构——例如转移——谈论或者邻接对——几乎是普遍的,也有一些其他的,诸如打电话的开场白(Schegloff,1986;Houtkoop-Steenstra,1991;Lindström,1994),在不同的文化当中,是有相当程度的差异的。这些不同只有通过对不同文化和社会环境当中日常对话研究的逐渐积累获知。(Peräkylä,1995:156-157)

珀拉基拉认识到需要进行比较研究,这说明了,即使可能是最激进的方法,诸如CA,也需要认真地对待对研究发现在经验层面推论的可能性问题。有时候,要求“可能性”就足够了。不过,通常情况下,还是需要其他的案例。

9.9 结 论

在这一章中,我给出了许多策略,使用这些策略,面对说你的研究“仅仅”基于一个案例的指责,你就可以为自己作出辩护。总的来说,通常情况下没有必要为质性研究的主张作辩护。贝克尔这样论述道:

> 抽样对于任何一种研究来说都是一个主要的问题。我们不可能对感兴趣

> 的所有案例都进行研究,我们也不需要这样。各种试图有所发现的科学事业,都可以把通过研究一些案例的某种发现应用于全部,研究的结果要(我们所谓的)“推论”到那个种类的所有成员。我们需要例子去说服人们,即我们对于整个种类有所了解。(Becker,1998:67)

按照贝克尔的说法,抽样对于量化研究来说也不是一个简单的事情。事实上,正如我们所知,质性研究的相对灵活性,使得我们可以通过在最初的发现建立起来之后,引入新的案例,来增进发现的可推论性。

这里的一个关键性的问题,就是彻底全面地考虑研究者的理论取向。假如你已经完成了这一项,可以受这些理论驱动而提出一个研究设计,那就无可指责了。

所以秘密似乎在于,要对量化研究统计语言的理论逻辑作出有效替代。在这个意义上,如阿拉索塔里所建议的,也许“推论”对于描述我们在质性研究当中试图达到的东西来说,是一个错误的词汇。如他所言:

> 推论是……(一个)词……只应该留给调查研究。取而代之的分析是,研究者如何展示这些分析和手头资料以外的东西的联系……外推也许更好地抓住了质性研究的典型过程。(Alasuutari,1995:156-157)

要　点

对于我们如何通过质性资料推论,有四个肯定的回答:

- 把质性研究和对总体的量化研究结合起来。
- 根据时间和资源立意抽样。
- 基于理论抽样。
- 采取一个假定在所有案例中都存有普遍推论的可能性的模型。

练　习

9.1　假如你在研究一个单一的案例。你认为对研究发现作出推论的基础是什么?试区分可能的经验贡献和可能的概念发展。

9.2　假想一下你有资源去研究感兴趣的现象的四个案例。根据我对斯泰克的讨论(表9.2),对全部可能的案例拟一个分类表。这个分类需要包括六到十二个可能的案例。

现在解释一下为什么你要依照立意抽样的逻辑去选择四个案例。

9.3　使用谈话分析。萨克斯曾经说过:“接触任何人,进入任何地方,我们获得大致一样的东西。”(Sacks,1984b:22)

思考你自己的理论模型可以多大程度上允许你使用萨克斯的论点,去为案例资料非常少的研究作出辩护。

拓展阅读

Clive Seale et al.'s edited book *Qualitative Research Practice* (Sage, 2004: 420-472) contains three very useful chapters on case studies by Flyvberg, Gobo and Emerson. The most thorough book on this topic is Clive Seale's *The Quality of Qualitative Research* (Sage, 1999). Other useful discussions are: Jennifer Mason's *Qualitative Researching* (2nd edn, Sage, 2002); Pertti Alasuutari's *Researching Culture* (Sage, 1995), Chapter 12 ("Generalization") and Howard Becker's *Tricks of the Trade* (1998), Chapter 3 ("Sampling"). Robert Stake's chapter "Case studies" is a good account of the conventional qualitative methods position on generalizability (in N. Denzin and Y. Lincoln's edited *Handbook of Qualitative Research*, 2nd edn, Sage, 2000) and Anssi Peräkylä's chapter "Reliability and validity in research based upon transcripts" is an excellent, more specialist treatment (in David Silverman's (ed.) *Qualitative Research*, 2nd edn, Sage, 2004).

撰写研究计划 10

Writing a Research Proposal

读完本章,你将能够:

- 了解一个质性研究计划有哪些核心要素。
- 认识到清晰性、条理性,以及说服力对于撰写研究计划的重要性。
- 理解到写任何类型的研究计划都必须面向特定的读者,作有针对性的设计。

10.1 引　言

在开始研究之前,你通常需要提交一份研究计划,以获得批准。尽管在某个意义上,这可以说是一种形式主义设置的障碍,但它也是一个机会,你可以确定自己是不是已经对研究想要往哪个方向走非常清楚了。

写研究计划可以让你在脑海里澄清,你是不是已经掌握了本书第二部分讨论到的问题。此外,它还给你提供了一次有用的训练。现在已经不仅仅是你要说服自己的问题了,你还要说服一个潜在的、持怀疑态度的读者,他可能会期待你简短而又清晰地回答一些很难的问题。这些问题在表10.1中列出。

表 10.1　一个研究计划要回答的问题

1. 什么? 我的研究的目的是什么? 我想要发现什么?
2. 如何? 所计划的研究将要如何回答这些问题?
3. 为什么? 为什么研究是值得做的(并且/或者值得被资助)? 我们将从中了解到什么,为什么它是值得去了解的?

来源:Punch,1998:268

简短而又明晰的回答这些问题的最好的办法是遵循一个标准的形式作答。表 10.2 给出了一个质性研究计划的基本结构。

表 10.2 质性研究计划的结构

1. 标题
2. 摘要(更多关于标题和摘要的建议见第 20 章)
3. 背景或导论,例如,当代社会政策/社会科学的争论
4. 目的或意图的陈述:研究问题("通过这个研究,我想要帮助回答的学理上的问题是……")
5. 回顾相关文献(把此研究置于本领域经典或者权威研究的脉络当中,展示其重要性)
6. 方法(描述案例选取、资料收集和分析的过程,(a)是如何适用于你的理论取向的,(b)对效度和信度的满足程度)
7. 伦理问题(见第 17 章)
8. 传播和政策的相关问题:解释你将如何传达你的发现(见第 17,27,28 章)
9. 一个时间表,它指明了用于研究每一个阶段的时长
10. 参考文献——使用一个标准体系来写,比如哈佛格式①

来源:Morse(1994:228),Kelly(1998:115-121),Rudestam and Newton(1992:18)

要准备研究计划,你最好记得,质性研究者在获取信任的时候可能会面临一些特殊的困难。尤其是,假如你在一个量化研究是主流的大学院系,要注意你的计划可能会遭到高度的质疑。

这样的怀疑可能会有如下假设:

- 质性研究是无结构的。
- 质性研究的结果是不可预知的。
- 结果是不确定的(Morse,1994:227)。

此外,大部分有经验的质性研究者都希望他的学生意识到这些问题,并且思考如何回答。那么,你怎样才能令你的导师信服,并且支持你的研究计划呢?

当然,遵照表 10.2 的格式会有一定的帮助。但是以怎样的方式去构建研究计划,才能获得最大程度的接受呢?

本章接下来将讨论下面这些建议:

- 努力做到清楚透彻。
- 在写前先作计划。
- 要有说服力。
- 要实用。
- 作广泛的联系。

---

① 哈佛格式以如下的顺序列出参考文献:
在文章的主体部分(而不是脚注当中):作者的姓,然后是参考文献的日期和页码。
在参考文献里面:作者(以首字母),日期,标题,出版地,出版者,参考文献的页码(对于文章或者章节来说)。

10.2 努力做到清楚透彻

> 研究计划所使用的语言和术语,应该是可以被一个聪明的门外汉理解的,就像可以让专家理解一样。(Cryer,1996:15)

虽然展示一下你新学的专业行话是很诱人的,但是要记住,在最开始读你的研究计划的教职员,可能并不是一个本学科你这个领域的专家。所以千万不要满足于一个看起来像是一连串(可能是未消化的)理论或者概念组成的研究计划。要试着以清晰的语言阐明研究,要让非专业人士也能看得懂。

莫尔斯(Morse)的建议,意味着你要抵御完全使用行话的诱惑:"因为一部分评审人可能来自其他学科,计划写作者应该假设他们什么也不知道,并且对所有的东西作出解释。"(Morse,1994:227)

通过解释所有的事情,你可以展示自己想(和写)清楚问题的能力。这不仅是一个写研究计划的方式,也是你的研究本身会被组织得清楚而有逻辑的最好指标:

> 一个准备得很粗糙松散的研究计划,充其量会给资助机构一个信息,那就是如果它资助了这个计划,研究也一样会做得很粗糙松散。(Morse,1994:226-227)

例如,你的目标:"应该是清楚的,并且应该容易判断是否可以达到"(Kelly,1998:117)。要达到这样,就需要:

- 简明(一个学生的研究计划没有理由超过五百字)。
- 使用短而简单的句子。
- 使用诸如表 10.2 所给的标题。

10.3 在写作之前做计划

> 作者必须表明,这样设计是基于从……文献中学习的知识所作一系列决定的结果。(Marshall and Rossman,1989:13)

研究计划不仅要表明,它是基于对既存文献的明智理解而作出的,还要表现出你考虑到了执行研究的每一步,也就是从进入到写出你对资料的分析所花费的时间。因此,正如亚伯所指出的那样,你的研究计划将部分地根据你对时间使用的陈述作出评判:

> 你需要采取一个系统的和逻辑的方法去做研究,关键之处就在于计划和安排你的时间。(Arber,1993:33)

凯利(Kelly,1998:120-121,此处做了改编)给出了一个例子,从访谈研究的计划到最后的三十二个星期的安排:

第二周　提交研究计划给大学伦理委员会

第六周　选取案例

第八周　开始访谈

第十五周　结束访谈

第二十三周　完成资料分析

第二十六周　写出初稿,寻求意见

第三十二周　递交最后的报告

我们不是生来就有做研究时间表的能力！要去寻求一个本系可信任的老师的帮助。如果不行,就去找一个研究生。借由他们的帮助,列出所有跟你的研究问题、方法、案例相关的选择。这样你就更有优势去写出一个令人信服的研究计划,它解释了你所作出的真实的选择。

10.4　要有说服力

> 这种情况是很容易发生的:太过于专注于自己的研究主题,而且认为,因为我相信我的研究的特殊价值,别人也会相信。用某种方式把计划呈现出来,可以使得读者去欣赏你想要做的事情。(Kelly,1998:121)

凯利提醒我们,在构造一个研究计划的时候,首先要考虑的是读它(或者评判它)的人。这意味着你要试图使读者确信这个研究是值得支持的:

> 获取资助的第一个原则就是,要认识到,一个好的计划可以构成获得支持的理由。研究计划必须要给拨款机构证明,研究问题是有意思的(而且)这个研究是重要的……所以计划必须写得有说服力。(Morse,1994:226)

莫尔斯建议,你要试着"推销"你的计划。这意味着你必须要认识到,推销的技艺(研究计划,你自己)和在大学工作是没有什么冲突的。"象牙塔"并不像这个词本身所表现的那样与世隔绝。

不过,必须把说服力和对现实的认识平衡起来,要认识到作为一个独立的研究者,在未来几年内你能够做到什么。就像任何一个好的推销员一样,别把你的东西吹过头了！

10.5　要实用

莫尔斯建议,要说服非专家,有一个办法就是表明你的研究有某种特别的办法,可以用来指导社会问题,或者解决组织难题(比如人员流动)。

这样的一种对现实问题的考量是不可或缺的，即使你只打算作一个纯学术研究，并不期待大学之外会有人读它。现在学术资助实体不仅要求你有分析洞见，对研究实际收效的要求也日益增加。例如，凯利（Kelly，1998：112）引用的英国一个资助社会科学博士的团体的政策陈述：

> 所有老旧的公众观念，把社会科学当作是无关的、内向的、其结果是不连贯的，都需要彻底的改变……在将来，ESRC 将会优先资助那些对公众健康和财富有作用的研究，而不是那些仅仅增进了“象牙塔”学术成就的研究。（Economic and Social Research Council，1996）

有关*读者*的问题在第 28 章还会得到更多的探讨。但是，即使你计划作的是一个“基础性的研究”，例如一个源自社会科学内部争论和概念的问题，也还是有希望的。你可以通过对非专家说明，他们为何必须重视你的研究，来增强你的说服力。有一个办法是把你的（非常狭窄的）研究计划和更广泛的问题联系起来。

10.6　建立更广泛的联系

现实，并不意味着你要把研究像一个狭隘、贫乏的作业一样呈现出来。尽管不可能把田野的方方面面都涵盖进来，你也应该展示出自己对研究的更为广泛的意义的理解。

办法之一是暗示一个更加广泛的背景：

> 把问题放进一个背景当中去说明，比如，“当我们理解了这些，我们就能够对其有所作为”。（Morse，1994：227）

当然，你将会研究非常少的案例，有可能只是一个案例。要相信有失就有得！要表明你何以通过一个小的资料库达至深度的分析（见第 8 章和第 13 章），并且论证你的案例可以用来说明更大的现象：

> 作者必须表明，通过检视一个特定的环境或一组特殊的个体，他研究的是更大的现象的案例。（Marshall and Rossman，1989：12）

10.7　结　论

假如你最终递交了一个有我所建议的逻辑结构的研究计划，那么你可能会被一个可怕的想法所困扰。在研究当中，你是不是必须一字一句地遵循自己之前提出来的每一个想法呢？假如有些事和你现在期待的有所不同，你的导师还会坚持让你按照自己既定的路线走下去吗？

好在，这一类问题的答案“通常是否定的”。研究计划，假如被核准了，不应该被当成是某种具有法律效力的契约。每个专业研究者都知道，所有的研究到了某个阶段,改变最初的方向都是值得一试的。对于质性研究来说尤其如此,对田野资料的分析经常会导致未预料的但是卓有成效的方向出现(见第 12 章)。

当然了,这并不意味着你不需要证明转向是有道理的。只是说任何研究计划在任何时候都不应该是死的,不可变更的。

那么,为什么必须要写一个计划的初稿呢?对这个问得有道理的问题,我有两个回答。

首先,写一个清楚的、有说服力的计划是非常好的办法,它可以帮助你确实地弄清楚你想要做什么。第二,它也帮助了别人。特别是,它使得你的导师去看,你是不是一个可以进行批判性思考的学生。而且,同样重要的是,它把你内心所想的东西呈现出来,来回答别人可能想要知道的东西。

这意味着最终的研究计划不应该被当作法律契约,而应该当作是对提问作出的回应,这些问题,可能来自于更有经验的研究者。表 10.3 总结了这些问题。

表 10.3　一个研究计划必须回答的问题

1. 为什么别人应该对这个研究感兴趣?
2. 这个研究计划是不是可以信任,可以完成的,是不是被认真解释了的?
3. 研究者是不是有能力作这个研究?

来源:Marshall 和 Rossman,1989:2

要　点

准备研究计划的时候,要试着回答庞奇提出的三个问题(Punch,1998:268):

- 什么?我的研究的目的是什么?我想要找到什么?
- 如何?所计划的研究要如何回答这些问题?
- 为什么?为什么研究是值得做的(并且/或者值得被资助)?我们将从中了解到什么,为什么它是值得去了解的?

遵循下列五个原则,你就可以更好地回答以上问题:

- 尽量做到清楚透彻。
- 在写前先作计划。
- 要有说服力。
- 要实用。
- 作广泛的联系。

练 习

10.1 准备一个研究计划草稿(不超过 1 500 字),涵盖以下的要素:

1. 标题。
2. 摘要。
3. 背景或者介绍。
4. 研究目的或者意图的陈述。
5. 回顾相关文献。
6. 方法(描述案例选取、资料收集和分析的步骤)。
7. 伦理问题。
8. 联系实际。
9. 时间表。
10. 一组最初的参考文献。

拓展阅读

A research proposal is crafted according to the level of your research. Beginning researchers should turn to: Moira Kelly's "Writing a research proposal" (in C. Seale (ed.), *Researching Society and Culture*, Sage, 1998:111-122). At PhD level, useful references are: Pat Cryer's *The Research Student's Guide to Success* (Open University Press, 1996), Chapter 2, and Keith Punch's *Developing Effective Research Proposals.* (Sage, 2000) (a much shorter version is contained in Punch's book *Introduction to Social Research*, Sage, 1998; 268-279). Beyond the PhD, you should consult Janice Morse's "Designing funded qualitative research" (in N. Denzin and Y. Lincoln (eds), *Handbook of Qualitative Research*, Sage, 1994: 220-235).

分析资料

第三部分

第三部分将把你带到资料分析中的议题中来。我在第 11 章概述了尽早分析资料的好处。第 12 章讨论了如何开展早期研究。接下来的两章讨论了计算机辅助的质性资料分析的用处以及效度和信度问题。第 15 章告诉你,如何把你在本部分学到的东西应用到评估质性研究之中去。

11 资料分析的开端

Beginning Data Analysis

读完本章,你将能够:

- 知道什么是“淹没在资料中”。
- 知晓二手资料的用处。
- 使用某些方法来开始资料分析。
- 明确在分析不同类型的质性资料的早期阶段,主要涉及哪些问题。

11.1 引言

在度过研究的第一年后,研究者对于未来的确定性程度有着不同的判断。就像科菲和阿特金森(Coffey and Atkinson,1996)所说的那样,到第一年的年终可以看到两种类型的研究者。一种人对未来毫无把握,他觉得自己仿佛淹没在资料的汪洋大海中,他们会问:“我已经搜集到了所有这些资料,现在我该做什么呢?”另一种人则更加自信,他们说道:“我已经搜集到了所有这些资料,现在我打算分析它,并写出文章来。”

下面要看看这两种立场各有什么优点。毕竟,自我反省和自信都是研究者身上可贵的品质。其实,这两种立场都不令人满意,它们都意味着研究的第一年被或多或少地荒废了:

> 可悲的是,这两种立场都不能正确评价资料及分析的意义……[这种分析]是贯穿在研究项目过程中的说服性活动。分析并不仅仅是研究中的一个步骤,而是与随后“写下答案”同等重要的一个独立环节(Coffey and Atkinson,1996:10-11,斜体字为笔者强调所用)。

研究设计拿出第一年单独用来做文献回顾和/或资料收集工作,这在形式上看起来很好。其实,研究设计可能只是量化研究中关于如何实施设计之前的“测量”的,而不涉及如何发挥理论的想象力。但在大多数质性研究中,除非你从第一天就开始分析资料,否则你就得时刻追赶现实的变化情况。

也许你会说,一切顺利,但从第一天开始,我该从何处获取资料呢?的确,第一年的绝大部分时间都花在寻找渠道进入研究现场或获取被访者上了,并且如果一切顺利,也可以顺便搜集资料。那么这么快就分析资料怎么可能呢?

在本章的其余部分,我将展示如何尽可能早地开始资料分析。之后,我要讨论分析不同类型的质性资料(访谈、田野笔记、文本、可视资料以及对话的转录稿)的方法。

11.2　开始资料分析

正如前面讲过的那样,你或许会问:在研究第一天,我该从哪里获取资料呢?解决这个问题,有五种非常实用并受到好评的方法:

- 分析已经存在于公共空间中的资料。
- 借用别人的资料。
- 征求导师的建议。
- 搜集资料时就着手分析。
- 对资料提出关键问题。

在下文中,我将简要介绍每种策略。

11.2.1　分析已经存在于公共空间中的资料

有些自然而然产生的资料正等着你去分析。例如,当我所在的伦敦学院的本科生写毕业论文时,他们常常向我表示对在三个月内搜集和分析资料的担忧。我常常这样建议他们:跳上一辆开往北伦敦 Colindale 的火车,到站后向右拐,你就来到了一幢标有"大英博物馆报纸图书馆"的巨型建筑前。现在请选择一些有封面故事的报纸[如戴安娜王妃之死,辛普森案,路易斯·伍德沃得(Louise Woodward)的英国奶妈案]。当然,你还没有找到研究问题和分析方法,而且你得经过漫长而痛苦的思考来确定它们。但你已经拥有了资料,那就开始干吧!

不用说,公共空间的范围远比报纸大多了。还有其他类型的书面资料,如小说和互联网上不同网站的内容。还有广播媒体,如电台和电视台的各种节目,比如听众热线电话直播节目、肥皂剧以及新闻播报。此外,还有一些质性研究也产生了大量资料,你可以用来做二次分析,但提的问题可以不同。

即使你打算及时搜集资料,这些资料也是立马就能用的。它们提供了一个绝佳的机会,使你得以提炼方法和感受实际资料分析过程中的苦与乐。

11.2.2　借用别人的资料

也许你的研究兴趣不适合使用公共空间中的资料。要是这样的话,你可以在系里询问一下,是否有人愿意与你共享某些相关资料。

显然你可以问问导师。既然他已经同意指导你,并且承认和你的研究兴趣相同,那么他很可能已经搜集了和你的项目相关的资料。如果有渠道获得有用的资料,就别怕去问。这正是我的学生泰勒(Vicki Taylor)的办法。我很高兴能把资料传给她用,这样她就能探讨一个不同的问题。

当然,可能存在着伦理上的或其他原因,使得这样的途径并非总是可行。但是如果你对导师的资料感兴趣的话,他们中的绝大多数都会非常开心。毕竟你的研究可能产生新的想法,这对他们自己的工作也会有所促进。

如果你的导师没有这方面的资料,可以问问同学有没有。那些已经做了两三年研究的研究生可能像你的导师一样乐于贡献他们的资料。或者你也可以问问同领域研究小组的成员,甚至去访问一下谈论过相关话题的演讲人也未尝不可。

必须记住,在绝大多数学科中,都不会为你拥有资料而增加你的"品行积分"。重要的是资料*分析*的质量,而不是你能否展示自己获取资料的聪明。或许在人类学中,展示你为了找到某个"部落"而行程数千里,学会一门外语并为了达到某个目标而忍受无尽苦难是有意义的——不过我怀疑意义也不太大。

即使拥有自己的资料会令你更快乐,这也并不排除使用前两个策略。在研究的早期阶段,当你已经做好分析自己的资料的准备时,分析别人的资料或公共资料仍能促进你"提升"你的研究。

现在你应当尝试着做练习 11.1。

11.2.3 征求导师的建议

作为一个本科生,你和教师面对面接触的主要途径可能就是提交学期论文了。不过有时候在提交论文后得到反馈时也能和教师接触。但当你进行研究时,这种师生关系模式是远远不够的。

当你最需要帮助的时候,导师能提供支持(参见第 18 章)。如果你觉得自己要被"资料的汪洋大海淹没了",那正是寻求帮助的最佳时机。

他们帮助你确定研究焦点的一种方式是建议你处理一项较小的因而也较容易完成的任务。贝克尔和沃尔科特提供了两个这样的任务的例子:

- 大致描述一下资料中可能会出现什么,并自己试着应对。要是你的设想能促使你分析资料,那么无论它多么不着边际都可以(Becker, 1998)。
- 要求自己把"一个话题的某个容易处理的单位"作为分析的焦点(Wolcott, 1990:69,第 5 章有更详尽的讨论)。这样你就不必处理巨无霸似的一大堆资料,而可以缩小范围,针对一个话题、一种活动或一天(或一分钟)进行研究。

这些任务能帮助你克服心理障碍,因为当我们第一次面对资料时,往往容易兴奋过度。如果确定一个较小的任务,便更容易成功,也能收获自信。此外,通过完成这些小任务,我们就能在资料中看到那些微妙的东西,要是在研究开始就设置宏大的问题,这些内容可能就隐而不显了。正如贝克尔(Becker,1998)提醒的那样，在资料分析早期，不必过分理论化。相反，应当从一个情境或一份资料入手，然后再跳出资料的限制建构理论。

11.2.4　搜集资料时就着手分析

不必等到所有资料都顺利搜集完毕之后再开始分析资料。要是你只有一份访谈、一份记录或一组田野笔记，照样可以开始分析。在适当的地方开始转录工作。不论何时开始分析资料，都要考虑到你的研究问题。

现在就可以考察方法、发现和概念了。下面是一些可以自问自答的好问题：

- 使用我偏爱的方法进行资料分析，是否得心应手（例如扎根理论、叙述分析、谈话分析和话语分析）？
- 我使用的资料分析方法是否提出了有趣的问题？
- 此前的研究发现是否适用于我的资料？如果不适用，为什么？如果适用，那么我怎样才能利用自己的资料得出这些发现？
- 那些来自我所偏爱的社会研究模型的具体概念怎样才能用到我的资料中？哪些概念最好用，并因而最富建设性？

一味地躺在安乐椅上或是纸上谈兵，是没法把这些问题回答好的。无论你最初的研究方案有多好，把它应用到第一批资料中总是有益的。在绝大多数的质性研究中，顽固坚持最初的研究设计意味着资料分析不充分，而并非是在表明研究的一致性。

直到你开始分析资料时才能理解这一点。当然，这将意味着你在研究早期就要尽力把分析过程写下来。就像沃尔科特（Wolcott，1990：20）说的那样："多早开始写作都不算早。"即使是200个单词的一段话也会让你的导师在评判时有所依据。即使你最初的犹豫意味着你没有立刻"迈向成功"，那也至少说明你已经在成功的路上了。

现在你可以试着做练习11.2。

11.2.5　对资料提出关键问题

显然，什么是"关键"问题取决于你的研究话题和所偏好的质性研究模型。尽管这意味着关键问题即使有也很少，下面这个列表还是值得推荐的。你可以用它来反思自己的研究，我的学生就觉得很有效。

- 你的资料的主要单位是什么？它们之间是如何相互关联的？请记住，一个单位是没有什么意义的，一切都取决于单位之间是如何结合在一起的。这是连接的问题。
- 你研究的对象是怎样进行分类的？要记住，与量化研究不同的是，我们并不想一开始就使用自己的分类标准。这是界定的问题。
- 研究对象采用那种分类标准的背景和后果是什么？请记住，在确定要研究的具体现象之前,问“为什么”的问题通常是不妥的。这是*如何*与*是什么*的问题。
- 你如何处理在研究地点遇到的难题?也就是说,如何进入研究地点以及研究对象如何看待你这两个问题又会导致新的研究问题的出现。要记住,质性研究的魅力在于,它把这样的难题变成了新问题,而不是把它们看作是方法上的约束。这是对*困难*的创造性运用。

我已经讨论了开始进行资料分析的各种方式。但由于我想试着为各种类型的研究提供有用的建议,这意味着我只能概略地讨论质性研究。现在我想谈得具体一点儿,并考察一下怎样分析不同类型的质性资料。我将讨论五种不同类型的资料:

- 访谈
- 田野笔记
- 文本
- 可视资料
- 转录稿

对每种类型的资料,我都运用一个例子来说明在具体研究中如何开始资料分析。

11.3 访 谈

我在第 4 章中考察了在开放式访谈中,研究者理解被访者的回答的各种方式。最常见的方式是,研究者把被访者的回答当作对某些外部现实(如事实、事件)或内部体验(如感受、意义)的描述。如果遵循这样的研究路径,那么就需要在研究设计中准备多种办法,以便确保阐释的精确性。这样,你就可以通过其他的观察来检验被访者对你说的话的准确性(参见第 14 章对多方参较的描述)。你可以把这些措施当作编码者间的共识(参见第 14 章),把计算机辅助的质性资料分析(参见第 13 章)当作是寻求调适研究者阐释与外部现实之间关系的一种手段。下面我们就运用这种现实主义研究路径来处理资料。

就像西尔指出的那样(Seale,私人信件),这里的现实主义是文学类别意义上的现实主义,其目的是描述关于人们生活的“活生生的”现实。在这种研究路径中,典型的小报新闻、“忏悔”故事被作为新的有关人性的“事实”收集和呈现在读者面前。这种现实主义对质性研究有着很大的影响(参见 Atkinson and Silverman, 1997)。

另一种研究路径则把访谈资料当作获取各种故事或叙述的途径,而人们正是通过故事和叙述来描述他们的世界的(参见 Holstein and Gubrium, 2004)。这种研究路径宣称,它不再试图把被访者的叙述当成对“现实”的“真实”描述,而是采取深入挖掘文化内涵的方法,分析访谈员与被访者在互动中共同认可的关于世界的叙述。尽管第二种研究路径可能会采用相似的手段进行"质量控制"(如召开小组资料会议,使大家就研究者对转录稿的理解达成共识),运用这些手段的目的则是为了追求一种不同的、"被叙述的"现实,对这种现实来说,叙述的"情境"或土生土长的性质是其核心所在。

我知道,本书的许多读者都会喜欢前一种研究路径。但与此同时,我并不想忽视后者,即叙述的路径——特别是当它与我的理论取向更为接近时。好在有足够的例子可供说明,在每种研究路径中如何开始一次访谈。

米勒和格拉斯纳(Miller and Glassner,2004)描述了一个涉及开放式深度访谈的研究,访谈对象是年轻的女性(13 岁到 18 岁),她们宣称自己加入了所在社区的帮派组织(Miller, 1996)。这些访谈是由同一个研究者在一项调查访问中完成的。

作者用下面的文字描述了每种资料的用处:

> 尽管访谈搜集了关于各种话题的大量信息,包括个人、就读学校、朋友、家庭、邻居、违法行为、被逮捕历史、性行为的历史和受害事件,以及有关帮派的信息,但深度访谈还是围绕着青年女性在帮派中的角色和活动,以及加入帮派组织的意义进行。(Miller and Glassner, 2004:131)

我们把注意力集中在 Miller 从深度访谈中获得的资料上。下面是一个例子:

> 为了描述为什么她会加入帮派,一个青年女性是这样对米勒(Miller)说的:"在家里我没有得到任何尊重。我想从别处获得爱和尊重。"(Miller and Glassner, 1997:107)

这是另一个被访者对于为什么要加入帮派的解释:"我没有家……我一无所有。"(Miller and Glassner, 1997:107)

当研究者要求另一个青年女性说说为什么年轻人会加入帮派时,她说:

> 你知道,一些人像我一样,没有家,或者没有稳定的家,她们在家里得不到什么爱和尊重,所以她们想到别处寻找。我们要找的,是帮派里类似家庭的关系。(Miller and Glassner, 1997:107)

假定你已经搜集完资料,现在想开始分析资料了。不客气地问一句:你打算怎么分析呢?

使用诸如 ETHNOGRAPH 或 NUD·IST 这样的软件(参见第 13 章)分析,走的是现实主义的研究路径,你可以先把被访者加入帮派组织的原因编制成若干组。在资料中可以发现两个占支配地位的原因:"推动"因素(家庭漠不关心)和"拉动"因素(帮派的支持)。

此外,获得了同一被访者的资料后,现在你可以把每种因素与各种背景特征联系起来。这样你的研究就走上了正确轨道。你不仅能够寻找青少年帮派组织的"主观"意义,还可以把这些意义与"客观"社会结构联系在一起。

因而这一“现实主义”的研究路径可以使社会科学家在很大程度上通过分析（客观）社会结构对（主观）立场的影响将世界理论化。另外，研究得到的这种结论正是社区中那些“使用者”需要的。他们希望从社会科学研究中得到实际的好处。

但是，现实主义并不能令我们完全满意。如何使用叙述的研究路径开始资料分析呢？

米勒和格拉斯纳（Miller and Glassner，2004：134-135）说，开启分析过程的一种方式就是想想被访者是如何使用可用的文化资源来建构故事的。他们提到了里查德森的建议：

> 参与到一种文化之中，这包括参与到这种文化的叙述中去，它意味着对意义体系及其相互关系的大致了解。（Richardson，1990：24）

那么，该如何用这些术语解读上面的资料呢？方法是把被访者的答案当作文化故事。这意味着，要这样去理解被访者所说的话：

> 被访者讲这些故事，是为了让本来外人难以理解的行动变得可解释和理解。（Miller and Glassner，1997：107）

米勒和格拉斯纳在上面的资料中指出，被访者用两种方式使其行动变得可以理解。第一，她们并不想挑战把帮派组织视为坏东西的公共观点；但第二，她们挑战了那种认为帮派成员必然也是坏人的看法。

然而，米勒和格拉斯纳还指出，并不是所有的被访者都能够流利地复述传统的文化故事。他们是这样说的：

> 一些青年女性走得更远，她们以新的方式描述自己在帮派组织中的经历，直接挑战了那种把帮派看作是理所当然的坏组织或具有天然的反社会性的主流印象，还挑战了关于女性在帮派中的角色的主流观点。（Miller and Glassner，1997：108）

下面是被访者的一些心声：

> 它的确是，就是正常的生活，唯一的区别在于，我们要开会。
>
> [我们]打牌、抽烟、玩多米诺骨牌，还拍录像玩。我们干的所有事儿都是玩。你可能会惊讶。我们是一群大孩子。这是我身边的一群大孩子。（Miller and Glassner，1997：109）

米勒和格拉斯纳指出，这样的叙述明显挑战了关于青年帮派组织的流行观点。她们不接受传统上将其行为当作“越轨”的界定，而是试着传递其活动的正常性。

这些叙述直接挑战了关于帮派的老套文化故事。米勒和格拉斯纳按照里查德森的思路，把这些叙述称为“集体故事”。这些故事“反抗关于帮派成员的文化叙述,代之以新的故事”(Richardson,1990:25)。

米勒对青少年帮派文化的研究是对一项关于美国青少年对毒品的认识和使用的研究的继承。在这项早期研究中,格拉斯纳和朗里恩(Glassner and Longhlin,1987)既把访谈中的回答当作文化意义上的叙述,又把它们当作可能真实的事实陈述。那么,举例来说,当有人说她吸大麻是因为朋友也吸时,格拉斯纳和朗里恩(Glassner and Longhlin,1987:35)认为这句话表明了两层含义:

> 她用一种文化上流行的方式来理解和谈论这些话题[确认一条叙述]。
>
> 现在有证据说明,吸食大麻是团伙聚会的一部分[现实主义视角]。

格拉斯纳和朗里恩说,叙述分析是通过考察被访者使用的“解释框架”的性质和来源而发挥作用的。但也可以以一种现实主义的方式,把被访者叙述的内容的特征当作事实陈述,并通过观察来验证(例如,观察她的朋友使用的一系列互动方式是如何影响她的)。

如果我们把被访者的回答当作事实陈述的话,那么很关键的一点就是要发问:“我们能相信这些孩子吗?”显然作者把这个问题看得很重要,他们觉得应当信任孩子们说的话。他们的这种看法建立在对他们与被访者融洽关系的描述上:访谈员被吸收为帮派成员,对理解被访者的经历表现了“真实的兴趣”,并保证保密(Glassner and Longhlin,1987:35)。

格拉斯纳和朗里恩把这种研究路径称为“倾听的方法”,并因而把关注的焦点放在“从被访者的视角看世界”上(Glassner and Longhlin,1987:37)。在这个意义上,他们与其他的现实主义和感受主义学者一样,都假定“经历”的“真实性”。然而,他们对叙述形式的谨慎处理则表明,可以用另外一种方法来进行访谈分析(关于叙述方法的更深入的说明,可以参见 Gubrium and Holstein, 1997)。

11.4 田野笔记

把访谈录下来,那么记录自然发生的互动的文本和磁带让你随时都能查看资料的原始形式。田野笔记的问题是,你坚持使用某种形式来记录资料,结果读者也只能获取这种形式的资料。

针对这个问题有两个能部分解决问题的方案:记录田野笔记时要严格遵循传统;保持一致的理论取向。关于田野笔记的传统,将会在第 12 章讨论。本章我讨论从某个明确理论出发的观察研究。

在 1980 年代早期,我在英国一家国民保健医院获取了癌症治疗的病例。我追随斯特朗(Strong,1979)对“诊所的仪式秩序”的叙述,对医生和病人如何向对方展示自己很感兴趣。例如,斯特朗注意到,国民保健医院的医生会遵守“礼貌就是一切”的规则,很少当面批评病人。

在医院时我注意到,有个医生每当早晨的会诊结束后,就会有规律地“失踪”。这唤起了我的好奇心,我决定做个调查。我发现,大部分下午,他都在位于伦敦西区的一个环境宜人的地方开展私人诊疗。不入虎穴,焉得虎子,所以我就问他,我能否参与他的私人诊疗活动。令我惊讶的是,他欣然同意,条件是我不能录音。我当然高兴地答应了,尽管这意味着我的资料降级为(我自己觉得)相对不太可靠的田野笔记。

显然,在做田野笔记时,你不是简单地记录资料,而且要分析它。你采用的分类不可避免地具有理论含义——不论你是否认识到这一点!既然我对斯特朗使用戈夫曼的框架概念(Goffman,1974)感兴趣,我就试着记下参与者为维持其身份而进行的活动。例如,我记录了医生和病人进行“小型谈话”花费的时间以及如何安排随后的会面。

然而,如果研究者出现在现场,那么不能回避两个问题:

- 你看到(听到)了什么?
- 你是如何行动的(别人是怎样对待你的)?

11.4.1 你看到了什么

两家国民保健医院的诊疗活动都是在专门房间进行的。朴实无华的白色墙面,没有地毯,家具陈设简单(一张小桌子,一把医生坐的椅子,以及供病人、家属和学生坐的一排椅子)。像绝大多数的国民保健医院一样,暖气管道和电暖器显得十分突兀。

进入私人诊所的诊疗室就进入了一个完全不同的世界,连主房间的空气都透着一股优雅劲儿,那感觉就好像18世纪时,一个医生去私宅探望富有的病人一样。墙面的装饰显得很有品位,上面挂的照片和油画恰如其分。地面上铺着漂亮的地毯。家具则是仿制的古董,包括一张皮面的大桌子,几把舒服的扶手椅,一个沙发。一张矮茶几上放着书和杂志,书架上放着几尊象牙雕像和医学类书籍。花草点缀其间,屋顶有一盏雅致的中央吊灯,桌上还摆着一架台灯。桌上的三部电话维持着与外界的联络,旁边的支架上放着一支铅笔。

这个房间营造了一种豪华且能保护隐私的气氛,在国民保健医院的诊疗室里,病人几乎都是在由帘子隔开的区域进行检查的。但在私人诊所,检查床则放在一间单独的屋子里,只有穿过诊疗室才能进去。尽管它比诊疗室的功能多,但还是以地毯铺地,并保持较高温度以便于病人保暖。当病人在换衣服时,即使是医生本人在进入检查室前也要敲门。

11.4.2 别人是怎样对待你的

英国的“私人”诊疗活动对隐私的强调给研究者带来了一个特殊的难题。在国民保健医院,我可以带着个姓名牌来掩饰自己的身份,但在私人诊所,则必须解释我的身份,哪怕说得含含糊糊(“今天希尔弗曼医生和我为您服务,好吗?")。虽然被病人接纳了,我仍然为自己在这种场合下的身份感到不安。它与外界隔绝的安静气氛让我觉得自己好像是个入侵者。

我和医生一样穿着白大褂,当病人进来时,我就起立并和他握手。我不能像在国民保健医院那样融入到环境之中。在某些隐私场合,我常常有一种入侵感。

我的印象是,私人诊所提倡更为"私人化"的服务,允许病人安排提供给他的照料服务,控制诊疗事项,并允许他在一定程度上控制环境。我和斯特朗一样,在讨论资料时,引用了会诊中的一些片段来证明这些观点。同时也提到了偏离的案例和在国民保健医院发现的各种过渡形态。

我感兴趣的是,观察者在诊疗环境下受到了怎样的对待。这一点在珀拉基拉(Peräkylä,1989)对临终病人病房的研究中有精辟的阐述。珀拉基拉展示了医护人员在面对病人的情感反应时,是如何使用"心理学"框架来把自身界定为客观的调查者的。心理学框架是解决在其他框架下产生的认同紊乱问题的一种有效手段——当病人反抗医学框架时,医护人员可以用病人的心理学状态来解释这一点。

但心理学框架对于理解医护人员对珀拉基拉的反应也很有用。医护人员把他看作是对病人的感受感兴趣的研究者,并用现成的理由对他的出现向病人做了解释。他们还猜测,什么活动可能需要向他解释。

我像珀拉基拉一样,考察了自己在这个互动"构型"中的活动,并用眼睛和耳朵细心体察,然后便开始进行分析。但是,是否还存在其他可以用来比较国民保健医院与私人诊所的诊疗活动的方法呢?在第12章,我讨论了一些简单的量化测量方法,这些方法正是我用来回答这个问题的。

11.5 文 本

量化研究者试图分析书面材料,这些材料能提供关于较大样本的可靠证据。他们喜欢的方法是内容分析,这种方法使研究者能建构一组类别,并计算落入每个类别的案例数。这种方法的关键是,类别的设定要相当精确,以便在考察同一份材料时(如报纸标题),不同的编码员能够获得同样的结果(参见 Berelson,1952)。

在质性研究中,可能为着非常不同的目的去分析少量的文本和档案。目的是理解参与者心目中的分类标准,并检视这些标准是如何在诸如讲故事(Propp,1968;Sacks,1974)、组织资料(Cicourel,1968;Gubrium and Buckholdt,1982)或描述"家庭生活"(Gubrium,1992)这样的具体活动中使用的。

因而质性研究的建构主义取向指出,他们更为关注文本是通过什么过程来描述"现实"的,而不是这样的文本是否包含正确或错误的陈述。正如阿特金森和科菲说的那样:

在关注这些材料时，你必须非常清楚哪些材料能用，哪些不能用。它们是"社会事实"，因为它们是以社会化的组织方式被生产、分享和使用的。但它们并不是对组织化惯例、决策过程或专业诊断的清晰表征。它们用自己的习惯建构了特定的表征类型。（Atkinson and Coffey，2004：58）

后果很清楚：

档案记录并不能取代其他类型的资料。例如，我们无法从书面记录中知道一个组织每天是如何运转的。同样，我们也不能把记录——无论有多么"官方"——当作对所报道内容的有力证据……这种对档案的保留态度并不意味着我们应当忽视或贬低档案资料。相反，认识到它们是作为（建构的）社会事实存在的，这一点能提醒我们要非常严肃地对待它们。我们必须按照档案本身是什么及其用途来处理它们。（Atkinson and Coffey，2004：58）

按照文本"是什么"来处理是什么意思呢？我们来看一个具体的例子。在萨克斯的两次演讲中，他提到了*纽约时报*上的一个故事。这个故事是对一个海军航空兵的访谈，内容是他在越南战争中的使命（Sacks，1992，Vol. 1：205-222，306-311）。萨克斯对故事描述的关于这名航空兵对下述问题的回答表现了浓厚的兴趣。

海军航空兵的故事

当知道无论自己在瞄准军事目标时多么小心翼翼，都有可能造成平民死亡时，他有什么感受？

"我当然不喜欢这种说法，什么'我可能会炸死任何人'，"他回答道，"不过我可不会因此而失眠。在这件事上你不能投入个人感情。在北越时，我常常想，我是个军人，随时都可能被另一个像我一样的军人击中。"（Sacks，1992，Vol. 1：205）

萨克斯让我们先看看，这名航空兵的即时回答（"我当然不喜欢这种说法……"）如何体现了他对记者问题的认可。例如，如果他说："为什么问这个问题？"这就表明他并不一定赞成报道员（间接地还有本文读者）的道德图式。

萨克斯告诉我们，当航空兵接受了这一道德图式后，他是如何组织答案，以便使我们用欣赏的眼光看待他。他用"军人"这种分类为轰炸行动做辩护，即这是类别行为，所有的军队飞行员都会这样做。当他把对手称为"像我一样的另一名军人"时，这种效应被扩大了。他用这种方式，建构了一组具有共同职责（轰炸/瞄准对手）的配对（军人/军人）。对于这种配对，另一方没法抱怨，或者正像萨克斯说的那样：

对于自己的失误没什么可抱怨的，除非他恰巧违反了实施规则。（Sacks，1992，Vol. 1：206）

请注意这名航空兵说“在这件事上你不能投入个人感情”。还要留意，“这件事”的类别确立了一个范围，只有在这个范围内，军人配对才会被短暂使用，所以每一方都可以这样说。

然而，就像萨克斯说的那样，这还暗指“这件事”只是许多要求不掺杂个人感情的事情中的一种：

> 如果其理由是，你在这件事上不投入个人感情只适用于“这件事”，那么开始做这件事可能就是个错误。(Sacks,1992,Vol. 1:206)

此外，这里的不投入个人感情是一种特殊的类别。萨克斯指出，我们听到，航空兵并没有说，他因自己不能依照主观意愿地杀人而感到不幸，相反，参与这件“事”意味着，绝不能认为自己正在杀人(Sacks,1992,Vol. 1:209)。

然而，这名航空兵只是在建议进行这种军人—军人的配对。在这个意义上，他也希望北越军队以同样的方式“遵守游戏规则”，就像小孩子可能会对另一个同伴说“我要当三垒手”。但就像萨克斯注意到的那样，在儿童棒球赛中，这样的要求可以被拒绝：

> 如果你说“我要当三垒手”，除非别人说“我要打……”其他的位置，否则你是没法如愿的。你一个人没法玩棒球。(Sacks,1992,Vol. 1:307)

北越军队当然会拒绝航空兵的方案。相反，他们主张把航空兵界定为“罪犯”，并把自己界定为“在维持秩序”。

就像萨克斯指出的那样，这些相互冲突的定义有着深远的影响，它们不仅仅是宣传。例如，如果这名海军航空兵被击中，那么只有他是一名“军人”而不是“罪犯”时，日内瓦公约关于如何处理他的规定才会得到贯彻(Sacks,1992,Vol. 1:307)。

萨克斯的分析来源于他对文本的特殊处理方式(类似于 Atkinson 和 Coffey)，即把文本当作表征。萨克斯与加芬克尔(Garfinkel,1967)一样，试图避免把人当作“文化傻瓜”，即按照某些文化的需求来展现这个世界。相反，萨克斯把文化当作“推论制造器”：一个描述性的装置，在特定背景下被管理和使用。萨克斯不是要预测社会成员的行动，而是试图发现：

> 人们是如何制造出让别人看得见的一组行动的……[如]亲密行为……说谎等。(Sacks,1992,Vol. 1:119)

假定可以用许多类别来描述同一个人或行为，那么萨克斯的任务便是：

> 发现他们是如何在掌控某件事的多个可用类别中选择的。(Sacks,1992,Vol. 1:41)

所以萨克斯并没有说“社会”决定了你选择什么类别。相反，他试图展示描述过程中的阐释工作，以及选择某个特定类别的意义。无论我们是否选择使用萨克斯的方法，他都提供了一种分析文本的好方法。

11.6 可视资料

可视资料是一个非常宽泛的类别，它涵盖了录像资料、照片以及观察到的对自然发生事件的记录资料，就是前面 11.4 部分中讨论过的那些类型。可视资料还包括环境的某些方面，如街道标志和广告（参见 Emmison and Smith, 2000）。

分析可视资料是非常复杂的，有时候分析过于理论化，你甚至会觉得得用理论来驱动经验。为了给初学者降低难度，我会用一个例子——一项相对简单的研究——来解释如何进行资料分析。

沙普尔斯等人（Sharples et al. ,2003）研究了孩子们拍摄的照片。他们选择了分属三个年龄(7,11,15)的 180 名孩子，给每人发了一个一次性照相机，要求他们在周末随意使用。使用这种方法一共得到了 4 300 多张照片。

分析资料采用的是内容分析的一种形式。它能得出类似这样的结论："雷达屏幕……二维散点图表明了主轴的变化。"（Sharples et al. ,2003:311）以这种方式建立的资料其目的是为了回答某些早期的关键问题：

- 每张照片的内容是什么？
- 照片里的人或物刻意摆了造型吗？
- 照片里的人是谁？
- 不同年龄的摄影师在这些特征上有什么差异？

分析表明，不同年龄的孩子之间有着显著的差别。例如，七岁的孩子更喜欢拍摄玩具和自己拥有的其他东西。他们拍摄的家和家人的照片也更多。相反，十一岁的孩子拍了很多户外照片和/或动物照片（通常是他们的宠物），而十五岁的孩子主要拍摄朋友的照片，通常是同性朋友，并摆着很酷的造型（Sharples et al. ,2003:316-317）。

这项研究表明，上面这些基本特征可以引发许多有趣的问题。在这个案例中，研究者通过访谈儿童摄影师来解答这些问题。

本研究遵循 11.2.5 的说明，在研究的一开始就提出了几个描述性的问题："是什么？""怎么样？"这便自然产生了"为什么"的问题，后来他们通过访谈研究对象来回答这个问题。访谈还比较了研究使用的类别和孩子们自己使用的类别。

11.7 转录稿

对录音带和转录稿的分析像任何种类的分析一样，都取决于来自某个特定理论取向的研究问题。从录音带或录像带中转录出的文字稿，与写田野笔记一样，其中蕴含着丰富的理论意义。只要多于一个研究者在场，关于你看到和听到内容的争论就绝不是靠核对资料就能解决的——争论的实质是资料分析。但你如何能够在对资料内容都没有达成共识的情况下进行分析呢？

你很可能会从转录稿的第一行就开始分析，并按照自己的方式，在翻看转录稿的时候观察某些现象。但这样做的危险是，你的观察很可能是*特殊的*和常识性的。此外，如果你决定使用某种方法（如谈话分析或话语分析），而这种方法旨在观察参与者是如何共同构建某种意义的，那么只采用一种方式进行研究就意味着前进时迈错了脚。还能怎么进行下去呢？

在第6章，我们提到了梅森（Mason，1996）的观点，他主张用不同种类的难题来构造研究问题。确立一个难题也是进行转录稿分析的方式。一旦你找到了一个难题，最好的方法便是*来回地*阅读转录稿，看看这个难题是怎么产生的以及怎样解决它。

像在其他部分一样，我们来看一个具体的例子。我分析了在澳大利亚收集的关于家长会的转录稿，收集工作是由 Carolyn Baker 和 Jayne Keogh 完成的。下面的例子涉及一个名叫 Donna（S）的学生，她的父母（F 和 M）和老师（T）。在资料摘要 11.1 和 11.2 中，Donna 和她的父母都没有对老师提出的建议做出回应（“ > ”的意思是，当得不到回应时，双方的位置发生转换）：

摘要 11.1

T：这的确是(1.0)我此时能帮助她的唯一方式，而且(.)对 Donna 来说，嗯，能不能上课时再积极一点，还有少和后座的 Nicky 和(.)Joanne 说话？

\> (1.0)

T：嗯(2.0)

摘要 11.2

T：或者我们可以进行下一单元，Donna？要是(.)在另外一个小组，如果不跟这些女孩一起学习，你会不会表现得好一些？

\> (1.0)

T：和另一个小组，和别的同学一起学习怎么样？

\> (2.0)

T：你可能更喜欢和熟悉的女孩们一起学习。

在下面的摘要中，Donna 的父亲在本来应由 Donna 发言的间歇插话：

摘要 11.3

T：我没想到真的是你们三个不好好学习，要不然(.)你换个座位？

\> (2.0)

T：[()

F：[我觉得你应该换个座位。

最终，在资料摘要 11.4 中，Donna 还是对父亲的建议不置可否：

摘要 11.4

F:我觉得你应该换个座位。

M:嗯?

F:想想你考的分数吧,你考的实在是(4.0),太差了。

在资料摘要 11.1 至 11.4 中,学生们对老师和家长的建议不置可否。一个能启动分析的难题就这样出现了(Silverman et al. ,1997)。学生的沉默是个难解之谜,因为这与我们对对话的认识不太相符。要知道在对话中,如果某人对开启下个话题的陈述不做回应,那是非常扎眼的,而且也需要给出解释(Sacks et al. , 1974)。

为了解决这个难题,我们寻找其他的资料,试图发现可以作为参照的答案。我在六十多份关于艾滋病检查前的咨询中,只找到了一个这样的例子,即对建议保持沉默(Silverman, 1997),如下文所示[C = 咨询员,P = 病人]:

摘要 11.5[Silverman, 1997:118]:

1. C:这就是为什么我们说,要是你不认识那位和你在一起(0.6)的、

2. 你打算与之发生性行为的人,

3. 要求他们(0.3)使用避孕套是很重要的。

4. > (0.8)

5. C:或者使用避孕套这样的工具进行安全的性行为。

6. > (1.5)

7. C:好吗?

8. (0.3)

9. P:唔

10. (0.4)

11. C:你的性伴侣以前用过避孕套吗?

请注意,在第二个" > "之后,有长达 1.5 秒钟的停顿。当咨询员提出建议后,她能听到病人的停顿,这意味着一个转折点的出现。另外,咨询员说,她使用了"好吗"这个词,想得到病人的回答,以便确认他在听。又经历了一次停顿后,她听到了"唔"这个叹词,这时咨询员就可以继续说了。

然而,还需要注意咨询员在说出"使用避孕套"之后的解释(或者说注释)。既然当咨询员的建议说完后,病人肯定能听到这个短语,所以她就把随之而来的 0.8 秒的停顿理解为续谈无法进行,也就意味着缺乏理解。所以她又做了注释,目的是营造一个更强烈的环境以便进行续谈。尽管她的努力并不成功。

资料摘要 11.5 与前面教师—学生提议序列的特征相类似。这里的病人是个 16 岁的孩子,她是目前为止我们的艾滋病咨询摘要中最小的病人。

如果不从分析的视角来看,那么我们正在处理的问题是一个社会问题,这一点专家和家长都非常清楚:即当青少年得到成年人的建议时(或者甚至是被问及

问题时），通常不置可否。这个问题在青少年专科医院中最为严重，相关学者因而做了持续的但不成功的努力，试图让孩子们开口说话（参见 Silverman，1987）。在下述摘要 11.6～11.8 中，我们也发现了对建议不置可否的现象［D＝医生，P＝病人，M＝母亲］：

摘要 11.6［**糖尿病诊所** 1（NH：17.7）］

D：我们能为你的糖尿病做些什么呢？因为你还没有做检查。（很久的停顿）

D：我知道此时你感觉很糟。

P：不知道。

D：如果我们不再谈论你的病情了，你是否能感觉好些？

（长时间停顿）

摘要 11.7［**糖尿病诊所** 2（S：12.2）］

D：血糖实在太高了。

（很久的停顿）［病人看起来很难受］

M：我们得同病魔斗争。

D：一或两个单位，你能承受得了吗？

（长时间的停顿）［病人低着头，不停地拨弄着自己的衣角］

摘要 11.8［**唇腭裂门诊**（14.32-3）］

D：嗯（2.0）你对自己的嘴唇很满意吧？不想让我们动它？

M：她不想开刀（1.0），似乎并不为自己的嘴唇担心。

D：呵呵，你不想做任何治疗是吗？［呵呵］

M：

D：不想治鼻子？（3.0）

在摘要 11.5～11.8 中，青少年对建议和问题都不做回答。在摘要 11.5 和 11.6 中，他们在第二次提示后，最终还是做了简单的回应。与之相反，在摘要 11.7 和 11.8 中，当这些小病号没能把话题继续下去时，他们的母亲替他们做了回答，并对孩子的行为或感受做了说明。不过，在摘要 11.8 中，当医生再次请病人作答时，他还是什么也没说。

然而，如果我们仅仅停留在观察专家和病人之间的会面上，诸如在医疗环境和教学环境下的会面，那么我们可能只是重复一下专家与家长皆知的与青少年相处时会面临的那个社会性问题。我假定，社会科学家们能够用崭新的眼光看世界，并因而为实践者带来新的洞见。问题是，我们如何才能从尝试性观察过渡到社会科学分析呢？

在本书前面的章节里，我说过质性研究的特长在于回答诸如“如何？”以及“是什么？”这样的问题，而不是“为什么？”这样的问题。所以我们最初的反应就是，把重心从*解释*观察到的现象转向确定双方相互影响的结果。我们问道：当回答者或建议接收者不作回应时，提问和提建议是如何在一轮轮进行的互动中得到控制的?

在多边的专家—病人场合中,某个轮次的信息接受者不是由制度规则确定的,而是由参与者"确定的"。摘要 11.8 是这方面的一个很好的例子,我在这里又把它列了出来:

摘要 11.8[**唇腭裂门诊**(14.32-3)]

D:嗯(2.0)你对自己的嘴唇很满意吧? 不想让我们动它?

M:她不想开刀(1.0),似乎并不为自己的嘴唇担心。

D:呵呵,你不想做任何治疗是吗? [呵呵]

M:

D:不想治鼻子? (3.0)

正像我已经强调过的那样,在第一行中,医生看上去是把那个要对"嘴唇"说点什么的人当作下一个说话者了。然而,虽然下个说话者接受了这种界定(谈论"她"而非"我"),但她并不是医生界定的那个说话者。此外,当医生再次把女儿当作下一个说话者时(第三行和第五行),虽然母亲没有说话,但她已经接受了把女儿当成下一个说话者的安排,从第五行可以看到这一点。

摘要 11.8 说明,接受界定是建立在轮流发言的基础之上的。另外,即使是在一个发言轮次中,接受者也可能会被重新界定。请注意,在上述摘要的第一行中,医生说话时从"你"转换成"我们"。

这种转换在互动中是比较模糊的。首先,可以把"我们"仅仅理解为提及病人时的一种礼貌的方式,这在英国很常见(有时候它也是一种讽刺性的回答,例如当问道"我和谁"时)。其次,在这一具体情境下,即医生有关"嘴唇满意度"的问题有可能得到母亲和女儿双方的共同关注。其实,可能就是因为有这种可能,才会出现家长毫无停顿地回答的现象(第二行),而这本该是孩子回答问题的场合。

发生在唇腭裂门诊的摘要 11.8 表明,参与谈话的几方是如何处理关于谁是某个问题的回答者这一模糊问题的。本分析没有把模糊性当作交流中的*难题*,而是说明,互动几方可以把模糊性当作一种*资源*。

对孩子的沉默也可以做出同样的解释。本分析没有把这种沉默当作孩子的缺点,而是指出,面对教师(和家长)在提问和评论中的矛盾感情,沉默可以被看作是互动中的*能力*展示。最后来看"为什么"的问题,我们推测,这是因为沉默(或至少是不用语言答复)使孩子不必牵连进由成人合作完成的道德领域中,并使他们能够反抗制度话语对其能力的塑造和约束。

11.8 结 论

在本章中,我说明了如何运用四种主要类型的质性资料进行资料分析。在研究开始阅读资料时找到一个难题，不管这个难题是你想出来的还是别人提供的，你都可以以此来开始研究项目。在完成了上述最初的几步后，我们将在第12章中考察资料分析该如何深入下去。

要　点

在研究的开始阶段就要进行资料分析。下面是开始分析资料的几种方式：

- 分析那些已经存在于公共领域中的资料。
- 借用别人的资料。
- 征求导师的建议。
- 搜集资料时就着手分析。
- 对资料提出关键问题。

当分析不同类型的质性资料时，可能会出现下述问题：

访谈：你的目标是要描述关于生活的活生生的现实（现实主义），还是要从人们对世界的描述中获取故事或叙述（建构主义）？

田野笔记：需要留意，当你做出某种行为并受到相应对待时，看到（和听到）了什么。

文本和可视资料：你的目标是进行精确的内容分析吗？也就是说，你要建立一组类别，并计算落入每个类别中的案例数目。抑或你的目标是理解参与者使用的类别，并考察这些类别在诸如讲故事、收集文件或拍照这样的具体行为中是如何使用的？

转录稿：从录音带或录像带中准备一份转录稿，这是很有理论含量的一项任务。只要多于一个研究者在场，关于你看到和听到内容的争论就绝不是靠核对资料就能解决的——争论的实质是资料分析。

练　习

11.1　利用做练习的机会，你可以考虑几个问题，这些问题是关于你早期收集到的资料的。

1. 梳理一下公共领域中已经存在的相关资料，例如媒体资料（报纸、电视、广播以及互联网）。选择一组资料并开始进行分析。

2. 询问一下导师和同学，看看他们是否有相关的资料，或许你可以借来试着做点分析，或者和他们进行长期合作。简要地分析一下借来的某些资料。

11.2　利用这个机会，你可以尽快分析以下自己搜集到的资料。

1. 你偏爱采用的资料分析方法能提出什么问题？你能从资料中做哪些有趣的概括？

2. 此前的研究发现是否与你的资料相符？如果不符，为什么？如果相符，那么你该如何运用自己的资料得出这些发现呢？

3. 怎样把你喜欢的社会研究模型中的特定概念运用到你的资料之中去？什么概念最合适，什么概念最有潜力？

拓展阅读

Harry Wolcott's little book, *Writing Up Qualitative Research* (Sage Qualitative Research Methods Series, Number 20, 1990), especially Chapter 2, is a helpful, informal guide to beginning data analysis. Other relevant sources are: Amanda Coffey and Paul Atkinson's *Making Sense of Qualitative Data* (Sage, 1996), Chapter Two, and Jennifer Mason's *Qualitative Researching* (2nd edn, Sage, 2002). For further details of the case studies discussed in this chapter, see: Jody Miller and Barry Glassner's "The inside and the outside: finding realities in interviews", in my edited collection *Qualitative Research* (2nd edn, Sage, 2004); my two monographs *Communication in the Clinic* (Sage, 1987); and *Discourses of Counselling* (Sage, 1997); and Harvey Sacks's *Lectures on Conversation* (Vol. 1, Blackwell, 1992), 205-222 and 306-311. If you are interested in using Internet data, consult Annette Markham's chapter "internet communication as a tool for qualitative research" in my book *Qualitative Research* (2004).

开展资料分析 12

Developing Data Analysis

读完本章，你将能够：

- 系统地整理并分析田野笔记。
- 知晓应当从录像带中寻找什么东西。
- 有信心开展高质量的资料分析。

12.1 引 言

第 11 章强调了进行早期资料分析的重要性，并说明了如何开始分析。在本章中，我们将考察在开启资料分析之后，该如何深入开展研究。尽管本章只涉及观察资料和录音资料的分析，但很多建议都同样可以运用到其他类型的质性资料分析中。关于访谈资料的分析，还可以参考凯利对其研究的说明。

不过，一份"建议"清单看上去难免有些贫乏、空洞。因而，本章将从一项具体的质性研究开始，具体而微地说明应当如何开展资料分析。质性研究的优点在于，它使你能够从新的分析角度，接触到日常生活的真实本质。通过下面的例子，你将学会如何利用这种途径确定资料分析的重点。

12.2 一项案例研究

在 1980 年代早期（参见 Silverman，1987：第 1-6 章），我带着一组研究者研究了一个治疗儿童心脏病的单位。大部分资料都来自对每周三诊治门诊病人的录音记录。

决定把研究重心放在门诊里发生的互动而不是病房里发生的互动上，这绝不是巧合。实际地说，门诊是一个程序固定、目标明确、结果具体、持续约二至四小时的治疗方式，它可以给我们提供高质量的资料。相反，在病房里进行录音则更具侵入性，录音效果也较差，因为多个对话可以同时发生，还有不可避免的背景噪音。即使这些技术性难题能够克服，由于病房生活缺乏明确目标，所以要想发现秩序就比在门诊中难得多。例如,病房里就不存在诸如会面、身体检查、病情诊断和预后说明这样的固定程序。

当然,这并不是说研究者不应当研究缺乏明确目标的互动——从医院病房到街角社会。它的意思是,如果你研究这些场合,就得对长久的守候有所准备,还要经受住研究观点成型前大量无价值资料的打击。

在门诊里,我们对如何组织并宣布决定(或“处置”)感兴趣。看上去似乎医生宣布决定的方式不仅与诊疗情况(如孩子的心脏情况)相关,还与社会性因素有关(诸如在治疗不同阶段,医生都对家长说了些什么)。例如,在某个首次会诊中,医生不是按照惯例告诉家长,发现孩子的心脏有问题,以及有必要做一个有重大风险的手术。相反,他们会建议进行多种检查,并暗示只需要做最重要的那项手术。他们会与患儿家长合作,家长们则会给出说明孩子“健康”的多个例子。只有两种场合不使用这种逐步的信息告知方式。一种是当孩子被心脏病专家诊断为“健康”时,医生会立刻把所有信息告诉给家长,并会执行一项我们称之为“寻找并破坏”的任务,旨在消除家长的担忧,并证明他们弄错了。

当面对患有唐氏综合征并被怀疑心脏有问题的孩子时,医生会一次就把所有的诊治信息告诉家长,而不再使用逐步信息告知方式。另外,医生还会例外地允许家长选择进一步的治疗方案,同时还鼓励他们描述诸如孩子“生活的乐趣”和友善的性格。

下面我们把研究重心放在考察医生是如何告诉家长,决定对孩子做一个诊断检查的。在绝大多数情况下,医生会说:要是你同意的话,我们想做一个小的检查。

没有家长会反对看上去完全正式的提议——就像女王有权利(当然从没使用过)不签署由英国议会通过的法案。对患有唐氏综合征的孩子来说,家长选择治疗方案的权利并没有那么正式。医生可能会这样说:

> 我认为我们能采取的措施在一定程度上取决于家长的感受。
>
> 现在这取决于你是怎么想的。
>
> 这在很大程度上取决于你的态度,你觉得我们应当继续吗?

另外,这些会诊会更长,更民主。这里是将病人看作家庭的一员,家长也有机会说出他们关注的问题,并能参与到决策过程之中。

在这个次级样本中,与整体样本不同的是,当家长可以选择时,他们通常拒绝做检查——只有一个是例外。这巩固而不是挑战了研究单位的医疗政策,即在其他条件一致的情况下,不鼓励对这些孩子进行手术。所以这种民主形式与专制政策得以共存,后者甚至还支持前者。

从而,研究发现了具体医疗政策的执行结构。对许多的会诊进行录音记录的可行性,连同试图做归纳假设的研究方法,意味着我们能够通过发现某个现象来开展资料分析,这种现象是我们以前没有关注过的。

表12.1总结了这项研究给我们的启示。

表 12.1　开展资料分析的四种方式

- 把重心放在那些高质量的和容易收集到的资料上(对门诊的录音记录)
- 审视资料中记录的某个过程(医疗"处置"是如何组织的)
- 关注这一过程的一个部分(宣布要做一个小检查)
- 比较总体中不同的次级样本(唐氏综合征患儿和其他孩子)

在本章的后一半,我讨论了当你的资料是对自然发生现象的录音记录时,有哪些更具一般性的研究策略。但是很可能你并没有录音记录。那么这是否意味着一切都丢失了呢?

在下个部分,我将尝试告诉你,如何才能保证田野笔记的质量。尽管即使在最后的分析中,田野笔记的信度也没法与高质量的录音和转录稿相比,认真记录的田野笔记还是能够为深入的资料分析提供动力。

12.3　田野笔记和资料分析

12.3.1　为什么细节重要

> 置身田野中的研究者试图接近别人,以便理解他们的生活方式。为了保存并传达这种亲密性,他们必须详细地把情境和感兴趣的事件描述出来。(Emerson et al. ,1995:14)

通过保留互动细节,你就可以更好地分析表 12.2 中列出的议题。

表 12.2　详尽的田野笔记的作用

- 确认并追踪所观察事件的过程
- 理解成员是如何表现和描绘特定的活动、事件和群体的
- 传达成员对特定事件发生的时间、原因和方式的解释,从而得出成员们的归因理论
- 找出人们在日常生活和行动中需要面临和处理的实际问题、条件和约束

来源:改编自 Emerson et al. ,1995

像任何有启发性的问题一样,表 12.2 中提到的议题反映了一个关于社会世界的特定模型。正如我对心脏门诊的研究那样,埃默生(Emerson)等人假定了一个建构主义或民族志模型,在这个模型中,事件的意义不是显而易见的,而是由参与者(成员)积极建构的。

这个模型体现了方法上的两种要求。首先,要关注参与者把什么当作常规或显而易见的东西。其次,要认识到,最好通过观察和倾听来知晓人们的所作所为,并确立常规,而不是直接询问他们。所以,与许多民族志的田野工作不同,访谈并

不被看作是主要的研究工具。相反：

> 程序是观察并记录自然发生的谈话和互动……[尽管]访问若干名成员，问问他们那些具体的当地术语和短语的用法和意义可能也是有用的或必要的……研究者真正关注的是那些术语在实际情境中的运用。(Emerson et al.,1995:140)

关注参与者把什么看作是惯常和不出意外的东西,这就为写作和分析田野笔记提供了一个清晰的焦点。可以通过询问表12.3中的问题来开展资料分析。

表12.3 分析田野笔记的六组问题

- 人们在干什么？他们想完成什么？
- 他们是否目标专一？他们使用了哪些具体的手段和/或策略？
- 成员们是如何谈论、表达和理解正在进行的事情的？
- 他们做出了什么假定？
- 我看到了什么？我从这些笔记中学到了什么？
- 为什么我会涉及这些人？

来源:Emerson et al.,1995:146

12.3.2 开展田野笔记分析的两种方式

除了表12.3中提到的问题之外,开展民族志研究还有两个实际规则需要注意:

- 既要考虑听到的内容,也要考虑观察到的东西。
- 扩展田野笔记的内容,不要把它局限在直接观察上。

用你的眼睛

在对一家餐馆的社会组织的研究中,怀特(Whyte,1949)通过观察活动的空间组织获得了丰富的资料。近来,在一项对病房互动的研究中,珀拉基拉(Peräkylä,私人信件)记录了空间设置是如何区分不同人群的。这里有病房和病人活动区,医疗人员可以在任何时间进入。还有病人休息室和其他活动场所,这些都是公共空间。这些地方与护士办公室和医生办公室不同,后者只有当病人受到邀请时才能进入。要是还有职员咖啡屋的话,你绝不会看到有病人在里面。

正如珀拉基拉指出的那样,在医院中,把人划分为不同类别的一种方式就是根据类别分配空间。与此同时,这种分配方式又在参与者的活动中再现出来。例如,观察者可以记录下当病人进入护士办公室时的行为。即使门是开着的,他们也会站在门外张望。这样做表明,他们正在进入一个不熟悉的领地。

不幸的是,我们在观察时,都只愿意用耳朵听,而不太愿意用眼睛看。不过也有例外。斯蒂姆森记录了"照片和图表是如何渐渐从社会学期刊上消失的,并且在社会学著作中也越来越少”(Stimson,1986:641)。后面他讨论了专门用来倾听英国医生专业组织意见的房间。全国医学总会的专业委员会设在一间天花板很高、橡木装饰的房间里,就连楼梯也布置得相当豪华。彩色的玻璃窗上画着16枚徽章,还有一名妇女,以经典的希腊式姿势展示自己。正如斯蒂姆森评论的那样:

> 这是一间可以讨论重大事件的房间:其情状予人以深刻的印象……发言正式,用语谨慎,这可是要记录下来向公众公布的。走廊里的参观者即使讲话也压低了声音,因为他们的话并不会属于这里的议程。(Stimson,1986:643-644)

就像斯蒂姆森说的那样,在这样的房间里,即使不告诉我们任何必要的信息,我们也知道正在进行的事情需要严肃对待。斯蒂姆森恰到好处地把这个房间和麦当劳的汉堡店做了对比:

> 看看装饰和材料——塑料、纸质、聚乙烯和聚苯乙烯,以及明快的色彩。[一切]都意味着稍纵即逝。这一短暂特征还表现在顾客各种各样的穿着上,以及服务员的临时性制服上。座椅的设计也让久坐者感到很不适。(Stimson,1986:649-650)

斯蒂姆森和珀拉基拉表明,那些不重视使用眼睛观察的民族志作者忽视了一个重要的资料来源。你可以设想强迫一个视力正常的人带着眼罩观察世界是什么情景,从而也就不难理解这一点了。

扩充田野笔记

> 田野工作令人着迷,编著工作则令人费心劳神,你可以全神贯注地研究具体细节——辛辣的名言、主要信息提供者那讨人喜欢的个性。你忘记了思考,忘记了要深入而宏观地理解正在发生的事件,也忘了要用一致的概念来解释它。(Miles and Huberman,1984:69)

为了“深入而宏观地理解正在发生的事件”,斯普莱德利(Spradley,1979)指出,观察者要记录四组内容:

(1)事件发生时做简要记录。

(2)每个阶段结束后尽快扩充笔记。

(3)在田野工作的每个阶段,都要作田野工作笔记,记下问题和想法。

(4)暂时记下分析和阐释的内容(柯克和米勒对此有过讨论,1986:53)。

斯普莱德利的建议有助于使田野笔记系统化,并能提高它们的信度(参见第14章)。迈尔斯和休伯曼像斯普莱德利一样,提出了扩充田野笔记的系统化的方式。他们建议填写“观察记录表”或在每次观察后都扩充备忘录(Miles and Huberman,1984:50-51,69-71)。

表12.4给出了一个使用观察记录表以便促进分析性思考的例子。

表 12.4 观察记录表使用的问题

- 有哪些人、事件或情境卷入到这件事中?
- 接触中的主题或议题是什么?
- 由接触而产生的哪个研究问题最为核心?
- 通过接触,你想出来了哪些新的假设、推断或猜想?
- 在以后的接触中,田野工作者应当把主要精力放在什么地方? 他应当寻找哪些类型的信息?

来源:Miles and Huberman,1984:50

迈尔斯和休伯曼给出了五条理由,解释了为什么这些观察记录表有用(改编自 Miles and Huberman,1984:51):

(1)为接下来的接触提供指导。

(2)提出新的或修正过的编码方案。

(3)协调田野工作者的工作。

(4)在后续阶段作为接触的提示。

(5)作为资料分析的基础。

我们记录资料的方式是很重要的,因为它直接与资料分析的质量相关。在这个意义上,田野笔记和观察记录表都只是达到目的——开展分析——的手段。

12.3.3 开展田野资料分析

> 从编码走向阐释是一个重要的转变……阐释涉及高质量的"事实性"资料和小心谨慎地分析资料的构成要素。(Coffey and Atkinson,1996:46)

正如迈尔斯和休伯曼(Miles and Huberman,1984)指出的那样,质性资料是以文字而非数字的形式出现的。那么接下来的问题便是,我们该如何从文字过渡到资料分析呢?

他们说资料分析是由三项同时进行的活动构成的:资料缩减、资料展示和得出/证明结论(Miles and Huberman,1984:21):

- *资料缩减*"指的是选择、聚焦、简化、提炼和转化……'原始'资料"(Miles and Huberman,1984:21)。资料缩减意味着决定研究初期要关注哪些资料。
- *资料展示*是"有组织的信息汇编,可以从中得出结论并采取相应的行动"(Miles and Huberman,1984:21)。它包括把资料以矩阵、曲线图、网络和柱状图的形式陈列出来,这些形式阐明了分析的主要方向(和省略的东西)。
- *得出结论*的意思是"确定事物的含义,说明规律、模式、解释、可能的结构、因果过程和建议"(Miles and Huberman,1984:22)。
- *证明*的意思是检验临时性结论,看看"它们的可信度、稳定性、'确定性'——即效度"(Miles and Huberman,1984:21)。

迈尔斯和休伯曼解释道，田野研究与大多数量化研究不同，我们不能满足于对资料进行简单的编码。正如我在第 4 章说过的那样，这意味着质性研究者得说明这些由他们识别的（从理论上加以界定的）要素是如何汇集在一起的，抑或是如何相互交叠的。质性研究所作出的独特贡献便是，在对小规模资料进行深入分析时，能够利用理论资源。

这表明，按照某种理论图式来给资料编码只是资料分析的第一步。接下来你需要继续考察这些要素是如何联系在一起的。在第二阶段，横向的思考会很有帮助。例如，你可以从一个新的角度来审视已选定的概念或议题，这可以通过提出一个反直觉的想法或处理一个文献中很少涉及的某个额外的特征来实现。无论如何，正如我在下面将要提到的那样，完成一项好的资料分析的方法之一便是缩小问题的范围。

12.3.4　田野工作中的不断聚焦

我们只是以某些方式看问题，因为我们已经或明或暗地接受了看问题的特定方式。这说明在观察研究中，资料搜集、建立假设和理论建构不是三个相互独立的事件，而是相互交织在一起的。

可以用漏斗做类比来描述这个过程：

> 民族志研究的结构仿佛一个“漏斗”，在整个过程中，研究者的关注目标越来越集中。在分析上，焦点的不断集中由两个不同的部分构成。首先，研究问题随着时间的推移得以确定或转换，最后问题的范围逐渐清晰和明确，其内在结构也得到开掘。在这个意义上，通常是在这样的研究过程中，你才能发现研究到底是“关于”什么的，而且最后与起初的研究问题大不相同也是常事。（Hammersley and Atkinson，1983：175）

阿特金森（Atkinson，1992）举了一个例子来说明研究问题是如何重新界定的。在读完博士的很多年后，阿特金森回到了他的老本行——医学教育。他表示，可以以一种非常不同的方式重新阅读原始资料。阿特金森原先的方法是把田野笔记分成小的片段，每个片段都归属相应的类别。例如，外科医生向手术小组描述术后并发症，这在一开始被放在诸如“不可预见性”、“不确定性”、“病情”和“轨迹”这样的标题之下。当阿特金森回顾这种分类时，分类变成了一种叙述，它设置了一个谜（“不可预见的并发症”），只能用“道德故事”的形式才能解开（“小心，难以预料的事一定会发生”）。如果用这种方式看问题，那么外科医生的故事就变成了一个很像童话故事的文本。

我在 1980 年代做过两项关于英国诊所的研究，研究过程也印证了哈默斯利和阿特金森的“漏斗”的说法。正如我在前面表明的那样，尽管观察的是小儿心脏病诊疗单位，分析却出乎意料地转向对唐氏综合征患儿的处置决定上。与之类似，第 9 章讨论的我对癌症专科诊所的研究，也远离预期，转而比较付费服务与国家提供的医疗服务的优劣(Silverman,1981,1987)。

这两个案例有三个共同特征:

(1)当一个更精致的话题出现时,通过"漏斗"实现了焦点转移。

(2)作为一项理论建构和理论检验的工具,比较方法得到利用。

(3)超出研究所在具体领域的话题的产生。因而,在癌症专科诊所中发现的"仪式秩序"并不局限在医学领域,而对唐氏综合征患儿的"民主"决策也对其他领域的权力有着深远的影响。

我曾在别处指出(Silverman,2001),以这种方式进行的研究与格拉泽和施特劳斯(Glaser and Strauss,1967)的著名的扎根理论颇为相似。扎根理论的简化模型包括以下几个步骤:

- 起初尝试做出一些分类来阐明资料。
- 企图用许多案例填充这些类别,以便阐释它们的相关性。
- 把这些类别发展为更具一般性的分析性框架,使之不只是适用于某个具体环境。

格拉泽和施特劳斯把他们关于死亡和濒死的研究作为例子。他们展示了自己是如何构造出"知晓背景"这一类别来指称那些人们得知自己命运的场合的。这个类别随后被填充了许多案例,并最终与那些非医学的场合相关联,人们正是在这些场合中知道别人是如何界定他们的(如,学校)。

"扎根理论"因其不认可在研究早期起指导作用的模糊理论而饱受诟病。更显而易见的是,它更多地强调了理论的产生而非理论的检验。如果使用不当,它还会退化为空洞类别的建构,或是蜕变为使纯经验研究合法化的烟幕(参见我在第 15 章中对四种质性研究的批评,以及 Bryman,1988:83-87)。与最为枯燥无味的统计研究中呈现的抽象经验主义相比,"扎根理论"最多只能在观察中为理论创新提供大致的框架。

然而,不应当把量化研究看成是实地研究的敌人。在下面的部分,我讨论了一个例子,来说明在对癌症专科诊所的研究中,如何使用简单的表格来检验假设。

12.3.5 使用表格检验田野工作中的假设

在这项癌症研究中,我使用编码表来整理大量关于医生和病人之间互动的测量(Silverman,1984)。目标是要阐明,质性研究也可以在适当程度上代表整体资料。不过有时候,数字显示的现实与我的整体印象并不一致。因而,分析更为谨慎,对诊所行为的描述也更为小心。

我记录下来的那些未经处理的量化数据没法对此做任何检验。但还是用它对整个样本的特征做了简要测量,这使我们可以对私人诊所和公立医院特征做更具体的说明。为了说明这一点,请允许我向你简要介绍一下我搜集的量化资料，主要涉及就诊时间、病人参与和咨询范围。

我的整体印象是，私人诊所中的就诊时间比公立医院中的更长些。对资料的检验表明，前者几乎是后者的两倍（20 分钟对 11 分钟），而这种差异意义重大。但当我出于具体原因回顾这些资料时却发现，有一家公立医院的就诊时间超乎寻常的短。我觉得对这两类医院就诊时间的比较应该排除这个诊所，而且只应当比较单个医生的诊治时间。这个二级样本表明，公立医院和私人诊所就诊时间的差异减小到平均 3 分钟。这在统计上仍然是显著的，尽管显著性下降了。最后，如果我只比较同一个医生诊治的新病例，那么公立医院的就诊时间平均为 34 分钟，比私人诊所的 30 分钟高出 4 分钟。最后这项发现毋庸置疑，并对我们从整体评价个人"去私人诊所"的费用和受益提供了有趣的借鉴。例如，很可能私人诊所更密集的时间安排限制了可能留给每个新病人的时间。

为了对比较分析有所帮助，我用提问和原始陈述测量了病人的参与，结果又一次发现了重要差异：私人诊所的病人更多地参与到就诊过程中。但如果只考察由同一个医生诊治的病人，那么诊所（医院）之间的差异就不太大了，而且也不显著。最后，当讨论非医学事务时（例如病人的工作或家庭环境），诊所（医院）之间不存在显著差异。

对于公立医院与私人诊所之间的差异程度，存在着过热的评价。这些量化数据则能够有效地检验这些评价。然而，正如我在第 10 章中指出的那样，我主要关注的是三家诊所的"仪式秩序"。我搜集了大量有关医患之间的交往资料，在这些交往中，医生与病人在私人诊所中的行为方式偏离了我们所知道的公立医院中的就诊方式。问题是：这些量化数据能够支持我的观察吗？

答案是，在一定程度上支持。有两项与仪式有关的量化测量有助于回答该问题。一项是要测量医生在多大程度上能够帮助病人方便治疗。另一项是要测量病人和医生彼此之间是否会友好地谈论他们的私人生活或职场经历（我把这称为"社会诱导"）。正如表 12.5 表明的那样，根据付款方式的差异，这两种测量在我们所希望的方向上都呈现了重要的差异。

表 12.5 私人诊所与公立医院：仪式秩序

	私人诊所（$n=42$）	公立医院（$n=104$）
	（百分比系在所有诊所中所占比例）	
病人就便进行治疗	15（36%）	10（10%）
社会诱导	25（60%）	31（30%）

来源：Silverman，2001：243

当然，现在这些资料没法提供证据支持我对互动形式差异的看法。但是，如果与质性资料放在一起，这些资料可以在差异的方向上提供强有力的证据，还能从整体上简单测量一下样本，这些样本是我曾分析过的那些谈话的摘要。我并不否认,计算可以像对片段的质性阐释一样是任意的。然而,如果研究者不是什么都拿来计算,而是把分析建立在明确的概念基础上,并且这些概念与行动者看待世界的方法相关,那么这两种类型的资料都可以用来验证对方的分析。

在第 14 章,我回过头来讨论了计算的功能。它在质性研究中是证明效度的一种辅助手段。在观察研究中,计算常建立在此前对田野笔记的编码上。因而,现在我就转而讨论编码中产生的问题。

12.3.6 田野笔记编码的局限

癌症研究中使用的表格来自于:

> 卓越的工作,在其中资料被划分成类别,事例也被挑选出来。这是把文本(笔记或转录稿)分解为多个片段的一种方式,这些片段随后被按照主题重新分组。(Atkinson,1992:455)

近来,这种分主题的编码得到计算机质性资料分析系统的辅助,其中这种分析系统将在第 13 章中讨论。在更大些的项目中,通过培训编码员,使之按程序操作,以便确保使用的是同一种编码方式,也可以保证编码的信度。

然而,这里还遗留了两个问题。显而易见的一个问题是,每种观察方式同时也是不观察的方式。正如阿特金森指出的那样,编码的一个缺陷是,因为它们建立在一组给定的类别上,从而就建构了"一套强有力的概念网格"(Atkinson,1992:459),并且难以摆脱。尽管这套"网格"在组织资料分析时很有帮助,但它也使研究者的注意力偏离了那些无法类别化的活动。因此,正如西尔(Seale,私人信件)指出的那样:

> 一种好的编码体系使你可以研究那些"无法类别化的活动",从而它们就能得到解释,这与研究那些异常的方式相似。

还有一个不太明显的问题是,我在第 4 章说过,"编码"可不是科学家的专利。我们每个人都对听到和看到的东西进行编码。这与加芬克尔(Garfinkel,1967)和萨克斯(Sacks,1992)的主张一致,他们认为社会成员像社会科学家一样,也以编码的方式描述世界。

简单地说,这表明在使用类别时应当非常谨慎。例如,萨克斯引用了两位语言学家的话,看上去这两位专家在描述具体东西时毫无障碍,比如他们用到了"简单"、"复杂"、"偶然的"或"正式的"这类词汇。对萨克斯而言,诸如此类对资料的迅速描述有这样一个假定,即"我们不必分析[成员们]正在干什么,就知道[这些类别很精确]"(Sacks,1992,Vol. 1:429)。

针对萨克斯对民族志的激烈批评,我们该作何反应?首先是不要惊慌!萨克斯对大家熟悉的传统观察工作发起了挑战。具体来说,萨克斯的题为"成为普通人"的讲演(Sacks,1992,Vol. 2,215-221)对每个田野工作者来说都是必读的。

然而,熟悉并不意味着每个人都得遵循萨克斯的激进道路。所以一种反应是,关注他的研究道路,但不效仿,这有点类似于"感谢但不致谢"。例如,扎根理论就同样是一种较好的(也更常用)将田野工作理论化的方式。

在这种有效但相对保守的策略之外,我们还有两种更加野心勃勃的选择。首先,我们可以寻求把萨克斯的问题与更传统的民族志问题整合起来。萨克斯的问题是关于社会世界是"如何"构成的,而传统问题则是有关社会生活的"内容"和"原因"的(Gubrium and Holstein,1997)。其次,我在下文指出,我们可以针对日常互动中的谈话,提出"如何"一类的问题,从而将把这种日常"编码"(或曰"阐释性实践")当作调查对象。

12.4 转录稿与资料分析

鼓吹对录音的转录稿进行分析的两种主要的社会科学传统分别是谈话分析(CA)和话语分析(DA)。关于谈话分析的介绍,请参见"十要"(ten Have,1998);关于话语分析的介绍,请参考波特和韦瑟雷尔(Potter and Wetherell,1987)的作品以及波特(Potter,2004)的著作。

不过在本书中,我们更为关注开展质性研究的具体实践。在本章接下来的内容里,我将论述两个实践性的议题:

- 处理录音带和转录稿的好处。
- 开展此类分析的要素。

12.4.1 为什么要处理录音带

我分析的现象都是对实际发生的事件顺序的转录。(Sacks, 1984b:25)

早期的民族志作家通过田野笔记对观察到的现象进行记录。那么为什么萨克斯偏爱使用录音设备呢?

萨克斯的回答是:对谈话的回忆并不可靠。当然,通过记忆,我们通常可以概要地说出不同的人都说过什么。但要想记住(或者甚至是在发生同时做记录)诸如停顿、插话、吸气此类内容就不可能了。

这些东西是否重要取决于你想用它们表达什么内容。其实,可能连你自己也无法说服自己相信谈话本身是个特别有趣的话题。但至少通过研究对话录音,你能够集中关注社会生活某个方面的"真实细节"。正如萨克斯说的那样:

> 我的研究是有关谈话的,只有用这种方式,才能从录音中提取真正发生过的事件,并或多或少地把它们转录出来,以便开始研究工作。如果你无法处理真实事件的细节,那么就不能对社会生活有科学的认识。(Sacks,1992, Vol. 2:26)

录音带和转录稿所提供的东西不仅限于“开始分析时的资料”。首先,它们是公共记录,整个科学共同体都可以以某种方式共享这些记录,而田野笔记却不能。其次,录音带可以不断重放,转录稿也可以不断改进,从而分析可以从不同的角度开始,不会受到原始转录稿的限制。正如萨克斯对他的学生说过的那样:

> 我从录音记录的对话开始分析,它唯一的好处就是可以重复播放;我可以把它们转录下来,并进行广泛的研究。谁知道这得花多长时间……并非出于对语言的兴趣,也不是源于某种理论要求,只是因为它的这项长处,我才从这里着手。它可触可感,可以反复研究。所以,别人可以看到我研究了什么,如果他们不同意我的看法,也可以用它开展自己的研究。(Sacks,1992,Vol.1:622)

详细的转录稿的第三个优点是,你可以考察事件发生的序列,而不受第一个研究者选择的那些摘要的局限。要知道,我们是通过这些序列,而非一轮谈话,来理解对话的。萨克斯指出:

> 某句话的前后关联语句都可以得到,这对于确定说话的内容非常重要。如果只能获得转录内容的某些片段,那么要想确定说话内容是很困难的。(Sacks,1992:Vol.1:729)

不应当假定转录稿的准备工作只是开始分析之前的技术细节。符合研究目的的转录稿不啻为从天而降的好运。

就像阿特金森和赫里蒂奇(Atkinson and Heritage,1984)指出的那样,转录稿的誊写和使用一定是“研究活动”。这些活动涉及仔细、反复地听录音,这常可以揭示一些不断再现的谈话特征,而这是此前没有注意到的。

以小组的方式听录音的效果最好。“十要”里说,小组成员一起听录音时,可以听一段已经有转录稿的摘要,然后就转录稿的改进加以讨论并达成一致。接下来:

> 可以请参与者说说对资料的某些观察发现,请他们选择某个觉得“有趣”的片段,说出他们对该片段的理解和困惑。任何人都可以对他们的评价做出回应,提出别的解释、疑问,等等。(ten Have,1998:124)

然而,“十要”中还指出,这样的小组活动并非无拘无束,天马行空:

> 一方面,参与者可以随意提出那些他们喜欢的东西,另一方面,尽管他们可以用自己资料中的发现或那些已出版文献中的发现来支持自己的观点,仍然要求他们把观察建立在手边的资料上。(ten Have,1998:124)

12.4.2 分析录音

分析录音的方式取决于“十要”和 Sacks 描述的研究类型。我们已经看到,任何研究宣称都需要在对转录稿的精确分析中确定。因而,应该避免过早进行理论建构,也不要把研究资料理想化,因为这些资料很可能只是概括式的粗略描述。

赫里蒂奇总结了这些假定:

> 具体而言,分析是由"资料驱动"的。它由现象发展而来,而这些现象在研究者分析资料的过程中以多种方式得到了证实。从而,它强烈反对在分析之前对说话者的取向和动机进行预判,而主张对说话者的实际行动进行详尽考察。这样,说话者的实际行动就被视为分析所能依据的中心资源。(Heritage,1984:243)

赫里蒂奇进一步指出,这在实践中便意味着,必须证明所描述的规律是由参与者实行和参与的,并且这构成了他们得出结论、进行行动的基础。另外,必须确定和分析那些异常个案,因为这些案例中不存在这样的规律。

然而,谈话分析中得出结论的方式与我们利用直觉分析谈话的方式相当不同。所以,我在结束本部分时,要是能提供一组关于如何进行谈话分析的说明就好了。这些说明我列在表 12.6 和表 12.7 中。

表 12.6　如何开展谈话分析

- 尝试着确定相关的谈话序列
- 试着考察说话者在谈话中是如何扮演某种角色或呈现某种身份的(如提问者/回答者,或顾客/专家)
- 寻找对话的结果(如,要求澄清、修正、发笑),并回溯对话的轨迹,以便发现某个特定的结果是如何产生的

来源:Silverman,2001:177

表 12.7　谈话分析中的常见错误

- 按照说话者的意图解释谈话中的转折
- 按照说话者的角色或地位解释谈话中的转折(如这个说话者是医生,抑或男人或女人)
- 试图找到文本中的单条线索或试图找到与其他谈话相孤立的谈话

来源:Silverman,2001:177

如果我们能够遵循这些规则,那么进行谈话分析并不需要有特别的技能。正如谢格洛夫在他为萨克斯的文集所做的序中说的那样,所有我们要做的事就是:

> 首先进行观察,然后找到一个问题,使这些观察可以成为解决这个问题的办法。(谢格洛夫为萨克斯所作序, Sacks,1992,Vol. 1:xlviii)

这表明，进行谈话分析所要求的系统性资料分析不是不可能的。正如萨克斯曾经指出的那样，进行谈话分析时，我们只能用那些我们已经知道的东西来提醒自己：

> 我给出的大部分结论都是人们可以自己观察到的。人们不会不敢承认，也不会觉得这些结论都站不住脚，因为他们自己也能发现……这就像我们发现一种新的植物。它可能一直都在你的花园里，但如今你会觉得它和别的植物都不同。你可以看看它是如何不同，以及它是不是像别人说的那样不同。(Sacks,1992,Vol. 1:488)

12.5 结 论

通过前面录音资料和田野笔记的例子，我们已经知道如何在最初的研究步骤之后开展资料分析。然而，正如我已经指出的那样，好的资料分析绝不仅是使用正确的方法或技术，它还要求使用社会事实的一致性模型将资料理论化。对资料理论化的承诺使优秀的质性研究卓尔不群，将那些僵化经验主义的拙劣的量化研究远远抛在身后。

然而，脱离了精密方法的理论化是危险的。在第13章中，我们将要考察计算机软件如何辅助质性研究。接下来，在第14章，我们讨论信度和效度的议题。

要 点

开展资料分析：

分析那些容易搜集并可靠的资料。

将分析聚焦在资料中的一个过程上。

将范围缩小到这一过程的某个部分中。

比较相关总体不同的次级样本。

练 习

12.1 本练习是对本章提到的多种分析资料的方法的考查。请根据你的资料回答下述问题：

1. 将注意力集中在资料中的某个过程上，并把注意力集中到该过程的某个部分上。看看你能发现什么？

2. 在单个类别或过程中比较资料的不同样本，它展现了什么？

3. 确定资料的哪些特征可以通过计数描述，并用表格来呈现某个类别的事例。这个表格表明了什么？找到异常个案并解释一下你将怎么分析它们。

4. 试着把你确定的类别发展成为更具一般性的分析框架，这个框架超出了你正在进行的研究范围。

拓展阅读

Miles and Huberman's book *Qualitative Data Analysis* (Sage, 1984) provides a useful treatment of coding observational data. For a more recent discussion, see Robert Emerson et al.'s *Writing Ethnographic Fieldnotes* (University of Chicago Press, 1995) Martyn Hammersley and Paul Atkinson's *Ethnography: Principles and Practice* (Tavistock, 1983), Chapters 7-8, is a classic discussion of how to analyse ethnographic data. A development of some of these ideas can be found in Martyn Hammersley's *What's Wrong with Ethnography? Methodological Explorations* (Routledge, 1992). A relatively recent treatment of "grounded theory" is to be found in Anselm Strauss and Juliet Corbin's *Basics of Quafitative Research* (Sage, 1990). Sacks's work on conversation analysis is discussed in my book *Harvey Sacks: Social Science and Conversation Analysis* (Polity, 1998). The case studies of the cancer and heart clinics discussed here are found in my book *Communication and Medical Practice* (Sage, 1987), Chapters 6-7.

13 利用计算机分析质性资料

Using Computers to Analyse Qualitative Data

读完本章,你将能够:

- 理解分析质性资料时计算机软件的优势和局限。
- 认识 CAQDAS(质性资料的计算机辅助分析)软件包的主要特征。
- 在互联网上找到 CAQDAS 软件包的具体设置,并评价它们对你的研究项目的作用。

13.1 引 言

1960 年代以来,使用计算机对文本进行基本的内容分析变得越来越流行。例如,文献学者发现,他们可以使用大型计算机的主机计算出特定单词在某个文本中的出现次数。计算机可以用来计算莎士比亚使用某个单词或短语的频率,并拿他和其他剧作家做比较,也可以比较其晚期和早期的戏剧、喜剧和悲剧、戏剧与诗歌中某个单词的出现频率。某些单词的同时出现,某个文学流派中特定短语的出现,都可以得到客观统计,这意味着文艺分析可以建立在更为精确的证据之上。计算机之所以能完成这些工作,是因为它们能够快速处理大量文本(Miall, 1990)。

研究者进一步开发了用计算机进行资料分析的优势,但直到 1980 年代早期,其功能都被局限在统计工作上,那以后,质性研究者开始赶了上来。导致这种迟钝的原因有多个。在个人电脑得到大范围普及之前,使用计算机主机既昂贵又慢,它要求事先确定分析类型,以便对其进行明确描述。统计程序可以输入到计算机中,因为这样它们可以得到很好的描述。通常要耗时一天进行筹划,夜间运算数据,第二天早上检验结果。与之形成对照的是,质性分析当时(即使现在也是)远没有这么刻板,它通常要求经过计算对突然出现的问题作出快速反馈,这样一个思考和创新相互作用的过程只有通过个人计算机才能实现。

此外,质性研究作为一项社会运动,像许多类似的运动一样,最初都是作为对正统(量化研究)的激烈反应出现的。它意味着对统计技术的断然拒绝,而统计技术往往带有非人性化、过度控制的味道,纠缠于技术性难题,而把迫在眉睫的社会和政治议题抛在脑后。计算机把这些内容符号化,而许多质性研究者却一如既往地对这种技术敬而远之,因为他们觉得这可能会把一种不同的逻辑强加于他们的分析步骤之上。虽然这可能阻碍了对计算机辅助的质性资料分析(CAQDAS)(当然它并不适合质性研究者的所有对资料进行分析的需求)这一软件包的优缺点进行综合评估,但也的确带来了切实的益处。

在本章中,我将展示 CAQDAS 是如何在上两章中讨论的质性资料分析中发挥作用的,当然我也会顺带指出它的局限。我会描述一下自从 1980 年代早期以来,专门的软件包被引入后,质性研究者广泛使用的那些程序的特点。我还会讨论一些不太常用,但更为高级的软件包的特点,诸如理论建构中使用的那些软件包。

尽管会提到一些具体的软件包,我并不打算面面俱到地回顾所有的软件包,也不想描述具体的软件包的工作细节。这些信息很快就会过时,因为软件开发商会不断推出具有额外特征的新版本。本章的结束提供了一些路径,帮助你获得最新软件的免费试用版,这样你就可以学习了。和统计分析一样,当你头脑中有了具体的研究项目,并有时间探索不同的技术是如何促进你开展研究时,学习效果最好。

13.2 CAQDAS 的优点

CAQDAS 的优点有以下四方面:

(1)加快处理大规模数据的速度,将研究者从探讨大量分析性问题中解放出来。

(2)在计算现象的特征时更为精确,并寻找异常个案。

(3)促进团队研究,如设计一致的编码方式。

(4)有助于确定抽样方案,使之符合代表性或理论建构的需要。

13.2.1 加快速度

当研究者面对大量文字内容的质性资料,试图把它们分门别类或分割成片段以利于归档和查找时,这种优点变得尤为明显。对持此立场的某些研究者来说,当程序对大量资料进行分类时,其速度令人印象深刻。这节约了大量时间和精力,包括影印文字、用不同颜色区分编码内容,将其分门别类归到地上的文件夹里,剪切、粘贴,等等,否则研究者就要在乏味的文员工作上耗尽激情。相反,这给资料分析者腾出了大量时间,使他们得以思索资料的意义,获取某个分析性观点的迅速反馈,以便形成新的想法。从而,质性资料分析在很大程度上变成创造性的和智力型任务,而不再陷入到常规性工作中。

在分析的最初阶段,CAQDAS 能够迅速确定大规模文本资料中的存在模式,这是很有必要的。费舍尔(Fisher,1997)举了一个例子,它与前述莎士比亚的例子存在共同特征。这个例子源于一个项目,共涉及 244 个对儿童、家长和社会工作者关于当地有权威的儿童照料程序的访谈。这些资料此前曾使用手工方式进行过分析。费舍尔的分析是为了评估 CAQDAS 这一软件包的独特贡献。他使用一个程序(SONAR)搜索访谈中出现的“纪律”一词,并发现不同的家庭成员为这个单词赋予了不同的含义,这一特点是此前的手工分析所忽略的。这引发了一些创造性思考:为什么会这样? 以及这对儿童照料来说意味着什么。同时,从这种想法中还萌发了对文本片段进行编码的设想。费舍尔把这种寻找模式的方式比作从空中鸟瞰风景。从空中有时可以看到地面物体的模式但在地面上的人看来,那只不过是些杂乱无章的特征。

另一个例子是德国 Ulm 大学默根哈勒(Mergenthaler,1996)开展的一个项目,包括大约200 万字转录稿。这些文字稿是从300 小时的心理治疗中转录而来,用来搜索某些单词的出现频率。选择那些出现频率高的单词是因为它们与研究者创造的“情感”和“抽象”这两个概念相关,而这些单词又与参与者评价为“良好”的治疗过程有关。当然,至于为什么会出现这种相关性还需要对互动过程进行更为深入的分析,或许需要使用编码的分析路径或谈话分析方法。但作为通过 CAQDAS 程序的简单的单词计数功能得到的初步发现,它有助于把研究者的注意力集中到调查的某些线索上。

13.2.2 精 确

CAQDAS 的一个额外优点是,它可以帮助研究者阐明,他们的结论建立在精确分析的基础之上。这使得读者更为信任该研究。尽管一些激进的后现代分析已经不太在意可信性,但绝大多数作者仍然很关注这一点(如 Tyler,1986; Denzin,1997)。这要求统计事件发生的次数,并表明你已经通过考察全部资料搜索到一些异常个案,而不仅仅是利用一些片段来证明你的结论。通过 CAQDAS 将很容易做到这一点。

计数功能的使用提醒我们,以往质性研究和量化研究水火不容的时代已经过去了,那种认为每种方法都与独立的哲学或理论立场(如 Smith and Heshusius,1986)相关联的说法对大多数进行实践的社会研究人员来说已经越来越没有说服力了。另外一种立场(如 Bryman,1988;Hammersley,1992)认为,对大多数研究目的而言,这两种形式的分析可以互补(亦可参见第 14 章)。

CAQDAS 帮助你实现了这种互补。首先,正如已经提到的那样,可以对事件进行计数。这些事件可以是文本中的单词串,正如文艺学者前面的描述那样,也可以是对文本片段的编码。我自己的研究工作就可以提供一个这样的例子。我曾对认识空巢老人的 163 名人员进行了访问,并对这些访谈进行编码。在这个项目中,我使用了 ETHNOGRAPH 程序。我想描述这些人对老年人是否愿意接受帮助的看法,并在最后的报告中陈述了这一点:

> 独居老人在遇到难题时并不愿意寻求帮助(48 人提供的 65 个案例),也不愿意接受提供的帮助(83 人提供的 144 个案例)。这种描述常常强调,尽管

涉及他人,它还是反映了被访者的特征。具体来说,33名被访者提供了44个案例,强调了独立性:

"(她)从不谈自己的困难,非常独立……"

"(她)只是那些在生活中挣扎的许多独立个人中的一个,从不要求别的东西。"

"她过去常因为我为她做了什么而朝着我吼。她不喜欢被帮助。她非常独立。"

"用'自力更生'、'永不言败'要求自己,嘴里说着'从不屈服'的人意味着拒绝帮助。"(Seale,1996:34)

你可以想象,163份访谈可以产生多少文本。因为我读过每份访谈,并且当被访者讨论到老年人对受助的态度时,用"帮助"一词对文本片段进行编码,输入电脑,就能把所有这些编码片段列出来。通读之后,我可以把它们再度编码,分门别类,区分出那些即使遇到难题也不愿寻求帮助的老人,找到那些拒绝帮助的例子,以及那些对个人特征做出清晰描述的片段。用Indep作为一个编码来标记提到"独立"的文字片段。这些任务都可以通过CAQDAS程序进行计数,其中某些计数曾在前文中提到过。接下来我选择一些涉及所谈论内容的典型片段来说明。

如果我想做进一步的分析,就会让计算机挑出那些男女有别的片段,或是比较邻里之间关于老人接受帮助的不同观点。这样的分析可以是一项关于性别对晚年独居影响的更为一般性的研究的一部分,也可以是有关当代社会中亲属义务研究的一部分。计算机能够分别导出片段的列表,进行更为细致的考察(如与男性相比,女性是如何讨论"独立"的?),并进行计数。这样的计数能使读者看到这些现象是多么普遍,而不至于为了适应研究者的偏好而过分强调某些稀罕事。

德金(Durkin,1997)在他对石棉沉滞症诉讼的研究中也报告了CAQDAS软件的好处。例如,他比较了在美国做的访谈与在英国做的访谈,发现两国的医生和护士提到的问题是不同的。在英国,强调石棉沉滞症的医学方面,而在美国则更倾向于讨论媒体在鼓动诉讼中的角色,以及诉讼带来的危机。律师与医生的态度不同。这些系统的比较(国家之间或专业视角之间)是因为CAQDAS软件能够迅速获得编码过的片段才成为可能。

13.2.3　团队研究

另外,德金还指出了该软件在国际性合作研究项目中的作用,因为在这种研究中,研究者需要就编码的意义达成一致,从而能够评估内部信度。一些质性研究人员宣称具有不同于主流的哲学取向,认为关注内部信度有着朴素现实主义的味道[参见阿姆斯特朗(Armstrong)等1997年对这一争论的详尽介绍],相信在给定的文本中,研究者们看到的现实都有所不同。然而,他们也深感在进行合作时,有必要在对资料某些片段的意义上达成一致。德金发现,CAQDAS能够帮助团队检验,它是否以同样的方式阐释某些片段。当编码从描述性和平常内容转化到反映更广泛的理论关注的时候,这是尤为必要的。研究者可以传阅那些编码的访谈,并能够快速比较不受首次编码影响的二次编码,还能利用计算机进行计数。李和费尔丁(Lee and Fielding,1995)访问了许多使用过 CAQDAS 软件的研究者,他们指出,在合作研究中,CAQDAS 的一个主要功能是可以进行统一编码,这在不使用计算机时很容易被忽略。

13.2.4 抽 样

在 CAQDAS 软件中,计数能够避免以偏概全,促进统一编码,它还能进行抽样。德金的项目与许多质性研究一样,都不包含统计研究中用来保证外在概括的有代表性的随机抽样。相反,该项目使用的是滚雪球抽样和志愿者抽样,就像石棉沉滞症诉讼中的法律界和医学界人士那样,彼此之间非常熟悉。

> (CAQDAS)可以很容易地追踪到我们曾与之交谈的行动者。可以很方便地把提到的姓名列表与访谈姓名录(CAQDAS 程序可以自动生成)进行比较……当滚雪球抽样的问题(我们还需要访问谁?)问到的只是我们业已访问过的人时,这意味着我们已经差不多完成了那些重要行动者的访谈。(Durkin,1997:97)

下面我想告诉你 CAQDAS 是如何帮助写作者发展其想法的。现在我正在撰写有关抽样和 CAQDAS 的文章。无论什么时候读到文章或书籍,我都会用笔做笔记。近来,我正在准备撰写一本关于质性研究的质量的书,在过去几个月里,我阅读了大量这方面的书和文章。首先,我研读了这方面的所有笔记,用文字处理软件把笔记中的主要观点写下来,并对相关的单词进行编码来标记相关的话题。其中两个话题是 CAQDAS 和抽样,尽管 CAQDAS 不是本书的重要内容,笔记里这方面的内容也比较少,我还是对它们进行了编码。但我想在目前正在写的一章里就这两个话题多说一点。我隐约记得有人就代表性与 CAQDAS 的关系写过文章,但已经记不得作者是谁,内容是什么了。我打算把文字处理软件处理过的内容转化为 NUD · IST,它是我在本项目中使用的 CAQDAS 程序。我还计划搜索被编码为 caqdas 和 sample 的内容之间相重叠的部分,看看能发现什么。接下来我就告诉你结果是什么。

好,现在已经做完了。我用 NUD · IST 中的"复制"命令把结果粘贴到我的文字处理软件中。下载 NUD · IST 文件用了 2 ~3 分钟。上面有一些参考性内容,所以我把 NUD · IST 输出的结果进行编辑,只展示一个"结果"。

图 13.1 表明,NUD. IST 可以提供很多关于片断数量("文本单位")的额外信息。

如果我使用 NUD · IST 来分析资料,上述信息或许是有用的。但这次使用 NUD · IST 的目标不同——我只想把它作为参考,并不想为了找到这些信息而花费

```
Q.S.R. NUD•IST Power Version, revision 3.0 GUI.
Licensee: Clive Seale.

PROJECT: VALREL.PRJ, User Clive, 11:13 am, Jan 19, 1998.

*************************************************
(1 1)                          /auton/IndSysSrch
*** Definition:
Search for (intersect (30) (57))
++++++++++++++++++++++++++++++++++++++++++++++++++
+++ ON-LINE DOCUMENT: DATA
+++ Retrieval for this document: 11 units out of 1034, = 1.1%

Kelle (1995) 3 - Smith style relat*ivism a waste of time.
                    482
Most research reports contain an implied realism (q). R/I*
Kerlinger a
positiv* ist at other extreme from Smith. Hammersley is in the
middle -
Reals* - though Denzin and Lincoln (postmod*) call him a
post-positivist.
You need to take a fallibilistic approach and try to reduce error,
without going for perfect correspondence between text and reality.
Neginst* Caqdas* can help with sample* issues and rel* of
coding.                   483

++++++++++++++++++++++++++++++++++++++++++++++++++
+++ Total number of text units retrieved = 11
+++ Retrievals in 1 out of 1 documents, = 100%.
+++ The documents with retrievals have a total of 1034 text units,
    so text units retrieved in these documents = 1.1%.
+++ All documents have a total of 1034 text units,
    so text units found in these documents = 1.1%.
++++++++++++++++++++++++++++++++++++++++++++++++++
```

图 13.1 使用 NUD · IST 进行资料分析的一个例子

大量时间来一页页翻找笔记。相关的条目见凯勒(Kelle,1995)编辑的一本关于CAQDAS的书。查询结果告诉我,在我对此书所做笔记的第3页上,凯勒讨论了史密斯的著作[就是前面提到的Smith与Heshusius(1986)的那部作品],并反对他的相对主义哲学立场。

你可以看到,我在这里关于这种争论的总结是非常简略的。如果想更详尽地了解这方面内容,我可以翻看手写笔记,或是再浏览一下这本书。该书里总结了许多学者关于社会研究的哲学问题的立场,这些话题的旁边都标有星号。结尾显示的是"Caqdas * 可以帮助进行抽样 * ",这表明文本中尽管说得并不详细,还是包含此方面的内容。

通过阅读手写笔记,我看到笔记里有关于凯勒和劳里撰写的"质性研究中的计算机使用及效度问题"一章的内容,这一章出自凯勒(Kelle,1995)编辑的一本书。他们指出,由于CAQDAS能够快速获取文本内容,从而可以处理大规模的样本,这就增强了进行经验性概括的信心。然而,他们的主要观点是,质性研究中的理论抽样与随机抽样的目的不同。它的目的不是要通过大规模的代表性样本进行经验性概括,而是要发展理论。例如,可以通过比较那些出现某现象的案例与不存在某现象的案例进行理论抽样,看看有哪些别的条件与这一现象的出现有关。这正是由格拉泽和施特劳斯(Glaser and Strauss,1967)发展出的扎根理论通常使用的策略——参见第12章。一些学者说,可以通过CAQDAS系统地而非随心所欲地进行案例比较,来帮助实现这一点。如果可以对大量案例进行彻底编码,那么CAQDAS程序就可以快速显示出哪些案例包含这一现象,还能显示每个案例中还有什么别的条件。

从我使用NUD·IST的这个例子可以看到,在使用CAQDAS进行资料分析时,还可以为了别的目标运用程序,这是软件开发者没有预料到的。我还使用NUD·IST作为可供参考的管理器。在如今的市场上,有许多这样的管理器承诺能够以多种传统形式导出参照列表,这能够满足不同学术杂志的要求。这些管理器能创造出可供搜索的数据库,这与那些图书馆计算机终端中的数据库没有什么不同。我所遇到的难题是,我不想再次键入已经以电子形式保存的数百份参考资料,这些参考资料是我经年累月从大量书籍和文章中挑选出来的。NUD·IST在这里就有用了,它使我可以用键入它们时的原始格式来输入这些文件,而在这些原始格式里,我已经对某些话题进行了编码。当有人请我撰写此章时,我做的第一件事就是进入这个数据库,搜索一组此前读过的关于CAQDAS的文章。我可以很容易地从论文文件夹中找到它们,更为彻底地研读这个话题下的学术文献。

13.3 局限和缺陷

我的计算机搜索表明,我必须以计算机执行任务时的客观和中立态度,克制自己对CAQDAS的热情,并开始考察文献中已经点明的它的缺陷和局限。这些不足我在使用时也发现过。计算机辅助的调查告诉我,这里有三个主要问题:

(1)CAQDAS软件包专家是否能完成那些文字处理软件无法胜任的工作?

(2)使用计算机是否缩小了分析质性资料时可供选择的方法范围?

(3)尽管CAQDAS可以分析大规模的数据,但它在处理小的资料片段时却无能为力,而谈话分析者和话语分析者却能处理此类资料。

13.3.1 在CAQDAS中使用文字处理软件

里德(Reid,1992)迈出了第一步,他描述了文字处理软件是如何辅助质性资料分析者的。大部分CAQDAS程序都要求资料被输入到文字处理软件中,而这项任务与阅读和编码大规模资料一样,仍然是质性资料分析中主要的一项耗时耗力的工作。当稍后进行资料搜索和输出时,CAQDAS软件中省时的优点就发挥作用了。说到这一点,其实一些质性项目中使用的打印或印刷好的资料(如报纸文章、政治演说报告)可以使用选择识别软件通过扫描输入到计算机中[参见 Fisher(1997)举的一个例子]。

里德列举了许多可以使用文字处理软件完成的分析性工作,这很有意义。例如,可以搜索一组文本。研究者在特定话题旁输入编码词汇,随后使用搜索功能搜索到它们,这样就充分利用了这一功能。里德概述了"macro"(这是命令文件中具有的一组按键方式)的含义,可以用来搜索嵌入特定编码词汇(如"纪律")的段落。你可以在结果文件中重复相似的过程,来搜索和保存那些包含第二个编码词汇(如"儿童")的段落,这样的话就能获得那些覆盖了这两个编码("纪律"和"儿童")的资料。在绝大多数的文字处理软件中,如果需要的话,都可以对每个文件单独执行这种操作,这样就可以对男女被访者进行比较。还有一点对质性资料分析者来说很重要,但里德没有提到的是"spike"功能(如 Microsoft Word 就具有此项功能)。这一功能可以监视文本并抽取文本片段,并把它们暂时保存在剪贴板上,还可以通过再次运行"spiking"功能继续把相关内容保存在剪贴板上。所有这些得到定位并保存在剪贴板上的内容都可以被复制到一个单独的文件中。

很明显,文字处理软件可以完成一些专业软件包才能完成的任务。然而,对于一位经常使用 CAQDAS 程序的人来说,里德所描述的这些步骤无异于浪费时间。在 CAQDAS 程序中,复杂的"macro"说明已经被编写成程序,只需轻触键盘几次,就能执行此项功能。另外,CAQDAS 还提供了一些文字处理软件难以胜任的功能,诸如用统计软件包输出计数,或绘制概念关系图。从文字处理软件转向使用 CAQDAS 并不是一件大不了的事,因为 CAQDAS 程序比大多数统计软件(如 SPSS)和商业文字处理软件都便宜。

13.3.2 单一的分析方式

第二项议题是关于被迫使用单一分析方式的,这是由科菲和阿特金森(Coffey and Atkinson,1996)极其巧妙地提出的。之所以使用"极其巧妙"这个词,是因为有人觉得计算机可能会强迫人们使用特定的分析逻辑,这不符合质性研究的精神。这种观点可能有一些对技术有着轻微偏执的质性研究者在本章一开始就提出。恰恰相反,科菲和阿特金森则从描述不同流派的质性研究者采用的多种分析策略开始。使用扎根理论的研究者与传统的和常见的采用编码—获取文本片段这种方法的研究者一样,也会描述对叙述的形式结构的分析(亦可参见 Riessman,1993)。他们所谓的"领域分析"包含对行动者使用语言进行详细考察,可以通过分析他们选择特定的单词、短语和比喻来进行。领域分析沿着符号分析或话语分析(可参见 Potter and Wetherell, 1994)的研究线索,密切关注语言建构意义的方式。这与扎根理论中编码—获取文本片段的研究方式不同,后者用常识对文本的某些片段的意义进行阐释。因此,在某种程度上,科菲和阿特金森所做的是相对均衡的分析,即 CAQDAS 软件包能开展特定形式的分析,但却无法深入进行谈话分析。

到目前为止，你应该已经接受了这样的观点，即 CAQDAS 能够充分支持扎根理论中的编码—获取文本片段的操作。其实，两种主要的软件包（ETHNOGRAPH 和 ATLAS）就是设计用来执行这种方法的。对话语分析者而言，在初步确定文本范围以便进行更细致的分析时，能在大规模的资料中快速获得单词串是求之不得的。当研究者要对不同环境或不同说话者进行比较，确定选定的语言中存在哪些系统性差异时，这种软件也是有用的。然而，要是话语分析者或符号主义者想对较短的资料片段进行分析，CAQDAS 就没什么用了。它也不能代替对特定案例的意义进行深入思考。巴瑟斯（Barthes，1973）就没有发现 CAQDAS 对神话学能有什么用。

科菲和阿特金森（Coffey and Atkinson，1996）指出，绝大多数 CAQDAS 软件都没法对叙述的形式结构进行分析，但其中一个程序 ETHNO（Heise，1988）却有这项功能。海斯（Heise）用分析《小红帽》的故事示范了这一程序的功能。分析者辨认出叙述中的事件，并把它们输入到计算机中去。例如，许多故事可能都有这样的情节，先点出英雄的任务，接着是第一个困难被克服，以及正义战胜邪恶，等等。计算机把这些事件列成图表，这样分析者就可以寻找并检验不同叙述中事件之间的逻辑关系，并比较不同的叙述结构。神话故事、传记、仪式等的形式结构都可以以这种方式进行分析和比较。

科菲和阿特金森发现，一般来说，CAQDAS“更为擅长组织和获得相关内容而不是发现形式与结构”（Coffey and Atkinson，1996：176），而海斯的项目恰好用别的软件包都不行。不过有些更老的编码—获取文本片段软件也能支持对叙述形式进行分析。很显然，编码词汇既包括形式也包括内容。你可以把狼对小红帽说的话编为大眼或大牙、饥饿，乃至性别恐怖，这样我们就可以对内容进行编码（尽管上一个例子所依据的理论不太明显，有些读者可能还有异议）。另一方面，我们可以用诸如*跳出圈套*、*坏蛋欺负弱者*这样的编码词汇来表示，神话故事的正式结构那时在文本中再次出现了。在《格林童话》或《一千零一夜》中找到所有*跳出圈套*的时刻就成了分析叙述形式的一部分。一旦进行了编码，你可以搜索那些同时发生的形式（如神话故事中救世主的出现），以便检验所有关于形式结构的逻辑命题。

13.3.3 短小精悍的资料片段

本部分的标题：短小精悍的资料片段，恰好是我要讨论的观点，也正是 CAQDAS 的第三个不足。这并不矛盾。一直以来，都建议那些统计软件包的使用者不必花费时间把仅有 10 个问题、共计 10 份的访谈录入电脑，因为要想知道每个问题有几人回答“是”、几人回答“不是”，用手工计算会快得多。这个建议也适用于 CAQDAS。对一个热衷于反复阅读一个仅有 10 秒钟的谈话片段的谈话分析者来说，抑或对一位密切关注单独一段文字的话语分析者来说，根本没有必要使用 CAQDAS。

说到这里，你就会认识到，存在着更多先进的和有理论指向的质性分析，它们能够确立一组基本发现,这些发现可以通过对不同文本片段的比较分析而不断扩充。这样就产生了大量的资料。例如,希尔弗曼(Silverman,1997)介绍了一项关于HIV咨询会的谈话分析研究,这些咨询会是从几个不同的诊所中获得的。他发现,在焦点固定的环境中召开的大部分咨询会上,直接的"信息传递"(ID)形式,即简练但却并不是设计用来了解咨询者特定需求的形式,与"访谈"(IV)形式,即那种传统意义上的"咨询",旨在了解咨询者的需求,并容易被他们接受的形式,二者有着显著的不同。后者更有效率,因为它接受咨询者的建议,而前者有时却显示,咨询者拒绝接受意见。这些发现基于大量资料,并将其与大多数别的谈话分析研究做了比较。很明显,通过考察大量别的咨询会,搜索并标记转录好的有关信息传递形式或访谈形式内容的文字片段,在此基础上得出的结论应该是站得住脚的。这个搜索过程或许还是为寻找某些形式或结果所做的范围更大的搜索的一部分。对于此类研究,CAQDAS在储存、获得编码片段及计数方面都有帮助。

虽然与叙述分析有些类似之处,比它更流行的CAQDAS软件包却无法支持谈话分析者希望它执行的功能。当把有声录音转录为文字稿时,这一点尤为明显。要是有这样一种软件,能够保存和重复播放录音,并对诸如停顿的长短这类谈话中的事件进行计时,那它的用处将会很大。有一个叫做CODE-A-TEXT(http://www.codeatext.u-net.com)的程序可以让计算机储存并重复播放录音(下面一部分将要讨论的ATLAS也可以对录音进行保存)。在CODE-A-TEXT中,用户可以使用超文本链接同时对转录稿和音频或视频执行操作。你还可以不用转录稿就对录音片段增加编码。CODE-A-TEXT的转录系统有许多功能,例如对沉默的长度进行自动记录,将其插入到转录稿中,并支持使用转录符号进行谈话分析,它们都可以用到谈话分析中(参见本书附录)。这个程序可以对单词、其他字符串或编码词汇进行计数,并把计数结果输出到可以进行数据分析的电子数据表中。

使用CAQDAS并不能替代对资料的意义进行思考。这种说法往往是对担心人们不加批判地使用计算机技术的一种回应。毫无疑问,这种担心部分是出于统计研究中常常出现这种情况。然而,有经验的量化研究者对使用计算机是很警觉的,他们只是把计算机作为获得关于数据特征的工具,而不会把自己的思想局限在计算机功能上。另外,不同的软件包能执行不同的功能,如果你想完成一项你的软件包不支持的任务,那么通常能搜索到一个合适的。希望本部分讲到的ETHNO和CODE-A-TEXT程序能够向你展示一些有用的功能,尽管这些功能并不是CAQDAS软件包的主要特长。

13.4 主要的软件包:ETHNOGRAPH, NUD·IST和ATLAS

迈尔斯和威茨曼(Miles and Weitzman,1995)完整全面地介绍了CAQDAS软件包。我已经说过,新的版本总会不断出现,要想了解最新版本,最好搜索相关的互联网站点(这一点将稍后讲到)而不是读那些很快会过时的书。这些站点既涉及商业软件包的版本,也包括免费的共享版。网络上还有一些电子邮件讨论组,软件设计者可以参与讨论使用者发起的话题,而且全世界的使用者之间也可以相互交流。不过,这里还是有必要对三大主流软件的特征进行简要的回顾,以便向你展示这些软件包能够支持什么功能,并阐明:不同程序适合不同需要。

13.4.1 ETHNOGRAPH

ETHNOGRAPH(http://www.QualisResearch.com)是 CAQDAS 软件包最早具有的功能之一,也是 1980 年代质性研究者最常使用的程序。它最初是一个 DOS 程序,很容易掌握。正因为此,我把 CAQDAS 软件包,而不是其他的软件包教授给初学者。它的说明文件写得很清楚,用来双击某个选定操作的提示符,尽管对初学者颇有帮助,在你使用过一段时间后却会觉得有些讨厌。它的核心是一个简单的编码—获取文本片段系统。它专为视窗系统设计的 5.0 版本即将问世。这意味着会出现许多新功能,从而会克服早期版本的某些局限。例如,数据文件的数量不再被限制在 80 个以内,也可以用鼠标点击菜单的方式直接在计算机屏幕上进行编码。它首次实现了把对编码词汇的计数输入到可以用统计软件阅读的文件中这一功能。

这个程序像所有的 CAQDAS 程序一样,要求用户用其他的程序(文字处理软件或选择识别软件)录入文本。一旦录入,就会自动统计行数。编码附着在与特定的文本片段相关联的数字上。记录编码含义的文件可以保存下来,这样它们的增添变化便能记录下来,在搜索时则可以把它们作为"资料"要素合并起来(NUD · IST 的开发者把"system closure"的一个事件称作"资料"要素)。在该程序的后续版本中,寻找文本片段变得越来越复杂。你可以把搜索限制在特定的文件内,也可以限定在所附答卷记录下来的文件的某些特征上(如男性/女性被访者,机构或社区背景,等等)。如果资料是多人之间的对话,那么把搜索限定在特定说话者或特定类型内就很有必要。可以执行"布尔"搜索,这样就可以对文本片段进行一致编码,并获取具有相同编码的片段。它的一个新功能是,可以自动寻找数据文件中的编码词汇,这些编码词汇是在录入文本时一并录入的。如果研究者在录入资料前就有了完善的编码表,那么这个功能将会很有用。

13.4.2 NUD · IST

NUD · IST(http://www.qsr.com.au)进入此领域比 ETHNOGRAPH 略晚,它最初是 Macintosh 程序,稍后才推出适用于个人电脑的视窗版。近来,NUD · IST 的研发人员还开发了 NVivo. NUD · IST,它比 ETHNOGRAPH 的功能更多,但学起来却稍难些。它的说明文件对初学者来说写得不够明白,一些在 ETHNOGRAPH 里很简单的功能,如打印搜索结果,在 NUD · IST 里却复杂得多。NUD · IST 除了能完成 ETHNOGRAPH 的所有功能之外,还支持更为复杂的布尔搜索。

NVivo 是一种用途很广的工具,它可以把图像和声音文件与某个项目和原始文本关联起来。为文本编码的过程与使用文字处理软件标记文本的重要部分相似。用户可以通过程序转换原始数据文件(如某个访谈的转录稿)。在 NVivo 和文字处理软件窗口之间执行剪切和粘贴是轻而易举的,复杂的搜索也不在话下。另外,NVivo 像 ATLAS(接下来有详细介绍)一样,都有一个内置的"模拟装置",用户可以通过它用图像来模拟出自己的设想,图像的节点则与有关数据相链接(下面的图 13.2 就是一个例子)。

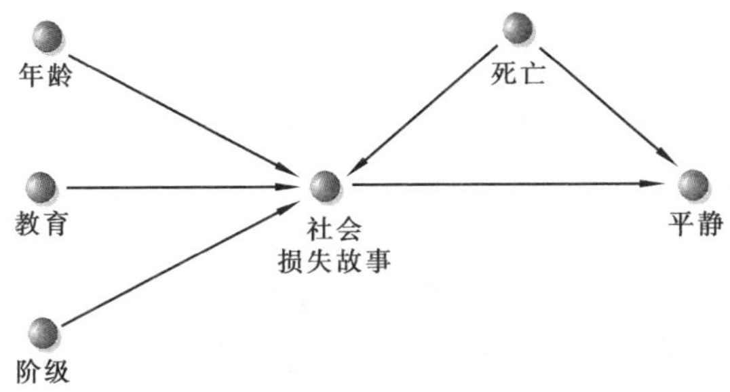

图 13.2 用 NVivo 画出的概念网络

13.4.3 ATLAS

ATLAS(http://www.atlasti.de)是专门为扎根理论设计的,程序相当复杂。它与上面介绍的两个程序都不同,因为在 ATLAS 中,图表也可以作为数据使用。这意味着可以通过电子扫描把手写的文件转换为图片或文本片段,并可以做标记和编码。ATLAS 还有一些扩展功能,可以在构建理论时用得到,包括建立概念图表来表示不同设想之间的关联。这些图表自身就可以与数据中的案例相链接,从而可以迅速得到用来阐释理论的文字部分。尽管可以把 NUD·IST 中的编码输入到其他的软件中去,从而实现相同的功能,但不可否认,这仍是对 NUD·IST 层级结构的一种改进。最早的 ATLAS 相当复杂,因为许多按键的功能都不太明确。一些用户觉得,ETHNOGRAPH 的容易上手使它比具有复杂的、高级功能的 ATLAS 更受欢迎。要知道,持此观点的所有研究者都需要给文本片段编码并获取相关片段。另外一些学者则觉得 ATLAS 提供的新的分析功能很有吸引力。在这一点上,使用一些新的分析策略,如理论构建和检验就恰逢其时了,因为像 ATLAS 这样的软件包就是设计用来支持此类功能的。

13.5 使用 CAQDAS 进行理论建构

使用 CAQDAS 的绝大部分研究者都把使用范围限制在编码和获取文本片段上,他们把计算机当成了电子档案柜(Lee and Fielding, 1995)。如果有理论建构的话,也是在头脑中或在纸上进行。尽管在某种意义上,所有的研究和观察都是"由理论驱动的",却并不是所有研究都需要清晰地"理论化"。一种常见的说法是,多数质性研究都是"描述性"的,并不需要对理论这种概念层次的思考加以明确阐释。不过,CAQDAS 能够支持理论化功能,并且文献中有这样的例子。此外,我使用"理论建构"指称构造和检验理论。其实在讨论时很难把两者分开,而且一些研究者在评价扎根理论(Glaser and Strauss,1967)时的一个重要观点便是,检验尚未成型的想法对于创造新理论来说是很重要的。事实上,创造理论(参见第 14 章)时再三使用的比较方法可以理解为对想法的不断检验。逻辑学上的"不明推论式"(参见 Blaikie,1993)概念是介于归纳和演绎之间的有效分析工具。

前文已经叙述了 ATLAS 和 NVivo 程序可以用图表或概念网络的形式来表达研究者的设想。这里还有一种专门用来执行此类功能的软件(例如 Decision Explorer; http://www.banxia.co.uk/banxia),可以用多种形式呈现概念之间的关联,从而某种关联的意义便可以是"X 导致 Y","X 与 Y 相关",或"X 爱 Y","X 依赖 Y","X 是 Y 的一份财产",等等。既然关系网络和编码的资料片段相关联,那么 X 和 Y 中的事件,或 Y 也发生时 X 的事件,或 X 不存在时 Y 的事件,等等,都可以通过使用布尔搜索得到。

让我们暂且设想,当格拉泽和施特劳斯(Glaser and Strauss,1964)提出关于社会损失(social loss)的扎根理论时(这是多次比较方法的一个应用),CAQDAS 软件包已经存在了。研究者们记录下了护士们谈论监护死去患者的片段。想象他们在所有这些故事中进行搜索,可能还把它们编码为*护士谈话*。1960 年代他们用人工分析这些资料,结果发现,这里有一些事件是有关"社会损失的故事"的。这些议论表明,在一定程度上,护士们认为某些死亡是/不是严重的损失。这些故事上可能附有一个编码(我们把它想象为*社会损失*),这使得稍后获取文本片段和进行进一步分析成为可能。

格拉泽和施特劳斯指出,"社会损失的故事"这个类别包括多种不同的例子,可以通过比较那些涉及护士谈论病人死亡的事件,找到它们的特征。一个护士很遗憾地谈到一个 20 岁的男孩时说,"他本可成为一名医生",或是在谈到一位 30 岁的母亲时叹气道:"谁来照顾她的孩子呢?"抑或在谈到某个 80 岁高龄的寡妇时说道:"嗯,她这辈子可没白活。"通过仔细考察这些通过计算机获得的故事,研究者可以找到它们的特征。考察中可以搜索诸如"年龄"或"年份"这样的词汇。格拉泽和施特劳斯得出了这样的结论:在确定社会损失故事的特征时,病人的年龄、教育程度、职业都是关键因素。此外,他们还发现,当死亡的社会损失很高昂时,护士们常常不再"平静"(它本身就是有着多个含义的类别)。这样就得出了两个类别之间的关系。后来,格拉泽和施特劳斯试图以此为基础发展出一个有关专业人士与客户之间关系的一般性理论,他们认为,身价高的客户更容易得到专业人士的迅速关注。

帮助构建这一理论的概念网络可能类似于图 13.2(它是使用 NVivo 的模拟器得到的)。箭头说明,那些涉及社会损失的故事中,病人的特征取决于故事内容,并可导致两种不同结果。获取的资料可能支持,也可能反对正在构建中的理论。进一步的修正也是可行的。格拉泽和施特劳斯(Glaser and Strauss,1964)指出,社会损失故事的特征之间可能会相互影响。与一个也受过高等教育、社会地位很高的年轻人去世相比,一位受过高等教育、社会地位很高的老人去世,就不大会使护士们丧失“平静”。下面那些小箭头表示影响某种结果的条件,也体现了这种关系。还可以导出其他类型的图表来表明此种观点。例如,图 13.3 使用了 NUD · IST 支持的层级树功能,也能表达这一观点。如果研究者想找到社会损失故事中提到的某个高龄老人的例子,那么这个“节点”的“地址”(使用 NUD · IST 中的术语)便是 1,1,1。需要注意的是,图 13.3 的树形结构与图 13.2 不同,它不能输出假设会出现的影响,这使得很难把社会损失故事的特征(病人特征)与其后果(如平静的后果)区分开来。

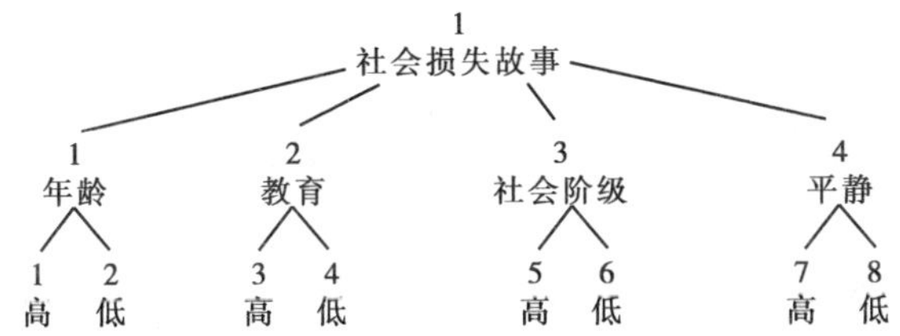

图 13.3 NUD · IST 支持的概念网络

这个例子还有助于理解 CAQDAS 的理论检验功能。在讲到这一点之前,需要区分两种类型的编码。可以对资料进行*确定性*而非*试探性*编码。因而,可以把一个文本片段描述为关于“平静”、关于“宗教”或关于“孤独”的。这些都是试探性编码的例子,通常能够反映研究者的理论概念,对于获取相关文本,以便更深入地思考,作进一步的分类,是很有帮助的。不过,你可能还想对某个特定片段中是否“保持平静”进行编码。在这个片段中,某人可以是天主教徒或新教徒,或者有人被疏远(或没有)。这些例子都是确定性编码。有必要以这种方式进行“确定性的”编码,以便用 CAQDAS 进行检验寻求谨慎的假设。

海斯-比伯和杜朴伊斯(Hesse-Biber and Dupuis,1995)给出了一个假设检验的例子,这个例子来自一项对厌食症原因的研究。研究者运用 CAQDAS 进行确定性编码,可以检验在前面的条件下不太适用的命题。确定性编码类别之间的逻辑关系是这样描述的:“如果*母亲对女儿的外表持批评态度*,*母女关系变得紧张*,*女儿实施减肥*,那么这就是一个*母亲对女儿的自我形象施加消极影响*的例子。”一旦某个访谈被发现具有这些编码,那么文本就被挑出来作进一步的考察,看看是否每个案例都支持这种因果阐释。

很显然,可以用相似的方式来处理格拉泽和施特劳斯给出的例子。研究者选定并考察那些关于丧失平静的例子,看看这些例子是否包含受过高等教育、地位高、年纪轻这些编码,抑或这些编码是否同时出现。这个策略可以找到并获得不符合这些条件的例子,这样就可以进行资料分析。我们在第 14 章把这种资料分析方法称为分析归纳法。凯勒(Kelle,1995)给出了许多可以用 CAQDAS 进行此类分析的例子,还提到了一些使用特定方式进行理论检验的程序,诸如 AQUAD(Huber and Garcia,1991)。

13.6 对后现代文本的超链接

前一部分可能会使你有些担心,觉得计算机或许会取代人脑思考。似乎有一种技术上的幻想正在滋长,通过使用计数、假设检验和因果分析,它令人不安地与量化研究结合在一起,这些技术与质性研究中的自由阐释很隔膜。科菲等研究者(Coffey et al. ,1996)介绍了一种使用 CAQDAS 进行研究的新方法,这种方法与后现代思维更为接近,它解构了单一权威,允许对文本进行多元解读(亦可参见 Coffey and Atkinson, 1996)。

这种方法使用了一种此前我没有讨论过的功能,即超文本链接功能。这使资料分析者或报告的读者可以通过点击某个突出显示的单词或图表,径直进入到一些此前做好的链接中。从而,点击某个编码词汇就能进入到与之相关联的某个文本片段,或进入到某个阐释这个概念的图片或声音文件中。对于互联网用户来说这种功能他们相当熟悉。在 CAQDAS 的某些程序中可以执行这项功能(如 HYPERSOFT; Dey, 1993),它可以避免"去文本化",而这在一些简单的编码—获取文本片段方法中,如 ETHNOGRAPH 程序支持的一些方法,可能会出现。这是因为超文本链接并不是获取相关的文本片段,而是在其原始位置显示它,它的附近是访谈的其他部分。另外,分析者也可以把解释、阐释以及备忘录附在某些链接上。

科菲与阿特金森还举例道,"我们也可以把其他的细节,如有关特定被访者的职业、家庭关系和家庭生活的信息也做成链接"(Coffey and Atkinson,1996:183)。这意味着研究报告的"读者"其实是在与计算机而非书本发生互动,是与由光驱刻录而成,而非写在纸上的研究报告进行互动。读者可以根据需要研究原始资料,并能自由参加重要的研究会议,在会上,作者会介绍自己的研究成果。

就像质性研究中许多新鲜有趣的发展一样,对这些观点的报告最初都是以批评的方式加以表达的,并且经常会用到超文本。革新者的新观点通常是作为对正统观念的局限的回应而提出的(或者使用修辞策略来增强新观点的说服力)。科菲等人的观点正是对占支配地位的扎根理论的不足的回应,而大多数 CAQDAS 程序都具有扎根理论所需的那些功能。

凯勒(Kelle,1997)对科菲的观点的回应相当复杂,并且是一种颇有代表性的立场。凯勒拒绝在超文本和编码之间、后现代主义和扎根理论之间进行简单的非此即彼式的划分。他吸收德国圣经阐释学传统中一种系统而有趣的讨论，指出这两种研究路径可以富有成效地结合起来。

我们在这里介绍的是处于研究前沿的方法论论争，这个领域既迷人又相对独立，它与研究者面对的具体研究任务有一定的距离。为了把方法论论争落到实处，我想指出的是，科菲等人的观点是有创意的，值得肯定，它们可以给研究者提供借鉴。具体而言，作者可以通过在资料、分析、阐释以及对读者的呈现中设置链接，以便扩展资料分析的话题。在某种意义上，它们还可以处理关于效度、信度这些较为传统的问题，因为一个光驱所能容纳的文本和其他资料远远多于一本传统意义上的书。这使得处理一个长期以来困扰质性研究者的问题，即关于轶事嫁接的问题成为可能，因为读者能够考察结论所依据的全部资料。当然，这会是一件耗费精力的工作，而有关结论的单独一段摘要与考察大量研究以便得到某个特定领域中的主要研究发现相比，对读者的吸引力会更大。

13.7　结　论

在本章中，我向你们介绍了 CAQDAS 的一些基本功能。其中，我强调了使用这些程序实现电子存储的功能，示范了如何对大量文本资料进行归档，并根据某些条件获取部分文本。

我强调，这个过程相当耗时，还着重指出，使用大多数程序均可实现的简单的计数功能，处理效度和信度问题有着很大优势。我还讨论了 CAQDAS 软件包的不足，诸如计算机程序是否会限制质性资料分析的视野。

因而，我希望你们能根据自己的目的使用 CAQDAS 软件包，而不是用它来确定分析策略。有许多这样的程序可以使用。如果你发现某个程序无法执行你想要的功能，那么只要耐心寻找，一定能找到称心如意的程序。我还描述了如何更深入地使用 CAQDAS 软件包，包括理论建构和理论检验、超文本的使用，以及计算机一般是如何呈现结果、产生研究报告的。计算机的这种工作方式使读者可以相对自由地进行阐释，而不必受某种权威解释的约束。

要　点

专业的计算机软件(CAQDAS)可以大大加快在大规模的质性资料中进行分类和搜索的速度。这使研究者有了更多的时间进行分析思考。

这类软件还能提高精确度。它不会把研究者束缚到某种质性分析形式之中。

CAQDAS 不能代替你思考。如果分析少量的文本片段，没有必要使用它。

“编码、搜索和获取文本片段”是 CAQDAS 软件包基本的和经常使用的功能。然而，也不应忽视用来促进理论建构和改进展示、阅读研究报告方式的那些功能(包括模拟和超链接功能)。

练 习

13.1 如果你能上网,请访问本章"拓展阅读"部分里提供的网站。下载本章描述过的一种主流程序的试用版(如 ETHNOGRAPH, NVivo, NUD · IST 或 ATLAS)。花点时间理解这些软件及其操作,之后请回答下述问题:

1. 我怎么使用这种程序才能节约研究时间?
2. 我怎么使用这种程序才能提高研究精度?
3. 我怎么使用这种程序才能从研究中提升理论?
4. 使用这种程序对我的研究来说有什么局限和不足? 是否有一种别的软件能克服这些缺陷,抑或我应当选用"人工"方法进行研究?

13.2 在已出版的质性研究成果中,找一份你熟悉的,看看它在使用 CAQDAS 之外还进行了哪些工作? 例如,它可以是芝加哥学派的民族志中一项早期的"经典研究",也可以是跟你的研究问题相关的著名研究。考察一下研究者搜集和分析资料的方式,并回答下述问题:

1. 在该研究中,如何使用 CAQDAS 程序来辅助资料搜集?
2. 在该研究中,如何使用 CAQDAS 程序进行编码?
3. 在该研究中,如何使用 CAQDAS 软件提高研究报告的质量和精度?
4. 在该研究中,针对资料还能提出哪些其他问题,CAQDAS 程序是否有助于回答这些问题?

拓展阅读

Kelle (1995) is a good collection of articles showing a variety of uses of CAQDAS and this author has written thoughtfully on coding for computerized analysis elsewhere (Kelle, 2004). Fielding and Lee (1991) is an edited collection of similar pieces. Richards and Richards (1994), who are the producers of NUD · IST and NVivo, have written an excellent review of the field. Seale (2002) provides a guide to the use of CAQDAS software with interview material. The CAQDAS and NUD · IST web sites listed below contain plentiful advice, and training and selfhelp tutorials on the subject, as well as links to books and articles:

ETHNOGRAPH (http://www. QualisResearch. Com)
NUD · IST and NVivo (http://www.qsr. com.au)
ATLAS (http://www.atlasti.de)
Sage (http://www.sagepub.co.uk/scolari)
CAQDAS networking project at Surrey University, UK.

Details of how to join user discussion groups are available at the above sites. The Sage Scolari site is included as Sage distributes NUD · IST and ATLAS and contains links to the producers' web sites.

质性研究的质量 14

Quality in Qualitative Research

读完本章后，你将能够：

- 理解信度和效度的概念。
- 把提高信度、效度融入到设计使用的研究方法中去。
- 设计并开展研究，使之始终关注质量问题。

14.1 引　言

"质量"是贯穿本书的一个主题。做质性研究不是随随便便的决定。这样的研究要求在理论上有充分的考虑，还要求方法上的精确性。

不使用复杂的统计检验，不进行计数，并不意味着我们可以自顾自地沉湎于与被访者进行"移情式"或"真实的"讨论。毕竟，如果这阻碍了我们雄心壮志的实现，我们与脱口秀主持人还有什么区别呢？

在其著名的《质性研究的质量》(*The Quality of Qualitative Research*)一书中，西尔(Seale,1999)确定了关于质量的一些议题，并将其称为"方法意识"。他指出：

> 方法意识要求承诺尽可能多地向读者展示……得出结论的步骤和证据，并在得到新证据时，愿意修正结论。(Seale, 1999:x)

这表明，除非你能向读者展示用以确保方法可信、结论有效的步骤，就别想写出一篇研究论文。不幸的是，拥有良好的意愿或正确的政治态度与此无关。缺乏可信的方法和可靠的结论，研究就会蜕变成一场骚乱，谁嗓门大谁就能获胜。

在第9章中，我再次确定了这一立场，即基于小规模资料的案例研究同样是科学的。然而，我可不能保证说，质性研究者就不必关心资料的信度或阐释的质量。读者可以参考第15章，就能发现我把对这些问题的思考都扩充成了论文并发表。

本章是处理质量问题的两章之一。在本章中，我打算对这个问题进行分析判断，并给你提供几条实际的解决方法。在第15章中，我说明了如何应用质量原则来评估研究成果。

不过首先最重要的是弄明白相关术语——效度和信度。为了简便起见，我在

表 14.1 中列举了它们的定义。

表 14.1　效度和信度

效度:"效度的意思是:对叙述所表示的社会现象进行阐释的准确程度。"(Hammersley, 1990:57)

信度:"信度指的是,不同观察者,或同一观察者在不同场合对事例进行分类的一致性程度。"(Hammersley, 1992:67)

我使用实际的研究例子,回顾并评价了效度和信度给新手带来的陷阱和机遇。我将先从效度谈起。

14.2 效　度

"效度"是真实性的另一种说法。有时候你会怀疑某种解释的效度,因为研究没有处理相反的个案。有时候,杂志编辑需要较短的文章,大学中的课程也对文章长度进行限制,这使研究者不愿意把篇幅都留给案例。

当然,这些对效度的挑战并不局限于质性研究。在自然科学中也存在着同样类型的问题。绝大多数学科的杂志编辑和大学课程的要求都相差不大。省略相反案例的倾向也不是只存在于质性研究中。而且,自然科学中的大型研究团队也会不自觉地威胁到研究发现的可靠性。例如,研究助理会选择"完美的"幻灯片提供给教授,而把那些提不合适问题的幻灯片弃置一边(参见 Lynch, 1984)。

而且不应假定,量化研究者可以很容易地解决效度问题。正如费尔丁和费尔丁指出的那样,即使使用"可靠的"量化测量方法,也还是要进行一些阐释:

> 最终,所有搜集资料的方法进行的都是"质性"分析,因为分析本身就是一种阐释,因而必然是有选择的描述。无论搜集的资料是量化的还是质性的,都要面对正当性问题。(Fielding and Fielding,1986:12,我强调的部分)

所以,当你为质性研究做准备时,不必怀有过分的防备心理。量化研究者也没有开启效度之门的"金钥匙"。

然而,质性研究者要深入分析单个的案例,就必须抵制特殊的诱惑。他们如何能说服自己(和读者),他们的发现的确建立在对资料的批评性分析之上,而不是基于少数精心挑选的"例子"? 有时候把它称为轶事嫁接问题。

米恩(Mehan,1979)指出,民族志研究的优势——它能够对社会环境进行细致入微的刻画——也是它的弱点。米恩提到了三个弱点:

(1)传统的田野研究常具有逸闻趣事的特征。研究报告包含了几个关于行为的范例,它们是研究者从田野笔记中精心挑选出来的。

(2)研究者极少提供选择某些案例而不是别的案例的标准或基础,从而很难确定案例和结论的典型性或*代表性*。

(3)用表格呈现的研究报告并不包含分析所依据的材料。当研究者从未加工的材料中提炼资料时,材料的原始形式就*不复存在了*。因而,不可能对同样的材料做出不同的解释(Mehan,1979:15,我强调的部分)。

过了几年,布里曼简明扼要地概括了这个问题:

> 在质性研究中得出结论或进行解释时,常倾向于使用轶事嫁接法。简短的对话,无结构式访谈中的片段……都被用来作为某种争论的证据。担心是有道理的,因为很少有人讨论这些片段的代表性或概括性。(Bryman,1988:77)

对轶事嫁接法的批评质疑了多数质性研究的效度。对此,有两种常见的回应。第一是多方参较,第二是由被访者确认。

多方参较是指通过比较不同方法或不同发现,得到关于某个情境的"真实"认识。在第4章中,我指出了新手们在使用这种方法时可能遇到的困难。在第9章里,我更详尽地讨论了这种研究方法在分析上的局限。

有一种假定认为,"现实"的"真实"与观察它的方法没有直接关系。而一般说来,构成质性研究基础的许多模型并不符合这种假定。当然,这并不意味着你不应当使用不同的资料或不同方法。只有当你把这种多样性作为处理效度问题的一种方式时,这个问题才会出现。

由被访者确认指的是,我们应当带着初步结论回到研究对象中,并根据研究对象的反映对结论加以改进(Reason and Rowan, 1981)。然而,我还是担心由被访者确认的做法像多方参较一样,是一种有缺陷的方法。

当然,如果我们发问,研究对象会描述他们的行动背景。只有当我们过分凸显其描述的重要性时,问题才会出现(参见 Bloor, 1983; Bryman, 1988:78-9)。就像费尔丁和费尔丁说的那样:

> 没有理由假定被访者拥有与评论者同等重要的地位……这表明不能直接确认或拒绝观察者的推论。这种所谓"确认"的过程应该被看成是另一种资料和观点的来源。(Fielding and Fielding,1986:43)

当然,这没有考虑伦理、政治以及研究者与研究对象的关系这个现实问题(参见第17,18章)。不过,不应当把这些问题与确认研究发现相混淆。

如果多方参较和由被访者确认是保证效度的错误方法,那么还有什么更令人满意的方法呢?我在下面讨论了评判质性资料分析的五种相互关联的方法,以便把注意力放在更为有效的发现上。它们是:

- 可拒绝性原则。
- 反复的比较法。
- 综合处理资料。

- 异常个案分析。
- 使用恰当的表格。

14.2.1 可拒绝性原则

对质性研究者来说,有一种方法可以解决轶事嫁接所带来的问题,就是不接受它们关于资料的最初假定,以便确保客观性。正如柯克和米勒所说的那样:

> “确保客观性”背后的假定很简单。这是一个由经验事实构成的世界。我们看待和理解这个世界的方式在很大程度上取决于我们自身,但并非所有的理解都能被接受。(Kirk and Miller,1986:11)

遵循柯克和米勒的思路,我们需要认识到“并非所有的理解都能被接受”。这意味着我们必须克服那种试图轻易得出结论的诱惑,因为存在一些证据,可能会把研究引入一个有趣的方向。相反,我们必须让这些证据接受所有可能的检验。

这里提到的批评方法很像波普尔(Popper,1959)所谓的“批判理性主义”。这要求我们必须拒绝现象之间所有预先的假定。接下来,只有当我们无法否认某种关系的存在时,才能谈得上是“客观”知识。然而,即便如此,我们的知识也是暂时的,它还面临着后续研究的检验,而在后续研究中可能会遇到相矛盾的证据。

波普尔是这样说的:

> 经验方法的特征是,它可以以任何能想象到的方式被证伪,其整个体系也要接受检验。其目的不是保存站不住脚的体系的生命,而是通过比较,通过将其置于最残酷的生存斗争中,选出最合适的方法。(Popper,1959:42)

当然,并不是只有质性研究者才需要接受波普尔的批判方法的考验。量化研究者要想经受得住波普尔的“证伪”,一种方法是认真排除虚假相关(参见表2.3及第2章的相关内容)。

为了实现这一点,研究者可以引入一些新变量,进行“多变量”分析,而多变量分析可以生成显著的、非虚假的相关关系(参见 Mehan, 1979:21)。从事量化研究的社会科学研究人员通过这种尝试可以避免虚假相关,并对自己的取向进行阐释,以便应对波普尔提倡的批判性检验。

质性研究者怎样才能满足波普尔的标准呢?接下来的四种方法给出了一种在资料分析中批判地思考的方式。

14.2.2 反复的比较法

比较法表明,研究者应当尽量尝试找到别的个案来检验初步假设。在一项有关医学院学生在学习期间观点发生变化的早期研究中,贝克尔和吉尔(Becker and Geer,1960)发现,他们可以通过比较同一时刻的不同组,比较学习过程中的同期群,来检验有关职业阶段对学生观点的影响的假设。例如,如果数个一年级学生的同期群都是理想主义者,我们就可以有把握地说,医学院新生往往是理想主义者。

与之类似,当我在一家心脏病专科医院研究唐氏综合征的孩子时,我利用关于同一所医院病孩的录音资料,检验了我的发现(Silverman, 1981)。当然了,当我试图分析私立医院的仪式秩序时,也要借助与公立医院的比较才行。

然而,初入行的研究者不太可能具有各种案例的资源。但这并不意味着就不能进行比较。反复的比较还包括检查和比较单独一个案例的所有资料片段(Glaser and Strauss, 1967)。

尽管这种方法看上去挺有吸引力的,新手们还是会担心实施中会出现的两个实际问题。第一,他们可能缺乏进行分析所需的资料。例如,转录全部资料相当耗时,几乎是不可能的,并会使你偏离资料分析的道路！第二,当你一个初步假设也没有得出来,甚至连初步的分类还没有时,你怎么进行资料比较呢?

幸运的是,这两个缺陷很容易克服。在实践中,首先可以对小部分资料进行分析。得出一组分类后,就可以通过扩展资料范围来检验初步假设。

珀拉基拉曾引用一项基于录音资料的研究,清晰地说明了这一点:

> 一个研究者或一个研究小组能转录和分析多少资料是有限度的。但另一方面,大型数据库也有很多优点……当分析进行到一定程度,研究对象能够确定时,大部分资料都可以作为资源使用。在后一个阶段,可以把保存下来的资料的短片段转录下来,这样就能发现现象中的全部差异。(Peräkylä, 2004:288)

我在关于艾滋病咨询的研究中,使用反复比较法,然后从使用少量资料逐渐转向使用大量资料(Silverman, 1997)。例如,我挑出一个关于病人是如何拒绝咨询员建议的例子,然后在资料中搜索,以便找到更多的这类样本。希尔弗曼详尽地讨论了这项研究(Silverman,2001:244-246)。

然而,因为反复比较法需要重复用到资料的不同部分,这意味着你的所有资料都要接受检查和分析。这正是所谓"综合处理资料"的一部分。

14.2.3　综合处理资料

"十要"指出,对谈话分析的抱怨与质性研究中对其他研究方法的抱怨相似:

> "发现……基于主观的并很可能有偏的案例选择,而样本恰好能与结论相匹配"。(ten Have,1998:135)

这个抱怨也适用于轶事嫁接法,可以通过所谓的"综合处理资料"来应对。这首先是由米恩(Mehan,1979)提出的,"十要"也接受了这种提法。"综合性"的出现是因为在质性研究中,"分析会涉及所有案例"(Mehan,1979:21)。

通常,许多量化方法也无法达到这种程度的综合性。例如,在调查研究中,只要得到显著的、非虚假的相关关系,研究者就心满意足了。所以,只要大部分资料都支持假设,就差不多算是大功告成了。

相反,在质性研究中,各部分资料需要不断接受检查,除非你得出的结论适用于所有资料,否则都是不完美的。

质性研究的结论是一项概括,对于每部分资料来说,它的有效性都不亚于统计相关的效度。正如米恩说的那样:

> 其结果是一个整合的、精确的模型,完全描述了这个具体现象[原文如此],而不是关于某个事件与后续情景相关关系的宣称。(Mehan,1979:21)

14.2.4 异常个案分析

> 要想精确描述异常事物,什么最重要?如果你没法做到这一点,就表明你不知道怎样处理概念。(Wittgenstein,1980:72e)

综合处理资料意味着要积极寻找并处理异常事物或异常个案。米恩指出:

> 首先从分析少量资料开始。这样就产生了一个初步的分析提纲。接着用别的资料来验证这个提纲,并在必要的地方进行修正。这个初步的分析提纲要不断地接受"消极的"或"偏差"案例的检验,直到研究者得到几条反复出现的结论,而且这些结论涉及分析中的所有资料。(Mehan,1979:21;亦可参见 Becker, 1998:211-12)

米恩指出,这与量化研究意义上的"异常个案分析"不同。你会在两种情形下遇到异常个案:

- 当已有的变量不足以得出高度相关关系时。
- 发现了相关关系,不过你怀疑它们是"虚假"的。

即使能解释资料中几乎全部的差异,质性研究者也不能就此止步。相反,就像我已经指出的那样,在给出解释之前,质性研究中的每份资料都有用。

我要举两个例子,它们都使用了异常个案分析,其目的是对资料进行综合处理。第一个例子是一项访谈研究,研究对象的家庭成员中有人孤独离世(Seale, 1996; 1999:79-80)。

大部分亲属都认为,亲戚在孤单中死去不是好事,而且如果可能的话,他们愿意陪伴亲戚度过临终那段时间。西尔指出,这种叙述可以满足亲属内心的道德要求。

然而,在少数案例中,有人说他们并不想出现在这种场合。西尔不是简单地认为这些案例不具有统计上的显著性,而是认真地考察这些案例,看看他的结论是否需要修正。

在所有这些异常个案中，被访者都为自己的行为寻求合法性。例如，有这样一个案例，儿子说，由于父亲患了痴呆症，即使他出现，父亲也“无法察觉”。在另一个案例中，丈夫说，看着妻子死亡会令他很悲伤。他还补充说“因为妻子一直在昏迷，跟死亡并没什么两样”（Seale, 1999:79）。

西尔总结道，在五个异常个案中，被访者也要满足内心的道德要求，但是：

> 他们却用别的方式成功地阐明，自己具有足够的道德水准。为了做到这一点，他们表达了自己对这一事件（如，没能在亲属临死时见上一面）的态度。由于他们的行为偏离了正常行为，这就要求给出解释，从而强化了从其他案例得出的观点，即陪伴奄奄一息的人走完生命的最后旅程是一项好的社会规范。（Seale, 1999:80）

第二个关于异常个案分析的例子来自我对儿科诊所的民族志研究（Silverman, 1987）。在这项研究中，我把第12章提到的心脏病诊所与治疗先天兔唇及腭裂儿童的诊所做比较。后者是另一种先天缺陷，但与心脏病不同，如果患者是十多岁，那么往往采用常规的、低风险的整容外科手术进行。在这两类诊所中，我都做了观察并进行录音。转录稿是用来做民族志分析的，所以它没有谈话分析那么详尽。

推迟进行腭裂手术的原因是，既然外表是个人的事，那么最好等他长大一些，能够自己做决定时，而不是在外科医生或父母的影响下决定实施手术。在实践中，这个假定意味着医生（D）会例行公事地询问病人的态度：

摘要 14.1 [Silverman, 1987:165]

D：你怎么看待自己的外表，巴里？

(3.0)

B：我不知道。

D：你不用太担心。

巴里的回答在诊所里很常见。由于随后没有对自己的话进行修正，父母也没有出面干预（这两者都很难监督），许多这样的病人都没能实施手术。

基于这类证据，我发现，向这些年轻人询问他们对自己外表的看法意味着开展一场心理咨询，而且不会受到外来干扰。稍后就会发现，巴里显然希望进行手术。巴里的例子和别的案例表明，当向青少年病人询问是否愿意接受手术时，没有太大困难。

然而，访问澳大利亚 Brisbane 的一家诊所后，我得到了一个异常个案，摘要14.2就是其中的一个片段：

摘要 14.2 [Silverman, 1987:182]

D：你是否为自己的外表感到担心？

S:嗯,我注意到了,不过要是能让我看起来更漂亮,我愿意做手术。我的确感到焦虑。

西蒙似乎很轻易就克服了交流中的困难,而这个困难是问关于外表的问题时常常出现的。他很自然地承认自己"注意到"并"担心"自己的外表,因而"愿意接受手术"。那么我们该如何处理这个异常个案呢?

首先要说明的是,西蒙已经18岁了,比巴里和别的孩子都大得多,所以不愿谈论自己的外表可能与年龄相关,而且对于不同的年龄组应当使用不同的治疗策略。

不过,关于西蒙的案例还有一些有趣的地方。这是有关医生是如何对待他的焦虑的。下面的摘要14.3是14.2的延续:

摘要14.3 [Silverman, 1987:183]

S:我真的很焦虑。

D:真的吗?

D:到底是不是真的?

S:的确是这样。

摘要14.3中发生了什么事?为什么西蒙径直回答了医生的追问?为了回答这些疑问,我注意到在西蒙进屋前,一个医生做了几句评价。见摘要14.4:

摘要14.4 [Silverman, 1987:180]

D:他的(0.5)问题是决定是否应当做手术。我们关心的是他是否足够成熟。等他待会进来,(医生对我说)要是您能对他做个评价将会很有趣。

我们从摘要14.4可以看到,即使在西蒙进屋之前,他的"成熟程度"就是个问题了。有人向我们建议道,不应仅把西蒙的回答看作是自身意愿的表达,还要把它作为判断其是否成熟的证据,作为放弃对他治疗或要求他重新表达自己态度的证据。

西蒙走后,医生对他提到的"真的"一词的含义表示担忧:

摘要14.5 [Silverman, 1987:186]

D:很难评价它的意思,因为他的想法比较复杂。只是(1.0)他一再表现出来的乐观的天性使我有点拿不定主意。

渐渐地,这位医生认识到西蒙放松的说法方式是为了掩饰自己对外表的担心。尽管这是个不常见的结论,因为西蒙很自然地承认自己关注外表,所有的医生还是一致认可西蒙是"主动的",应当给他进行手术。

这个异常个案极大地丰富了我对腭裂诊所中决策机制的理解。英国的资料表明,询问年轻人对自己外表的看法很可能会带来麻烦,使他们不能接受自己愿做的手术。澳大利亚的资料则显示,即使病人能毫不羞惭地承认自己关注外表,也会带来进一步的问题。在本案例中,医生就担心病人怎么能如此自信地(或“乐观地”)表达自己的立场呢。

这就出现了令人左右为难的情形。医生出于无心的推理竟会带来下面的困境:

(1)要想做手术,你就需要表达自己对外表的不满。

(2)那些对外表最为焦虑的人常常最不愿意抱怨,所以他们做不了手术。

(3)医生认为敢于抱怨的病人很自信,从而怀疑他们到底是否焦虑,而他们可能也做不了手术。

之所以会出现这种困境,是因为把医生试图理解病人态度的愿望与从心理学角度理解病人到底说了什么混淆在了一起。

这两项研究表明,确认和分析异常个案能提高研究的效度。需要强调的是,寻找这些异常个案需要从理论视角出发。西尔的研究就是从把访谈中的回答当作道德叙述这个立场出发的。我本人的研究则是出于对诊所的仪式秩序有兴趣(Strong, 1979)。

所以,不能说有些资料天生就是“异常的”。是否异常取决于采用的研究路径。从理论上界定的分析路径也应当应用到编辑和检查以表格形式出现的资料中去。

14.2.5　使用恰当的表格

关于表格是如何提高资料分析的效度的,科佩尔等人(Koppel et al. ,2003)给出了一个很好的例子。他们的一项早期民族志研究表明,当医生给病人开处方时,医院的计算机系统常常出错。一项量化研究表明,超过75%的医生使用计算机系统的方法都不对。

结果是计算机会给医生带来精确的假象。例如,要是只盯着电子版的药物表格,医生可能就会忽略附在纸质文件上的小标签。计算机软件的许多功能都会犯这类错误。举例来说,计算机屏幕上可以显示大量药物,这些药物都易于储藏和购买。但这些药物量在临床上可能并不合适。此外,医生也可能在增加一种新药时,却不删除处方上功能相似的药物。

科佩尔等人的调查提高了质性研究的效度和概括性。通过这两组资料,他们能更有说服力地指出,计算机软件可以如何加以改进。

然而,为了计数而计数通常是错误的。如果以列表方式呈现的类别背后没有理论基础,那么计数只会带来虚假效度。例如,在观察教室行为时,米恩(Mehan,1979)指出,许多量化的作用极其有限:

> 只有出于某些意图,如给出教师谈话的频率,将其与学生讲话频率做比较时,在教室观察中使用量化方法才有意义……然而,这种研究方法低估了学生的角色,忽视了语言行为与非语言行为之间的关系,对互动的偶然性缺

乏足够认识，并忽略了语言的(通常是多种)功能。(Mehan,1979:14)

我并不想为量化研究或实证主义研究辩护。我也不关心研究设计，尽管它在量化研究中位于中心地位，而对于参与者如何建构秩序则无关紧要。相反，我试图阐释质性研究中如何使用量化方法。

我在关于癌症诊所的研究中总结的表格(参见第 12 章表 12.3)在某种程度上恰好与米恩的批评相冲突。尽管我用来比较的诊所来自斯特朗(Strong,1979)对“仪式秩序”的讨论，我的表格则基于不确定的、常识性分类。例如，如果资料全部都是田野笔记，那么还要对参与者的问题进行计数就很成问题了。如果不重新考察录音记录，我就不知道“问题”类别与参与者的立场有什么关系。

另一种方法是对参与者在自然场合中使用的分类进行计数。例如，我在分析唐氏综合征患儿的心脏病治疗时(参见第 12 章)，通过比较唐氏综合征患儿和非唐氏综合征患儿的就诊过程，构造了一个表格来显示医生所问问题的不同及患儿父母回答的差异。表格显示了一个明显的趋势，即面对唐氏综合征患儿时，医生和父母都避免使用“好”这个单词。这个词汇的缺失对于理解稍后的就诊形式是很重要的。

所以没有理由说质性研究者(即使在适当的时候也)不应使用量化方法。简单的计数技术，有理论背景的支持，基于参与者自身的分类，可以提供一种方法来测量整个数据，而这在深入的质性研究中通常难以做到。读者不必全盘接受研究者的说法，相反，他可以获得对资料的全面认识。研究者也能检验并修正他们所作的概括，消除对资料精确性的不必要的怀疑。

就像柯克和米勒评论的那样：

按照实用主义的观点，质性研究并不意味着只能进行实地研究，也不意味着只能进行非数量的研究。(Kirk and Miller,1986:10)

14.3 信 度

在综合处理资料时，对参与者自身使用的类别进行计数是可能的，因为原则上说，质性研究中的资料质量较高。与之相反，虽然量化研究者可以通过前测和量表来确保信度，仍有可能得出可信度很低的表格。这不是因为调查研究中的问题用语模棱两可，而是因为提问和回答都不可能与阐释截然分开，而阐释本身就是地方性的和非标准化的(参见 Antaki and Rapley, 1996)。

与调查研究中的图表相反，录音和转录稿需要接受研究者和读者的共同监督。然而，质性研究中并非总是有这种机会。有许多观察研究，读者必须依赖于研究者对所发生事件的描述。其实，许多质性研究都会深入到“田野”之中，这可以使研究者对“他们的”部落或访谈对象的阐释，其效度和信度在某种程度上得到保证。

正如布里曼说的那样：

> 读者很难看到田野笔记或转录稿；而让读者自己去了解被研究对象的观点又是非常有必要的。（Bryman，1988：77）

布里曼提倡进行西尔（Seale，1999）所谓的原汁原味的描述。当然，正如西尔所说，任何观察都会受到其背后假定的影响（参见本书第 7 章），而明确详尽的资料陈述也总是与研究者高度主观的资料概括不谋而合。

原汁原味的描述包括：

> 尽可能具体地把观察内容记录下来，包括逐字逐句地记下人们说了些什么……而不是凭感觉对人们所说的话进行重构。（Seale，1999：148）

我还想指出的是，原汁原味的描述还意味着给读者提供篇幅较长的资料片段，如给出被访者所回答的问题，以及采访者"接续的内容"（如"唔"），这样的内容能帮助被访者进一步扩展其评论（参见 Rapley，2004）。

在本书前面的部分，我探讨了两种增强田野笔记信度的方式：遵循田野笔记的传统以及进行一致性编码（参见第 11，12 章）。在本章接下来的部分，我想通过一个例子，具体讨论一下信度的问题。这个例子是有关如何在民族志研究中处理信度问题的。稍后我还考察了一项研究中遇到的关于信度的实际问题，这项研究使用的资料是录音带和转录稿，它们是对自然发生的事件的记录。

14.3.1　一项民族志研究中的信度问题

格拉斯纳和朗里恩在对青少年吸毒者的民族志研究中，仔细录下了所有访谈的内容，这项研究曾在第 11 章中讨论过。录音带稍后被转录出来并按照下述原则进行编码：

> 明确的话题、谈话方式、主题、事件、行动者，等等……这些清单构成了编码目录，它由 45 个话题构成，每个话题都留有 99 个字符的空间。（Glassner and Loughlin，1987：25）

从表面上看，这种表格中的计数与量化研究没有什么区别。不过，作者明确指出，他们的分析路径不同于实证主义式的研究：

> 在更具实证主义色彩的研究设计中，编码信度是通过编码者之间的共识来评估的。而在质性研究中，研究者对于标准化地阐释资料并无兴趣。相反，我们开发这个复杂的目录编制和信息获得系统，是为了在不借助访问者或资料分析者的记忆力的前提下，*方便地查到研究对象所说的话*。（Glassner and Loughlin，1987：27，斜体为笔者所加）

通过保留这个获取研究对象自身分类体系的渠道，格拉斯纳和朗里恩既能满足许多质性研究对理论取向的要求，同时也能使读者接触到某些原始资料。

格拉斯纳和朗里恩还指出，他们的分析也满足传统的信度标准。例如：

- 编码和资料分析都是在“不知情”的情况下进行的——编码员与资料分析者“在进行研究时都不知道项目主持人的倾向或假定”（Glassner and Loughlin，1987：30）。
- 由计算机辅助进行资料记录和分析，意味着你能更有信心地说，导出的模式的确存在于整个资料之中，而不是仅仅出现在某些例子中（参见第 12 章）。

14.3.2 分析录音资料时的信度问题

当用录音机录下人们的活动，并转录成文字稿时，阐释的信度可能被严重削弱，这是由于没能把那些细小但却常常关键的停顿与重复转录下来。例如，最近一项对医学会诊的研究就犯了这个错误，它试图确定癌症患者是否能理解其病情的严重性。

在这项研究中（Clavarino et al.，1995），研究者对三位肿瘤专家与他们的新病人之间的交谈进行阐释性判断，我们则打算考察这些阐释性判断的基础。病人正是在交谈中意识到他们的癌症是治不好的。

首先要分别进行两次转录。第一次转录要逐字逐句进行，不要在语法或其他方面进行“清理”。使用第一份转录稿，三位进行过一致编码训练的独立编码员对同一份材料进行编码。接着便评估内部效度。编码员之间的不一致可以反映出资料本身的模糊之处、编码类别间的交叉，以及编码中的错误。

第二次转录则利用谈话分析的思路和转录符号进行。这次转录可以提供更多的信息，使我们了解到谈话各方是如何组织谈话的。我们也相信，这次转录更具客观性、综合性和可信性，因为这种方法给出了很多细节。

利用谈话分析的符号和概念，我们能揭示出谈话中的细微之处，展现医生如何说明，病人如何理解其预后状况的言外之意的。这要求把关注重点由阅读编码内容转向关注参与者是如何监控对方说话内容的。一旦我们关注这些细节，做出的判断就会更有说服力。这样也解决了内部效度的问题。

举例来说，当研究者首次听到关于会诊的内容时，他们未免会觉得，没有证据表明病人能明白医生关于其病情的闪烁其辞。不过，如果对录音带进行再次转录，就能发现病人使用非常温和的语言（如“是的”，或更经常用的“嗯”）来表明，他们抓住了此类信息。同样，医生也会注意到病人的沉默不语，并重复相关内容。

14.4 结　论

一些社会科学研究者认为，观察的信度和效度问题只是量化研究的事。因为他们眼中的“实证主义”把自然现象和社会现象混为一谈，从而只有这些“实证主义者”才需要考察其测量社会生活的信度和效度。恰恰相反,只要我们把社会现实视为不断变迁的,那么担心测量是否精确就没有任何意义。

这种立场排除了所有系统性的研究,因为这意味着我们不能假定社会世界中存在相对稳定的特征。不过,如果我们承认这样的特征有可能存在,那么为什么别的研究不应当重复这些特征呢?

柯克和米勒对信度是这样论述的:

> 质性研究者对信度是无法强求的。尽管实地研究的长处在于它能妥善处理命题的效度问题,但其结论却无法顾及信度问题。科研人员要想计算信度,就有必要验证其研究程序。(Kirk and Miller,1986:72)

当然,质性研究中的效度、真实性也会遇到同样的问题。因此,正如本章开篇强调的那样,除非你能说明自己使用的研究步骤,以便确保方法可信,结论可靠,否则做研究论文是没有意义的。

要 点

效度是另一种关于真实性的说法。在下列情况下我们不能说一项研究是有效的:

- 只描述了少数几个例子。
- 某些例子的标准或基础没有提供。
- 无法获得材料的原始形式。

我还讨论了五种评判质性资料分析的方法,旨在得到更有效的结论:

- 可拒绝性原则。
- 反复的比较法。
- 综合处理资料。
- 异常个案分析。
- 使用恰当的表格。

信度指的是,不同观察者,或同一观察者在不同场合对事例进行分类的一致性程度。科研人员要想计算信度,就有必要验证其研究程序,并阐明进行分类时遵循了一致性原则。

练 习

14.1 本练习旨在帮助你理解资料分析中的效度问题。当你已经完成至少一篇有关研究发现的论文时,做本练习正当其时。

1. 选择任意一篇基于你本人资料的论文。
2. 解释一下你基于什么原因选择某些资料片段进行描述。
3. 你有多大把握宣称资料是“典型的”或“有代表性的”?
4. 你在何种程度上研究并描述了“异常”个案?

14.2　本练习的目的是让你熟悉表格的优点和局限。

1. 从你的资料整体中选择一组资料(如访谈、观察或转录稿)。

2. *根据你的理论取向*,对所有能计数的内容进行计数。

3. 评价一下这份量化资料告诉了你哪些关于这个场合的社会生活的内容,例如,你能建立什么联系?

4. 找出异常个案(例如无法支持你建立的这种关联的例子)。使用量化或质性技术,你将如何进一步分析这些异常个案?关于你确立的这些关联,你有什么发现?

14.3　我把本章引用过的格拉斯纳和朗里恩的一段话再重复一遍:

> 在更具实证主义色彩的研究设计中,编码信度是通过编码员之间的共识加以评估的。而在质性研究中,研究者对于标准化地阐释资料并无兴趣。相反,我们开发这个复杂的目录编制和信息获得系统,是为了在不借助访问者或资料分析者的记忆力的前提下,*方便地查到研究对象所说的话*(Glassner and Loughin 1987:27,斜体为笔者所加)。

现在请写一篇短文(1 000 字左右),解释一下你在分析资料时是怎样使读者获得原始资料的。和你的导师及同学检视一下这篇文章。如果他们觉得写得还行,你就可以用它来作为最后关于方法论那一章的一部分。

拓展阅读

Clive Seale's book *The Quality of Qualitative Research* (Sage, 1999) offers an excellent overall treatment of the issues discussed in this chapter. A shorter version of his argument is found in his chapter 'Quality in qualitative research' in Seale et al.'s edited collection *Inside Qualitative Research* (Sage, 2004: 409-19). A more specialized treatment is Peräkylä (2004). For a detailed discussion of deviant-case analysis or 'analytic induction', see Becker (1998: 197-212).

如何评估质性研究 15

Evaluating Qualitative Research

读完本章,你将能够:

- 对于已出版的那些质性研究,知道可以提什么关键的问题。
- 应用大家都同意的标准评估研究质量,这些研究可以是你本人或他人完成的。

15.1 引 言

在第 14 章中,我们考察了多种可以提高研究设计和资料分析质量的策略。了解这些策略,就等于掌握了一组功能强大的工具,使你能用它来评估他人的研究。对于写作文献回顾来说,这种评估能力是很重要的(参见第 21 章)。这些工具还能帮助你撰写论文并拿出来发表(参见第 27 章),并标志你的论文具有专业研究者的水准(参见第 5 章)。

在本章中,我将回顾一下评估质性研究的标准。我还会使用多个案例研究来说明,这些标准在实际使用中的含义。

我将从这样一个假定开始,即所有的社会科学都建立在某种具有自我批判能力的调查之上。这表明,如果我们想为评估质性研究制定标准的话,就需要理解任何试图进行系统的描述和解释都可能会面临的、类似的问题,无论它是量化研究还是质性研究。

15.2 用于评估研究的两份指南

并非只有研究者才关心发表论文的质量。如今,政府和较小的公共或私人组织整天被那些似乎要对政策施加影响的报告所包围。他们如何评估这些报告的质量呢?

英国内阁(British Cabinet Office)委托一个研究小组制定了非常详尽的评估标准(Spencer et al. ,2003)。表 15.1 是这些标准的一个修正版本。

表 15.1 评估质性研究的标准

评估性问题	质量指标
研究设计是否合理?	是否对研究设计的各个环节进行了有说服力的说明?
资料是否可信?	记录资料的方法是什么?是田野笔记还是转录稿?
理论假定是否清晰?	是否对所使用的模型进行了必要的讨论?
是否对研究过程进行了充分说明?	是否讨论了资料和方法的优势及不足?是否说明,对研究设计的修正是有道理的?
结果可靠吗?	资料是否支持结果?资料、阐释和结论之间的关系是否清晰?
结果能推广吗?	是否有足够的证据,允许把结果推广到更大的范围中?

来源:Spencer et al. ,2003:9-15

表 15.2 给出了另一组有用的评价标准。它像表 15.1 一样,可以在你鉴定发表论文的水准时使用。它还列出了许多你自己在研究工作中也应当处理的棘手问题。

表 15.2 评价研究的标准

1. 使用的研究方法是否与所问问题的性质相匹配?
2. 它与某些已有的知识或理论的关系是否清晰?
3. 是否对选择案例的标准、资料搜集和分析标准进行了清晰说明?
4. 研究方法是否满足研究问题的需要?资料搜集和录制过程是否具有系统性?
5. 是否参考了某些广为接受的分析步骤?
6. 分析是否系统化?
7. 是否充分讨论了如何从资料中提炼主题、概念和类别的?
8. 是否充分讨论了支持和反对研究者论点的例子?
9. 在资料和资料的阐释之间,是否有清晰的分野?

来源:改编自英国社会学协会医学社会学分会一致同意并接受的标准,1996 年 9 月

现在你可以试着做练习 15.1 了。

15.3 四种质量标准

尽管表 15.1 和 15.2 给出了一组严格的标准,但它们关注的只是方法论上的问题。不过你马上就能发现,我一直都在寻找一组更为宽泛的、评价质性研究的标准,这组标准把方法、理论和实际问题结合了起来。长话短说,我把讨论限制在表

15.3 列出的关于质量的四个方面之内。

表 15.3　评价研究质量的四个标准

1. 我们在何种程度上可以说我们的研究使用了社会科学的概念工具,进而能有助于建立有用的社会理论?
2. 我们在何种程度上使用了一种自身具有评价标准的方法,来获得资料、方法和结论? 或者说得尖刻一点,我们怎么面对犬儒主义者不屑一顾的评论“随便你怎么说,我可不信”?
3. 就我们使用的研究方法而言,在多大程度上可以表明,我们是在细心掂量过各种方法后才选中了这一种,或是受到时间和资源的限制而不得不使用这种方法,抑或只是不假思索地跟着潮流走?
4. 我们怎样通过向实践者、顾客以及/或政策制定者报告我们的新发现,才能让有效、可信并在概念上加以界定的质性研究对实践和政策制定发挥影响力?

我将用几个经典的个案研究,分别阐释表 15.3 提出的这四种质量标准。我使用的个案来自社会学和人类学。巴克尔(Barker,2003)做了一个非常有意义的尝试,就是把这些标准应用到媒体研究中。

15.3.1　建构有用的理论

我引用的个案研究是道格拉斯(Douglas,1975)对一个名为 Lele 的中部非洲部落的一项研究。因为曾在第 7 章讨论过这项研究,在这里我就简略地说说。在绝大多数文化中,人们都会发现某些东西是异常的。对我们来说,那种不是“什么都说”,拒绝参加脱口秀节目,不愿公开露面的人可能是社会名流。对 Lele 部落的人而言,他们觉得动物是异常的。

食蚁兽,也就是西方动物学中叫做穿山甲的那种动物,在 Lele 部落的人眼里,就明显结合了对立的特征。Lele 部落的人不明白,穿山甲怎么会具有人的某些特征——例如,它一次可能只生一个孩子。另外,虽然大部分动物要么在陆地上生活,要么在水里生活,它却是两栖动物。

道格拉斯注意到,大多数文化都倾向于排斥那些异常的物种。因为异常的物种影响人们对世界进行分类,所以如果把异常物种看得很重要,就是一件挺危险的事。不过 Lele 部落的人却是个例外。他们对异常的穿山甲表示出赞美之情,这表明他们并不是立场一致地排斥异常现象。

道格拉斯把注意力转向考察社会组织的形式,而不同类型的组织对异常现象的反应可能会不同。她令人信服地指出,不同群体之间的交流可能会促使人们对某些现象转而持赞同态度。因为群体间的交流并不那么普遍,所以在许多文化中,异常仍是无法容忍的,这一点也很容易理解。

道格拉斯通过对一个遥远的部落进行民族志研究,提出了一个关于文化类型与社会组织之间关系的重要理论。从而,她揭示了一个简单的个案研究是如何建构社会理论的。

15.3.2 使用一种具有自我批判能力的研究方法

道尔顿(Dalton,1959)对一家美国工厂进行了个案研究。他对中层经理的想法很感兴趣。

他说,在研究的早期阶段,他很幸运地接触了几位经理,他们都打算把自己的故事告诉他。不过他首先考察的是这些信息提供者具有的共同特征,并将其与从其他经理那儿收集到的背景信息进行比较。结果发现,这几位热心的经理竟然在公司里是地位边缘、前途黯淡的几位。简而言之,他们之所以急不可耐地想和道尔顿交谈,是因为别人都不想听他们的故事。

在此基础上,道尔顿研究了公司里的资源,这些资源使不同的经理具有不同的影响力。他开始发现权力是通过派系结构发挥作用的,在派系内部,具有相似资源的经理们使用集体策略反对(或主张)变革,以便为所在派系谋利益。

道尔顿的研究揭示了具有评价标准的研究方法有哪些好处。道尔顿不是把那些自告奋勇的信息提供者当作"公司内部的傻瓜",说他们根本不知道公司里到底发生了什么。相反,他揭示了他们的动机,从而在较为宽泛的意义上理解控制资源和经理的行为之间的关系。这样,他便像道格拉斯一样,也做出了理论贡献(在道尔顿的案例中,理论是有关派系是如何在管理中发挥作用的)。

15.3.3 选择合适的研究方法

莫尔曼像道格拉斯一样是一名人类学家,并且也对人们是如何对世界加以分类的感兴趣。莫尔曼(Moerman,1974)研究了泰国北部一个名为 Lue 的部落。

他首先学会了当地的语言,并对当地人进行访谈。他像许多西方的民族志作家一样,想知道当地人是如何看待自身,以及如何把自己与别的群体分别开来。通过访谈,他总结了一组特征来描述 Lue 部落。

在这个阶段,他像道尔顿一样,仔细审视了自己的资料。用最简单的话来说就是,当你回答来访的民族志作家的问题时,答案的含义是什么?设想一下有人来到你所居住的城镇,并请你描述一下自己所属的"群体"。回答他的问题自然毫不费力,不过这可是一件涉及自我反省的稀罕事。我们真的在绝大多数时间里都毫不怀疑自己的身份吗?莫尔曼指出:

> 对当地人而言,在某种程度上,回答民族志作家的问题是很不寻常的事件,所以你不能把某位当地人的回答推论到他所属的一般性类别或群体中。(Moerman,1974:66,斜体为笔者所加)

这下莫尔曼意识到,自己问的问题可能不对。他曾在访谈中这样发问:"Lue 部落的人是谁?"更有趣的问题是,在什么情况下,研究对象会产生民族认同。

所以莫尔曼把研究问题变成:"在什么情况下意味着你是 Lue 部落的人?"这意

味着放弃先前的访谈，而把当地人参与“日常”事件，如去市场这样的事观察和录制下来。在自然发生的状态下，你可以观察到这些生活在泰国村落的人们，在什么情况下（以及会产生什么结果）会产生民族身份的标签。

通过讨论研究方法和研究问题之间的关系，莫尔曼成功跳出了传统的民族志研究设计的局限。

15.3.4　实践中的贡献

与前面三项研究不同，萨奇曼（Suchman，1987）使用录像机搜集资料。不过她像莫尔曼一样，使用的研究方法与研究问题也完全匹配。

萨奇曼对于人们如何使用复印机这样的操作性问题感兴趣。她的录像资料表明，大多数用户都不会按照制造商提供的操作指南来操作。当用户对机器发出一项指令，机器没有按照人们期望的那样工作，而用户希望中断或修正机器的工作时，这一点尤为明显。人们的行为可能有多种，自用户看很多都是无效操作。可从设计角度来说，机器的工作程序却又相当合理。

萨奇曼的研究具有显著的实践意义。它表明系统设计中用户遇到的麻烦可以有着建设性的作用。就像她指出的那样，根据此类研究，专家系统不应当试图减少用户的错误，而是应当允许用户犯错误，并进而增加相关的说明性文字（Suchman，1987：184）。

援引了几项经典研究之后，我想从批判的视角评价一下近来的几项研究。不过，和前面一样，我的评价仍然基于表 15.3 中列出的四条标准。

15.4　应用质量标准

为方便起见，我从 1996 年最后两期的美国《质性健康研究》（*Qualitative Health Research*，QHR）中选择了四篇论文。QHR 的编辑 Janice Morse 具有护理专业的背景，而杂志的许多作者也都在大学的护理系工作。尽管 QHR 与《健康社会科学》*Social Science in Health* 一样，都关注实际应用中可能出现的问题，可是它对护理的关注还是使它不同于《健康与疾病社会学》（*Sociology of Health and Illness*）以及《社会科学与药学》（*Social Science & Medicine*）这些杂志。

因而，这四篇论文只是具有质性研究的味道罢了，并不涉及一般意义上的质性研究。另外，这一特点也使考察异常个案变得不可能，而考察异常个案正是一项好的研究的特征。不过，这些论文也使我得以发展自己一贯的关注点，也就是健康研究当中延伸出来的意义。

15.4.1　妇女从沮丧中恢复的过程

施莱伯（Schreiber，1996）使用雪球抽样的办法，访问了 21 名妇女，她们都有着从沮丧中恢复的经历。她先描述了沮丧的经历，并指出这些经历“都来源于被访者真实的内心世界”(Schreiber,1996:471)。“内心世界”由六组“(重新)界定自我”的短语构成，每组短语包括三至五个“特征”或“维度”。

施莱伯对方法的讨论表明，她关心研究的质量。她像许多遵循护理专业的学术规范的研究者一样，把格拉泽和施特劳斯(Glaser and Strauss,1967)的扎根理论奉为高质量质性研究的必要条件(参见第7章)。事实上，我这里提到的四篇论文中有三篇都提到了扎根理论——通常都把它作为最重要的参考文献。

按照扎根理论的逻辑，施莱伯在资料中寻找研究对象自身的分类体系，直到再也挑不出新的信息为止(Schreiber,1996:472)。接着她把这些发现反馈给被访者，并参考他们的意见进行修正。

不过在我看来，这项研究还存在着许多问题，如下所示：

(1)这是一项反思性研究。当研究者对第一组短语作注释时，问题来了，因为她说第一组短语(“我以前的自我”)“只有通过反思才能揭示”(Schreiber, 1996:474)。这种认识可能会使她忽略其他搜集沮丧经历的渠道①。可她却轻率地宣称“自己擅长于倾听妇女对当时人的理解”(Schreiber,1996:474)，并为此洋洋得意。我们或许会问：为什么？另外，尽管她的资料支离破碎，却仍然不假思索地寻找某些叙述的外部理由(Schreiber,1996:489)。

(2)施莱伯从资料中抽出了一些摘要。但在应当分析的地方，她却只是简单地概括了一下每个被访者的话，并随意加上小标题。这使得论文看上去像是逸闻故事，评论家也可能纳闷，为什么写这种论文也需要社会科学的技能。

(3)当然，寻找一些例子，让它们与一组类别相匹配并不是难事。除此之外，这篇论文也没有报道异常个案，尽管描述异常个案并进行后续分析是扎根理论的一个主要特征。

(4)我不知道施莱伯的类别(短语与维度)是从哪里得出来的，而且也不清楚它们到底是妇女们的分类(“该研究中的妇女把恢复过程描述为……”(Schreiber, 1996:473)还是研究者的分类。如果是后者，那么研究者并没有给出分类所依据的社会科学理论(如有关自我定义的理论)。如果是前者，你又会觉得缺乏分析，因为它只是把被访者的答案报道出来而已(参见我在第4章中对“超越这份清单”的讨论，以及 Gillbert and Mulkay, 1983)。

15.4.2 都市治疗师

恩格布雷森(Engebretson,1996)报告了对三组治疗师做过的参与观察和访谈研究，这些治疗师都是通过用手发功来“治疗”病人的。她用三个“维度”(环境、互

① 正如我在其他著作中提到的那样(Silveman,2001:110-114)，访谈中的叙述直接反映“经验”这一说法，不会构成访谈研究本身的致命伤。古布里厄姆和霍尔斯泰因指出，把访谈作为局部结构化的叙述形式进行分析，你可以提出分析上和实质上有意思的论点。

动和认知过程）来描述自己的发现，结果是，这种治疗方式在每个维度上都与生物医学疗法不同。

尽管她没有涉及明确的理论，可她并不像施莱伯那样缺乏质量控制。通过详尽的民族志风格的描述，她成功地增强了叙述的信度。正是透过她的描述，我们了解到关于环境、治疗是如何组织的以及是如何开始和结束的。所有这些描述都与现实相关。不过这份观察资料还存在着三个问题：

（1）没有给出资料摘要（或许没有录音，而研究者的田野笔记也没有整理出来）。这意味读者没法考察研究者叙述的优劣。

（2）没有提到记录田野笔记的系统方法及其对资料信度的影响（参见第14章）。

（3）与施莱伯的研究一样，资料的叙述流于简单描述。如果不讨论研究者叙述的分析基础，她的研究报告只不过是一篇新闻报道①。

另外，恩格布雷森像施莱伯一样，也把被访者的叙述分成了许多类别（本研究中的类别包括身体感受、感情经历与视觉形象）。但是，如果没有清晰的分析基础做保证，那么就不存在什么类别标签（参见第13章对CAQDAS软件包中应用类别的讨论）。而且所选择的摘要只能阐明她的观点罢了，她并没有提供任何异常个案来丰富她的分析。

15.4.3　医院中的照料质量

艾鲁里塔（Irurita，1996）对十位病人（在出院1～2周后进行）和十位照顾他们的护士进行了半结构式访谈。她问被访者把什么视为“照料质量”的特征及其原因。

按照她的说法，病人们觉得自己“很容易受到伤害”，她还描述了为保护病人“安全”，病人自己和护士所采取的措施。护士则描述了自己在时间和资源方面受到的约束，这些约束限制了她们对病人的照料。

艾鲁里塔像施莱伯一样使用扎根理论进行研究，特别是她反复使用比较法这一点最能体现扎根理论的特征。她像许多访谈研究者一样，也描述了自己使用的质性研究软件程序（她使用的是ETHNOGRAPH软件）。另外，她还通过把对护士和病人的研究分别独立进行的方式，确保研究质量，因为理论建构是一个“持续的过程”（Irurita，1996：346）。然而在我看来，这项研究还存在着三个严重的质量问题：

（1）“照料质量”是一个规范性类别还是参与者自己给出的类别？艾鲁里塔对这一点没有清楚地说明，但她的内容摘要则暗示，她不假思索地将其视为规范

---

① 这并非批评新闻报道，新闻报道最好的地方在于它可以非常富有启发性。这里仅仅是试图区分新闻报道和社会科学。

性类别[①]。

(2)作者并没有给出访谈提纲,而且和施莱伯不同,她没有给出任何访谈摘要。这样读者就没法知道她是如何研究"照料质量"的,也不知道她是怎样分析资料的。

(3)作者没有给出确定类别所依据的分析性基础[如她只是用"保证安全"来描述被访者的话,而丝毫没有提及戈夫曼(Goffman,1961)对机构中的认同这个问题的论述]。因而,她的发现看上去还是像新闻报道。

15.4.4 围产期的可卡因吸食者

珀尔斯—克罗蒂和斯滕(Pursley-Crotteau and Stern,1996)对九位在怀孕期间吸食可卡因的妇女进行了纵贯研究,并分别访谈了她们。在纵贯研究设计中,他们解决了回忆叙述可能导致的问题,而施莱伯的研究并没有遇到这类问题。

另外,他们还尝试确定一个分析框架(基于"节欲的四个维度"),以便理解这些妇女是如何与成瘾作斗争的[②]。从而,这篇论文便不同于其他三项研究,因为它不是简单地给出(常识性的)类别清单,而是将其融入一个分析框架,这便为建构形式理论提供了可能。这种理论正是格拉泽和施特劳斯(Glaser and Strauss,1967)提倡的,并且与实践密切相关。

不过,很不幸,珀尔斯—克罗蒂和斯滕(Pursley-Crotteau and Stern,1996)还是没能避免其他几项研究犯的错误。具体说来有这几条:

(1)他们把资料摘要当作具有独立意义的内容,并且也没有讨论异常个案(参见第14章)。

(2)他们没有列出向被访者发问的那些问题。

(3)他们并没有把扎根理论当作理论来阅读。例如,他们说扎根理论"可以从行动者的角度提出问题"(Pursley-Crotteau and Stern,1996:352)。但如果所有的研究都是如此,那么它与"人们感兴趣的"新闻或 Oprah Winfrey的节目还有什么区别?

显然,从我自己的角度出发,我在发现许多缺陷的同时,也能在这些质性研究的例子中找到一些优点。表15.4概括了我的几点批评意见:

---

① 注意"照料质量"的界定,在下面这个陈述当中,它并没有被当作问题来处理:"照料质量的传达,虽然被认为对健康照料系统至关重要,但却是一个复杂的,被认识的很不充分的现象"(Irurita,1996:331)。

②

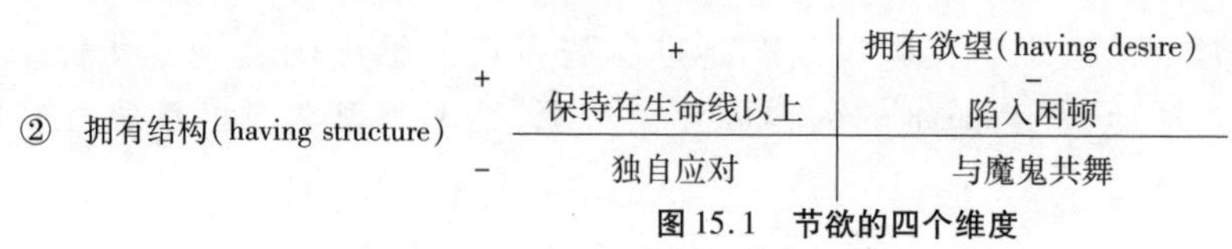

图15.1 节欲的四个维度

来源:Pursley-Crotteau and Stern,1996:360

表 15.4　所选质性研究的若干缺陷

它们似乎都缺乏理论基础：

- 类别通常是参与者自己确定的，抑或过于特别或流于常识，如看上去像新闻报道。
- 有时会不假思索地接受规范性类别。

它们还使用不可信的资料：

- 只提供一些整理后的资料片段（不提供访谈员的问题，也没有说明某个具体答案是在什么情况下从被访者的回答中抽出来的，如在某个停顿后，或出现在以某个单音节词汇开始的回答中）。
- 有时候用研究者的“概括”来代替资料片段。

分析的效度受到质疑：

- 没有提供异常个案。
- 有些叙述是回忆。

在介绍了几项质性研究的缺陷（和成功）之处外，接下来本章会针对前面提到的四个有关“质量”的议题，给出几种解决方案。

15.5　四项质量议题再探

15.5.1　分析深度

> 我们在何种程度上，可以说我们的研究使用了社会科学中的概念工具，进而能有助于建立有用的社会理论？

我的上述批评有一个连贯的主题，即这些研究者常常用几组类别描述资料，这些类别要么是重复参与者自己使用的类别，要么加几句司空见惯的评论在上面。尽管把这种处理办法作为扎根理论的第一步是否合适仍有争议，格拉泽和施特劳斯（Glaser and Strauss，1967）还是立场鲜明地指出，这种描述本身是无法建构理论的。要想建构理论，就需要超越特定的类别标签，并在一个清晰的分析框架中重新界定我们的资料。

正如前文所说，在珀尔斯—克罗蒂和斯滕（Pursley-Crotteau and Stern，1996）对怀孕的可卡因吸食者所做的叙述中，有一点值得称道的是，他们试图建构一个分析框架（基于“节欲的四个维度”），以便理解这些妇女是如何与成瘾作斗争的。按照这种路径，他们把类别融入到一个分析框架中，目的是建构格拉泽和施特劳斯（Glaser and Strauss，1967）所说的“形式”理论。

我在第 7 章指出，最好把理论理解为一组用来界定和/或解释某些现象的概念。接受一项理论的标准是其实用性。

下面的例子说明了这种意义的理论在社会学和人类学中的运用：

- 运用关于“贴标签”的互动论来说明这样的现象：对死亡的关注与“关注背景”相关联(Glaser and Strauss, 1968)。
- 运用具有二元对立性质的结构主义理论来说明这样的现象：一个非洲部落喜欢食蚁兽，这可以建构一个关于“异常”与跨边界体验二者间关系的理论(Douglas,1975)。
- 运用关于积极使用语言的话语分析理论，科学家们描述了他们的研究是如何在具体背景下发挥作用的(Gilbert and Mulkay, 1983)。
- 运用关于描述实践的常人方法学理论来说明这样的现象：验尸官使用常识来判断“自杀”的“原因”(Atkinson, 1978)。

如果不使用这些理论，我们就只能在常识的层面进行阐释，而且可能像艾鲁里塔一样用“照料质量”这样的标签来分类，甚至可能把规范性概念也用到资料分析之中。不过，研究健康问题的学者也像许多其他研究与日常生活有关的问题的学者一样，在进行理论思考时存在着两个困难。首先，他们研究的是“人们”，而不是变量，这可能使研究者将自身的感情投入到研究对象身上，从而无法与他们保持足够的距离。其次，如果你研究的是诸如“健康”这样的领域，而这一领域往往有许多急迫的社会问题，那么你将很难超越对社会状况的常识性理解。

那么，我们怎么才能让姗姗来迟的想象力进行理论思考呢？在第6章中，我讨论了四种敏感性：历史、文化、政治和情境敏感性对于建构社会科学理论有哪些益处。我还会重新讨论这样的问题，即这种有理论指导的研究是否能对实践有所帮助，以及这种研究能否提高社会科学的水平。不过现在，我想先讨论第二个关于“质量”的议题。

15.5.2 我们为什么应当相信质性研究？

> 我们的资料、方法和发现在何种程度上能满足信度和效度的标准？或者说得尖刻一点，我们怎么面对犬儒主义者的评论“随便你怎么说，我可不信”？

如果我们认为，研究中的分析更重要的话，那么任何研究都只有一个要求，即分析上的完整性。这意味着只要强调研究的理论核心便能解决质性研究的效度问题。

除此之外，有时候评价质性研究的质量需要超越传统的方法路径。质性研究的质量：

> 不能由随后指定的公式确定。相反，它的质量体现在，其描述能够展现出一幅关于世界的画卷，在这幅画卷上能够发现一些关于我们自身和人性

的一些东西。(Buchanan, 1992:133)

如果布坎南(Buchanan)说的是,实地研究的主要问题是分析质量而不是样本选取,是访谈格式而非别的东西,那么我同意他的观点(参见 Mitchell,1983)。然而,布坎南对"指定公式"的反对却意味着某种所谓"方法上的无政府主义"的出现(参见 Clavarino et al. ,1995)。

我们在多大程度上愿意与这种无政府主义同行？首先,认为所有的知识和感受都具有同样重要的地位和价值,这是否合乎情理？即使在日常生活中,我们也能把"事实"与"幻想"区分开。那么,为什么科学就要有所不同呢？其次,方法上的无政府主义给研究资助机构带来了消极影响:它们不再资助质性研究,因为即使是支持者也不再谈及信度和效度问题。另外,在这种环境里,我们还会对质性研究的读者(如医学机构、公司、贸易联盟)不把"发现"当回事而感到惊讶吗？

资料的信度应当是任何研究的中心问题。试图根据质性研究中不同的哲学立场而绕过这个问题(如 Marshall and Rossman,1989)是没法令人信服的。正如有学者近来指出的那样:

> 质性研究者对信度是无法强求的。尽管实地研究的长处在于它能妥善处理命题的效度问题,但其结论却无法顾及信度问题。科研人员要想计算信度,就有必要验证其研究程序。(Kirk and Miller, 1986:72)

在第 14 章中,我详细讨论了提高质性研究的效度、信度和概括水平的方法。现在我回到第三个关于"质量"的议题。

15.5.3　只有访谈吗

> 在何种程度上我们偏好的研究方法是在比较多种方法之后选定的？抑或这种方法不过是受时间和资源限制而不得不使用的？抑或它只是不假思索地跟着潮流走？

1996 年,当我正在为一个方法会议撰写论文时,我对近来发表的使用质性方法的研究论文进行了粗略的调查分析。在我自己的专业,健康社会学中,大部分研究都使用开放式访谈的方法。表 15.5 是对 QHR(Qualitative Health Research)中文章的统计。

表 15.5　研究方法的类型(QHR)

	文　章	
	数量	占总数的百分比(%)
质性的访谈	65	71
其他方法	26	29

来源:《质性健康研究》(*Qualitative Health Research*)杂志,1991—1996 年使用质性方法的文章;n = 91

前面讨论的四篇非随机选择的关于健康的研究论文都选择访谈作为其唯一(或主要)的研究方法,而表 15.5 呈现的趋势与之一致。QHR 对访谈方法的钟爱很可能反映了这样的事实,即许多作者都具有护理专业背景,而该专业把开放式访谈视为合适的研究技术和与病人交流时优先选择的模式。

当然,对于这个小小的不具代表性的资料组,我们不应做过多推论。不过需要指出的是,表 15.5 与主流学术期刊对基于访谈的质性研究的偏好并无显著不同。

为检验这一假设,我转而分析英国社会学学会主办的《社会学》杂志。我的发现如表 15.6 所示:

表 15.6 研究方法的类型(《社会学》)

	文章	
	数量	占总数的百分比(%)
质性的访谈	27	55
其他方法	22	45

来源:《社会学》(*Sociology*)杂志,1991—1996 年使用质性方法的文章;n = 49

表 15.6 显示,《社会学》杂志发表的质性研究论文偏好使用访谈方法。虽然访谈方法只是略多于"其他方法"(55:45),但考虑到后者包括了所有非访谈的质性方法,访谈方法的压倒性优势是很明显的。

其他社会科学使用访谈方法的比例可能与之不同。例如,人类学家可能相对多地使用观察法(也可参见我前面对莫尔曼研究的讨论)。不过,我担心把开放式访谈作为质性研究的金科玉律这个决定,被应用到了过多的地方。例如,信息系统(IS)是一个学科,研究的是信息科技对人类的影响。近来在准备 IS 大会的发言时,我统计了多种 IS 杂志中研究论文所使用的方法。在六篇质性研究论文中,有五篇都使用了访谈方法。

我曾在别处讨论了在访问型社会中,这种现象的文化根源(Atkinson and Silverman,1997)。现在我更关注的是它在方法上的影响。

在访谈中,正如赫里蒂奇所说,用研究对象的话"代替对实际行为的观察"是错误的(Heritage,1984:236)。德鲁和赫里蒂奇指出,这直接影响到我们判断何种类型的资料是有用的。大多数质性研究人员都把这类资料当作访谈、焦点组和日记来使用,从而他们试图"进入社会机构的'黑箱',以便了解其内部过程和实践"(Drew and Heritage,1992:5)。然而,这类研究存在两个问题:

- 它假定存在着某种稳定的现实或背景(如"组织"),人们正是对这样的环境做出反应。
- 信念与行动之间、人们所说的和所做的之间存在着差距(Webb and Stimson,1976; Gilbert and Mulkay,1983)。

具有讽刺意味的是，质性研究者对访谈研究的偏爱却意味着他们尊重量化研究者所做的分类。根据这种分类，尽管量化研究把注意力放在客观结构之上，它却无法像质性研究者那样能理解人们的主观世界。

这种分类的不良后果便是，两种研究路径都忽略了人们是如何进行互动的。说得更尖锐一点，这两种研究关注的都是现象所在的环境而非现象本身。

另外，我们也有必要质疑这种说法，即在发生互动的“私人”领域（如家庭生活），观察资料或自然发生的资料资料都“无法获得”。

正如古布里厄姆和霍尔斯泰因指出的那样：

> 我们在家庭之外听到的关于家庭秩序形成的信息和我们在家里听到的一样，都被当作是真实的……从实践上来说，这意味着分析者把私人的和公共的视为经验类别——它们由进行互动的人进行建构和确定——而不是由地理或社会位置来确定……［这意味着］从方法上说，我们不应理所当然地把私密当作特许的通道——因为那些占据私人领域的东西是出于专家的描述，而专家则是其意义的终审者。（Gubrium and Holstein，1995：205）

这种情形表明，我们有必要审视一下那种把开放式访谈作为质性研究的“金科玉律”的做法（参见我在第 8 章对自然发生的资料的讨论）。请注意，这并不意味着拒绝访谈研究。我只是想说，研究者需要说明自己为什么会使用某种研究工具，而所谓想了解人们的“经历”这种说法并不足以说明使用开放式访谈的必要性。

下面我转向最后一个关于“质量”的议题。

15.5.4 研究与实践者

> 我们怎样通过向实践者、顾客和/或决策者报告我们的新发现，才能让有效、可信，并在概念上加以界定的关于保健过程的研究对实践和政策制定有所贡献？

研究工具，如访谈、焦点组和调查问卷，都要求被访者提供事实、观点或经历，它们在诸如健康这种与每个人都息息相关的领域发挥着重要作用。具体来说，它们可以让决策者知道，在某个时刻，其顾客对某种服务的反应如何（参见第 17 章、第 28 章）。另外，访谈研究不同于观察研究或谈话分析研究，它可以很快完成，从而可以给出快速“答复”。

然而，正如我已经指出的那样，一些质性研究缺乏分析上的想象力，从而无法提供逸闻趣事以外的任何信息。当资料的精确性也受到怀疑时，我建议决策者和实践者质疑这种研究提供的“答案”的质量。

由于量化研究通常都很关注信度和效度问题，所以一种回应便是回到纯粹的量化研究中。其实，如果*基于印象的*质性研究是唯一的替代方法，我一定会支持量化研究，如精心设计的调查问卷或随机化的控制实验。

然而,它可不是唯一的替代方法。正如已经指出的那样,无论是由“开放式”访谈提供的“深度”叙述,还是通过实验或问卷方法测量的信息、观点和行为,都不能为人们在日常生活背景中所说和所作的内容提供坚实基础。

举一个医学会诊的例子。在一项对病人的访谈研究中,总共涉及了 50 个发生在英国的会诊。韦伯和斯蒂姆森(Webb and Stimson,1976)记录了医生们是如何例行公事地进行描述的,他们的行动漫不经心,判断也不高明。恰恰相反,病人们却总能理性和敏感地表达自己。

正如韦伯和斯蒂姆森(Webb and Stimson,1976)暗示的那样,如果我们把病人的反应当作是对实际会诊的确切描述,那麻烦就大了。这并不意味着病人们在说谎。相反,通过讲述“残暴故事”,韦伯和斯蒂姆森指出,病人能够把在会诊中没有说出的想法表达出来,也能重新调整医患之间的不平等关系,并进而突出讲述者的理性。同样的,残暴故事也具有戏剧性的形式,从而能够抓住听众的注意力——当要求质性研究者简要叙述其发现时,他们都会注意到这一点。

我曾评论道:

> 斯蒂姆森和韦伯拒绝这一假定,即外行的叙述可以进行社会学解释。[他们也不愿]把行动者的观点视为一种解释,因为这便把常识与社会学等同——这正是懒惰的实地研究者所犯的错误。只有当研究者超越旅游者的眼光,为奇异的文化实践(天哪,这里的行为方式与众不同)感到困惑时,有趣的研究问题才会出现。(Silverman, 2001:289)

再强调一下前面的观点,对病人满意度的访谈研究在健康研究中也有一席之地。这表明,必须用实际发生在会诊中的事件来补充此类研究。幸运的是,我们现在拥有伯恩和朗(Byrne and Long,1976)的开创性研究,以及希恩(Heath,2004)对会诊录像资料的精确分析。正是由于他们的工作,实践者和顾客都得以明了他们此前不知道自己已经具有的互动技巧,以及他们可能不太在意的沟通困境(亦可参见 Silverman, 1987:Chapter 8)。另外,决策者可以在掌握更充分的资料的情况下做出决定,而这些资料不再仅仅是关于被访者的“观点”或“态度”的简要记录。

在具体环境中研究沟通还有一个好处是,研究发现和原始资料都是训练实践者的有用资源。尽管研究者无法告诉实践者应该如何行动,理解行动在意料之中和之外的后果也可以为富有成果的对话提供基础。

15.6 结 论

评价已发表论文水准的能力是一项重要技能,它能帮助你找出实地调查中的差距,从而激发研究的灵感,还能帮助你撰写文献回顾(参见第 21 章)。在本章中,我使用四项“质量”标准,批判地评价了四篇已发表的质性研究论文:

(1)我们在何种程度上,可以说我们的研究使用了社会科学中的概念工具,进而能有助于建构有用的社会理论?

(2)我们的资料、方法和发现在何种程度上能满足信度和效度的标准?或者说得尖刻一点,我们怎么面对犬儒主义者的评论"随便你怎么说,我可不信"?

(3)在何种程度上我们偏好的研究方法是在比较多种方法之后选定的?抑或这种方法不过是受时间和资源限制而不得不使用的?抑或它只是不假思索地跟着潮流走?

(4)我们怎样通过向实践者、顾客和/或决策者报告我们的新发现,才能让有效、可信并在概念上加以界定的质性研究对实践和政策制定发挥影响力?

要 点

优秀的研究要满足下列标准:

- 从理论的高度思考资料。
- 在经验层面得出合理、可信和有效的发现。
- 使用的方法与研究问题非常匹配。
- 对实践和政策作出贡献。

练 习

15.1 在你所在的领域选择一项质性研究,分别按照如下步骤进行:

1. 根据表 15.3 中给出的质量标准评价这项研究(如果你愿意的话,也可以使用表 15.1 或表 15.2 中的标准)。

2. 如果这项研究没能满足所有这些标准,想想该如何改进它,使之符合上述标准。

3. 考虑一下这些标准在何种程度上对你所在的领域适用。你是否会选择另外的或不同的标准?

拓展阅读

State-of-the-art accounts of qualitative research which fit the criteria discussed in this chapter are to be found in David Silverman's (ed.) *Qualitative Research: Theory, Method and Practice* (Sage, 2004). Martin Barker's recent paper "Assessing the 'quality' in qualitative research: the case of text-audience relations" (*European Journal of Communication*, 18 (3), 315-35, 2003) applies the criteria set out in Table 15.3 to research in cultural studies. Good treatments of theoretically inspired but rigorous qualitative research are: Pertti Alasuutari's *Researching Culture: Qualitative Method and Cultural Studies* (Sage, 1995);

Jennifer Mason's *Qualitative Researching* (Sage, 1996); Amanda Coffey and Paul Atkinson's *Making Sense of Qualitative Data* (Sage, 1996); and Anselm Strauss and Juliet Corbin's *Basics of Qualitative Research* (Sage, 1990). The various theoretical traditions that comprise qualitative research are skilfully dissected in Jaber Gubrium and James Holstein's *The New Language of Qualitative Method* (Oxford University Press, 1997). Gary Marx's paper, 'Of methods and manners for aspiring sociologists: 37 moral imperatives' (*The American Sociologist*, Spring 1997, 102-25), is a lively and extremely helpful short guide for the apprentice researcher.

保持联系

第四部分

在第四部分，我将会说明和资料、和“田野里的”被研究者，以及你的大学院系保持互动的方法。我会讨论如何做记录（包括研究日志），田野当中的关系（包括伦理问题），如何更好地利用导师的指导，以及如何取得对研究的反馈信息。

16 做记录

Keeping a Record

读完本章,你将能够:

- 以一种批判性和建设性的方式,记录所阅读的相关领域文献。
- 理解研究日志的特性和功用。

16.1 引 言

做记录看似是一件非常枯燥的事情。它令人联想到枯燥的账目,甚至唤起了这样的画面:狄更斯笔下带着硬领的文员,坐在一间阴郁的19世纪的办公室里,钻研一份账簿。

在这简短的一章里面,我会试图使你相信,认真记录,不是一件枯燥孤独的工作,而是与别人建立对话的方法,它可以是丰富的甚至令人愉快的。要注意的是,这里说的别人,也包括几年、几个月,甚至几天以后的你自己以及你自己的思想。

需要做记录的主要有两个方面,在下文中将得到探讨:

- 关于阅读的记录。
- 研究日志。

16.2 阅读记录

当到了开始作研究的阶段,你很有可能已经建立了做阅读笔记的习惯,使用字处理文档,并把它们按(形成的)主题组织排列。我强调"阅读笔记",是因为从一开始,你就不仅仅是为了"以后的"的阅读而整理书籍或者影印的文章,而是根据自身需要来阅读,这一点很重要。同样,笔记也不应该由大堆的对原始文献写的或者扫描的摘要组成,你要在其中呈现你对所读的东西和(形成的)研究问题的*相关性*的思考。

所以要评价性地阅读,而不只是大段的复制资料。施特劳斯和科宾(Strauss

and Corbin,1990:50-3,此处做了改写)建议,对于质性研究来说,既存文献可以出于五个目的被使用:

(1)*激发理论敏感性*"提供概念和关系,(可以)用以检视(你的)真实资料"。

(2)*提供二手资料*,可以用来对你自己的概念和主题作初步的验证。

(3)*在收集和分析资料期间激发问题的产生*。

(4)*指导理论抽样*"为你如何揭示能够发展理论的重要现象指明方向"。

(5)*作为补充性证据*去解释为什么你的发现支持或者相左于既存文献。

根据施特劳斯和科宾的建议,你应该总是以一系列的问题来分析出版物,例如:

- 都有什么相关发现?
- 相关方法论是什么?
- 相关理论是什么?
- 相关假设是什么?
- 相应的样本是什么?
- 和我现在如何看待研究问题有何关联?
- 为我的研究指出了什么样的新方向?

练习 16.1 给你了一个自我测试的机会,看看你使用既存文献帮助自己研究的能力。需要强调的是,我们不应该在没有预先形成一系列问题的情况下,阅读此类文献。

我并不是说,你只能用一个一成不变的方法去写参考阅读材料的作者和其他的细节。哈佛参考系统只是一个常用的方法而已。它包括作者的姓氏,然后是出版日期,以及你的正文参考到的页码,如下:

Abrams(1984:2);Agar(1986:84)

通过这个办法,你就可以把脚注留给有价值的旁白,而不是(枯燥的)参考文献。详细的信息可以随后以以下形式附在参考书目中:

Abrams, P. (1984) 'Evaluating soft findings: some problems of measuring informal Care', *Research Policy and Planning*,2(2),1-8.

Agar,M. (1986) *Speaking of Ethnography*, Qualitative Research Methods Series Vol. 2, London: Sage.

在第 21 章里面,我将会谈谈如何将阅读笔记整合到论文当中文献回顾的章节里去。当你写到这一章,最理想的是在研究*快结束*的时候,你已经把所有的资料归档了。不过,同样重要的是,你还要记录自己对于文献,还有文献和正在浮现的主题间的关系,所作的不断变化的思考。

16.3 研究日志

我们经常要在当前寻找原来的感觉。这种重写历史(Garfinkel,1967)意味着,如果不是非常仔细,你可能会遗忘研究早期思考的一些重要的方面,而这些东西对于读者理解你的研究是至关重要的。要想清楚地说明自己是如何作出推论的,有一个办法就是作研究日志。

这就避免了给读者呈现出一个"天衣无缝"的想法,它掩盖了你思考的过程,以及思考过程当中的那些挫折和死胡同。就像这样:

> 这种文本可以像侦探小说一样,把那些后来发现是死胡同的、错误的路径呈现出来。(Alasuutari,1995:192)

"天衣无缝"的研究图景还有一个危险,它可能会掩盖你达至结论过程中采用的一些小诡计、小花招、所犯的小错误。保持适当的记录,包括研究日志,可以帮你把推论变得透明——对你也对你的读者们。怀着这种态度,休伯曼和迈尔斯提倡:

> 要以一种容易修改的方式,仔细保留所有的研究资料,从最原始的田野日志,到资料分析,再到最终的文本报告。(Huberman and Miles,1994:439)

作这样仔细的记录,你就可以积累用以形成论文方法论章节主要部分的材料(见第22章)。这也给你的研究引入了一种开放式的和批判的方法。休伯曼和迈尔斯称之为"反身性姿态"。它包括:

> 规范的、持续的、自觉的文件——关于编码方案变化的各版本,概念论证分析……情节——不管是成功的,还是不成功的。(Huberman and Miles,1994:439)

表16.1对研究日志的使用作了一个总结。

表16.1 为什么要作研究日志?

1. 把你思考的过程展现给读者
2. 帮助你去反思
3. 帮你完善时间安排
4. 给日后的进展方向提供思路
5. 在你的论文中方法论章节使用

来源:Cryer,1996:73

下面这个例子有关可以放进研究日志当中的材料。这是泰勒(Vicki Taylor)日志的一段摘录,她在我的指导下完成了博士论文:

VICKI 的研究日志

1996 年 1～5 月

稳步进展

继续抄写摘录。还写了关于研究(每天)的自然进展的章节,HIV 咨询的章节,还有要送呈 DS 评论的规划篇章。

1996 年 5 月

灾　难

硬盘故障——丢失了两章,以及一些没有备份的资料文档!! 还丢失了提议的草稿。

1996 年 7 月 1～5 日

会　议

参加了于 Essex 大学举办的第四届社会科学方法论会议。给整个博士研究计划以及时间表制定了一个框架。

1996 年 9 月 19～21 日

研　讨

参加了 Sarah Collins 组织的谈话分析周末研讨会。这对于我来说是有益的。离开的时候,我感觉对自己的资料以及研究方向很有信心。

1996 年 10 月

绝　望

时间都花在试图恢复数据,找回六个月前曾有的记录上面——令人沮丧!!

1996 年 10 月～1997 年 1 月

暂　停

我觉得自从五月硬盘崩溃以来,几乎一无所成。我花时间出去了一趟,去澳大利亚探望了生病的哥哥。

1997 年 1～5 月

重新开始

录入新的资料——记录 10/14/15,鉴别一些其他的要抄写的记录,并从中确定一些摘录。开始对被建议去看健康顾问的顾客如何反应感兴趣。关键性主题:对其他传染性疾病作筛选性测试的建议;去看健康顾问的建议,以及医生/健康顾问的建议。

这里摘录的泰勒的日志,涵盖了一个研究日志应该包括的大部分内容。也就是(部分摘自 Cryer,1996:74):

- 不同日期的研究活动。
- 所作的阅读(见下文)。
- 资料收集的细节。
- 资料分析的方向,包括“特别的成绩,死胡同,还有惊喜”。
- 你的个人反应。

- 导师的回应和建议。

也可以把研究日志写得更加格式化。比如,在民族志研究当中,区分资料分析和资料本身是很有意义的,对观察的分析可以加上方括号(Hammersley and Atkinson,1983:164)。

要遵循格拉泽和施特劳斯(Glaser and Strauss,1967)的建议,使用更加格式化的方法,里查德森(Richardson,2000:923-49)建议把记录分成四个类别:

(1)观察笔记(ON):"相对确切地表现我的所见,所闻,所感,所体会的,等等"。

(2)方法论笔记(MN):"写给我自己的,关于如何收集资料的信息"。

(3)理论笔记(TN):"直觉,假想……对我所做,所想,所见的批评"。

(4)个人笔记(PN):"对研究还有谈话对象的感觉的陈述……疑惑,焦虑,愉悦"。(Richardson,2000:941)

"没有什么方法是绝对正确的",就像研究的其他方面一样,这个老道理在作研究日志的时候同样适用。无论你是否使用更加结构化的方法,研究日志最重要的地方在于它激励你一*丝不苟*地做记录,并且*反思*自己的资料。就像哈默斯得和阿特金森所说的:

> 建立一个这样的记录……恰好可以形成那种内部的对话,或者思想的外化,反思性的人类学的本质就是这样……而不是不加怀疑地相信某人的理解。这样就使得人去质疑,一个人知道什么,这些知识是如何获得的,这些知识的确定程度,以及他指出了何种进一步调查的线路。(Hammersley and Atkinson,1983:165)

16.4 结 论

作记录包括两个方面,对阅读按顺序作笔记,以及作研究日志。研究日志可以把你的思路展示给读者;也帮你去反思;改善你的时间安排,并给未来研究方向提供了思路。正如我们在第22章将要看到的,通过记研究日志,你还创作了论文方法论章节最主要的部分。

要 点

- 作阅读笔记应该是一个积极的,批判的过程。
- 要持续记研究日志,因为在田野中发生在你身上的事情都是非常重要的资料。

练　习

16.1　下面是一段大约300字的摘录，摘自我的著作《咨询谈话：作为社会互动的HIV咨询》。

1. 读这段文章，并且作笔记（不要超过200字）。笔记要适用于这样的一篇论文，它研究的是专家—顾客交流的性质。
2. 现在重复以上的步骤，不过论文主题变成"有效的AIDS咨询"。
3. 这段摘录，假如有的话，跟你的研究有什么联系呢？要注意这个联系可以是理论上的，方法论上的，也可以是主题上的。这就是说，尽管阅读内容和你的研究主题非常不同，它也可能很有用。

这个对几个后测咨询访谈的讨论，浮现出来三个要点。首先，根据珀拉基拉（Peräkylä，1995）的观点，我们又一次看到，"谨慎"是HIV咨询的一个主要性质。对于顾问和咨询者来说都是如此。因此，那些顾问试图把顾客拉回到测试结果的揭示上来，而假设咨询非常"不透明"的顾客，即便当他们有权决定咨询的议程（就像这里的情况），他们也会拖延作出那些要求马上谈论测试结果的行动（或者，事实上，也有很多人，喜欢直接要求顾问对HIV测试结果的有效性作出解释）。不过，并不像梅纳德（Maynard，1991）和伯格曼（Bergmann，1992）所谈论的调整策略，这种"议程—提议"是在这样的条件下使用的：即将来临的诊断结果很可能是"好的"。

第二，我们已经看到了，当顾客通过引入别的话题，而非测试结果来应对"议程—提议"的时候（例如，自愿讲述自己的事，或者，通常以委婉的方式询问HIV测试的有效性），他们似乎"踢开了"咨询的标准回答方式（例如，信息，以及要求详细说明）。同样的，在预设（在被告知测试结果之前）结果可能有问题的条件下，顾问会作出符合好的咨询标准的回答。

最后，我们论证了，对于至少一个顾客，延迟告知结果是有问题的。正如Ex 7（以及其续篇）所述，这个顾客认为延迟递交他的测试结果意味着，C将会给他一个"阳性"的结果——通过参照HIV阳性患者的"支持小组"。

表面上看，延迟递交测试结果（这一举动）和测试结果及其内容（比如，HIV阴性）是很不相称的，这种不符直接导致了某些相当清楚的实际含义产生（Silverman，1997：106）。

拓展阅读

On keeping a record of your reading, see Anselm Strauss and Juliet Corbin's *Basics of Qualitative Research* (Sage, 1990), Chapter 4. Pat Cryer's *The Research Student's Guide to Success* (Open University Press, 1996), Chapter 7, is a useful account of why and how to keep a research diary. On keeping more specialized notes about your data, see Richardson (2900) and Strauss and Corbin, Chapter 12.

17 田野里的关系

Relations in the Field

读完本章,你将能够:

- 理解进入田野环境的有关问题。
- 讨论“知情同意”以及其他伦理问题。
- 清楚思考你在田野中的关系,它们既是资料的来源又是麻烦的来源。
- 理解对田野中研究对象作出反馈的性质和作用。

17.1 引　言

质性研究者更喜欢接近他们研究的人或者事情。你应该如何对待数周甚至数月“待在田野”的工作呢?你应该怎样应对来自田野的挑战呢——它只是激起麻烦,还是真的可以成为有价值的资料来源呢?

要尝试回答这些问题,你会发现自己已经深入了理论的雷区,这可能有点令人惊讶。“田野中的关系”的意涵,是随着你使用的社会研究模型而变化的。例如古布里厄姆和霍尔斯泰因(Gubrium and Holstein,1997)指出的那样,当自然主义者试图理解田野“事实上是什么”,后现代主义者会说“田野”本身也是一种叙述的建构,它产生于许多种不同的写作方式(见Turner,1989)。

这就很清楚地说明了,“田野中的关系”不能被简单地当作是一个技术问题,可以用技术手段解决。不过,为了让表述更容易一些,我将会从一些实践性的问题开始,然后在本章末尾再回到这个关键的分析性问题。

关于田野研究经常要问到的四个实践性问题如下:

- 要进入田野所在地都涉及什么问题?
- 我需要注意哪些伦理问题?
- 对研究对象作出反馈是必要而且/或者有用的吗?
- 我可以从和研究对象的关系当中获知什么呢?

下面我就逐一解答这些问题。我会把每个问题引向对可能的“解决”之道的探讨,并且举一些个案研究的例子。

17.2 环境与进入

教科书(如 Hornsby-Smith,1993:53;Walsh,1998:224-5)通常都会区分两类研究环境:

(1)"封闭的"或"私人的"环境(组织,异类群体),其进入要受到看门人的控制。

(2)"开放的"或"公共的"环境(弱势群体,公共记录或公共场合),这里是可以自由进入的,但并不是没有实践(比如找到研究者在公共环境当中的角色)或者伦理(比如我们是否应该干涉弱势群体)方面的问题。

根据环境的变化(以及所选的研究问题),可以采用两种进入方式:

- 在被研究者不知道的情况下,"隐蔽地"进入。
- 在告知被研究者的情况下"公开地"进入,并且通过看门人获取他们的同意。

你给别人什么印象,可能很大程度上决定了你是否可以公开地进入:

> 不管人们是不是了解社会研究,他们通常更关心的是研究者是什么样的人,而非研究本身。他们会估计,在多大程度上他可以信任研究者,作为一个熟人或者朋友,研究者能带来什么,或许还有他/她好不好利用。(Hammersley and Atkinson,1983:78)

下面提出了五种获得并维持公开进入的方法:

印象管理

印象管理就是我们在"前台"呈现给别人的东西(Goffman,1959)。就是要避免给别人那些可能对进入有障碍的印象,而要积极传达出一些合适当时情况的印象(见 Hammersley and Atkinson,1983:78-88)。举例来说,尽管我一开始就表现出兴趣来,还是有两次进入都失败了。在 1980 年代早期,在一个儿科诊所里面,一个穿着非常保守的医生,指点着我的皮夹克,说我这是"不尊重他的病人",然后把我赶出来了!在那之前十五年,我还是个稚嫩的研究者,有次午餐当中无意透露出我正在考虑完成博士学位后,离开英国去北美。这种态度在我当时的东道主机构看来,很明显是不合适的,后来他们就拒绝了曾经许诺的准入。后面这个例子想要说明的是,对于田野关系而言,是没有"暂停"的,别人往往会在那些看似最不正式的场合里面对你作出评判。

获得"自下而上"的进入

有时候,忘记这一条,将会付出惨重的代价。比如在 1970 年代有一次,我获得了一个大的地方政府机构的高层的同意进入,但是由于没有对下层人员作出适当的解释,我差点失去了这个机会。这个例子想说明的是,进入不是一个一劳永逸的事情。

不做判断

要想在很多场合被接纳,包括进入某个从事特殊行当或者职业的非正式亚群体,不做判断都是非常关键的。很多社会科学都有相对主义倾向,其研究者都很真诚地声称,他们对特殊群体的价值和实践不会作出评判。但是当你具体研究某种形式的职业行为时,就不会总是这样了。事实上,自认为对"职业权威"和基本沟通技巧略知一二的研究者,很容易不经意地就表现出判断来。不过,这样做不仅仅是对田野关系造成危害,还支持了一个危险的正统学说。

这个神圣的学说就是,人们都是笨蛋(见 Silverman,1997:23-26)。被访者的知识被假定为有缺陷的,事实上,他们甚至可能对我们说谎。同样的,它假定从业者(医生或者顾问)总是没有按照规范的好的职业标准去做。

有了这条神圣学说的豁免,社会科学家都变成哲学王(或王后),他们总是能够看穿人们的主张,而且比别人知道的要多。当然,这种比别人更加优越的假设,通常也使得进入难以获得,如果获得了也是不大成功的。

提供反馈

也有一些被研究者确实需要你的判断——假如这些判断是合他们的意的。比如一些商业组织,让你进入就会期待得到一些结果。下面我会简短地讨论一下。

达成协议

要和被研究者达成协议,让他阅读一份信息清单并获得其同意和建立一份成熟完善的协议是不一样的[见 Punch(1986)对于协议之后的问题的谈论]。

到目前为止,我都没有对"暗中"进入这种情况作出讨论,例如,我们在对方不知情的情况下进入。我们不应该假定,暗中进入必定会对对方造成侵犯。比如说,在曾经教过的一门课上,我要求同学们观察日常生活场景当中人们的眼神交流(见 Sacks:1992,Vol. 1:81-94)。假如学生们对此相当敏感,并且开始避免凝视别人,那么我就观察不到任何问题了。

不过,在另外的一些情况下,暗中进入可能会引发严重的研究伦理问题,甚至会危及研究者的人身安全。例如,费尔丁(Fielding,1982)获得允许去研究一个极右的英国政党,但他还是觉得应该取得官方的准入,然后再辅以暗中的观察(见 Back,2004)。在这种情况下,他使自己处于某种潜在的危险当中,同时还产生了一个道德的两难,他到底应该多大程度上对被研究者和官方权威隐瞒自己的身份呢。在下一节当中,我会继续讨论这类的伦理问题。

17.3 质性研究的伦理问题

就像德国社会学家韦伯(Weber,1946)在将近一个世纪以前说过的那样,所有的研究都在某种程度上受到研究者的价值观的影响。只有通过那些价值观,某些问题才能以某种特定的方式被辨识,被研究。正如韦伯所强调的,对科学的(或者严格的)方法的信奉本身,就是一种价值观。韦伯强调说,一个研究的最终得到的结论或者推论,大都建立在研究者的道德或者政治信念的基础之上。

从伦理的角度来说,韦伯是幸运的,因为他的经验研究都是基于公共领域既存的文献。而对于其他类型的社会科学研究,伦理问题就更为紧要了。比如说不管是量化还是质性研究者,都要思考这样一个难题,如何告知研究对象全部相关信息,而又不会因为把研究问题讲得太详细,而"污染"了研究。

另外,不仅是价值问题,当你研究人们的行为,或者询问他们问题的时候,研究者如何对研究对象作出反应,也是需要考虑的问题。

此类伦理问题,会在两个方面对质性研究者造成影响,梅森(Mason,1996:166-167)对此作出了探讨:

(1)很多质性研究都是丰富的,细节性的,而这也意味着研究者会紧密地涉入研究对象的公共和私人生活。

(2)在质性研究的过程中转移焦点或者方向,意味着在这个阶段可能会产生新的、未曾预料的伦理难题。

要想解决这些问题,梅森建议,你要在形成研究问题的时候澄清自己的意图。要想这样,有以下三种方法:

(1)弄清楚你的研究目的是什么,比如自我促进,提出政治主张,等等。

(2)调查哪些人或者群体可能会对你的研究感兴趣,或者受到影响。

(3)思考如果你要重构研究主题的话,将会对方方面面造成什么影响。

要厘清伦理问题,还有一个程序就是查阅职业团体伦理方面的规定条款。所有的条款都强调一点,在任何可能的时候的,获得"知情同意"是很重要的(见Punch,1994:88-94)。"知情同意"的主要方面见表 17.1。

表 17.1　知情同意是什么

- 告诉研究对象有关研究的信息,由他们来决定是否参与
- 确保研究对象理解你所作的说明(例如,提供以研究对象的语言所写的信息清单)
- 确保参与是自愿的(例如,写书面的同意书)
- 如果研究对象不能自行决定同意与否(比如儿童),要征求其代理人的同意(比如他们的父母)

来源:Kent,1996:19-20

不过,最初的同意可能是不够的,特别是当你要做记录的时候。这类情况下,最好是在资料将如何使用方面,取得更多的同意(见表 17.2)。

表 17.2 研究语言使用问题的同意表范例

在这个研究当中,我们会对你照相,录影或者录音……
请你指出,以下这些资料使用的方式,你同意哪些?
这完全由你自己决定。我们只以你同意的方式去使用这些资料。
所有的记录都是匿名的。
1. 这些记录可以被研究小组研究。
2. 这些记录可以用在发表的学术论文,以及/或者学术会议当中。
3. 书面的誊写以及/或者记录,可以被其他研究者使用。
4. 在对非科研群体作公共报告的时候,可以展示这些记录。
5. 这些记录可以被用在电视上或者广播里。

来源:ten Have,1998: Appendix C

目前为止我回答了最初提出的五个问题中的两个:

- 要进入田野环境有哪些相关的问题?
- 有哪些伦理问题等着我?

不过,直到目前为止我对这些问题所作的回答都是一般性的。那么,现在让我们放慢步子,看一个个案研究的例子。我希望可以借此抽丝剥茧地分析上述重要问题。

17.4 个案研究 I

这个个案研究取自我对 HIV 咨询所作的研究(Silverman,1997:226-8)。它展示了一个质性研究计划的发展轨迹,它随着进入的种类、研究发现,以及和研究对象的不同关系而改变。

1987 年,我获得允许,参加一个英国内城医院生殖泌尿科每周开办的诊断(Silverman,1989)。这个会诊的目的是检查 HIV 阳性患者服用药物 AZT(逆转录酶)的情况。AZT 似乎可以减缓病毒自我复制的速率,当时正处于研发的实验阶段。

正如任何一个观察研究一样,这个研究的目的也是去搜集在自然的情境中发生的社会过程的第一手资料。这个研究不试图对有关人员作访谈,因为它关注的是他们在诊所当中自然发生的行动,而不是他们对自己所作所为的想法。研究者就出现在诊室里面,所处的角度既可以观察医生,也可以观察病人。

研究过程中所发生的事情,下面我就一一道来。我使用了一些指示性的小标题。

获得准许

可以通过乐意这么做的主治医师,取得病人对研究者在场的同意(这是有效的,但是合乎伦理的吗?)。研究的情况是比较敏感的,所以不打算使用磁带录音。取而代之的是做比较细致的笔记。对于各次咨询分页记录。在这个领域,使用观察法并不多见,所以这个研究主要是探索性的。

作出回应

顺着这个思路,我还发现“积极思考”的精神如何在许多病人的叙述中扮演重要的角色,还有医生怎样系统性地把注意力集中在病人的“身体”上,而不是“精神”上。这又引出了一些有关医生和病人努力方向发生分歧的实际问题。

好　运

就在我撰写该研究的时候,在公共资助的健康教育机构(HEA)工作的 Kaye Wellings,给我指出了拓展这个 HIV 咨询研究的可能性。直至当时 HEA 还在资助一个研究,这个研究调查在大众传媒当中投放有关“安全性行为”的信息的有效性。受到 1980 年代末英国的一些 HIV 测试的启发,Kaye 认为,可以长期地观察在作 HIV 抗体测试的人群当中发布宣传健康行为的信息的有效性。

我对这个研究感兴趣有两个原因。首先,这是我的关于艾滋病患者医疗咨询研究的一个逻辑上的发展。其次,它也提供了一个把我感兴趣的东西继续下去的机会。我关注的是专业人员同事之间在实践当中是如何交流的——与课本以及训练手册形成对照。所以,我提交了一个研究计划,并得到了 HEA 从 1988 年底开始为期三十个月的资助。

进入的麻烦

事实上,得到资助只是找到可供研究的 HIV 测试中心这个战役的第一步。要知道那个时候是 1980 年代后期,艾滋病健康工作领域大量充斥着病人和急切渴望了解艾滋病治疗的研究者。且不说这个领域超负荷的问题。还有另外两个因素,使得进入变得愈加困难。首先,要研究这样的一种诊疗,在其中病人被要求暴露自己行为最隐私的方面,无疑涉及许多伦理问题。另外,其他的病人以及政府都担心艾滋病的流行可能会致使这些患性传播疾病的患者,这些以前的“灰姑娘”,他们的医疗资源突然得到巨幅增加。根据以往的经验,资源的增加,会导致艾滋病相关领域不同部门,不同行业之间的势力范围争夺战(见 Silverman,1990)。

所有这些都意味着,进入研究需要花上几个月的时间。一个重要的英国测试中心拒绝了我,他们给我的理由是可以理解的:那里的研究者多得超过负荷了。另外一家,医生允许我进入了,可是后来病人强烈反对我对他们的诊疗进行观察和录音。最后,我们做了一个折衷,我被要求自己去征询病人的同意,看他们是否愿意参加我的研究。可想而知,在这样的情况下,只有极少的人同意了。

再次走运

正当我感到被资助的研究永远也进行不了,我的好运气又回来了。米勒(Riva Miller)和鲍(Robert Bor)同意我进入他们在伦敦的 Royal Free 医院(RFH)所作的咨询工作,这个咨询是面向血友病患者和一般人群的。这样就在两个方面有了重要的突破。首先,米勒和鲍刚刚完成了一本书(Miller and Bor,1988),这本书讲的就是如果在艾滋病咨询工作中使用系统性的方法。另外,米勒和鲍还保有他们的门诊部工作的视频档案,这些档案始自 1980 年代早期。

在我进入 RFH 的基础上,一家大制药公司,Glaxo Holdings plc(现在的 GSK),同意资助我对这些视频档案作一个为期两年的研究(后来增至三年)。我当时是十分幸运的,招募到了来自芬兰的珀拉基拉(Anssi Peräkylä),作为格莱格斯奥(Glaxo)研究的伙伴。安西(Anssi)已经在医院环境当中作出过卓著的民族志研究。得到任用之后,他多少自学了一些谈话分析(CA),使用 RFH 资料在三年内完成了自己的博士学位,并且发表了许多论文,有的是跟我联合发表,有的是和鲍,有时候是他自己独立发表。慢慢的,其他的测试中心也加入到这个项目中来了,而且从美国和特立尼达岛的中心直接得到了很多资料,从道格拉斯·梅纳德(Douglas Maynard)那里也获取了美国 HIV 咨询的资料。

又是伦理问题

在研究开始之际,尤其需要关注相关的伦理问题。直到最后我们止步于这样的方法,让医生自己把这项研究解释给病人(通常要借助书面材料来作解释),并且请他们参与。同意建立在这样的基础上,他们知道,通过在报告或者发表物当中隐藏他们的名字或者其他标志性的信息,所有病人的匿名性都会得到严格的保护。此外,只有珀拉基拉和我,还有少数的几个受过训练的研究者,以及抄录员,有机会接触音频的磁带。而 RFH 的录影带受到了额外的保护——珀拉基拉亲自作转录,这样就把接触它们的机会限制在了我们两个人当中,所以这些录像从来没有做过公开的展示。实际上,它们从来没有离开 RFH 的范围。

方法的偶然性

要研究很多个中心,所以我不可能像早期那样,收集资料的所有时候都在场。我只是分析每个中心送来的录音资料。很快我们就被资料淹没了。这些资料要送到我们的转录员格雷特巴奈(David Greatbatch)博士那里,他自己也是一个非常优秀的谈话分析研究者。

不过,要想得到高质量的转录,而我们的资源又比较有限,要转录所有的磁带是不现实的。我们只是每个中心转录一部分。在这个基础上,根据谈话的某种特征,我发展出"候选假设",比如:健康方面的建议是如何去作,又是如何被接受的。然后珀拉基拉和我会从更多那些出现了有关现象的谈话当中,转录一些案例。

这样,我们就可以修正最初的假设,还可以用一些在资料中积极搜寻出来的反常案例去检验它。总之,我们的方法,跟人类学家还有民族志研究者通常使用的反常案例分析法,有很大的相似之处(见第 13 章)。

现在,让我们回到两个剩下的问题上来:

- 对研究对象作出反馈是必要的而且/或者是有用的吗?

- 从跟研究对象的关系当中,我可以获知什么呢?

我们将会看到,我的案例研究也存有这两个问题。

17.5 个案研究的反馈问题

> 对于从事研究的人来说,一个研究做完了,结果“又能怎样呢?”质性研究者努力传达出的那种难于判断的客观性,很容易被理解为是典型的学术的虚妄之辞。(Wolcott,1990:59)

为了对“又能怎样”作出回答,我为艾滋病顾问们举办了许多研讨会,包括那些没有参加我的研究的人。这个反馈究竟作到什么程度呢?在1989年到1994年之间,我在伦敦举办了四个有关咨询的研讨会(两个在医院里,一个在戈德史密斯学院,一个在皇家医疗协会),还在澳大利亚举办了三个研讨会,在特立尼达岛和多巴哥岛举办了三个,在美国、芬兰和瑞典各举办了一个。此外,每个参与研究的中心都会得到一份有关研究发现的详细报告。

在这些研讨会当中,我们并没有隐藏在科学的中立性姿态当中。我们也没有去指导顾问们,指教他们的“失败”之处。我们只是说明,资料显示出来的,他们所有的交流模式和技术交互作用最后产生的结果。然后,我们会请听众根据他们自己的角度和资源,来讨论他们的行动都有什么意涵。

在我看来,我们的研讨会是成功的,这不仅是因为我们给参与者提供了有关咨询的一些细节性特征,这些是他们自己都没有意识到的。这些特征还揭示出,当在遵循理论性规则的时候,或者努力想要实现目标的过程中,他们比自己通常意识到的要更加的聪明。而他们自己常常意识不到这一点。

不过,比较缺乏经验的研究者可能对给出反馈有些迟疑。针对这种情况,沃尔科特(Wolcott,1990)给出了表17.3当中所列的三种方法。

表17.3 对服务提供者作出反馈

1. 为提出建议,询问一些额外的问题(例如,实际上这个组织的目标是什么?)
2. 辨明一些看似矛盾的目标(比如,医生鼓励病人表达想法,却又作出最独裁的决定——见以下)
3. 找出其他一些可供替代的办法,并且作出评估

来源:Wolcott,1990:60

当然,并非所有的质性研究,都像研究组织或者职业从业者那样,涉及服务提供。在研究非职业性活动的时候,你又可以作出什么样的反馈呢?

重要的是,你要给参与研究的各方以反馈。也就是说,如果你的目标是研究顾问或者医生的活动,你还是需要给顾客或者病人作出一定程度的反馈。要这样有种办法,就是利用现成的网络,比如患者团体,或者社群组织。1980年代早期,当我在研究儿科诊疗的时候,我会和心脏以及糖尿病诊室的病人交谈。比如,我会把资料拿给妈妈们或者患糖尿病的青少年看,告诉她们,面对糖尿病控制时的罪恶感还有少年人常有的叛逆,感到力不从心是普遍的,通常也是难以避免的。

此类的群体可能不容易找,但你会发现,研究参与者很欢迎有关他们自己的资料记录。比如说,一次医疗咨询的记录,是非常有用的备忘,可以使他们记得医生都说过些什么。而对一个访谈全程的记录,也许可以给受访者一个真实可靠的自传式的档案。

现在,从伦理和实践的问题转到方法论问题上来,最后的问题是这样的:

- 我可以从和研究对象的关系当中获知什么呢?

要回答这个问题,不妨先想一想,研究参与者是怎样看待你的身份的呢。以往的研究经验表明,在不同的情况下,不同职业的人对于我的身份还有目的的看法是不一样的,比如,顾问以及医生,还有研究资助实体的工作人员,都会有所不同。不过,我们不能仅仅把这看作是阻碍研究顺利进行的"麻烦",要知道它也是研究组织如何运作的资料来源(见 Peräkylä,1989)。

从和研究对象的关系当中,我们还可以获知什么呢,下面我将以性别为例作出说明。提出一些一般性的结论之后,我会提出第二个案例研究的例子。

17.6 个案研究中的性别

几乎芝加哥学派的所有"经典"著作都是男性所作,那些最后在学术体制当中晋职成为教授的人也一样(见 Warren,1988:11)。田野工作者的性别本身,也日渐成为观察研究的一个关键因素。受访者会对男性和女性研究者说不同的事情。比如,一个对裸体海滩所作的研究,人们会对异性访谈者强调他们对"自由和自然主义"的热衷。相反,如果研究者和被访者是同性,人们会更多地讨论他们在性方面的兴趣(Warren and Rasmussen,1977,Warren 报告,1988)。

还有那些长期处于田野中的研究,人们也容易根据研究者的性别作出不同的反应。尤其是在农村社区当中,年轻的、单独的女性可能会被排除在很多项活动之外,而且会受到很多提问。相反,也有些时候女性能够得到进入的特权。例如,奥伯勒(Oboler,1986)提到,她的怀孕使得她和肯尼亚研究对象更加亲近。沃伦(Warren,1988:18)则指出,女性可以利用那些大男子主义,它们假定只有男人才能进入"某些重要的场合",把这作为一种资源。同样的,男性的田野工作者也可能会被排斥,或者排斥在某些场合与女性受访者接触(见 McKeganey and Bloor,1991)。

如果田野工作者没有报告或者反思到,性别对于田野工作的影响,就有可能危及研究。例如,在一项对大型地方政府机构的研究当中,尽管做了探讨,但我们没有报告不同性别的研究者获得进入的不同情况(Silverman and Jones,1976)。此外,尽管女性研究者的研究角色问题开始被日益强调,却很少有人注意男性研究者的性别角色问题(McKegancy and Bloor,1991:198)。

不过,这里也存在走得太远,给性别问题赋予太多的重要性这个可能。麦克贾尼和布卢尔(McKegancy and Bloor,1991:198)指出了两个重要的问题,涉及田野中的性别的意义。首先,性别的影响是可以通过跟回答者的协商得到改观的,而不是一成不变的。第二,我们应该拒斥"把性别当成是普适的解释"(McKegancy and Bloor,1991:196)。

麦克贾尼和布卢尔建议说,其他的变量,比如年龄,社会阶层,而不仅仅是性别,在田野中都有可能是重要的。同样,我也赞同金格洛夫(Schegloff,1991)的看法,认为我们应该说明研究参与者行事时的确受到了性别的影响,而不应该只和我们自己的直觉以及统计关联打交道。如果从一个极端走到另一个极端,像早期的研究者那样,忽略研究当中的性别问题是不正确的。对于田野工作者来说,对自己观察的基础和处境作出反思是义不容辞的。显然,反思研究者和研究对象如何基于性别作出行动,可以帮助我们洞悉田野中的事实。实际上,如果我们意识到那些想当然的东西可能是具有文化和历史特殊性的,就会把研究做得更好。就像沃伦所说的那样:

> 田野研究中的性别迷思,更多的关乎交流的技巧,而不是一种对女性田野工作者的威胁。(Warren,1988:64,斜体强调为本书作者所加)

正如沃伦所言,重要的是,不要把类似的假设视作是"被揭示出来的真理",而要当作是历史性的"解释"。

下面要讲的第二个个案研究就是一个例子,说明了性别如何与田野研究相关。

17.7 个案研究 Ⅱ:东非田野中的性别问题

赖恩(Ryen,2004)使用观察法、面对面访谈,以及电子邮件访谈,对东非的商业进行了研究。她对亚裔企业家的活动和身份感兴趣。

赖恩的研究在三个方面算是越界的:

- 在不同的文化、国家当中作田野研究。
- 所研究的企业家,他们的行为十分随意,并不符合"西方的"组织模式。
- 作为一个女性研究者,要研究男性商人,他们会经常试图去检验双方关系的边界。

摘录 17.1,摘自赖恩的田野笔记,从这可以看出来,在这样情形里会产生多么复杂的问题。

摘录 17.1

[今天最后我们在报告人的办公室做了一个三个小时的交谈。以下是交谈内容的摘要]

Mahid：今天有一些美国扶轮社的会员来我这里访问。我们晚上会共进晚餐。我想邀请你也来。

Anne：谢谢你，这样就太好了。

Mahid：我去旅馆接你吧。

Anne：谢谢你。不过我们有一辆车，也有司机。

〔晚饭的时候，Anne 发现自己被安排在 Mahid 的旁边，他时不时地向她倾身，并且低语〕

Mahid：我可以约你明天一起去跳 disco 吗？

Anne：哦，我在这边还从来没有去过 disco。是不错，不过不幸的是我们明天下午要离开。

赖恩说，在她在东非做田野调查的时候，受到诸如此类的约请，比她研究西方商人的时候更加频繁。仅仅从比较功利性的角度出发，这样就有机会获得更深入的民族志资料，所以，她也不愿意错失良机。与此同时，就像在摘录 17.1 中那样，她也反应迅速，划清界限，找一些“好”理由，来拒绝可能会被定性成“约会”的活动邀请。

如果这类约请变得更像是明确的“调情”，事情就变得更为棘手了，就像摘录 17.2 表明的那样，这是一个对亚裔商人（Patel）所做的访谈：

摘录 17.2

Patel：你就像一台 Sony 收音机。你知道 Sony 收音机吗？

A：是的。多年前曾经有过一台。

Patel：我现在还有。你打开，我也打开(6.0)，然后它就到了一个完美的频道(4.0)，哦(4.0)，这简直太棒了(8.0)。（译者注：此处双关语 turn on 被译为打开，开启收音机，它也有开始，变得兴奋的意思。）

A：这真是恭维话。

Patel：那样实在是太棒了。

A：即使我正在作访谈吗，嗯？(3.0)

Patel：对啊。问题不在你访谈的那一方，问题在你那里啊。

A：哦，是么，怎么说呢？

Patel：不，不是说你是故意的。我只是觉得你很有吸引力啊(3.0)。

Patel：还好吗？

A：谢谢你，你让我今天……

Patel：这是我的方式。那些家伙看女人的方式可能就不一样，他们观察你，他们可能会觉得你是个女神。

A：（笑）那你觉得我是不是应该惩罚他们呢？

Patel：你可以啊。

A：好，这是个好主意。

赖恩(Ryen,2004)把这种状况称为“漫不经心的调情”。Anne 配合 Patel 的调情,把它变成一种互相调侃的有趣的游戏。这样一来,就表明了她可以以一种轻松愉悦、相互打趣的方式,维系和报告人之间的关系。

赖恩的资料告诉我们,研究者应该如何平衡田野当中的亲密和距离。从某种意义上讲,她在从事一种“情感工作”。这么做不一定能提供“更好的”资料,但是如果这么做可以延长双方关系的话,那就可以提供更多的资料,而且为收集不同的资料提供了类型更广的情境。所以,第二个案例教给我们,如何从和研究对象的关系当中获知一些事情。

研究者试图把田野关系当作一种资料,还有一个方式,就是寻求并回答研究参与者对研究所作的评论。回到第 14 章一开始我提出的问题,研究对象对研究反馈的回应,是不是一种确证研究结果的办法呢?

17.8 反馈作为一种确证

里森和罗万(Reason and Rowan,1981)批判了那些害怕“研究对象的经验污染资料”的研究者。反之,他们指出,一个好的研究,会把探索性的结果反馈给被研究者,并且会根据他们的反应作出修正。

布卢尔(Bloor,1978,1983)在其对医生诊断的研究当中,就是这么做的。布卢尔(Bloor,1978)探讨了三种程序,可以用以确认参与者的反应:

(1)研究者尝试预测研究对象的分类,在真实的研究当中要用到这些分类(见 Frake,1964)。

(2)研究者为研究对象准备好假定的情况,并预计他们的反应(见 Frake,1964)。

(3)研究者给研究对象提供一份研究报告,并记录他们的反应。

在对医生诊断扁桃腺炎的研究当中,布卢尔使用了第三种方法。不过他没能确定医生们对研究报告的反应。所以,医生们是不是对与自己日常所关心的问题无关的发现感兴趣,这一点还不清楚。费尔丁(Fielding and Fielding,1986)二人有效地处理了布卢尔的问题(Bryman 也批评了把反馈作为确证的做法,1988:78-79)。他们承认,研究对象都有一些额外的知识,尤其是那些有关自己行动的脉络的知识。然而:

> 不应该假定研究对象对解释自己的行动有某种优先的地位……这一类的回应,不能够直接对研究者的论断构成确证或者驳斥。诸如此类的所谓“确证”,不如给当作是另外一种收集资料的来源或者视角。(Fielding and Fielding,1986:43)

我还可以补充一点,即使用反馈对研究进行确证这种做法是令人高度怀疑的,我们还是不应该忽视它的这一功能:它可以帮助维系和研究对象间的关系。不过,这个作用不应该和确证研究发现混为一谈。

此外，正如布卢尔指出的，通过被研究者的反应确证研究这一方法，虽然受到质疑，但并非毫无价值。即便没有确证研究报告，它们也能提供更多的材料，而这些资料经常可以为进一步的分析开辟非常有意思的道路（Bloor，1983：172）。

17.9 结 论

我们把被访者的讲述当作是一种“说明”，这就是对社会现实的运转采取了建构论的视角。反之，实证主义视角可能更关心一个叙述的偏颇程度，而情感主义者可能会把此种反馈当作增加研究发现的真实性的一种办法。因为，正如本章开始所指出的那样，“田野中的关系”这个问题，是充盈着理论假设的。

所以，本章想要说的就是，要把涉入“田野”当作是一个珍贵的机会，可以分析性地理解人类互动的种种真相。这不仅仅是一次令人兴奋的（或者无聊的）逃离，逃离学术生活的规程，这也是一个重要的机会，它为你揭示，数年的教育能否给你提供一个有用的棱镜，通过这个棱镜，你可以重新审视外面的世界。

要 点

这本章中，我对田野工作涉及的四个实践问题作出了探讨：

- 要进入田野所在地都涉及什么问题？
- 我需要注意哪些伦理问题？
- 我可以从和被研究者的关系当中获知什么呢？
- 对被研究者作出反馈是必要而且/或者有用的吗？

一言以蔽之，我强调了“田野中的关系”是渗透着理论的。因此，它并非简单的通过技术手段就能够解决的技术问题。

练 习

17.1 参考你的研究笔记当中有关田野中的关系的部分。回答下列问题：

1. 你的田野工作出现了怎样的“成功”和“麻烦”？

2. 你将如何把这些事件作为资料？

3. 你使用了何种理论思想作为帮助（如果你需要帮助，参考 Peräkylä，1989；Mckegancy and Bloor，1991；Ryen，2004）？

17.2 把你察觉到的研究中出现的伦理问题列出来，然后说明你是怎样解决的。

然后把你的论述以及田野日志，交给你的导师或者伙伴同学，询问他们对你如何辨识伦理问题（a）以及如何解决（b）是否满意。

拓展阅读

Hammersley and Atkinson (1983: 54-76) provide a useful discussion of the practicalities of obtaining access to individuals, groups and organizations. A more introductory account of these issues, appropriate to the undergraduate researcher, is found in Walsh (2004). Fielding (1982), Ryen (2004) and Back (2004) provide very interesting accounts of the perils of field research in tricky settings. Issues of ethics in qualitative research are well discussed in Jennifer Mason's *Qualitative Researching* (Sage, 1996), Chapters 2, 4 and 8. Peräkylä (1989) and McKeganey and Bloor (1991) provide revealing accounts of the negotiation of identity in fieldwork. Before you contemplate taking your findings back to your subjects, you should read Bloor (1978, 1983).

18 导师的利用

Making Good Use of Your Supervisor

读完本章,你将能够:

- 认识到导师的指导当中可能出现的问题。
- 了解你可以期待导师做什么。
- 明白导师期待你做什么。

18.1 引 言

在过去的三十年当中,大概有二十五个学生在我的指导下完成了他们的博士学位。我不太清楚确切的人数,是因为我的电脑硬盘在前不久坏掉了,履历表丢失了(这对我们都是一个教训,谨记数据备份!)。

可以肯定,一些学生跟我作研究比另一些学生更加愉快。同样的,我带不同的学生,愉悦程度也是不一样的。在最好的情况下,学生的工作激发了我,使得我能够产生好多灵感和火花。也有些时候,我觉得自己很笨,丧失了好的想法,也许我还得承认,我有点烦。

我认为,我的指导水平这些年来也在不断地提高,因为我经验更丰富了,而且也更加注意选择所带的学生。到了职业生涯的最后,我会拒绝那些硕士不是由我指导的学生。这样,才能确定我的博士新生已经学会了我喜欢(他们)的工作方式。

现在,我仅仅局限于在博士研讨会上作一次性的指导。这些研讨会通常在斯堪的纳维亚的大学里面,参与者是商学、社会学和社会政策的学生们。这些学生只是提交给我一份关于他们研究的简单概要,并把一些问题交由我来回答。我希望可以激发他们产生一些新的东西,但是,更主要的还是取决于,在他们的母校或者本学科内,新的想法会不会被接纳(或者甚至被欣赏)。在本章中,我会分享一些自己的经验,希望对你们有所助益。

本章的安排是这样的:

- 关于指导的可怕故事(这个也许在一开始会把你吓住)。
- 学生和老师各自的期望是什么。

- 指导的早期阶段。
- 指导的后期阶段。
- 好的制度安排的标准。

18.2 关于指导的可怕故事

英国学者,小说家布拉德伯里(Malcolm Bradbury)曾经写过"三次会面的导师"(Bradbury,1988)。第一次会面,这个导师告诉你你将要研究的课题。第二次会面已经是三年后了,这一回你把论文交给了他。第三次会面发生在一次通话之后,在这个电话中,你的导师告诉你,他把你的论文弄丢了!

当然,这个故事是有点滑稽的。不过,就像所有好的喜剧一样,这里边也有事实的成分。回到1960年代,许多英国大学的博导是有点这个意思的——我自己作学生的经验为证。

不幸的是,即便到了今天,有关指导的事情也不全是甜蜜和光明的。在表18.1中,你可以找到一些最近发生的可怕故事,都摘自英国报纸《保护人》(*Guardian*),2000年到2003年的高等教育版。

我希望,这些恐怖故事跟你自己的经历不会有哪怕最细微的吻合。如果你刚刚开始学业,让我再一次地跟你保证,至少到目前为止,像这样的情况都是比较例外的。这不仅是因为,一般的导师都受过更好的训练,也是因为,他们还会受到院系的监督。

不过,这样的故事强调了一件事:关于论文的写作,差的结果通常意味着差的指导。

在后面我们会探讨好的指导的标准。不过我们先来看看学生和导师相互期待的都是什么。

18.3 学生和导师的期望

菲利普斯(Estelle Phillips)选择"作为一个学习阶段的博士"作为她的博士论文题目。她的部分发现,以菲利普斯和皮尤(Phillips and Pugh,1994)的名义发表。虽然她的资料都来自英国,但是我认为,她的发现也适用于其他地方的博士生。

表18.2列出了Phillips所发现的博士生的期望。

表 18.1　有关指导的恐怖故事

- 所有的事情好像都不对劲。我的导师是个恶棍，我跟他吵过架。我们最终的争执是关于工作安排的：我因为早上来得晚受到责罚，可问题是我晚上常常工作到九点。我开始承受焦虑和压抑。我抽出一部分时间来，结果使得一切更加糟糕了。
- 眼看着我就要完成我的博士学业了，我的导师换了工作的大学。我孤立无援，只得靠自己一个人的努力完成研究。不是我现在才觉得他不好，我们有时候好几个学期也不谈一次话，我甚至不记得他上次指导我是什么时候。
- 我们系发生了人员大变动，大部分教授都会在一到两年内离开。我跟过三个导师，一个比一个差。我的第二个导师离开后，在我的第三年里，我由一个对我的研究领域一无所知的人来指导。三个导师都试图把我的研究转向他们个人感兴趣的题目。每一次变更题目，都有一些不确切的传达(miscommunication)，还有一些行政操作之类的事，以确保他们不会因为我这边进展缓慢而遭到责备。
- 我的导师鼓励我担负起教学的责任，结果最后他的一些课由我来上。私下里，他对我的教学任务之重感到同情。但是在进展会上，他会责备我花了太多的时间准备教学，而我应该专注于作研究的。
- 致使我离开大学的是一个私人的原因，这也是我最糟糕的经历。我订婚了，我的导师说如果在四月前交上论文的初稿，我就可以回家结婚。但是我的导师换人了，第二个导师拒绝我离开一段时间的请求，还说这个决定全是为了我好。
- 我告诉我的导师，我要投诉他对我的指导工作，而只得到了这样的回答："你可以去投诉，但你在科学界不会有前途了。"
- 这个系的理念就是，如果你不出众，就走人。
- "一个人是否真正的在做研究?""研究应该如何来做?"我的经验告诉我，大多数学术机构对以上这些问题已经不再去追问，他们也不去评价一项研究需要多大的贡献才能被评价为具有原创性和应当如何去做一项研究。
- 我导师写的评语永远就只有这么几条，"很棒"，"不错"和"可能需要重写"。

来源：Guardian(Education Section), 25 September 2001, 23 October 2001 and 18 March 2003

表 18.2　学生的期望

- 被指导
- 预先研读过导师的作品
- 在需要的时候可以找到导师
- 导师友善，开诚布公，支持你
- 可以得到有建设性的批评
- 导师在你的研究领域有丰富的知识
- 导师对你的课题感兴趣/感到兴奋
- 以后导师可以帮助你找到好的工作

来源：Phillips 和 Pugh，1994：第 11 章

表 18.2 列出的学生的所有期望,在我看来都是十分合理的。如果你发觉导师并不能满足诸如此类的期望,那就需要尽早引起注意了。

不过,你也应该知道,导师也会对你有一些期待。表 18.3 会在这个方面给你一些好的指导。

表 18.3 导师的期望

- 学生可以独立研究
- 不要总是递交初稿
- 学生可以出席"常规的"会议
- 学生对他们的进展诚实相告
- 学生会听从建议
- 学生对自己的工作感到兴奋
- 学生能够给他们惊喜
- 可以愉快相处

来源:Philllips 和 Pugh,1994:第 8 章

我怀疑表 18.3 可能会包括一些你从来没有考虑过的项目。但是,事实就是这样,这些确实都是你的导师希望你乐于去做的。他们大多希望能够被学生激发,从学生身上学到东西。这样的期待当然可能跟你的期待大相径庭。现在我们就来探讨,你的期待怎样才能转化成(好的)现实。

18.4 早期阶段

攻读博士的最初几个月是关键的。如果你没能有个好的开始,到后来再扭转局面会是十分困难的。以下是一些需要考虑的地方:

- 选择一个导师:理想的情况是,你应该选择一个方法取向还有兴趣都跟你相近的老师。你可能读过他的作品,最好是上过他的课。还可以选择去看一篇此人指导的论文的全文。试着避免被简单地指派给某一个导师。还要试着预先了解,你未来的导师是否有远行或者其他职业变动的计划。
- 你是不是需要联合指导:如果你的工作涵盖了一个以上的领域,有两个导师是不无助益的。不过,要小心!两个导师都假定另外一个在指导你,这种情况在联合指导当中并不少见。所以最好确定一个计划。
- 读博的同时兼当研究助理或者助教:有时候你会被期待帮导师做一些研究,或者在院系里做教学工作。在这样的情况下,要对工作范围还有你可以得到的支持和帮助,都有一个明确的安排。
- 获得早期的指导:在较早的阶段,你应该希求大量的帮助。不要被一个读书单和一份三个月的任务指派搪塞过去了!你要要求少量的任务还有每周的会面,以

建立自己的信心,并且找到方向和感觉。

- 保持消息灵通:在最初期的阶段,你应该接受院系的训练计划安排,并且保有你作为一个学生的权利和责任。

18.5 较后期的阶段

最初关键的三个月到六个月过了之后,你应该在导师的帮助下,逐渐不再完全依赖于他。随着你更加自信和独立,导师应该鼓励你相信,你对于自己的课题所知比他们要多。以下是一些在这个阶段比较重要的问题:

- 使你的写作更加的专业化:导师应该帮助你改变写作风格,使之更加趋近于学科领域内专业期刊的风格。比如,这可能就意味着鼓励你删去那种本科生式的、枯燥乏味的文献回顾,而以更"经济地"方式使用一些概念。几个适用于资料的概念(甚至只要一个)比到处进行的资料分析更有价值。
- 自信:要想写得如此简练,你需要有自信,这就需要导师的支持。也要有人在合适的时候告诉你,你的工作达到了所攻读学位的水准。
- 设定最后期限:期限和任务常常搞得学生神经质。不过,我敢保证,如果没有它们,你会失去方向。因此,每一次的指导都要设定一个合理的目标,还要对完成目标的日期达成共识。
- 和其他的学生一同工作:和导师的关系不要太过局限。也可以期待在相关的会议或者网站方面得到建议。在研究训练的过程当中,你还会碰到别的学生。找那些跟你有相同的研究主题,或者使用的概念和资料与你近似的学生。然后和他们讨论。如果让导师安排有他带的学生共同参加的会议,那就更好了。
- 学习"技巧":美国民族志学者霍华德·贝克尔,基于自己指导学生的长期经验,提出了一些有用的技巧,通过这些技巧,导师可以更好地为你所用。如他所言:"技巧可以帮助解决一些常见的麻烦,对于那些看上去很棘手和顽固的难题,它给你提供了一些相对简单的解决之道。"(Becker,1998:4)(部分技巧见练习18.1)。
- 发表方面的建议:到了后期阶段,在这些方面,导师能够给你好的建议:你的某些研究适合向哪个刊物投稿,在这种情况下,你又该如何组织陈述(见第27章)。
- 演练答辩:最后,让导师给你作答辩的演练是合理要求。

所在院系的制度性结构如果好的话,应该便于导师给学生提供很多支持。我将以探讨这类好的制度性安排作为本章的结尾。

18.6 好的制度安排

作为一个研究生,你有权要求如下的制度性结构。尽管不同学科、不同国家会有不同的制度安排，不过依我看，以下应该是最低标准：

- 应该举办会议，解释有关研究生训练的事宜，而且，在这个会上，你应该可以碰到本院系的新老研究生。
- 有研究生委员会，你会知道主席是谁，而且能够找到他。
- 一个对导师的指导和研究生的训练作出安排的手册。这个手册应该列出培养的要求，以及研究生的权利和义务。它还应该告诉你，如果你想更换导师或者你和导师之间出现了争执，应该怎么办。
- 对每一个学生的指导结束后，都要有书面的备忘录。备忘录的内容要得到老师和学生双方的同意。
- 有得到老师和学生双方认可的年度报告。这些将会送交院系的研究生委员会评审。

18.7　结　论

在过去的几十年里，研究生的数量激增。这有一个显著的后果，那就是对研究生的指导越来越被看作是一项职业的技能，需要训练和监督。

当然了，博士，甚至是硕士学位，永远都不是批量生产的流水线下的产品。我希望这样的过程中，总有灵感和横向思维的一席之地。但是，智识成就方面诸如此类的特质，并不能代替制度性结构。制度安排要给学生提供适当的支持和指导。我们希望布拉德伯里笔下那个只会面三次的导师，已经成为过去了！

要　点

- 有些学生对于接受指导有过不愉快的经验。通过理解是什么导致了这些“恐怖故事”的发生，你要避免这样的事发生在你身上。
- 对于导师可以给你提供什么，你有一些要求是合理的(还要知道，如果这些期待不能得到满足，你应该怎么办)。
- 导师对你也有一些期待。去了解这些期待都是什么，然后试着去满足。
- 你所在的院系应该有培训和监督研究生指导工作的制度设置。

练　习

18.1　以下这些练习，你也可以让你的导师做做看看：

1. 试着去说明你的研究，“不在做什么”，以此帮助你更好地认识你目前所做的工作。

2. 对你已经作出的结论提出质疑，问“否则又会怎样”，你将会发现，有些你以为永远不可能发生(在你的研究上)的事，随时都有可能发生。

3. 给你一个较小的任务,这个任务要求你从一个情况或者资料出发,逐渐把它理论化。通过你对任务的完成,洞穿你的研究的理论特性(摘自 Becker,1998)。

拓展阅读

Estelle Phillips and Derek Pugh's *How To Get a PhD* (2nd edn, Open University Press, 1994) is a goldmine of practical advice. For an American guide, see Kjell Rudestam and Rae Newton's *Surviving Your Dissertation* (Sage, 1992). Howard S. Becker's book *Tricks of the Trade* (University of Chicago Press, 1998) is a beautifully written account of a lifetime of helping research students to think critically.

得到反馈 19

Getting Feedback

读完本章,你将能够:

- 理解反馈对于研究的重要性。
- 能够识别并且组织获得反馈的机会。
- 通过在心中预设潜在的读者来塑造自己的作品,理解这样做的特点和重要之处。

19.1 引 言

分析研究资料,撰写研究发现,从来都不是一个人单独完成的活动——虽然看起来好像是这样的,我们一个人坐在电脑前,劳动数个小时。实际上,研究意味着进入一组社会关系当中。其中包含了这样一些关系:指导者——被指导者,学生——学生,学生——更广泛的学术共同体成员,还有研究者——田野里的被研究者。

正如我们在前几章的讨论中所见,这些关系不应该仅仅被当作是潜在或现实的"麻烦"来源。事实上,它们也是重要的资源,帮助我们去洞察自己的研究技巧运用得究竟怎么样。有效的反馈也是研究的重要资源。有两个心理学家这样说:

> 在可控的、没有威胁的环境中,成人在践行和接受反馈的时候,学习效果是最佳的。所以要力求这样的原则:和论文计划相关的程序、技术、技巧,等等,这些东西都不应该是你在那儿才第一次练习的。(Phillips and Pugh,1994:52)

当写作开始枯竭的时候,没有威胁的反馈也会对你有用。我们都会有思维枯竭的时候,所以不必绝望。如果你无法面对反馈,完全停止工作一到两周,会对你有所助益(Ward,2002:96-100,有更多关于思维枯竭和解决之道的讨论)。

在本章中,我将会探讨得到反馈的两种办法:

- 写草稿。
- 作口头陈述。

19.2 写　作

大学当中比较标准的做法是这样的，研究生定期向导师提交有关既定主题的论文，最终完成一个获得审核的研究。导师给你一些建设性的反馈，可以帮助你的文章攀升到更高的高度。不过，反过来，如果反馈十分有限，甚至是破坏性的，那么你的整个工作都会受到威胁。

所以，交上去的论文遭到了导师的严厉批评，你就应该要求他说明应该如何改进，并且给你提出一些实用的建议，而不只是给出一些含混的、一般性的意见。比如说，如果只是要你“更加具有批判性”，或者“更加缜密”，可能就不会对你有什么帮助。而如果做一些具体的建议，比如提出一个新的主题，或者针对既有主题提出一个新方法，对研究都会是个有力的推动（见第 18 章）。

不过，导师并不是唯一一个能对你的研究给予反馈的人。你的同学，尤其是那些研究领域相似的人，应该是很乐于给你提出建议的。反过来，他们也借此获知了相关的研究，而且还可以在你这里验证自己的想法。

有时，你需要主动迈出第一步，来发起一个同学相互支持的群体。也有些时候，导师会组织研讨会，让研究类似主题或者使用类似研究方法的学生，在会上报告并且讨论各自的资料。就像我原来所作的那样。不管是哪种情况，你都有机会在一个不会有什么威胁性的环境里面，检验自己预设的想法。

写给同侪看，或者说给他们听，都是非常好的做法，可以帮你给自己的论文做个准确的定位。写下自己的第一篇严肃研究论文的时候，常常会受到巨大的诱惑，试图通过使用专业语言来达到一个很高深的水准，以此给导师留下印象。不幸的是，这么做往往会导致这样的结果：那些笨拙的行话遮掩了你真正想要论证的东西，并且把你的读者搞糊涂了。

谈及撰写论文，沃尔科特讨论了写作定位的问题，说得很明智：

> 写给同侪。要有这样的定位，你是写给对此并不了解的人看的。写论文的时候，心中预设的读者应该是一个研究生同学，而不是学术共同体里渊博的学者。写给并不了解你即将进行的研究的多数人，而不是少数懂的人。（Wolcott，1990：47）

表面上看，沃尔科特“写给同侪”的告诫像是一种逃避，实际上并不是这样。对于很多学者来说，要写得很明晰，使得专家以外的人也能看懂他的作品，是最难的事情了。事实上对于一些研究者而言，最不容易把握的就是，写作要为读者量身定做。也就是说，要考虑哪些是读者已经了解的，他们又想从你这里知道些什么。实际上，这也适用于口头陈述。

19.3 演 说

利用一切机会报告你的研究,不管是同学之间的非正式会议,在感兴趣的外行人面前,还是领域内的学术会议,各种场合都可以。注意“征文启事”,定期去查看发布这些信息的地方。

当你讲话的时候,也要为听众量体裁衣。在我学术生涯的早期阶段,我受邀在另一所大学讲我的研究。我当时已经领悟到,要针对不同的受众做不同的演讲,所以准备了两个不同的讲话来报告我的研究。一个非常专业,而另一个比较业余。不幸的是,到了那一天,我对听众判断失误,带错了发言。面对着一群重量级的专家,我感到没有能力去作即兴的演说,只得报告研究的“米老鼠”版。

直到现在,我还会逃避去回想那次经历。不过有了这次尴尬的失败,我至少可以部分地调整自己的做法:开始尝试针对心里预设的某个受众,准备我的谈话(见 Cryer,1996:133)。就像我们会针对特别的对象(比如孩子,顾客,等等)设计日常的谈话一样,口头报告也需要针对对象来设计。马克斯(Marx)是这样说的:

> 要记得你正在对谁讲话,对于这个话题,你跟听众的诉求分别是什么,要针对听众调整你的讲话。(Marx,1997:107)

马克斯认为这一点是很清楚的,对于领域内的专家,你的研究的参与者,还有非领域内专家的一般性学术听众,你会想要给出不同类型的报告。对于不同的听众,你的讲话应该选择不同的焦点(比如,理论,方法或者是事实),还要调整语汇的使用(见 Strauss and Corbin,1990:226-229)。

不过,仅仅根据对象设计报告还不够。很多人都有这样的经验,演讲者的时间不够,仅仅回顾了研究的一小部分,或者有的人讲得超了时,用掉了提问的时间。效果好的演说有一个品质,就是要把时间安排好。如果你对为了赶上时间而即兴发挥没有足够的自信,那最好之前就着手演练一番。

一般的经验是,要过一遍材料,所花的时间通常会比你预想的更长。所以,对于一份文献最好只取用最少的素材,如果有必要的话,可以不去涉及那些用于小概率事件的文献素材。如果时间用完了,记得以下这些建议:

> 如果发现时间快用完了。不要加快速度。最好的办法是对你的研究发现略去不谈……而直接报告结论。(Watts and White,2000:445)

最后,千万不要用读的方法作报告(见 Watts and White,2000:445)。我知道,如果手头有报告的全文,你会感到更安心一些。马克斯这样说:

> 你只有一次机会,要面对一群活生生的观众,这使你感到紧张,而手写稿就成了你的安全网。但是这样,就预先损害了现场报告的灵活性和互动性,甚至使之失去了原有的意义和价值。(Marx,1997:107)

回想一下你听过的那些令人厌倦的讲话,报告人把头埋在讲稿里。你不会真想让你的听众也受这份罪吧?无疑,“如果总是为了安全抓住稿纸不放,你就永远也不会知道埋藏在你的意识里的那些言辞,究竟有着怎样的音韵和节奏”(Marx,1997:107)。可以用一些让人一目了然的东西,来帮助表述自己的观点,比如用幻灯机播放 PowerPoint 幻灯片。需要提供一些附加材料的时候,例如较长的记录或者表格,可以打印出来分发给大家。

总之,在一开始就要试图去抓住观众的注意力。以下是一些有关开场白的策略:

- 就像侦探小说那样,以一个谜题开场。
- 以一些有趣的资料摘录作为开始。
- 从一些个人的掌故开始,讲讲你是如何对这个课题产生兴趣的。
- 如果不是第一个讲话者,可以尝试把你要讲的内容和之前的报告联系起来。
- 讲一个合适的幽默诙谐的故事(但只有这样做十分自然的时候才可以)。

最后,要知道,你和听众双方都需要获取一些超出报告内容的东西。要避免只是基于导师核准的那些完成了的文章作报告。如果这些篇章真的完成了,那你还能从观众的反馈当中得到些什么呢?对于这样的文章,不如直接投稿给刊物(见第 27 章)。

反过来,要试着使用那些处于更早阶段的作品,或者正在作的文章。这样,观众的反馈或许可以帮助你,给你的研究指路。正如瓦茨和怀特所说的那样:

> 会议发言稿……通常报告的都是未完成的研究。这样,你就可以从听众那里寻求指导,对于下一步要进行的工作,得到思路的激发……在发言当中,你可以把大家的注意力集中在某个特定的问题上面,直接讨论这个你需要别人给出意见的问题。(Watts and White,2000:443)

下面就让我来举点例子,说明上述的建议。

19.4 报告研究的技艺

在我看来,你可能已经认识到了,即便是最令人惊异的研究,如果表述不当,听上去也可能会十分枯燥乏味。不过,不幸的是,这并不意味着如果你机智幽默,演说效果很好,就可以补救一个差的研究。因为它最终还是会被人发现的!你的目标应该是,对好的研究作出效果卓著的报告。

为了使论述更加的丰满生动,我摘录了一些我的记录。这个记录有关本系即将完成一年学业的研究生所作报告的情况。当然,为了保护他们,我都给这些学生使用了假名。

每个学生有不超过十五分钟的时间,给自己的同学报告他们第一年的研究进展,以及未来的工作安排,然后还有十到十五分钟时间用于提问。

日常生活的交流当中,我们喜欢先说“好”消息,再说“坏”消息。我在这里也一样,先从一些比较“好”的实例开始。下面就是一些我的记录的摘录:

19.4.1　好的实例

帕特(Pat)的讲话生动而且清晰,很好地利用了幻灯播放。她对问题也回答得很好。她的报告有焦点,而且活泼有趣。分发的材料很有用,那些视频也很吸引人。

德里克(Derek)作了一个生动、比较清楚的讲话。很好地利用了幻灯片。他的谈吐有点幽默,给出了自己的报告议程,并向听众解释了自己的计划所遇到的困难。

她对投影和分发材料的使用都是非常专业的。她对有限的时间把握得很好,把自己的讲话内容调整到十五分钟之内。她对提问给予了最有效的回答,给我的印象是她已经掌握了自己的课题。

这个报告重点明确,生动有趣。萨沙(Sasha)对问题回答得也很好。总之,我认为这是基于一个高度专业性的研究的优秀报告。在场的同学似乎也赞同我的看法,有一个同学说,她希望自己的研究可以在一到两年之内达到这样的水准。应该祝贺萨沙和她的导师。

这是一个有明确焦点的报告,生动有趣,是即兴演讲而不是朗读。听众的注意力都被抓住了。雷(Ray)对问题的回答,也是有效而且有思想性的。特别是,他可以在有着不同学科背景的同学之间建立对话,而且对理论的和实践的问题回答都是驾轻就熟。我特别喜欢雷的一点在于,他尝试从资料的分析当中引伸出方法论的问题。有一点时间问题,这可能是雷需要学着去改善的地方。总之,我认为这是一个基于高度专业化的研究的优秀报告。

总　结

在下面,我列出了这些报告令我印象深刻的品质:

- 生动性。
- 不是朗读一个准备好的文本。
- 针对听众有所设计。
- 清楚。
- 有效的视觉辅助。
- 幽默。
- 说明了议程。
- 没有消减自己所遇到的困难。
- 好的时间把握。
- 对问题的好的回应。

那么下面就是“坏”消息了！

19.4.2 坏的实例

约翰(John)缺乏准备,这妨碍了他的发言。他的即兴报告把听众搞糊涂了,可能因为他引入了太多的主题,使用了过多的不是特别具有解释力的例子。他还有个习惯,转过身背对听众,在(空的)黑板上作出强调,这样恐怕加强了大家的印象,他的讲话不够友善和为听众着想。考虑到约翰的阅读面很广,而且理解力很强,所以这样很让人失望。我认为,唯一的解决之道就是作更多的努力,试着把他自己关心的东西跟特定听众的兴趣所在和知识水平结合起来。

这个报告很有趣。不过,布鲁恩(Bruce)没有在一开始告诉大家议程,也没有用投影,仅仅拿了一份资料摘录。这样就给听众增加了困难。他在时间掌握上也有一点问题,如果预先作了更好的安排是可以避免的。这次的报告是一个良机,教他以后讲话要考虑清楚自己的目标,还要使用更加方便听众的方法。

这个报告对于来自不同学科的听众来说,太过专业了,虽然拉里(Larry)对问题的回答还是十分清楚的。当拉里离开稿子,举出(关于记录制作的)例子的时候,他的讲话就活起来了,这也使得他使用的抽象概念变得生动了。我强烈建议他,以后面对这样的听众要使用更多的投影,围绕投影展开讲话,并举出此类可以帮助别人理解的例子。

总　结

这些报告都有这么一些特质,它们使我感到忧虑:

- 准备不足。
- 材料过多。
- 不看听众。
- 没有针对对象设计讲话。
- 没有提供议程。
- 没有视觉辅助。
- 时间没有规划好。

大部分报告都处于以上两个极端之间。下面我会举出一些“混合性”的例子作为结束。

19.4.3 混合性的实例

莫里斯使用了视图投影,分发了材料,给出了一个清楚的报告。他的讲话不错,针对对象有一个合适的设计。我唯一的建议就是,视图的字要打出来,每一页上材料少一点。

斯坦不怕麻烦,给大家准备了分发的材料。不过,令人失望的是,时间有限,他没有时间去分析提供的材料。我还希望他不要去念讲稿。如果你想抓住听众的注意力，练习使用一点讲话辅助技术（比如投影）是很重要的。不过，斯坦的讲话组织得很好，时间掌握得也不错，对问题的回答很有趣，当他承认自己对某个问题并不十分确定的时候，显出一种令人愉悦的能力。

他把视图投影和视频、音频的展示很好地结合起来。作为一个研究早期的报告，这样做是非常专业的。我唯一的建议就是，在展示资料之前，最好能够对于要关注的问题给大家更多的指引。

玛莉准备充分，利用视图投影，给大家作了一个自信的讲演。她对问题回答得也好。对她我唯一的建议就是，以后要在结合视图的内容和讲话的内容方面多加努力。这样，听众就不会被她搞糊涂了，而一时之间不知道到底该去注意视图，还是讲话。

尤科充分准备了视图，但是没能把它们跟自己的讲话清楚确切地结合起来。虽然要使用非母语讲话确实非常困难。可是当你念稿子的时候，想要抓住听众的注意力确实不容易。在我看来，尤科应该练习，就围绕她的投影本身作出讲话。要做到这样，就要集中注意力，为她呈现出的文本和图像举出好的例子，然后引伸出一些分析性的和方法论的要点，而不是仅仅去读一个抽象的稿子。

朱莉亚给我们作出了一个非常迷人、生动的报告，自始至终都紧紧抓住了听众。我欣赏她对研究背后的个人原因作出解释，以及脱稿讲话的能力。她作的投影都有用。对于以后的报告，有一些小小的建议：要记住，尽量避免转过身去背对听众看投影，试着使用一些投影之外的材料（比如分发有关定义解释的材料就可能有用）。还可以试着预先把报告演练一番，以免出现时间问题。

这是一个有趣的演讲，很仔细地为非专业听众解释了涉及的专业问题。琼讲到了她的兴趣是如何聚结到这个主题上来的，这和视图投影都很有用（不过，以后她应该注意的是，最好先把还没有讲到的幻灯片掩盖起来，这样效果会更好）。她在时间掌握上有一点问题，这也是需要在未来加以注意的地方。总之，这是个好的讲话，话题令人着迷。

路琪作出了好的尝试，为非专业听众解释了一个很难的题目。我特别喜欢他关于自己智识和个人背景方面的讲话。在以后，他需要在解释概念方面多加努力，还要注意时间限制。

总 结

以下是关于这些报告的“好消息”和“坏消息”：

- 使用视觉辅助措施，但是准备得不够充分。
- 组织得很好，但是念了一个准备好的稿子。
- 举了一些资料作为例子，但没有说明想要从中探讨什么。
- 使用了分发材料，但没有很好地结合进讲话中。
- 解释了背景，但没有解释概念。
- 使用了投影，但是会转过身看它们，或者屏幕上的材料过多。

19.4.4 好的和坏的报告

> 要像对待写作那样认真对待口头报告。讲话要清楚,有逻辑,有活力,还要举出可以抓住听众的例子。(Marx,1997:107)

表19.1中列举了我们已经学过的,可以使研究的口头报告更有效果的东西。

表19.1 作一个讲话:问题与解决

问题	解决
失去听众	针对对象设计
内容过多	不要准备太多的材料
令听众厌倦	使用视觉辅助——不要念稿子

19.5 结 论

反馈为何有用?这里提出两个原因,为什么研究生要写作,还要作报告:

- 把一些内心的想法表达出来。
- 得到关于自己研究的反馈。

不幸的是,在我们迷恋评估的大学文化氛围当中,学生往往不重视同侪和前辈学者的反馈,这种反馈满足于两个目的,有学术规范方面的,也有工具性的。

在学术规范方面,提供材料寻求反馈,可以帮助你辨识学术共同体,而这正是科学工作所热切追求的。这样的反馈,无疑也是帮助你改进论文的手段。如果你有长期从事学术的志向,这也可以帮助你提高授课的技能,或许,还能为日后在期刊发表文章埋下种子!

所以,永远不要以为,这"只是"报告,或者是为了拿到学位必须过的"令人厌烦"的一关。在一场谈话当中,如果我们没法用自己的研究引起别人的兴趣,那也许是我们哪里做得有问题!

要 点

有效的反馈是研究的重要资源。本章探讨了两种获得反馈的办法:

- 通过写文稿。
- 通过作口头报告。

写作永远要为读者量体裁衣,这就是说,要考虑到读者已经了解到什么了,又希望从你这里获知什么。不但要从你的导师那里,也要从同学那里获得反馈。

在写作论文的最终版本之前,试着针对你的研究作出一个演说。在这个演说当中,要避免失去听众(针对听众设计报告);设置一个时限,不要超时;使用视觉辅助,以避免使听众感到厌倦。

练 习

19.1 从你研究领域的两个不同的学术期刊或者书籍上面,选择两篇文章。阅读这些期刊的"投稿人简介",或者书籍的介绍性的编辑信息篇目,找出它们所针对的读者群是什么人。然后完成以下的步骤:

1. 这两篇文章各使用了何种方式以接近读者群?
2. 它们做得怎么样?
3. 作怎么样改进,可以使它们吸引更多的目标读者?

19.2 得到邀请针对你的研究作一个演讲,并确定到场的一些人能够给你好的反馈。针对听众(比如,学生,同事,外行人或者各种人都有)来计划自己的演讲。讲完以后,请在场的听众对你讲话的成功之处作出反馈。然后思考,你要怎样改进才能吸引更多的目标听众。

拓展阅读

Harry Wolcott's little book, *Writing Up Qualitative Research* (Sage, 1990) covers feedback as well as many other practical matters. Pat Cryer's *The Research Student's Guide to Success* (Open University Press, 1996), Chapter 13, and the chapter by Watts and White in Dawn Potter's edited book *Research Training for Social Scientists* (Sage, 2000: 437-455) discuss giving presentations on your work. Gary Marx's paper, 'Of methods and manners for aspiring sociologists: 37 moral imperatives' (*The American Sociologist*, Spring 1997: 102-125), is a lively and extremely helpful guide for the apprentice researcher.

写作

第五部分

阿拉奈塔里把写文章比作学骑自行车，要通过逐渐调整平衡来学：

> 写作首先是分析，修改和推敲文本。以为一个人可以马上制造出现成的文章，这样的想法是愚蠢的，就相当于要一个从未建立平衡感的人骑自行车一样。(Alasuutari,1995:178)

阿拉奈塔里提醒我们，“写作”永远都不是一项留待研究末尾再进行的工作。相反，写作是一个持续性的过程，你要跟导师学，跟同侪学，还要从自己犯的错误当中学。

下面的五章，我们要来检视，如何才能有效地完成写作。这个过程没有任何痛苦的情况是鲜见的。这五章讨论了以下的论点：如何开始写研究报告；如何有效地撰写文献回顾和方法论的章节；如何去写有关资料的章节；以及如何写结尾的篇章。

20 最初的部分

The First Few Pages

读完本章,你将能够:

- 认识到为什么说文章的最初的几页是至关重要的。
- 创建适当、内容充实、引人注目的标题、摘要、内容目录和导言。

20.1 引 言

几乎所有的论文都以以下的要素开始:

- 标题。
- 摘要。
- 内容目录。
- 导言。

如果你听从了我的建议,把大量的精力都用在了材料分析的章节,那么你可能就会把这些开始的部分视为是例行公事,可以迅速处理掉。然而,你在论文的最开始给别人建立的印象是非常重要的,最初几页的写作,绝对不应该被视为是“忙碌但没有价值的工作”,比如是琐碎的事情。

在这简短的一章里面,我会提供一些实用性的建议,这些建议涉及了论文开篇的各个部分。

20.2 标 题

在研究的早期阶段,你可能会被要求为研究起一个简短的标题,这样比较方便。不久之后,你差不多肯定会换掉这个标题,所以并不需要赋予它多么大的重要性。不过,正如沃尔科特的建议,这么做是明智的:思考一个令人印象深刻的最终标题,然后把你的想法持续记录下来(Wolcott,1990:70-71)。

标题应该抓住读者的注意力,同时也要恰当地告诉读者你研究的主要内容是什么。我个人比较欣赏的是一个由两部分组成的标题:它有一个简单明朗的

主标题,通常使用一个现代分词来展示活力。还有一个更具描述性的副标题。下面,就以我的两本书的题目来举例:

- 《阅读 Castaneda:社会科学序言》(*Reading Castaneda:A Prologue to the Social Sciences*)
- 《解释质性资料:分析谈话、文本和互动的方法》(*Interpreting Qualiative Data:Methods for Analysing Talk,Text and Interaction*)

你可以看到,我的文章使用这样的一些标题:

- "在 HIV 咨询中描述性活动:道德秩序的合作性处理"("Describing Sexual activities in HIV counselling: the co-operative management of the moral order")
- "脱离主题:检视'坏的时机选择'"("Unfixing the subject: viewing 'bad timing'")
- "管理说谎的患者:青春期糖尿病患者咨询过程中的监视和自我管理"("Policing the lying patient: surveillance and self-regulation in consultations with adolescent diabetics")

当然了,使用一个现在分词作主标题,只是我的个人喜好,这是为了强调研究的*生动性*,而且,我研究的是人们的*活动*。我自己也不总是遵循这一规则。比如,我 1997 年写的有关 AIDS 咨询的书,标题是这样的《咨询的话语:作为社会互动的 HIV 咨询》(*Discourses of Counselling:HIV Counselling as Social Interaction*)。

标题确实十分重要,需要仔细地思考,就像很多行销人员会告诉你的那样。所以要考虑这个问题,并且和你的导师讨论它。然后试作练习 20.1。

20.3　摘　要

摘要需要简单涵盖如下内容:

- 你的研究问题。
- 这个问题为什么重要,为什么值得被研究。
- 你的资料和方法。
- 你的主要发现。
- 研究发现有什么意义,对其他的研究有什么启示。

一般来讲,摘要都会有一个字数限制(通常是 100 词)。所以,正如庞奇所言,"摘要写作,就是一项技术,要用尽可能少的语言说出尽可能多的东西"(Punch,1998:276)。有字数限制,还要试图使你的摘要尽量的生动,内容丰富。

阅读学科领域内其他论文的摘要,试着帮其他的同学起草摘要,然后让他们看,你写的摘要是不是清楚和精炼。要知道你的读者有可能对什么最感兴趣,还要"强调你的问题和内容,而不是田野技术"(Wolcott,1990:81)。

正好,沃尔科特还帮我们总结了一个好的摘要需要具备的要素:

> 一个摘要可以提供一个有价值的机会,告知广泛的读者群体论文的大意,还可以捕获一些潜在读者,并且扩展你的专业互动网络。别人决定要不要继续读你的文章,很大程度上就取决于他们对你的摘要,包括它的风格的评价。(Wolcott,1990:81)

20.4 内容目录

你也许会认为这是琐碎小事。当然不是这样了!一个混杂散乱的内容目录(或者,更坏的情况是根本没有目录),会给人留下很糟糕的印象。

要想方便读者,就要针对对象设计目录,争取达到这样两个目标:

(1)显示出你的逻辑思维能力,你写出的论文有明晰的组织结构。

(2)使得读者一看到这个目录,就可以很容易地把握文章的各个部分,而且可以找到自己最感兴趣的问题在什么地方。

使用两个数字的系统,是个好办法,可以帮助你达成以上的目的。以下是一个例子,文献回顾的章节可以这样写:

> 第 3 章　文献回顾
> 3.1　研究背景
> 3.2　核心文献阅读
> 3.3　相关研究

当然了,这仅仅是一个例子而已,关于文献回顾的部分,在本书的下面一个章节里,会有更加细致的讨论。

20.5 导　言

莫科特(Murcott,1997:1)指出,导言的要义在于回答这样一个问题:这篇文章是关于什么的?她的建议是给出以下四个方面的解释来回答这一问题:

(1)为什么你会选择这个主题,而不是其他的呢?比如,可以这样回答,这个课题为人所忽视,或者,虽然它被广为讨论,但是这些探讨不够充分和彻底。

(2)你为什么会对这个主题感兴趣。

(3)你使用到的研究方法,或者受到的学术训练。

(4)你的研究问题。

就像这一章一样,导言是没有什么理由多过两到三页的。尤其是,如果你的方法那一章涵盖了研究的自然历程(见第 22 章)。导言的作用,就像摘要一样,帮助你导引读者,所以最好写得简明清楚。

20.6 结 论

你在文章最开始建立的印象,是非常重要的。题目,在抓住读者注意力的同时,还要恰切地表明你研究的中心到底是什么。

摘要要描述你的研究问题;这个问题为何重要;为何值得研究;你使用的资料和方法;主要发现;以及它们对其他研究的启示。

内容目录,应该让读者容易把握文章的各个部分,容易找到他们最感兴趣的地方。导言应该解释清楚,你为什么选择这个题目,你为什么会对这个主题感兴趣,你使用到的研究方法或者受到的学术训练,以及你的研究问题。

要 点

- 文章的最初几页非常重要。
- 标题,摘要,目录和导言,都应该恰切,内容充实,而且引人注目。

练 习

20.1 这是一个帮助你给论文找到好的标题和摘要的练习。

1. 给论文起三到四个标题。试着让主标题吸引人,而副标题具有描述性。

2. 现在把主标题和副标题换个位置,看看怎样更好?为什么?

3. 给近似领域,或使用近似方法的同学看你的标题,看看他们认为哪个更好,为什么?

4. 尝试写两个摘要。然后重复以上的步骤。

20.2 把你的论文导言拿给一些同学看。鼓励他们告诉你,他们是不是感到有吸引力,想要读更多的章节,如果不想,为什么不想?如果是这样的话,又是什么导致的呢?

然后试着通过他们的回应,来修改你的导言。

拓展阅读

Harry Wolcott's *Writing Up Qualitative Research* (Sage, 1990: 70-82) has an excellent discussion of how to present student dissertations. A further useful source is Pat Cryer's *The Research Student's Guide to Success* (Open University Press: 1996), Chapter 12.

21 文献回顾

The Literature Review Chapter

读完本章,你将能够:

- 认识到一个文献回顾应该包含哪些内容。
- 了解到要写一个好的文献回顾,有哪些基本原则。
- 考虑什么时候是写文献回顾的最佳时机。
- 考虑这一章是不是可替代的。

21.1 引 言

对文献回顾,通常有四种错误的理解:

- 它只是为了展示"你了解这个领域"。
- 这一章比资料分析那一章更容易写。
- 读起来(或者写起来)十分枯燥乏味。
- 开始研究的时候,最好可以把它放到一边。

在本章后面的部分,将会对这些断言一一提出质疑。反过来,我主张,一个文献回顾应该是这样的:

- 应该融合知识和批判性思维。
- 包含了艰苦的工作,但读起来应该是令人兴奋的。
- 大部分应该在完成了资料分析之后开始写。

不过,本章会从回答一些实践性的问题开始:它应该包含哪些内容?你应该从哪获知自己需要读些什么呢?你应该如何去读?

21.2 实践问题

21.2.1 一个文献回顾应该包括哪些内容

文献回顾应该可以用来证明和展现你的学术技能和水平。在这个方面,你应这样使用文献回顾：

> 要展示文献检索的能力；展现对这个主题的把握和对问题的理解；论证研究主题，设计和方法论。（Hart，1998：13）

这样的证明展示了你的学术水平。同样的，文献回顾往往还涉及研究者归纳概括的能力。正如我在第6章提到的那样。这包括了表21.1提到的一些问题。

表21.1 一个文献回顾包含的内容

- 对于这个主题，我们已经了解些什么？
- 对于已经获知的东西，你有什么想要批判的？
- 有没有什么人做过完全一样的研究？
- 有没有什么人做过相关的研究？
- 你的工作在既有研究当中，处于一个什么样的位置？
- 在已有别的研究的情况下，为什么你的研究值得一做？

来源：改编自 Murcott，1997

如果你把文献回顾当作是对问题的回应，而不仅仅是对别人作品的复制，那么你就走对方向了。构想对这些问题作出回答，你的阅读就会更有方向感了，而你的写作，也会更加切题和吸引人。

21.2.2 准备文献检索

正如哈特指出的那样，要对你正在做什么预先作一些初步的思考，然后再开始研究，这样会对你有所助益。以下是一些需要思考的问题（摘自 Hart，2001：24）：

- 我的主题和哪些学科有关？
- 我应该如何聚焦主题，以使研究更加精确？
- 哪些主要的索引和摘要和这个主题相关？
- 对于很多任务来说（比如交叉参照），如何做记录更有效率？（哈特指出索引卡片比较有用）。

21.2.3 我要从哪里找文献

准备工作做好了，就要开始去诉诸多种信息源，追问你应该读些什么文献，从哪里可以找到它们？这些信息源有：

- 你的导师。
- 所在大学图书馆的主要图书管理员。
- 你所读文献的参考书目。
- 互联网上在线检索。
- 社会科学引文索引。

- 互联网上的新闻组。
- 你的同学(以前的和现在的)。

你勿需过于担心承认自己的无知。事实上,美国社会学家加里·马克斯(Gary Marx)也推荐我们走"捷径":"学习使用电脑搜索,百科全书,综述性文章。向专家寻求帮助。"(Marx,1997:106)。

一旦开始搜寻你马上会发现,问题不再是缺乏资料,而是文献过多!离开书本,走向自己的资料,是一个我们都必须要迈出的一步,而且越早越好。正如马克斯提醒我们的那样:"别变成一个藏书家了,除非这真的适合你!"(Marx,1997:106)

21.2.4 太多了,我哪有时间

在开始感到慌张之前,要知道,你的学术生涯还没有到不需要用任何技巧去阅读的阶段呢。这些技巧可不仅仅是速读(虽然这也有用),而是,你要带着自己的意图阅读这本书,按照自己的安排(而不是作者的)来读。

马克斯对此有很好的论述:

> 简化!要学会略读;注意篇章段落当中的第一句和最后一句。先读结论,再决定你是不是要把剩下的读完。多数社会科学书籍可能都不应该成书,它们的主要观点(或者,至少是原创的观点)只有一点点。(Marx,1997:106)

如果说,以上是一些关乎具体细节的问题。我们仍然需要解决这样一个问题,撰写文献回顾的基本原则是什么。之前我讨论过一些"误解",可见,这些原则并不是非常清楚和显见的。

21.3 原　则

有关撰写文献回顾的近期最好的一本书这样说道:

> 选择有关这个主题的可以得到的文献(包括已出版的和未出版的)。这些文献包括各种信息、想法、资料、证据,它们都是从某个角度书写以达到某个目的,或者表达了有关这个主题的某方面特性的见解,或说明这个主题该如何去研究。有效地评估这些跟当下的研究有关的文献。(Hart,1998:13)

哈特所说的"有效地评估",在我看来,就意味着要遵循下述原则。

21.3.1 尊重文献

一心一意地研究自己的(理想的)狭窄的题目,不应该导致你对较早研究的不尊重,或者切断自己的研究跟所处其中的、更为广泛的讨论之间的关联。你的论文将会从学术性的角度得到评估,而所谓"学术性"就是指,既要"尊重"前作,也要提出自己的东西。用马克斯的话说:

文献的作者也要知道,对作品的一个主要评价标准,就是看它是否被置于一个先在的学术语境当中。我们并不仅仅是新知识的创造者,也是旧知识的保护者和传递者。我们所面对的是前人丰富灿烂的作品。除此之外,同行之间的相互引用也符合利益策略。(Marx,1997:106)

21.3.2　焦点明确与批判性

学术研究意味着对知识的推进——虽然推进的层次可以多种多样,取决于你追求的目标。只有以明确的焦点和批判的眼光处理所读文献才可以做到知识推进:

经过最初谦卑的文献梳理之后,你了解了你搜集的是些什么材料。然后带着问题去处理文献,牢记你的目标是推进知识,而不仅仅是叹服于已有的知识。在对既有文献的欣赏与推进之间,应该寻求适当的平衡。(Max,1997:106)

21.3.3　避免仅作描述

每个学者都有不少关于文献回顾的可怕记忆。这些文献回顾乏味冗长,作了很多无关紧要的描述。鲁德斯坦和牛顿准确地描绘了这种失败的文献回顾:

(它们包括)一个有关之前研究的清单,那些句子和段落通常这样开始,"Smith 发现……","Jones 总结……","Anderson 说……",诸如此类。(Rudestam and Newton,1992:46)

马克斯建议大家,写文献综述的时候,要避免写成不带有任何深刻批判性的文献大意,而这种评判,可以使你以另一种方式看待世界(Marx,1997:106)。你要把注意力放在那些与界定研究问题相关的研究上。在文献综述结束的时候:

读者应该能够得出这样的结论,"是的,这个研究当然需要现在来作,以把这个领域的知识向前推进一小步"。(Rudestam and Newton,1992:47)

这样的话,对于要读的东西,你就要根据它们对于研究主题的核心程度来分配精力。背景性的文献可以只用一句话来描述。另一方面,最相关的研究"需要批判而不仅仅是报告"(Rudestam and Newton,1992:49)。这里的批判可以聚焦在其理论或方法的缺陷方面(见第 15 章)。

21.3.4　在完成其他的章节后再写

学生研究的一般轨迹表明,大部分人都希望在早期完成文献综述。英国研究委员会为博士生制订的"时间表"也支持这种方式。此时间表包含这样的建议:"第一年……学生要完成一个文献总览"(British Research Councils,1996)。这个出版物的其他地方,也给出了不是那么独断的建议:

在某些学科当中，文献总览构成研究重要的开始部分。它需要在早期进行。在第一年结束之前，学生对别人的相关工作应该有清楚的了解。不过，对当下最新的文献，学生也应该保持了解，因为这些文献代表了领域内最新的研究进展。

这些建议经过了深思熟虑，但也暗含了一些问题，如果你在较早的阶段就完成了文献回顾，就会产生以下的问题：

- 在第一年就完成文献总览并且写下来，意味着你会白费很多工夫——因为在完成资料分析之前，你根本不知道哪些资料跟你的研究相关。
- 你可能会倾向于把文献回顾当成是相对容易的任务。它检验了你在本科阶段掌握的一些技能，所以可能会被当作是繁琐但没有价值的工作。如果是这样的话，它只会延迟你开始作资料分析的工作，而在这个工作当中，你的技能将得到检验。
- 正如我在第6章问到过的，你什么时候才可以抛开图书馆去写论文呢？一本书，总会有更多“重要”参考文献的清单，以此类推，无穷无尽。认为图书馆博士是“速成”(quick-fix)的人，都需要好好考虑一下，到时候他们是不是有可以停止阅读的意志。

以上这些因素，意味着你的大部分阅读，最好在资料收集和分析时进行。这样一来，你就可以节约时间，不必在还不知道究竟哪些文献跟你对主题的处理最为相关的情况下，撰写文献回顾。这样也可以迫使你离开图书馆。正如马克斯所言：“检索文献本身不应该是目的，也不应该变成避免空白页的一个方便的办法。”(Marx,1997:106)

所以，要在作分析的时候阅读。可以用各种办法对于阅读做记录，但是不要试图在研究早期就写文献回顾。

不过，作为研究者，我们应该具有批判性和创造力。从这个角度来看，在多大程度上，文献回顾只是简单的不假反思的重现过去学者的研究呢？你需要这样的一章吗？

21.4 你需要文献回顾这一章吗

在这儿，最特立独行的人物要属美国的民族志学者哈里·沃尔科特(Harry Wolcott)了。他认为，研究生经常错误地假想，他们需要为质性研究作一般的辩护，还要为自己所采用的特定的方法作出辩护。可是，正如他所言，质性研究已经有百年的历史了(更加特殊的质性研究方法也有好几十年了)：

> 现在已经不需要每个研究者重新发现(质性方法)，并且为之作出辩护了。对于一些已经标准化了的研究方法，比如参与观察或者访谈，也没有必要详尽

> 无遗地回顾相关文献了。较之描述质性方法或者为之作出辩护这些我们感到有义务作的事情，要说出一点新东西来或者为新东西感到惊异倒是更难。新晋的研究者，最近才有了亲自使用这些方法的体验，但是要知道，他们的读者听他们又说了一遍，可能并不会跟他们一样感觉兴奋。(Wolcott，1990：26)

沃尔科特还论述了避免一些恪守陈规的回顾性章节的好处，如他所言：

> 我希望学生了解相关文献，但是我不想让他们把这些文献混合成一章，而切断了和研究的其他部分之间的联系。我希望他们在讲自己的故事的时候，可以有选择地、恰当地利用这些文献。(Wolcott，1990：17)

这就是说，你可以在需要的时候引入合适的文献，不是在单列的一章当中提及它们，而是在资料分析的过程中：

> 一般而言，这就需要在研究结束的时候再介绍相关文献，而不是在最开始的时候。除非在简介当中，有"嵌套"进去的必要。(Wolcott，1990：17)

沃尔科特的建议很激进，毫无疑问，对于大部分学生(还有他们的导师！)而言，太过激进了。然而，即便你只打算写一个传统的文献回顾章节，他所说的也是一个有益的提醒，写论文的过程中，你引述其他文献的目的，只是把狭窄的研究题目和更广泛的研究共同体当中直接相关的因素联系起来。更广泛的联系，在最后的章节去做比较合适(见第 24 章)。

21.5 结 论

本章中，我强调了，文献回顾应该是知识和批判性思维的结合。它包含了艰苦的工作，但读起来应该令人兴奋。而且，大部分应该在完成资料分析之后写作。

要 点

一个文献回顾应该回答以下的问题

- 对于这个主题，我们已经了解些什么？
- 对于已经获知的东西，你有什么想要批判的？
- 有没有什么人做过完全一样的研究？
- 有没有什么人做过相关的研究？
- 你的工作在既有研究当中，处于一个什么样的位置？
- 在已有别的研究的情况下，为什么你的研究值得一做？

练 习

21.1 选择两到三篇你认为最相关的文献，然后：

1. 对各篇作笔记,试着使用每一篇回答表 21.1 里面的问题。

2. 合并这些笔记,写出一篇涉及这两三篇文章的简短的文献回顾。

3. 跟导师讨论这个回顾。

21.2 每完成一章资料分析,回顾你曾经讨论过的文献,然后问你自己以下问题:

1. 对于每一篇文献,是不是都已经有了充分的讨论而使得更加深远的探讨(在文献回顾一章里面)变得多余?

2. 如果不是,试着以资料分析章节当中你讨论它们的方式继续写。你还是可以使用表 21.1 作为指导。

拓展阅读

The essential book on this topic is Chris Hart's *Doing a Literature Review: Releasing the Social Science Imagination* (Sage, 1998). This covers in detail all the issues discussed in this brief chapter as well as addressing the different requirements of literature reviews for BA, MA and PhD dissertations. Hart's later book, *Doing a Literature Search* (Sage, 2001), is a helpful guide to planning and executing a literature search. For shorter, lively discussions see Harry Wolcott's *Writing Up Qualitative Research* (Sage, 1990) and Gary Marx's paper, 'Of methods and manners for aspiring sociologists: 37 moral imperatives' (*The American Sociologist*, Spring 1997, 102-125).

方法论章节 22

The Methodology Chapter

读完本章,你将能够:

- 认识到表面上记述了研究过程的方法论章节,实际上涵盖了哪些内容。
- 理解这一章必须回答哪些关键性的问题。
- 理解以"自然发生的过程"这种模式写这一章有什么样的性质和特点。

22.1 引 言

我们可以区分出三种学生论文:理论的,方法的和实证的。每一种论文,都要求以不同的方式探讨"方法"。

(1)*理论的*:在这里,你试图通过批判性的回顾大量的文献,发展出某些理论洞见。在理论性的论文当中,方法论章节需要谈论的是你选择文献的基本原则,并且举出一些例子来。还需要展示,你是如何作出系统性的分析的,例如,通过关照一些你所拒斥的立场的论点。

(2)*方法的*:这里你主要关心的是,发展一种方法(比如,焦点小组或者文本分析),或者比较和对照多种不同方法的使用。在这儿,全文都在讨论方法论的问题,所以这么做可能是多余的:单立一章名为"方法论"的篇目,只是解释你为何选择某种特定的方法去比较,或者你选择了什么资料来操演这一方法。

(3)*实证的*:这种类型在研究报告和论文当中最常见,你可能会在其中分析一些资料。在这里你需要展现的是研究策略、设计以及方法的优势和缺点。

本章主要讨论基于实证的研究报告。这需要你对研究过程中真实发生的事情保持坦率和明晰。在方法论章节当中,以被动语态进行无动于衷的讲述,是非常不合适的。

质性研究者通常会对人们讲述给别人(和研究者)的故事感兴趣。事实上,我们的资料分析那一章,讲的就是有关资料的(结构性)故事。这很自然,读者想要了解我们是如何收集资料的,最后收集到了哪些资料,我们又将如何进行分析。

所有的研究报告都要有方法论的篇章,或者至少用一节来讨论"资料和方法",原因就在这里。我随后会在本章中告诉大家,在这样的篇目之下,我们可以使用很多种不同的(不乏味的)方式,来说明我们的资料和方法。不过,首先我们需要澄清的是,方法论章节必须涵盖的内容都有哪些。

22.2 方法论章节应该包含哪些内容

对于量化研究,这个问题的答案相对简单。论文当中通常会有一章,命名为"资料和方法"。如表 22.1 所示,一般而言,这一章包含四个要素。

表 22.1 量化论文当中的方法章节

1. 研究对象
2. 测量工具的选用
3. 使用这些工具测量的过程
4. 统计分析

来源:改编自 Rudestam and Newton,1992:61

量化研究方法章节简明扼要,但质性研究却并非如此。乍一看,这只是使用不同语言的问题。报告质性研究的时候,我们一般不会谈论"统计分析"或者"测量工具"。这种语言上的差异,也反映了量化研究和质性研究在理论和实践方面更为深广的差异。

更具体来说,要书写质性研究,我们需要认识到:

- 各种方法论的(相互竞争的)理论基础。
- 资料选取的(经常的)偶然性。
- 所研究案例(可能的)的非随机性。
- 这个研究的路径为什么是这样的(分析性和机会两方面的因素)。

上述四个方面,都会引发不同的问题,我们不应该掩盖这些问题,或者放任不管。

有了研究训练和阅读基础,你应该意识到自己所使用的方法的理论基础。所以,要写方法章节,原则很简单:*说清楚你的理论预设*。

大家都知道,事情是有偶然性的,它跟你的个人兴趣有关,也跟你的进入有关,或者仅仅是正确的(错误的)时间,正确的(错误的)地点,决定了你将收集并研究哪些资料。所以,简单说就是:*说清楚是什么因素(有时候是偶然的)使得你去研究那些特定的资料*。

最后,我们知道,质性研究往往结果丰硕,而资料的量不大,而且不是随机抽取的。如果你的研究也是这样,那就要解释为*什么你仍旧可以概推自己的分析*。我们何以得到普遍化的结论?要回答这个问题,我在第 9 章已经探讨过四个不同的答案,这些回答都是肯定的:

- 把质性研究跟量化的人口测量结合起来。
- 根据时间和资源立意抽样。

- 理论抽样。
- 使用一种分析的模型,它假定*任何*案例都存在着普遍性。

所以,写方法论章节的时候,不必过分地为自己的方法辩护。许多大学生都会使用同样的方法作研究而没有什么疑虑。所以,从他们那里汲取勇气吧。

另一方面,虽然要自信,但自我批评也是必不可少的。在文献回顾那一章,你会检视其他的研究,“看它们研究设计,还有资料收集,处理和分析技术的长处与不足”(Murcott,1997:2)。

对你自己的研究也是一样——在方法章节当中,你要小心地回答一组别的研究者可能针对你的研究提出的质询(例如,你为什么要使用这种方法,你是怎么得出这个结论的)。这就意味着,你应该在方法一章*评述*自己研究设计和资料分析的基本原理。

斯潘赛等人(Spencer et al. ,2003)指出,这个评述的过程,需要你对自己的方法毫无保留。也就是说,你要预见到针对自己研究提出的合理问题,并且给予解答。表 22.2 罗列出了涉及的问题。

表 22.2　如何毫无保留地评述自己的方法

- 如实说明研究的操作过程
- 翔实描述你实际上是如何做以下环节的:选择研究案例,选用方法,资料的收集和分析
- 对你的决定作出解释和论证
- 探讨你的做法的不足和优势
- 分享帮助你和阻碍你的分别是什么

来源:改编自 Spencer et al. ,2003:76

莫科特(Murcott,1997)给我们提供了另一种方式来说清楚这些问题。表 22.3说明了我们如何通过方法章节回答这样一组问题。

表 22.3　质性方法的问题

1. 这个研究你是怎么做的?
2. 你采用了何种总体性策略,为什么?
3. 你使用了怎样的设计和技术?
4. 为什么是这些,而不是别的?

来源:Murcott,1997

要回答表 22.3 中的问题,也就意味着要对以下事项作出描述:

- 你研究的资料。
- 你是如何获得这些资料的(比如,有关进入和获得同意的问题)。
- 你对这些资料有什么看法(比如,它代表一些人群,或者,只作为一个个案来研究)。
- 你用以收集资料的方法。

- 你为什么会选择这些方法。
- 你怎么分析资料。
- 你分析资料的方法有哪些长处,哪些不足。

22.3 真实发生的过程

要回答莫科特的问题,如果按照我上述的内容去详细说明,看上去似乎要求太高了。尤其是,对于每一项你可能都需要很长的篇幅来说明。

不过,质性研究的方法章节可以是非常生动有趣的,而不像这里所显现的那样。说到这里,有三点你必须记在心里。首先,一个非常形式化的章节,可能既不好读,也不好写。我苦读过不少特别枯燥的方法论章节,通常以被动语态写成。我经常怀疑,这些章节放在那儿只是出于形式上的需要。有首英国歌曲是关于战争的,它这样唱道:"因为我们在这儿,因为我们在这儿,因为我们在这儿!"在这种情况下,我总是迫不及待地想要去看这个研究的(更生动的)中心内容。

其次,较之量化研究,质性研究的"方法论"有更为灵活的含义。在第7章当中,我把"方法论"界定为"研究某个主题的一般方法"。这样,如果你解释了自己作决定的真实过程,而不只是用被动语态进行了一连串生硬的叙述(比如,"所选的方法,是……"),读者会对你的方法讨论更感兴趣的。

最后,为了获得学位而作的研究,即便是到了博士阶段,主要都是为了评估你多大程度上可以胜任一个研究者的角色。所以,检验你的人会很有兴趣知道你研究的整个过程,包括你面对困难还有死胡同的反应。

阿拉奈塔里认为,错误的导向还有研究的死胡同,都是非常值得报告的:

> 正好需要记录"田野笔记",来展示研究者思想的发展进程……就像侦探小说一样,把"误导"呈现出来,最后再揭示出,这是一个"死胡同"。(Alasuutari,1995:192)

在阿拉奈塔里那里,研究过程成了"侦探小说",这和用被动语态写就的模式化的方法章节具有本质的不同。这一章不再是形式化的和非个人化的,研究会提供"关于思想历程的田野笔记"。如果是这样,我们可以把"方法论"一章,重新命名为"我的研究的真实过程"。

在第3章里面,我们看到,我的一些研究生是怎样使用自己的田野日志,写出真实而生动的研究过程。在其他信息之外,它们还告诉读者:

- 有关这个研究主题的一些个人化的因素,来龙去脉。
- 研究者为什么要这样设计研究。
- 他们如何通过试验,试错,推进自己的研究。
- 方法方面,他们从中学到了哪些东西。

应该如何在方法一章中处理这些主题？表 22.4 给出了一些例子。

表 22.4　真实过程一章的一些主题

个人因素和情境

在本科学习的最后那一段时间，我为这样的状况感到恼火。在很多社会学的机构和院系里面都有这样的倾向：过于泛化地使用“社会结构”来解释资料。（西蒙）

我在医疗机构当中作一名精神病治疗方面的护士，同时进行研究。工作当中，我经历了一些保健卫生方面的问题。对我而言，社会互动论的微观分析视角是非常有价值的，它帮助我理解这些问题。对于许多的问题，似乎理解的关键就是互动各方的实践和技术。（莫伊拉）

跟希尔弗曼（Silverman，1987）进入小儿心脏病领域一样，我进入精神病治疗领域的机会也是偶然获得的。我在当地的一家超市偶遇了原来的同事。我跟他讲了我在进入住院领域方面遇到的困难，他给我引荐了他现在工作的团队。（萨利）

研究设计的原因

我之所以选择这种方式收集资料，是因为它对于研究情境行动非常合适。录音记录了谈话的很多细节，笔记是不能提供这么多细节的。而整理录音本身，也是一项研究行为。（萨利）

很多质性研究在一开始就设定了清晰的目标，而这通常需要收集和分析关于某一特定主题的资料。比如，描述病人对某种疾病经历的看法。考察资料，似乎是民族志研究当中一个再普通不过的目的了，我现在作的这个研究，主要目的也是这样。所以，我需要作决定的就是，每一个阶段的特定分析想要达到怎样的目的。（莫伊拉）

通过实验和试错推进研究

最初，我想分别分析以下两个方面的例子：病人作出的批评和死者配偶所作出的批评。然而，后来我决定以一种更具建构性的方式，精确分析成员作出说明的实践行动。这就意味着，我要返回上一步的工作，以作出更加密切的观察。（莫伊拉）

要对“单身的无家可归者”作出个案研究，研究者不仅要有充分的个人资源，还要有比较强的掌控力。对于一个有全职工作的人而言，这样的要求太高了。这个领域非常的广，而被研究者的异质性又非常强，所以我选择观察一些职业的社会工作者而非无家可归者本人。由于这些实际原因，后来，我对每周的例会作出参与观察。（萨利）

方法方面的收获

我试图描述这样的一些东西：一开始并没有观察到，但我知道它们正在发生。我需要避免事先引入自己的范畴，然后再做我想要做的事：对成员的实践作出描述。要做到这一点是不容易的。不过我相信，我对访谈对象的实践会有收获颇丰的分析，而这些分析一定会给疾病和保健领域的社会学提供新的洞见。（莫伊拉）

如果重新来过，我会使用更加传统的转录设备。这样的话就可以把我自己的“创造性”工作存储下来了。（萨利）

那么，这个研究如何得以兼具样本的多样性和外在效度呢？我想答案就在于，本研究并不试图对“家长之夜”提出一个普遍的绝对“真理”，而是试图通过细致检视一个个案对此类会议提出问题。所以，这个研究更应该被看作是探索性的，而不是确定性的。它通过检视特定环境当中单个个体日常生活的成就，使得进一步的分析成为可能。（西蒙）

要写方法章节，我推荐大家使用这种相对非正式的风格，写"真实过程"。但是，"真实过程"并不意味着"所发生的一切"。你把自己思考的过程呈现给读者，是让他们可以站在更有利的位置，去看你在多大程度上做到了"自我批判"。另外，自传体风格，也仅仅适用于叙述表22.2和表22.3所列出的那些关键性的方法论问题。毫无疑问，读者没有必要也并不想听你讲这样的一个没有尽头的故事：你获得学位的全过程对你个人生活的影响！

22.4 结 论

有一些大学(就像某些学术期刊一样)，还会对方法论章节应该包含哪些内容有一个相对固定的要求。因此，你还需要跟老师讨论，用"真实过程"的方式描述自己所选的方法论是不是合适。然而，即便你不这么写这一章，对研究轨迹做出记录还是会对你有所助益。

不过，如果你确实写了"真实过程"这样一章，那就很有可能不会再让读者(和你自己)感到枯燥。你还有可能借此克服这样的一个常见的难题：难于向读者说明那些现在对你来说已经是"显而易见"的东西。正如阿拉奈塔里所言："研究者对自己的文字和思想或多或少都会有点盲目，所以，他们有时候并没有意识到，自己并没有说清楚自己的理论预设或者逻辑起点，而作为局外人，可能就需要花一点功夫来理解。"(Alasuutari，1995：192)基于田野日志所写成的"真实过程"一章，可能会使得你的读者变成"局内人"，而你自己也不会变成自己文章的"局外人"。

要 点

所有的研究报告，都会有方法论一章，或者至少有一节来解释"资料和方法"。这一章需要展现的是，你理解自己的研究策略，设计以及方法的优势和缺陷。在这一章中，你应该解释：

- 你的理论假设。
- 致使你选择研究某些特定资料的因素。
- 你如何对分析作出推论。

不过，一个非常形式化的方法章节读起来枯燥，写起来也很乏味。你可以代之以"研究发生的真实过程"，它基于田野日志写成，展示了你的思想发展变化的历程。

练 习

22.1 把你在研究过程中写过的记录组织起来。对于以下每个跟研究有关的主题，各写约500字文章出来：

1. 主要有哪些事情帮助了你,又有哪些事情阻碍了你的研究。
2. 关于研究主题你都了解到了什么。
3. 你关于方法和理论的知识得到了怎样的改进。
4. 其他跟你同水平的学生,可以从你的研究当中学到什么。

注意:如果你的研究尚未完成,可以作练习 2.1。

拓展阅读

The most helpful comments on writing a methodology chapter are to be found in Pertti Alasuutari's *Researching Culture*: *Qualitative Method and Cultural Studies* (Sage, 1995), Chapters 13 and 14.

23 资料章节的写作

Writing your Data Chapters

读完本章,你将能够:

- 规划论文的总体结构。
- 你可以以不同的故事报告研究,学会在其中作出分辨和选择。
- 学会如何有效地报告资料。
- 理解以一种清楚并且有说服力的方式写作的重要性。

23.1 引 言

如我们所知,许多导师还有研究资助机构都建议,研究应该分成三个均等的部分来作。一般来说,这三个部分是:

- 文献回顾。
- 收集资料。
- 分析资料。

面对这种约定俗成的惯例,我认为这里还是有必要对一些显见的事情予以重申。如果你做的是一个实证研究,资料分析的章节就是(或者说应该是)评判你论文的关键。不像课程论文,文献知识的掌握以及批判的分析能力都十分重要。对于一个研究论文来说,如果没有好的数据分析,那就毫无价值可言。此外,我已经说过很多次了,仅仅是成功的收集了资料,是不会有什么额外的嘉奖给你的。你收集资料的过程当中是不是感到不适,遇到危险,或者需要学习另外一门语言,最终而言都是无关紧要的。最终的评估,全部都集中在你对资料到底做了什么。

这有两个非常明确的含义。首先,我在整本书中都是这样强调的,你要尽早地开始资料分析。其次,你应该掌握一些技巧,使得自己可以清楚而令人信服地把自己的分析呈现出来。

学生需要在资料分析的写作过程中得到指点,原因就在于此。古布里厄姆(Gubrium,私人通信)也是这么看。学生需要懂得“先说什么,再说什么,什么东西放在什么地方说,如何引入摘录,对此该说些什么,又该如何作出结论”。在本章中,我将会对古布里厄姆提出的这些问题,给出一些建议。

写对某些特定资料的分析和作总体性论述是不一样的,我们有必要在一开始就作出区分。阿拉奈塔里把前者称为一篇论文的"微观结构",而后者则是"宏观结构"。他是这么解释两者在层次上的区别的:

> 可以把这两者的不同比作一座房子构造的不同维度。在宏观的水平上,人们想的是如何安排各个房间和区域的相互位置。而在微观层次上,人们考虑的是不同房间的内部装饰和摆设。(Alasuutari,1995:179)

作这个区分对我们是有用的。因为独立的章节内部的组织(微观结构)和论文的总体组织(宏观结果)这两个方面,会产生不同的相关问题,就像阿拉奈塔里所说的那样。接下来,我会分别探讨这两种结构,然后再说明,在结束整个的论述之前应该如何作最后的检查,以确定是不是各个部分已经各就其位(Wolcott,1990:47)。

23.2 宏观结构

> 宏观结构是指,研究如何在章节之间得到发展,才能有逻辑性,而且是一个整体。(Alasuutari,1995:179)

怎样才能确保资料分析章节是"有逻辑性,而且是一个整体"呢?我在以下将讨论这两个答案:

- 在较早阶段,规划一个内容列表,并不断作出修正。
- 最后的阶段,决定你想要使用何种"故事"模式去讲述研究。

23.2.1 早期的内容列表设计

对于你打算在资料章节当中写些什么要尽早作出规划,然后持续修改它。正如沃尔科特的建议,制订一个内容列表,包括:

> 按顺序排一个序列,清楚地辨明主要的问题和次要的问题,评估我设计的结构对于资料的呈现是不是合适,顺序是不是合理。(Wolcott,1990:18)

在早期对论文结构作安排,可以帮助你澄清自己的研究设计,并且明确即将到来的问题:

> 如果没有办法找到一个合理有效的宏观结构,可能表示你的研究设计存在缺陷:可能是研究的更早阶段积攒下来的问题。(Alasuutari,1995:179)

阿拉奈塔里给我们举了一个例子,其中的章节毫无征兆地转向不同的主题——这是研究设计混乱的标志。这就是说,如果你制订内容列表有困难,这可能就是研究设计混乱的征兆。

为了介绍内容列表应该如何制订,在下面我拿出两个研究生,萨利和凯的表作例子。他们两位,都在研究早期阶段就开始制订内容列表了。

萨利收集的资料是一个医疗团体例会的录音带,这个团体是帮助救治无家可归者的精神疾病的。我们在第 2 章已经讨论过了,她做的是有焦点的民族志研究。例 23.1 是她的内容表草稿,她准备这个表的时候还在写资料章节。

例 23.1 萨利的内容列表初稿

制造无家可归的单身汉:精神疾病医疗团体工作的描述性实践

1. 简介:研究的目的。
2. 研究的真实历程。
3. 分析所用的文献。

4-6. 民族志脉络。

7. 案例的建构。
8. 病人的建构。
9. 性别作为解释框架。
10. 精神病治疗团队的建构。
11. 结论:局限和意涵。

在论文的最终版本里面,萨利把论文的大部分章节区分成两块:介绍的部分(包括上述 1-3 章)和资料分析部分(7-10 章)。萨利认识到,原先设计的民族志脉络那一部分跟她的主要议论关系不大。所以最后她大大缩减了 4-6 章,并把它们合并到介绍部分里去了。

凯分析了伦敦和北爱尔兰的地方报纸当中的犯罪故事。在这里,她使用了萨克斯的成员资格范畴化策略(MCD)来分析(见第 11 章,跟海军导航员的故事有关)。例 23.2 是她较早的时候对自己论文结构的想法。

例 23.2 凯的内容列表初稿

在标题中定位新闻价值:阅读的推断和"动机"

1. 真实历程:阶段,方向和影响。
2. 理论框架。
3. 媒体,"新闻价值"和阅读活动。

4-7. 资料章节(每章针对一个不同的新闻头条)。

8. 处理针对 MCD 分析法的批评。
9. 结论:分析的结果是什么?

当凯提交自己的博士论文的时候,她又增加了一章。她认为,有两部分基于文献回顾写成的篇章在最初未加区分,所以在论文的最终版本里面,第 3 章和第 8 章消失了,其中的部分文字用到了别处。凯的标题也改成了:"犯罪、地点和道德:地方报纸当中的成员资格范畴化和'新闻价值'。"这种改进更好地反映了凯的核心概念和资料来源(这在后来展现了出来)。

从萨利和凯对文章改写的例子里面,我们可以体会到,设计论文的结构有三个方面的含义：

- 对你想让资料章节包含哪些信息和发现作出规划。
- 确定论文的结构强调了那些信息。
- 删除或者消减和论点较为无关的章节。

删除或缩短自己辛苦写就的文章，你需要无情一点。你可以寻求导师的指点，问问他是不是可以把这些文章用在更合适的地方，比如会议的发言稿，或者投稿给期刊（见第27章）。

在完成论文一年多以前，萨利和凯就已经规划好了内容的列表。规划是十分重要的，因为研究论文可能会是你所写过的最长的东西。学士论文和硕士论文，通常会有一万字那么长，而博士论文一般在七万到十万字之间。不过这一点是很重要的，你无需担心要写这么长会很困难，我可以保证，几乎所有的情况都是，你会发现你的空间太少了。

所以，不如替你的读者想想，要阅读这么长的故事，他们需要怎样的指导。在一开始就要提供这样的指南，然后，只要合适，在每一章当中都要重复这个指南（Alasuutari，1995：180）。这就是说，要经常提供"路标"，以帮助读者理解你将要做什么（或者已经做过什么了），以及这些东西是如何与总的主题联系起来的。这也意味着，你要计划想讲哪种形式的"故事"。

23.2.2 规划你的故事

要建构论文的宏观结构，至少有三种模式可供选择：

- 假设性故事。
- 分析性故事。
- 推理性故事。

以下会作一些简短的讨论[①]。

假设性故事

很多期刊都会要求你这样组织自己的论文。遵循标准的写作方式，它分成三个部分，这种方式来自量化研究：

1. 陈述假设。
2. 检验假设。
3. 讨论含义。

阿拉奈塔里（Alasuutari，1995：181）指出，你可能不想用这种模式撰写自己的质性研究论文，有两个原因。首先，你可能会进行归纳，会在资料分析的部分阐发和检验自己的假设。如果是这样的话，很明显你不可能在一开始就提出一个假说。

---

① 我们将会看到，有关假设性故事和推理性故事的想法，都来自 Alasuutari（1995）。

另外,假设故事是有可质疑之处的。即便是在量化研究当中,这种故事模式呈现的,通常也不是研究的"真实"逻辑,而是适合于变量交互表分析的重新建构的逻辑(见 Alasuutari,1995:181-183)。

分析性故事

假设性故事通常要求以被动语态来表述(例如,"假设是……",或者"发现是……")。这写起来很困难,读起来也很痛苦!讲一个分析性的故事,会使得写作更有对话性。这涉及一个问题,你需要决定"想要讲的分析性故事的主要线索"(Strauss and Corbin,1990:230)。他们是这样说的:

> 注意思考讲述这个故事的分析逻辑。所有的研究著述,事实上也包括所有研究论文,都会有这样的一个逻辑……在某种意义上,整篇论文或者专著,都是在呈现把这个分析逻辑讲清楚的过程。(Strauss and Corbin,1990:230)

要撰写这种故事,你需要问自己这样的问题:

- 我在这个研究当中使用的核心概念是什么?
- 我的研究"发现"如何清楚地表征这些概念,实质上的研究主题又怎样通过这些研究发现被呈现出来?
- 那么,初始研究问题以及相关的文献涉及的问题,现在得到了怎样的发展?

不要指望读者最终能够自己发现这些东西,讲一个分析性的故事,要在一开始就把这些东西摆出来。

这个模式使得读者可以了解到,他们将会在论文后面的章节里看到什么。不过,实际上,也有一些读者希望能够感到意外。你需要计划,才能给人惊喜。仅仅作一些漫不经心的设计,是不可能达到这样的结果的。推理故事就是这样的。

推理性故事

阿拉奈塔里谈到这样的一种写作的方式,"提出一个谜题,然后逐渐通过问题和回答展开论述"。要使用这种方法,你需要:

> 直接从实证的例子开始,通过讨论它们阐发问题,然后逐渐引导读者走向对资料的解释,然后再走向这些结果更为普遍的涵义。(Alasuutari,1995:183)

要以推理故事的形式展开资料分析,至少有两个好处。首先,它可以像侦探小说那样,牢牢地抓住读者的注意力,他们想要跟着你,以发现"到底是谁干的"。其次,它更确切地反映了多数质性研究归纳的过程,在这个过程当中,研究发现(甚至是研究主题)是逐渐被揭示出来的。

反过来说,你也必须知道,要写这样的推理故事需要很多写作技巧。如果失败了,读者就会丧失兴趣。所以,实际上,很多优秀质性论文的作者,都遵循的是施特劳斯和科宾的办法,通过讲述分析性故事,引领读者走过资料分析的章节。

从某种意义上讲,把选择权交给个人偏好,无论哪种故事形式都是安全的。更重要的问题在于,你是不是在讲某个连贯的故事。因为,虽然三个模式各有不同,却都有一个共同的特点:它们提供了研究的焦点和要义。这也意味着,一般情况下,论文的结构,都不应该循着你恰好发现问题的时间顺序编排。正如克赖尔所言,“写作论文的最终版本,要保有知觉,知道你走到哪里了(the final version of the thesis should be written, with hindsight, knowing where one has been)”(Cryer, 1996: 178)。

归根结底,本章你只需要记住一点:*不要以自己发现的顺序,或者写作的顺序来讲故事*。以这样的顺序写故事,只适用于研究的真实过程那一章(见第 22 章)。如果通篇文章只是呈现了你发现的历程,你的论文也不大可能会因为其真实性而受到审核者的嘉许。他们倒更可能会批评你,认为你太懒了,都没有作一个结构连贯的论述。

回到“推理故事”的主题上来,阿拉奈塔里这样说:

> 一个好的研究,肯定跟一个谋杀谜案一样,其中不相关的内容——也就是跟最终揭示的结果无关的主题和细节,应该不多……你可以说这是研究的经*济原则*:所写的每一个东西都要跟研究阐发和呈现的论点有关。(Alasuutari, 1995:186,斜体为本书作者强调)

现在请试作练习 23.1。

23.3 微观结构

有了一个明晰的“宏观结构”,你就有了一个不错的开始来写有好的结构和论述的资料章节。不管你是在安排总体性论述(宏观结构),还是对某一个具体话题的分析作出阐发(微观结构),你都应该以有助于读者的方式来写。古布里厄姆(Gubrium,个人通信)指出,对于经验不足的研究者来说,要做到这样并不容易:

> 很多学生没有考虑到读者;他们没有“教”读者,如何去读这里所呈现的经验材料。很多人只是把这些东西扔进文中,然后指望读者自己抓住要点。

替读者着想,可以帮助你很好地解答一些问题。这些问题,在第一次撰写质性研究的时候总是会出现。比如,你可能会问自己:我的资料分析需要作到多深?怎样才算足够?

对于这些问题,施特劳斯和科宾给我们提出了好的建议:

> 要回答这个问题,你首先需要知道自己分析的主要信息是什么。然后,你必须给出足够多的概念性细节探讨,令读者信服。中心章节实际上所采用的形式,应该与你的分析信息及其组成部分协调一致。(Strauss and Corbin, 1990:232-233)

所以,这些问题的答案就根植于,你是怎样述说文章的主要信息的(宏观结构)。重点就在于:牢记你的信息,并且持续关照它!

通常,一个资料分析章节会有三个部分:

- 介绍,用以事先解释你将要作的事情。
- 主体,用你之前已经说明的方式把资料呈现出来。
- 结论,对你呈现出来的东西作出总结,并联系下一章。

下面,对于如何心怀读者写作这三个部分,我给出了一些建议:

23.3.1 简 介

千万不要跳跃。即使你打算讲一个推理故事(见上述),你也应该告诉观众,谜题是什么,他们应该寻找什么样的"线索"。贝克尔是这样提醒我们的:

> 很多社会科学者……都认为以含糊其辞的方式开始,是很好的。他们每次揭示一个证据,就像侦探小说里的线索一样,然后期待读者可以忠实阅读,直到他们创作出戏剧性的结局……
>
> 我通常会告诫这些自命柯南·道尔的人们,把最后胜利的篇章放到开始来,告诉读者论述的方向,以及所有这些材料最终想要说明什么。(Becker,1986:51-52)

所以,资料分析的每一章,都要以这样的解释作为开场白:这一章将如何同整个文章联系起来,它的论述又是怎么组织的。有一个广泛适用的规则是这样的,如果要在各个章节当中使用更小的标题,你需要首先解释其性质和逻辑地位。

根据上述的规则,克赖尔指出,一个好的简介需要包括四个部分。我把它们列入了表 23.1。

表 23.1 资料章节的简介的组成部分

1. 本章的语境,比如,说明这一章大概关注哪个或哪些领域
2. 在既有知识的空缺当中,定位本章所讨论的东西
3. 解释本章将如何填补这一空缺
4. 对本章内容作出简要的概述

来源:Cryer,1996:182

23.3.2 主体部分

现在读者已经了解了这一章的讨论将要涉及的领域。在开始的时候把这些领域分开来,分别作出讨论是很重要的。写作资料分析的金科玉律是这样的:

每次只论述一个要点

如果你发现自己的讨论偏离了原来的方向,那就把这些不合原主题的论述删去,放到新的一节当中。有时候这就意味着重新使用相同的资料,但从不同角度作出分析。也有些时候,这意味着把某些资料全部弃置不用。

如果没有太多不同的论点分散注意力,你的读者会感到更加轻松的。如果你的论述彻底做到条分缕析,那你也就更有可能发现自己论述的漏洞。

如果你每次只探讨一个要点,那么,最关键的就是要让读者能够迅速把握这个要点。所以,第二条规则是这样的:

每段摘录的"前前后后"

也就是说,在每一个摘录前面你都需要加上一到两句话,以把它跟上下文联系起来。这样读者就会知道,阅读这些摘录的时候他们需要留意些什么。

紧随摘录之后,你应该对其作出更加细致的分析,去说明你想要用这段摘录阐明什么样的观点。如果这个摘录的说服力不是很强,你也要承认。所以说,第三个规则就是:

要显示出,你了解自己资料和分析的局限性

为了使读者能够跟上你的分析,论述涉及哪个摘录,你都要让读者能找得到,还要使得他们能够找到那个摘录的其他相关部分。所以,第四条就是:

总是给摘录编号

有一个有效的编号方法,就是给每一段摘录两个标识的数码:第一个是它所在的章节的序号,第二个是它在本章当中出现的位置。所以,论文当中,第 3 章第一段摘录应该编号为:摘录 3.1。

长度上超过两行的摘录,也可以用行号来标识。这样,举个例子(如果你不会重印这篇文章的话)你可以把这段摘录标识为:摘录 3.1,5-7 行。

第五条是这样的:

说服读者

不仅要让读者知道,你为什么用这种方式来解释资料,还要让读者信服你作出的解释。莫科特是这样说的,"要说那些资料是'X'而非'Y',你得让它看上去确实如此"(Murcott,1997:2)。

莫科特还建议,如果你想给别人展示,自己的分析具备这个关键的要素,可以"讨论其他候选的解释,以供读者判断,然后再舍弃那些较差的,或者不够充分的解释"(Murcott,1997:2)①。

23.3.3　结　论

当写到资料分析一章的末尾部分,你可能觉得不再需要作什么多余的工作了。事实并非如此!你还需要为读者作一件事,把整个的章节重新连结起来。这么做

① 有关"效度"和"信度"的探讨见第 14 章,而第 12 章为我们说明了,如何通过图和表来解释自己缜密的思想。后者也可见 Mason(1996:131-133)与 Strauss 和 Corbin(1990:131-137)。

不仅可以提醒他们,你(还有他们)从之前的篇章中了解到了什么,也可以为进入下面的章节作准备。

表23.2列出了资料分析一章的结论部分需要包含哪些内容。

表23.2 资料分析章节结论的内容

1.解释本章作了什么
2.描述这一章又引申出什么新的问题
3.解释这些问题将在哪里得到讨论(比如,在下一章,或者最终的结论里面)

来源:Cryer,1996:183

要知道,你不大可能一气呵成一篇文章,它论述得又好,又方便读者领会。因此,作为本章的结尾,我会给出一些关于如何进入最终稿的建议。沃尔科特把这个步骤称之为"加固"(Wolcott,1990:47)。

23.4 加 固

> 确定在加固之前,每一部分都已经各就其位。(组装独轮车的说明书,Wolcott,1990:47)

沃尔科特把写论文比作组装独轮车,这提醒我们,如果宏观结构安排不合适,细微的调整是没有什么用的。正如他所言:

> 在加固之前,看一下整体是如何协调运作的。所有需要的部件是不是你都已经有了?(还有,是不是有必要把自己的所有东西都装进去?你是要加固这个独轮车的,而不是要把它装得满满的!)(Wolcott,1990:48)

你可能跟自己的作品太近了,所以没法看清楚各个部分是否都已经得到妥当安排。克赖尔建议,论文的作者:

> 可能对论文的里里外外,前前后后都很了解。所以对你而言,各个部分之间的联系可能很清楚,但是对于那些刚刚接触到论文的人,却未必同样清楚。(Cryer,1996:186)

要想跟自己的论文保持一定距离,从而得以批判性地检查论文各部分是不是都已各就其位,有两个办法。其一,如果时间允许,就把它暂时放下,过一段时间再回过头来看,沃尔科特指出:

> 加强解释,分辨前后不一致还有重复之处,找出逻辑或者次序方面的异常,发现使用频率过高的词汇、语句和模式,所有这些工作,在有意搁置一段时间之后,我都会做得更好。(Wolcott,1990:52)

发现沃尔科特所说的"异常",就是要删去一些虽有关联,但是会影响总体论述的观点(Clive Seale,个人通信)。

另外一种跟自己论文保持距离的办法,就是在写作阶段就自己的研究作报告,或者找一些人:

> 他们对你的研究并不了解,可以听你解释自己的研究,或者阅读文稿,然后告诉你,哪里读起来有困难。(Cryer,1996:186)

一旦宏观结构得到了合适的安排,就可以开始加固微观结构了。需要去看的项目有:

- 不清楚或者不恰当的语言。
- 对于资料或者分析作了过多的论述。
- 没有必要的重复。
- 细节不够充分(见 Wolcott,1990:49-50)。

如果所有这些你都做完了,加固这个程序也就差不多完成了。当然,你还可以问问你自己:"我是不是已经把所有的细节都说到了? 都说清楚了?"(Strauss and Corbin,1990:235)

要把这些问题搞清楚,你可以让导师还有/或者同学最后再读一遍,然后提出他们的意见。但是要记住:校订可能是无止境的! 真正困难的,可能不是递交一份没有达至完美的论文,而是陷入没完没了的改动:

> 作为一个逐渐成熟的研究作者,要知道没有稿子是完全完成了的。(Strauss and Corbin,1990:235)

就像父母最终都会认识到,他们的孩子已经长大成人,将会离开这个家。现在是与你的手稿说再见的时候了。就像"空巢"家庭里的家长,你也要重新找到方向。不过,首先,你得"放手"。

23.5 结 论

资料分析章节是(或者应该是)评价论文最为关键的部分。不过,各个章节内部的组织("微观结构")和论文的整体布局("宏观结构"),都会产生不同的相关问题。

在早期阶段就制订内容列表,并且持续修订它,才能把总体布局安排好。你还需要决定,要通过哪种故事来呈现自己的研究,并相应地构建资料一章。资料分析的每一章,都需要有三个部分的微观结构:简介,用来事先解释你将会作什么;主体部分,以之前提到的方式处理资料;最后,结论,总结你所展现的东西,并且联系下一章。

要 点

规划论文的总体结构(宏观):

- 规划你想让资料章节包含哪些信息和发现。
- 确定论文的结构强调了哪些信息。
- 删除或者消减和论点较为无关的章节。

写作资料章节的时候,最好遵照以下的指导:

- 每次只论述一个要点。
- 把资料摘录放到论述的脉络当中。
- 表明你知道自己分析的缺陷。
- 给资料摘录编号。
- 对于你来说明显的东西,对于别人来说未必如此,你还需要使得读者信服。

练 习

23.1 试着把你的资料分析组织成两章。不要随意去写,而要找到一个逻辑。然后试着以另一种逻辑重新把这些材料编排进长度较短的五章里面。思考哪种模式更好,为什么?

23.2 选择一段连续的,有可能成为一个章节的资料分析。给这章命名,标题要适用于你即将作出的分析。使用表23.1和表23.2,现在:

1. 给这章写一个简介。

2. 写出结论。

3. 把资料分析加进来,然后把整个章节拿给同侪看。问问他们,你的简介和结论在多大程度上帮助他们理解了你想要作的事情。如果有所帮助,为什么?如果没有帮助,又是为什么?

4. 进行修订。然后重复以上的步骤。

拓展阅读

Harry Wolcott's *Writing Up Qualitative Research* (Sage, 1990) is a marvellous account of how to write up data. Useful, shorter treatments are: Pat Cryer's *The Research Student's Guide to Success* (Open University Press, 1996), Chapter 18; Pertti Alasuutari's *Researching Culture: Qualitative Method and Cultural Studies* (Sage, 1995), Chapter 14; and Anselm Strauss and Juliet Corbin's *Basics of Qualitative Research* (Sage, 1990), Chapter 13.

结尾一章 24
The Final Chapter

读完本章，你将能够：

- 理解为什么对于一个研究报告来说，结尾一章是必不可少的。
- 了解这一章应该包含哪些内容。
- 思考自己研究的理论意涵。
- 搞清楚你在跟什么样的读者对话，相应的，又该如何形塑自己的文章。
- 认识到写最后一章是有乐趣可言的。

24.1 引 言

在前面的一章里，我以"放手"的建议作为结束。然而，所有的研究报告(包括论文)都是以一组"结论"来结束的，所以，在写完结论一章之前，你还不能放手。已经费力地骑车上顶峰了，在这里放松，然后顺着惯性达到终点，是很有诱惑力的。实际上，在论文最终章节里面，所有十分常见的"总结"，都反映了这种松懈。

虽然，在资料分析章节的最后作总结是十分有用的。我还是不建议你把总结作为论文的最后一章。如果读者在这里需要一个总结，那说明你的"宏观结构"(Alasuutari 的概念，在上一章中有讨论)不合适。如果各个部分已经各就其位了，那么你需要说的东西，应该已经在前文中得到澄清了。所以，要抵御在最后顺惯性滑下山的诱惑。

不过，这是不是说，你甚至并不需要一个最终的章节？论文难道不能在资料分析做完以后就结束么？

拿音乐举个例子吧。古典交响乐通常以一个急速的乐章或者快板来结束。交响乐不会仅仅以再现之前的节奏作为结束，而会继续进行，还会再发展一点点。这样的设计，似乎是把乐曲当中最刺激的部分带给听众。所以说，最终的一章确实是必要的。不过，最后一章要带给读者刺激，你要通过展现这个研究是如何刺激你的来达成。

本章首先会向你展现结尾一章有趣又灵活的功能。然后，我会给你一些实际的建议,关于这一章应该包含哪些内容,还有如何在袒露自己的失误和宣称自己的成绩之间作出平衡。接下来,我会告诉你,应该怎样在结尾一章当中,把资料分析跟最初激发你的分析性问题结合起来,还有,你的研究可以给不同领域的读者带来些什么。最后,我会证明,为什么说写作结尾一章是有乐趣可言的。

24.2 结尾一章可以相互激发

撰写最后一章,你应该感到刺激。如果它可以激发你,也可能刺激你的读者。产生这种激发,部分是因为,你把自己研究的特定主题跟学科当中更广泛的问题联系起来了。英国博士论文标准的作者是这样说的:

> 你作某个研究,并不仅仅是为了这个研究;你作这个研究是为了证明,你是一个完全专业的研究者,你可以很好地把握学科领域内的问题,还能够评估新研究对学科的影响和贡献——无论是你自己的,还是别人的。(Phillips and Pugh,1994:60)

在最后一章当中,你就需要展现自己的贡献:

> 就是在这里,你要强调自己的分析(对学科)的重要性,指出研究的局限所在,并且说明哪些新工作是适当的,等等。(Phillips and Pugh,1994:59)

菲利普斯和皮尤的论述,部分回答了这个实践性的问题:结尾一章到底应该包含哪些内容?

24.3 结尾一章到底应该包括哪些内容

> 在最一般的情况下,它(最后一章)讨论的是,最开始你所使用或者探讨的理论,作为研究的结果,现在会有怎样的发展和变化,为什么。因为这个发展,你的后继者(当然,也包括你自己),现在在决定自己应当作什么研究的时候,就面临一个不同的状况了,因为他们现在需要把你的研究考虑进来。(Phillips and Pugh,1994:59-60)

莫科特(Murcott)的这个问题,“研究者想让读者如何理解这一切呢”(Murcott,1997:3),对我们是非常有帮助的。如表24.1 所示,最后一章给你这样的机会,你可以对这个研究的意义作出自己的诠释。当然,这些意义要能够反映出,你对自己研究的优势和不足作出了批判性的思考。要记住:如果你不说明自己对研究局限(还有意义)的认识,你的读者会替你做这些!

表 24.1 建议放入最后一章的内容

• 本研究所作工作、最初的研究问题、在文献回顾章节当中讨论过的前人的工作,以及本研究开始后出现的新的工作之间的联系
• 审核者的一个经典问题:“如果你可以把这个研究全部重新作一遍,你希望有哪些不一样的地方? 为什么?”回答这个问题就是要说明,你从这个研究当中学到了哪些东西
• 政策制定和实践方面的意义
• 在你的研究发现、方法,还有所使用的概念的基础上,可以进一步进行的研究

来源:Murcott,1997:3

当然,你可以仅仅针对自己的局限性这个方面作出大量的讨论。不过,研究报告不应该只是忏悔! 在下一节,我会讨论如何平衡以下两者:承认感觉到的失误之处和夸耀自己的成绩。

24.4 忏悔和夸耀

沃尔科特告诉我们,审核者在评估我们论文的时候,将会辨识出研究过程当中偶然发生的事件,以及研究设计是如何限制(还有促进)研究的。对此,要预先有所准备。所以,在最后一章当中,要写:

> 一个一般性的声明,在其中,(你)承认对这个研究的局限性有清楚的认识(例如,它在特定的时间,特定的地点,特定的环境当中发生;那些使得这个研究非典型的特定因素;对有限的推论作出保证;等)。(Wolcott,1990:30)

不过,沃尔科特说的“一连串冗长的限制”,也要伴随着这样一番强调:你相信你可以做到什么。所以,就像生活一样,你要面对现实,但也不要妄自菲薄! 你可以以如下的方式作出强调:

> 用一个较为保守的总结性陈述来简明地回顾,这个研究做到了什么,我们从中获知了什么,又有哪些新问题产生。(Wolcott,1990:56)

沃尔科特的这个建议是有用的,不过在我看来,也因为用了“保守的”这个词,多少打了点折扣。要知道,如果太过谨慎小心,会令读者感到厌烦的! 如果你有效地表明了,你为什么会被激发,那么也就更有可能激发你的读者。

要激发读者,就需要灵活的想象力,而且在科学当中,正是理论支持了想象。

本书的前三个部分广泛讨论了理论。所以在这里,我想给出的,是关于理论化的实用的建议,这可以帮助你把最后一章写得更有效果。

24.5 用理论思考资料

一个有想象力的结论,要从之前章节当中的细致描述和分析继续前行,达至对研究的总体意涵既令人兴奋,又兼具有批判性的思考。如果没有这一步,你的研究,就跟那些通过机械性使用某种方法得到的一组描述,没有多大差别。

多数质性研究,都是以归纳的方式展开,形成并检验研究假设都是在资料分析的过程当中进行的。所以,最后一章,通常也是最适合作出理论关联和推论的地方。正如阿拉索塔里所说的,在质性资料分析当中:

> 研究者倾向于直接从经验实例开始,通过讨论它们阐发问题,然后逐渐引导读者走向对这些材料的解释,走向这些研究结果更为普遍的意义。对于扎根理论模式来说,讨论和构造理论最合适的地方,*就是最后几页*。(Alasuutari,1995:183,斜体为本书作者强调)

扎根理论用来描述的是这样的一种方法:研究者通过对质性资料进行概括,作出理论上的引申。无论如何,这一点是很重要的,如果你倾向于扎根理论,你就要创造性地使用它,而不要只是用它来装点一个大型但没有什么想像力的平淡研究。

我在第15章当中探讨过,一些扎根理论研究的失败就在于缺乏想象力。有一篇关于扎根理论的重要文章,也认识到了这个可能:

> 这是很有可能的,一个扎根理论的研究,或者任何一个研究完成了,却没有提出什么有意义的发现。如果研究者只是遵循扎根理论的程序和规则,而对于资料所反映出来的东西没有任何的想象力或者洞见——因为他或者她在细枝末节和众所周知的现象之外,没能看出什么别的东西来——那么它所宣称的发现,可以被判定为是不合格的(所谓合格,比如,是有意义的)。(Strauss and Corbin,1990:256)

可能就是在最后一章这里,审核者要判定你的理论主张是否仅仅是机械的结论,就像施特劳斯和科宾指的那样。不过,理论绝非橱窗展览,最终而言,理论并不会比研究本身更加重要。没有资料的理论是空洞的,没有理论,只有资料,则等于什么也没说。科菲和阿特金森很好地捕捉到了理论和资料两者之间的互惠关系。他们是这样说的:

> 资料需要我们理解和思考……我们应该动用全部的智识资源、理论的视角、本体论传统、研究文献和其他别的资源,来考察资料……(这就是说)如果处在智识的真空当中,或者,脱离了更为普遍和基础性的学科框架,那种资料收集和分析的方法就是没有意义的。(Coffey and Aktinson,1996:153)

问题是,你有可能过分沉湎于自己非常特殊的研究主题里面,而没能准备好后退一步,想一想被科菲和阿特金森称为"更为普遍和基础性的学科框架"。你不妨迫使自己思考,自己发现的东西,如何才能跟原初的研究课题之外更为广泛的话题联系起来。通过这样,才能给你的研究一个更为宽广的视角。这样一来,一个十分狭窄的主题或许就能够和更为广泛的社会过程联系起来了。正如我们在第 15 章所看到的,玛莉·道格拉斯对于非洲部落的人类学研究就是这样,把我们从一个非常狭窄的问题(Lele 人如何认识穿山甲)带入一个更为普遍的社会过程(社会如何对异常之物作出反应)。科菲和阿特金森的论述是这样的:

> 以密切注意细节的方式来分析质性资料,理解它们内在的模式和形式。这些质性资料,应该用以阐发有关社会过程和文化形式的理论思考,这些思想*应该超越资料本身*。(Coffey and Atkinson,1996:163,斜体为本书作者强调)

24.6 为读者写作

这本书持续提到的一个问题就是,写研究报告跟写任何的文章一样,都需要为特定的读者群量身定做。带着这样的一种观点,我的很多博士生都针对可能对其研究感兴趣的不同读者组织了最后一章。

莫伊拉·凯莉(Moira Kelly)的研究是关于研究对象如何描述自己配偶的死亡(见第 3 章)。对于研究发现,在结尾一章她作出了适用于四种读者的说明:方法论学者,理论学者,对于医疗和疾病社会学怀有一般兴趣的读者,以及政策制定者。

有一个有用的练习,可以帮助你思考如何才能做到莫伊拉这样。这个练习就是,把自己的研究可能的读者罗列出来。最近,我让赫尔辛基经济学院的学生作这个练习,他们列出了如下的读者:

- 学科的(例如,管理,组织研究,市场营销)
- 方法的(例如,个案研究者,访谈者,等等)
- 从业者(例如,经理,企业家,营销人员,等等)
- 一般公众(顾客,消费者,政治家,等等)

列一个这样的读者清单,是个好办法,可以帮助你构造一个有效果的结尾章节。但是,不要只是去猜读者会对什么感兴趣!把你的研究发现展示给各个群体的读者,然后把跟他们相关的内容找出来(更多有关研究读者的讨论见第 28 章)。

24.7 为什么最后一章可以给人乐趣

想到写作最后一章可能是很有乐趣的,你也许会觉得惊奇。努力奋战,把资料分析写完了,你可能已经筋疲力尽了,想要用一个简短的总结来作结束。你会想,还有什么可以添加的呢?

我有好消息告诉你!在最后一章之前,你都得严格遵守规则。不仅要牢牢地围绕要点展开，还要（我希望）紧密结合资料。只有在作脚注的时候，你才能暂缓片刻。如果你适当使用了脚注，就可以用它作旁白，还有讽刺性的议论（这里不是参考文献的地方）。

不过，如果脚注可以有趣，那么最后一章也一样可以。因为在这一章，可以让谨慎暂时休息一下，而叫横向思维大显神通。在这里，可以作出较为广泛的关联，而避开论文其他部分狭窄的焦点。这里不仅允许，而且欢迎出离轨道的思维（他们在棒球中说的“左外野”）。也许，最后，在这里你可以一展本色——前提是你要认识到，这种自我表达还是要针对读者量身定做。

24.8 结 论

让我讲一个十分明显的事实：完成了最后一章，也就是你要交论文的时候了。是的，我知道，研究报告总有可以改进的空间，而且字处理系统给我们带来了便利，它使机械的修改论文变得十分的简单。但是你打算再当多久学生呢？即使审核者要求你作出改动，至少你也需要有一个实际的焦点。

当一个完美主义者，听上去是个不错的身份。正如贝克尔所说的：

> 是否跨出这道门并非唯一的评价标准。在很多领域里面，有很多重要的工作被做出来，却很少有人关心它们是不是走出了那道门。尤其是学者和作家，我相信如果他们等待足够长的时间，就能够找到更易于理解、更有逻辑的方式去论述他们的思想。（Becker，1986：123）

不过，贝克尔也让我们注意到，改写可能会成为一个托词，给持续不断的改变主意找到藉口。在这个方面，他告诉我们：

> 我喜欢跨越那道门。虽然我喜欢改写，喜欢对结构和言辞加以修正。我也会把还没有完全写好的作品放到一边，以一种形式使之跨越那道门。（Becker，1986：124）

很长一段时间的研究之后，你真的愿意“把作品放在一边”吗？遵从导师的建议（假定你的导师不是一个完美主义者！），让你的作品跨出那道门！

要 点

不要把总结当作最后的一章。最后一章要帮助读者决定评价你的论文，它应该解释：

- 本研究所做工作、最初的研究问题、在文献回顾章节当中讨论过的前人的工作，以及本研究开始后出现的新的工作之间的联系。
- 如果让你现在再作一遍这个研究，哪些地方你会做得不一样。

- 政策制定和实践方面的意义。
- 在你的研究发现,方法,还有使用概念的基础上,可以进一步进行的研究。
- 研究的局限性。

总之,最后一章应该带给读者这样的东西:

- 展现理论如何帮助你理解自己的资料。
- 兼顾可能对论文感兴趣的,不同类型的读者。

练 习

24.1 培养习惯,对以下问题(来自表24.1)作出持续的记录:

1. 你目前的研究工作和初始的研究问题有什么关系。
2. 如果让你现在再作一遍这个研究,哪些地方你会做得不一样。
3. 政策制定和实践方面的意义。
4. 在你研究发现,方法,还有使用概念的基础上,可以进一步进行的研究。

每隔一段固定的时间,就试着把当下有关这些问题的想法总结一下,写出来。

24.2 本章论证了:

资料需要我们理解和思考……我们应该动用全部的智识资源,理论的视角,本体论传统,研究文献和其他别的资源,来考察资料……(这就是说)如果处在智识的真空当中,或者,脱离了更为普遍和基础性的学科框架,那种资料收集和分析的方法,就是没有意义的。(Coffey and Atkinson,1996:153)

从最近的学术期刊上找一两篇你认为重要的文章,来说明为什么你的论文没有处于科菲和阿特金森所谓的"智识的真空"当中。

24.3 把可能对你的研究感兴趣的读者,列一个清单(例如,学科方面,方法方面,从业者,还有一般公众)。

然后思考,你会怎样构建自己的研究贡献,把它们呈现给这些读者。

拓展阅读

Estelle Phillips and Derek Pugh's *How To Get a PhD* (2nd edn, Open University Press, 1994), Chapter 6, is the best British account of the practical issues involved in concluding a research dissertation. On using theory to develop your conclusions, see: Pertti Alasuutari's *Researching Culture: Qualitative Method and Cultural Studies* (Sage, 1995), Chapter 13; Anselm Strauss and Juliet Corbin's *Basics of Qualitative Research* (Sage, 1990), Chapters 1-4; Jennifer Mason's *Qualitative Researching* (Sage, 1996), Chapter 7; Amanda Coffey and Paul Atkinson's *Making Sense of Qualitative Data* (Sage, 1996), Chapter 6.

获得博士学位

第六部分

对博士生而言，答辩至关重要，但它通常也是博士阶段最令人心生恐惧的部分。它隐藏在神秘之中，就像共济会的一些奇特的仪式一样不为外人所知。第六部分正是要为你揭开博士资格考试的神秘面纱。

25 从博士答辩中死里逃生

Surviving a PhD Oral

读完本章,你将能够:

- 明白真正可怕的博士答辩是极少的。
- 一步步地为答辩做准备。
- 知道怎样才能在答辩中有效地表达自己的观点。

25.1 引　言

学士或硕士论文只要写完就大功告成了。你的论文会得到一个分数,不过这已经不在你的控制范围之内了。不过,如果你要拿博士学位的话,就还有一项任务等着你——答辩。你肯定希望"捍卫"自己的论文,而你的表现直接会影响到结果。例如,在英国,如果答辩表现得很糟糕,即使论文通过了,还得重新答辩。

在不同的大学和国家,开展答辩的方式有所不同。在英国,其中一名评审专家是校外的,而且会作为评审负责人向你发问。本校的评审人也会向你提一些问题,而他可能并不是你所在领域的专家。

在其他国家则会有更多的学者向你发问。例如,在北欧一些国家,会从校外请一名"反对者"来盘问你,从而答辩变成了一项公共事务,观众们都可以提问。

在斯堪地纳维亚半岛的国家里,学术委员会通常对"反对者"与博士候选人之间的对话冷眼旁观,不置一词。与之相反,在北美,学术委员会的成员则都可以提问。对话的形式和内容则因人而异,一篇文章这样写道:

> 在答辩过程中,学生要在答辩仪式上公开介绍自己的发现,回答教师们的提问,接受对其论文质量的严格考查,面对学术委员会毫不留情的盘问。(Rudestam and Newton,1992:142)

那么,什么是鲁德斯坦和牛顿所谓的"盘问"呢?在本章中,我分别回顾了答辩的情况及可能的结果(包括评审专家可能要求你修改论文),向你介绍了该如何准备博士答辩。

撰写本章的目的是想消除你对答辩的恐惧心理,把悬着的心放下来。就像我稍后指出的那样,答辩通常并没有你想象的那么可怕。不过,为了防患于未然,我还是会从几个"恐怖"故事讲起。

25.2 恐怖的答辩

一位学生是这样描述对即将到来的答辩的畏惧心理的:"当我走进答辩教室时,心里很害怕——如果他们问的问题我不知道怎么办?如果他们说:这就是博士水平啊,别开玩笑了!我该怎么办?"这些担心很常见,其实可怕的答辩是很少见的。莫雷(Murray,2003:2)描述了四个可怕的答辩:

- 长达 9 个小时的答辩。
- 盛气凌人的评审人就是不想放你过关。
- 博士候选人把什么都忘了("大脑空白综合征")。
- 评审人认为你犯了个大错误;但他们其实是误解了你的意思,而你又没有信心去纠正他们。

我还要加上一个自己亲身经历的可怕例子。记得在 1960 年代,我充满自信地提交了论文,因为我的博士导师对论文赞誉有加。当校外评审专家对我的论文横加批判时,我完全没有准备。后来我才明白,正是因为我在答辩中立场坚定地捍卫自己的论文,才没有遭到被"枪毙"的命运!幸运的是,校外评审专家向我提了长达几页的建议,我把论文修改了一下,并在 12 个月后出版。

现在你可能已经被吓到了。放松一下。如今答辩的过程更加规范,而且往往比第 19 章中提到的三人会议有效率得多。另外,可以提前采取很多步骤来准备答辩。

25.3 准备答辩

评审人需要时间阅读你的论文,而他们的日程又很繁忙。所以在提交论文和答辩之间很可能有长达 1 ~ 3 个月的时间。怎么打发这段时光呢?

在提交论文后的几周内,答辩还遥遥无期,那么在长时间辛苦过后,你就有了一段空闲时间——尽管对全日制学生来说休息往往是可望而不可求的奢侈。不过,随着答辩日期的临近,做些准备还是有必要的。我在表 25.1 中列举了多种形式的准备:

表 25.1 准备博士答辩

• 修改论文,特别是结论那章
• 把你需要说明的要点列一个清单
• 想好该如何解释论文,以及如何说明自己对最初研究问题的调整
• 研读所在领域的最新研究作品
• 找出校外评审人和本校评审人的作品
• 模仿答辩现场,体验答辩过程

遵循表 25.1 的思路,菲利普斯和皮尤(Phillips and Pugh,1994)指出,用一句话来分别总结每一页的内容是修订论文的好办法,因为这样的话你就能在答辩的时候对文章内容有充分的把握。接下来你可以以这些小结作为基础,确定需要在答辩时着重说明哪些要点。

现在正是研究评审人的文章的时候。读读他们最近的论文,你可以大致知道他们提问的倾向,而且如果可能的话,你还能找到你的论文与他们的研究有什么关联——当然你应该先问问导师这样做是否合适。

最后,你可以找几个同学,或几位比较友善的老师来模仿进行答辩。

25.4 参加答辩

请记住,完成这项研究后,你便成了所在领域的一名专家。这意味着你很可能比评审人对论文涉及的话题更加熟悉。鲁德斯坦和牛顿说道:

> 就最理想的情形而言,答辩其实是一个机会,使你可以思考研究对所在学科的意义,并接受学术委员会的挑战,借以证明你是所在领域中受到认可的专家,并有权利成为他们中的一员。(Rudestam and Newton,1992:142)

成为"一名受到认可的专家"并不意味着你可以卖弄专业名词。相反,专业能力在某方面表现为能直截了当地解释自己的研究,并将其与别人的研究联系起来。

所以,在答辩时要做好准备,用简明扼要的语言概括主要的研究问题、研究贡献以及你与其他研究的区别。记住答辩不是测试记忆力,所以你可以在必要时参考论文的某些章节。

为了给这些观点增加更多的实质性内容,我在本章的结束附上了有关我于 1998 年审查过的一篇瑞典学生的博士论文的一些情况。尽管我作为反对者提出的几个问题都是直接针对具体论文的,我还是相信通过这个例子你能够了解评审人在答辩时关注哪些问题,包括专业问题和一般性问题。

西尔(Seale,在私下沟通时)指出,答辩时你需要具备的技能与求职面试时所需的技能并无本质差异(参见第 29 章)。在这两种场合,都要在尊重评审人(面试官)的同时保持自信。表25.2列举了答辩中的一些技巧：

表25.2 答辩技巧

• 如果你没明白问题的意思就提出来,请他们说得更明白些
• 即使是个"封闭"性问题,也别只回答一个单词或一句话。把问题和你想说的内容联系起来,使回答问题成为表达自己观点的机会
• 回答不要过分冗长,不要偏离所提的问题
• 问问评审人你理解的对不对,以及他们是不是想知道得更详尽些
• 当评审人问你还有什么想说的时,可以参考那张列有你观点的清单
• 请你的导师把问题和回答都记录下来。如果你想修改论文或发表的话,这些笔记会很有用

25.5 结 果

在大多数英国大学里,博士答辩可能会有以下结果(亦可参见 Phillips and Pugh, 1994:142-145)：

- 对博士生的赞扬——通常还需要做细微的修改或调整。
- 评审人在写书面意见时,要求你强化文章的某些薄弱之处[菲利普斯和皮尤(Phillips and Pugh,1994:143)所谓的"对,不过……"],并给出一段时间让你修改。
- 论文通过,答辩不通过,你可以在一年内重新答辩。
- 评审人觉得你的论文论述不充分,而且找不到合适的方法修改,只能授予你硕士学位。
- 彻底失败,不可重新提交,也不授予低一级的学位。

尽管你非常担心,但很少出现彻底失败的情况。这并非出于评审人的善心,而是因为除非你的导师相信你的论文有很大的机会通过,否则不太可能推荐你提交论文。

如果你的论文获得通过,记住征求评审人的意见,问问他们你的论文的哪些部分可以发表,你该如何修改或缩写它们,以及最好向哪些杂志投稿。现在可以出去庆祝了!

25.6 答辩后修改论文

在英国,评审人通过要求你改写论文之后,才会让论文通过。他们在跟你的导师沟通后,会给你一段时间完成修改工作——通常在6~8个月之间。

追随西尔(Seale,私下的沟通)的思路,我在下面给出了修改论文重新答辩时需要注意的一些技巧：

- 把主要的批评意见列出来。
- 确定你的修改囊括了所有的批评意见。
- 在重新提交论文的同时,附上一页纸,说明你是如何理解这些批评意见的,如何处理的,以及修改的内容所在的页码。

25.7 一个案例

提供一个真实的博士答辩的例子或许有用。韦萨(Vesa Lepanen)在瑞典Lund大学社会学系完成了自己的论文。我被任命作为“反对者”参加他的答辩,因为他的研究与我的研究相关(我们都使用谈话分析——CA),并且我们都研究了医学专业人士与病人之间的沟通。

25.7.1 概括论文内容

韦萨研究了瑞典的乡村巡回护士与老年病人之间的会面。他们的会面发生在病人的家里或诊所中。诊治的基本目的是提供常规服务,如测量血压或注射。在会面时自然而然地会出现别的要求——病人提出问题,要求护士给点建议。样本是32个会诊,由10多个小时的录像和转录下来的护士—病人间的互动构成——一半发生在初级护理中心,一半发生在患者家中(56-57页)。对话中使用了谈话分析的标准符号,对非语言性活动的描述则放在转录稿的相应位置上。

他主要研究了四个问题:

- 医学检测与治疗手段之间的相互关系。
- 病人对自己关注的问题的表达。
- 向病人传达检测结果。
- 给出相应的健康建议。

论文的结论一章简要概括了研究发现,并指出所用资料很适于训练护士(及其他实践人员),还点明了进一步研究的方向。他号召开展非问题指向型的研究,这提醒我们重新回到30年前萨克斯的建议,当时他提倡从平凡中寻找不同寻常的现象。

25.7.2 我提出的问题

你认为研究的主要贡献是什么?

现在你是否有不同于以前的想法?

第四章对医学检测和治疗手段的说明是基于一个案例的。你是否同意我的判断?

在第88页,你解释说这一章是其他三章资料分析的背景。就此你是否能更详细地说明一下?例如,你是否遇到过对抗检查的情况?护士是否要做工作,才能获得病人的许可?

(接下来是几个关于资料分析细节的问题。下面是一个一般性的问题。)

你的资料一半来自家庭,一半来自诊所。为什么你没有系统地比较这些环境的差异?难道诊所和家庭不会提供差别极大的资源吗?[我提到以前的一位博士生亨特(Maura Hunt),她看到了这些问题,并指出社区护士起初是在病人家里服务的,而珀拉基拉(Anssi Peräkylä)指出,医生是在诊所中使用X射线和扫描机来"证实"他们对病人的诊断的]

你使用了影像资料。我记得当我1996年3月访问Lund大学时,我们曾讨论过你有关护士接触病人的资料。不过论文里只有第213-218页提到了具体的治疗手段,在这里你用影像资料想说明护士是如何通过放弃别的工作,盯着病人、摇动药瓶来强调其诊断意见的。为什么在别的地方几乎没有用到这些影像资料呢?

(我讨论了使用影像资料的多种方法,它们都可以增强论文的说服力。)

你是否从没有把研究结果反馈给所研究的那些护士?为什么不告诉她们?

你得出的唯一实践性结论是这类详尽的研究与专业训练的相关性。我完全同意这一点,不过你就没有别的结论了吗?

论文中的分析不够具体。你的研究在哪些地方超出了其他著名的研究及发现?

25.7.3 我的评论

这是一项引人入胜、翔实的、有条理、很有意义的研究。读这篇论文我学到很多。这是一项研究范例,护士和入门研究者都可以从中了解谈话分析的价值。

我认为精彩的部分有:

(1)第五章的几个部分。首先是作者对"你感觉怎么样"这个问题的定位和作用进行的详尽分析。其次是对参与者是如何使自己的诉求得到对方接受的讨论。

(2)第七章的几部分。具体而言就是护士找到了表达建议的合适位置。

(3)关于方法(或程序)的那一章特别生动。它精确地解释了研究的历程,还以有趣的笔调讲述了研究之前进行的民族志工作。

(4)总之,我欣赏你不偏不倚的立场和开放性,特别是把谈话分析和民族志恰如其分地结合起来(如第44页)。

当然坏消息通常都放在后面。这篇论文也是一样。不过我只有两点保留意见。首先,你限制了影像资料的使用范围。其次,你低估了研究的现实相关性。

不过这篇优秀论文也存在一些瑕疵。我强烈建议你把论文的几个部分分别改写成期刊论文发表。具体来说就是:

- 你对护理研究的精彩概括和批判为深受困扰的实证主义者和感受主义者提供

了借鉴。

- 你对病人如何表达其关注问题的技能的描述是原创性的,具有发表价值(第110-128页)。或许你可以把它与杰弗逊论述的日常抱怨的比较(第130-131页)也加上。当然这一比较也可以单独成文。
- 第七章中你把自己的发现与别人关于提建议和接受建议的研究进行了比较,这些内容也可以发表。

25.7.4 结 果

令人高兴的是,韦萨由学校的学术委员会授予了博士学位。我最近还听说,他在一所瑞典大学获得了教职。他的导师塞勒伯格(Ann-Mari Sellerberg)得到了一笔研究资金,资助她和韦萨进行的一项关于社区护士开展的电话咨询的研究。

25.7.5 一般性建议

(1)我的两个问题都是博士答辩中常见的标准问题:

"你认为研究的主要贡献是什么?"

"现在你是否有不同于以前的想法?"

有必要准备这两个问题。

(2)有些批评是建设性的,这方面也要稍作准备。如"第四章对医学检测和治疗手段的说明是基于一个案例的。你是否同意我的判断?"(这是一个很好的问题例子,在这里如果只回答一个单词是不合适的。正确的策略是部分接受批评,但还要在别处给出相反的例子)

(3)捍卫你使用的方法和选取案例的方式。如"你的资料一半来自家庭,一半来自诊所。为什么你没有系统地比较这些环境的差异?"(如果可能,解释一下不做比较的好处)

(4)做好准备讨论研究对本学科的贡献及其(在有关方面)对实践者和决策者的意义。

(5)让你的评审人提供一些建议,看看你的论文的哪些部分可以发表(参见我的评论)。

25.8 结 论

尽管博士答辩令人畏惧,可事实上恐怖的故事很少发生。用修改论文的时间把自己想在答辩时表达的观点列出一个清单。下面可以找找评审人的论文。另外,还可以模拟答辩场景,与别人一起实践一下答辩的过程。

答辩时,如果你没有明白问题的意思,就说出来,请他们说得更明白些。即使是个"封闭"性问题,也别只回答一个单词或一句话。把问题和你想说的内容联系起来，使回答问题成为表达自己观点的机会。回答不要过分冗长，不要偏离所提的问题。当评审人问你还有什么想说的时，可以参考那张列有你观点的清单。

请你的导师把问题和回答都记录下来是个好办法。如果你想修改论文或发表的话，这些笔记会很有用。

要　点

有很多种准备答辩的方式。你可以：

- 修改论文，特别是结论那章。
- 把你需要说明的要点列一个清单。
- 想好该如何解释论文，以及如何说明自己对最初研究问题的调整。
- 研读所在领域的最新研究作品。
- 找出校外评审人和本校评审人的作品。
- 模仿答辩现场，体验答辩过程。

答辩时：

如果你没明白问题的意思就提出来，请他们说得更明白些。

即使是个"封闭"性问题，也别只回答一个单词或一句话。把问题和你想说的内容联系起来，使回答问题成为表达自己观点的机会。

回答不要过分冗长，不要偏离所提的问题。

问问评审人你理解的对不对，以及他们是不是想知道得更详尽。

练　习

25.1　找找评审人的论文，至少读每个评审人的一本书或一篇文章。读的时候在下面几个地方做笔记：

1. 使用了社会研究（参见第 7 章）中的什么模型？它与你的研究有什么差异？它是对你研究的补充吗？从这些差异和相似性中你学到了什么？

2. 他们的研究中是否存在与你的研究相关的理论进展、方法演进或实质性发现？如果有的话，在答辩时你该怎么表述？如果没有，如何在坚持自己立场的情况下同时尊重评审人的研究路径？

3. 考察一下这篇文章的写作风格。它与你的风格有多大差别？从这些差别（或相似之处）中你学到了什么？例如，这些差异是否仅仅反映了学术杂志与研究论文的要求不同，还是反映了风格与观点的不同？

25.2　修改完论文后，请你的导师和几位熟悉你研究的同学模拟一下答辩场景，体验一下答辩过程。按照表 25.2 的要求来做，把你想表达的观点列在纸上，并在必要时参考。在回答他们的问题时考验自己的能力。

拓展阅读

The most useful guides to preparing for oral examinations are Pat Cryer's *The Research Student's Guide to Success* (Open University Press, 1996), Chapter 19, and Estelle Phillips and Derek Pugh's *How To Get a PhD* (2nd edn, Open University Press, 1994), Chapter 10. For an American guide, see Kjell Rudestam and Rae Newton's *Surviving Your Dissertation* (Sage, 1992), Chapter 8. A useful web link is: http:/www.cs.man.ac.uk/infobank/broada/cs/cs710/viva.html

复　习

本部分只有一章。它通过描述如何开展"有效的"质性研究，总结了本书讨论的许多问题。

26 有效的质性研究

Effective Qualitative Research

本章提供了一个重温本书主题的机会。

26.1 引 言

在本章中，我想把书中的几条线索贯穿起来。我一直都希望你把相对简单的任务和真正艰苦的工作区分开来，并把注意力放在后者上。例如，对任何一个研究生来说，写文献回顾都是相对简单的工作（参见第 21 章）。同样的，如果按照我在第 11 章给出的建议行事，获取资料也不会太难。

真正难的是分析资料。本书的第 3 部分详尽讨论了这个问题。在本章里，我只想列出四条规则，让你对这个议题有个大致的印象，以便开展有效的质性研究。规则如下所示：

- 尽量使之简单。
- 充分发挥质性资料的优势。
- 避免“淹没在资料的汪洋大海中”。
- 避免“新闻报道式的”问题和回答。

下面我会分别回顾一下每条规则。不过丑话先说在前头：没人能脱离自身知识的局限。我自己都没有意识到，自己竟在如此之多的方面都受到作为社会学家所接受的训练和经验的影响。因此，如果用你所在的学科来衡量，我总结的某条规则看起来有点古怪的话，你可以和导师就此作进一步讨论。即使不同意我的观点，你也至少有了一个出发点！

26.2 尽量使之简单

我在第 6 章描述了“雄心过大者”的心理。他们试图研究非常宽泛的问题，使用许多概念、方法及大量资料。很不幸，这种涵盖很多内容的方法不太可能会给审阅人留下深刻印象，而且时常使你无法完成研究。

对于从事研究的学生而言,简单并不是缺点,而是必须的。使文章简单明晰的方法有如下几种:

- 缩小研究问题的范围(第6章列出了许多方法)。
- 只使用一种模型。
- 使用那些适合你的模型的概念。
- 避免使用多种方法,如果不得不如此,确保它们适合你的模型和研究问题的需要。
- 分析少量资料(你当然可以添加一些用来比较的资料——如果有时间的话)。
- 认识到即使在少量资料中也可以使用比较方法(参见表12.1)。

26.3 充分发挥质性资料的优势

有时候,学生们之所以选择质性方法是因为他们(觉得)自己不擅长统计。这样做是不合理的(哪怕是对的)。不是所有的研究问题都适合采用质性方法。在第2章中,我通过引入一项关于"心理—社会层面的不幸"对哮喘病发病率及其护理的影响的研究来阐明这个观点。我发现,这项研究的焦点是一组变量之间的相关关系,用量化方法再合适不过了。量化方法可以对所研究的变量进行可靠的、标准化的操作界定,而且它在处理大规模数据并在变量之间建立相关关系方面也很有优势。与之形成对照的是,"心理—社会层面的不幸"在大部分质性研究模型中都是很难界定的。例如,要是参与者自身使用这个概念,我们就可以顺势研究他们在何时、以何种方式使用这个概念,以及带来哪些具体后果。这些问题都很有意思,但我们的研究问题却使我们不得不采用另外一种迥然不同的研究路径。

考虑到这一点,那么如果我们想开展质性研究,就要*避免*采用下面这些研究策略:

- 研究一开始就着手研究变量之间的相关关系。
- 已经有社会成员对研究问题进行了界定(如社会问题或行政管理问题)。
- 假定事件发生的场合(如"心理—社会层面的不幸"是一种心灵状态,一组行为还是可以以多种不同方式使用的常见类别?)。
- 试图解释:"为什么"量化方法通常能圆满地回答问题。
- 使用规范性假定(例如,何为"有效的"沟通?)并用老眼光看待政策的后果。

不过,也不必彻头彻尾地持消极态度。充分利用质性研究的优势,我们可以使用以下一些研究策略:

- 主要处理"如何"、"什么"以及"何时"这类问题,稍后再(或者避免)处理"为什么"这类问题。

- 尽可能多地(通常都可以实现)使用自然发生的资料(参见第 8 章)。
- 研究参与者自身使用的类别(以及他们在何时、以何种方式使用——有什么后果)。
- 研究司空见惯的、常规的和“日常的”事件。
- 注意研究对象使用的类别及其行为的相互关联性,这样就可以研究二者的一致与相悖的状况(参见第 4 章)。

26.4 避免淹没在资料的汪洋大海中

本书有一个观点贯穿始终,即如果你迟至学习的最后一年才开始分析资料,那你就是自讨苦吃。恰恰相反,我建议你:

- 从入学第一天就开始分析资料——如果你没有现成的资料,不妨试着分析他人的资料,也可以使用其他公开的材料,如各种文本(参见第 11 章)。
- 对于进行内部比较来说,一个案例通常就足够了(参见第 9 章);别急着分析别的案例。试着按照理论设计进行抽样。
- 研究目标别太大——要知道学生通常是初学者,而从错误中学习则是制胜的法宝。
- 将如下箴言输入电脑:“质性研究的要旨就是小处着眼,浓厚描述!”

26.5 避免“新闻报道式的”问题和回答

新闻界像任何别的行业一样,既有长处也有不足。我说要避免新闻报道式的问题和回答,并不意味着我蔑视记者的工作,而只是要强调说质性研究应当与新闻报道有所不同。

考虑到大多数报纸都是日报,所以记者们大都关注不同寻常的、有“社会名流”参加的事件。这就很容易理解,当记者们描述公共问题而非私人问题时,焦点总是放在大众关心的社会问题上,如经济、卫生政策、国际关系。

我想对学生说的是:让记者们在他们的岗位上施展才华吧。你的工作有所不同。现在你可以好好施展一下这些年来学到的本事了。作为一个新手,你的研究在以下方面与大多数新闻报道不同:

- 表述问题的方式,例如你不是从某个社会问题出发,而是常常研究那些司空见惯,甚至对被访者来说“太明白不过”的事情。
- 你的分析不是靠引人入胜的故事吸引人;相反,你会揭示出“太明白不过的”现象是以哪些不同方式结合成为一个整体的。
- 即使有一些很有说服力的例子,你也不会急着下结论;恰恰相反,你会仔细审视所有证据,并寻找异常个案。

- 你会应用所在学科的分析手段,运用一致的模型和一组概念来处理资料。
- 你会把情境和事件理论化,但这可不是用来装点门面(参见第 7 章);相反,你不会脱离资料进行理论化,而且还会构建新理论。

26.6 结 论

这本书是用来为刚从事质性研究的新手答疑解惑的,它给出了一些实践技巧。除了我教给你的这些内容外,你还可以向同学们求助。要是你真的这样做了,那么我敢保证,他们中间几乎所有的人都遇到了与你相同的困惑。

如果你还是担心资料不够的话,我想说的是,你的资料很可能已经太多了!如果你觉得自己的研究不是特别有原创性的话,那么我想问你:“你觉得谁有原创性?”读上几篇同领域的大路货文章,你就会同意我的观点。

我在第 5 章指出,要是你能用论文证明自己是一名“专业学者”,那么这项由学生开展的质性研究就成功了。众所周知,任何职业都要求从业者具有多种能力,所以你面前的这个门槛其实相当低。不过,我希望你具有更高的目标!

要 点

按照下面四条规则去做,就可以开展有效的质性研究:

- 尽量使之简单。
- 充分发挥质性资料的优势。
- 避免“淹没在资料的汪洋大海中”。
- 避免“新闻报道式的”问题和回答。

练 习

26.1 从所在领域任意选取一篇质性研究报告。按下面几步说的做:

1. 应用本章提到的四条规则来分析这篇报告。
2. 判断一下它是否满足这四项规则,以及在多大程度上满足。
3. 怎样改进这项研究?
4. 从你选择的这个例子看,这几项规则是否需要修正或推翻?

拓展阅读

A longer version of this chapter is provided in David Silverman's *Interpreting Qualitative Data* (2nd edn, Sage, 2001), Chapter 10.

研究完成之后

第八部分

第八部分的三章讨论的是研究完成之后要做的事。根据你的研究水准,你可能有机会发表论文,或许还会因此得到一份工作。无论研究水平如何,一份好的研究报告都是针对特定读者而做的。

27 发表论文

Getting Published

读完本章,你将能够:

- 知道你的论文发表概率有多大。
- 在合适的场合提交论文。
- 把研究略作改动,使之更符合学术期刊的要求。
- 知道杂志编辑和评阅人是如何确定发表哪些论文的。
- 把"继续修改"或"重新提交"这样的决定视为一次良机。

27.1 引 言

当完成一项研究之后,你通常希望导师和考官之外的读者也愿意读它。别指望有多少人会从学校图书馆把它借出来阅读。所以,如果你希望研究能被更多人知晓,就必须发表论文。

当然了,这并不是出于什么无私的考虑。许多年来,"要么发表,要么死亡"一直是悬在研究人员耳边的警告。但至少那些人已经走上了爬竿的道路,如果你想在大学里找一份教师或研究员的工作,你就需要首先走到那个竿子的下面。

最令人感到沮丧的是,在竞争激烈的时代,即使一个硕士学位或博士学位也无法使你在大学中获得一份教职。当然,导师和其他考官对你的良好评价会在找工作过程中有所帮助。如果想找一份稳定的研究工作,那么你的教学经验也能为你加分。不过,如果你迄今为止还没有发表过论文,那么面对那些拥有博士学位和发表记录的竞争者,你可能无法笑到最后——至少你去不了很好的单位。

很显然,对发表的渴望只是万里长征的第一步。要想获得成功,还得潜心钻研发表策略。本章的下一部分概述了这些策略。稍后还会讨论什么类型的论文能够吸引学术期刊的注意力,以及怎样才能写出一篇好的期刊论文。

27.2 策 略

这里涉及三组议题:出版媒介(通常是一本书或杂志)、选择的出版渠道(出版商或杂志社)以及获准出版的内容。接下来将分别讨论这些问题。

27.2.1 书 籍

你可能已经计划要把博士论文修订成一本书出版了。不过可别抱太大希望！博士论文是写给少数几个人看的——包括你的导师、答辩委员会或考官。出版商在考虑出版前,通常想知道你打算如何修改论文,以便适合更多读者的口味。

另外,进入新千年以来,出版商对于出版博士论文(即使是修订版)也不太热心。除非能找到一家合适的大学出版社,你会发现出版商们受到经济利益的驱动,只想出版那些预计能卖出 5 000 本以上的书。不幸的是,即使一部优秀的研究专著也难以卖出 1 000 本以上——而这个数字意味着出版商不得不赔钱。

1990 年,正是这种出版困境促使沃尔科特(Wolcott,1990)写了一篇关于完整出版博士论文的困难的文章。十多年后,情况则更为严峻。如今大多数社会科学出版商都极少出版研究专著——即使是由著名学者撰写的也难逃此命运。所以,对大多数研究者而言,还是现实一点比较好！你可以挑出有希望发表的涉及资料的那一章,并重新改写成一篇期刊论文。

27.2.2 选择一家杂志

重要的是早做打算。所以,如果你的导师欣赏关于资料的那一章,你不妨和他探讨一下,是否它有发表价值。

当然,要找一家对你的论文内容感兴趣的杂志很重要,因为这家杂志的读者能和你一起分享共同的爱好,而且杂志的编辑政策也很欢迎你所持的那种观点和/或所用资料。

例如,对于那些要求论文按照标准格式撰写,引言、方法、结果和讨论都一样也不能少的杂志,质性研究者都最好敬而远之。正如阿拉索塔里指出的那样,这种形式对于非量化的、归纳式研究并不适合(Alasuutari,1995:180-1)。而且,不是所有的质性研究杂志对于何种方法可以接受和/或多大规模的资料是充分的都具有同样的尺度。例如,我的一个学生提交的论文就被打了回来,因为“使用的资料不够充分”。

所以要找一家合适的杂志。向那些著名学者求助,看他们能提供什么指导;浏览一下他们提到的杂志的最近几期。留意一下大多数学术期刊中刊登的政策说明,以及编辑、编辑政策发生的变化。

27.2.3 对编辑的决定作出回应

一旦投稿,就不要怕拒绝。大部分文章都会被拒绝,或者要求进行实质性的修改。所以不妨把结果当作学习的经历。

对于投稿得到的反馈意见,你很可能得到包含有一组评阅人的(常常是很详尽的)评论,请把这些评论当作金砂。无论你觉得它们有多么偏激,它们都向你传达了除了你和导师之外的外部读者的意见。从而你就会知道,在学术圈行走需要具备什么素质。如果再次提交的论文没能得到更好的反馈,那么你就只能怪自己了。

27.2.4 知晓学术杂志论文的格式

首先要记住,学术杂志的论文(通常大约6 000 单词)常常比博士论文中的一章要短得多。这会让你很为难,因为你得在更短的篇幅内,向读者说明研究的大体方向。所以,在撰写论文时,你必须在使论述高度集中的同时,向读者提供相关的背景信息。

说总比做容易！怎样才能撰写一篇容易发表的论文呢？怎样对付严格的字数限制？难道你不需要更多的文字来说明研究背景吗？

对于这些难题,有四种快速的解决办法:

- 选择一个某杂志读者最感兴趣的话题。
- 确保自己能用较短篇幅的资料片段就能把这个话题说明白。
- 提供适当的研究背景——例如,不必提醒读者他们所处领域的基本假定。
- 自始至终地围绕着一个中心。

接下来本章还要详细说明这几条建议。简言之,我会讨论怎样才能在规定的篇幅内集中讨论一个问题。当然,要使关注点变得更集中就要求你能够出色地领悟杂志编辑想看什么内容。现在我就要详细讨论一下学术杂志做决定时所依据的标准。

27.3 杂志需要什么内容

学术杂志的政策可能因其关注重心、学科或读者的不同而有不同。我在前面指出,量化取向的杂志要求文章有着标准的格式,这种格式假定所有的研究都有初始假设和某种形式的随机抽样。同样,那些想吸引实践者和非专业人士的杂志则偏爱那些能吸引更多人注意的论文。

尽管有一些差别,我的经历还是表明,质性类杂志中出现的评阅人意见有几条共同的标准。表27.1给出了这些标准。

表 27.1　质性研究论文的评估

1. 所选模型与陈述内容之间的匹配程度
2. 内部一致性
3. 和以往的研究相比,有一些新发现
4. 符合该杂志目标读者的兴趣
5. 论述清晰

来源:Loseke and Cahill:2004

上面这张表告诉你,如果想让投稿获得成功的概率大一些应该做什么。因此,它也暗含了一些“不要”:

- 不要引用那些有名无实的模型或方法。
- 不要改变格式;在研究一开始就呈现出一个清晰的结构,并按照这个结构进行。
- 不要忘了你的论文应当为所在领域学者之间正在进行的争论作出贡献。
- 不要喋喋不休地描述这份杂志的读者很熟悉的研究方法。

27.4　评阅人的意见

除了这些一般性的观点外,还有必要说说评阅人对评阅文章的具体批评意见。因为别人可能不愿意向你展示他们收到的来自别人的批评意见,所以下面提供的评论摘要都是来自近些年对我的论文的(通常是匿名)评价。我试着删去了那些可能暗示论文内容或作者的信息。显然,在给出这些例子之后,我正在让自己变得不受欢迎!

为了帮助你阅读这些评论,我把它们分成“好消息”和“坏消息”两类。每一类中都包含对多篇论文的评论。

27.4.1　好消息

好看的标题之下是一些正面评价:

- 这是一篇有意思的论文,它从理论的高度分析了一个现实性很强的问题。
- 这篇论文处理了一个很重要的问题。它对医学专业人士和病人都有很强的指导意义。
- 该论文所依据的资料显然经过很好的转录处理。
- 选择的资料很容易处理。
- 这是一篇精心之作,并涉及了一些重要的实际问题。
- 这篇论文颇具方法上的野心。它具有原创性,作者把几种不同的方法结合在一起来研究一个文本，前所未有。

- 关于研究方法的使用，该论文提出了很多富有价值的洞见。
- 这篇论文讨论了一些很有意思的资料。它使用的研究方法对读者来说相当陌生。因此，作者很明智地用了一些篇幅来解释所使用的方法。

27.4.2 坏消息

我用了几个标题把“坏消息”归成几类。

我希望读者没有被这些评论吓倒。最好把它们视为一种指南，它们告诉我们实践中哪些错误应当避免。我从来都不消极。我在接下来的部分里还给别的作者提了一些建议。

野心太大

这篇文章想做的事太多。

可内容摘要中提到的东西总比实际表达的内容要多得多。

一篇文章涉及了太多的问题，换了谁也没法说清楚。每个问题都应当专门写一篇文章。因为问题太多，所以资料分析就变得相当薄弱，而且没能与文献回顾紧密结合起来。

过度外推

这里使用的方法很失败。一份资料是无法支撑作者观点的。

缺乏分析

我觉得作者对资料的大部分观察都是常识性的。要想使这篇文章更进一步，作者需要在占有关于这个主题的转录稿的基础上，吃透大量相关文献。

内容摘要的最后一句是老生常谈，没有价值。文章内容过半，对资料的分析才刚刚开始，所以非常单薄。

作者基本上没有分析资料，应做退稿处理。论文充满了不加分析的断言。例如，X 不会必然导致 Y。

很不幸，资料的分析的确很薄弱。作者几乎还是停留在描述的层次上，而这些描述一点都不新鲜。

不一致

从方法上说，方法与作者想讨论的问题并不匹配。

方法错误

我发现引用的“案例”缺乏说服力。尽管篇幅的限制使作者只能给出少数几个资料片段，论文还是没能表明，异常个案得到了分析，初始假设得到了检验。

缺乏原创性

论文讨论的是一个有争议的方法问题。在过去的十年中，这个问题已被讨论了许多次，因而也很难再说出什么新鲜的东西了。

不够清晰

我不清楚作者使用的方法是否适当；传统的几个假定与方法之间似乎不太匹配，也不知道研究有什么实际价值。

我不理解内容摘要的第一句话。

研究设计没有考虑到受众

我感觉关于理论的这部分不太恰当。了解这方面内容的读者会觉得乏味，而不了解这方面内容的读者又不愿意在接触资料之前处理理论问题。最好在资料分析过程中引入理论的若干要素。

如果径直处理与某个弹丸小国有关的问题，就可能失去国际读者。

27.4.3　建　议

我希望这篇论文修改后，焦点更集中，并对相关研究进行评论。

需要用一段引言介绍一下*宏观*主题，再给出一段资料摘要，这就能把读者的胃口吊得高高的。

我建议你把修改后的手稿送给一位母语是英语的人看看。目前这份手稿里有许多地方用词不当。

如果篇幅允许，最好再用一个案例做比较。

目前的结论把对发现的分析性描述与对现实的建议不加区分地放在一起。我倒希望单独说明一下实际结论，而论文在分析上的*贡献*也有待进一步厘清。

27.4.4　结　论

可能我的评论方法比较古怪，而且也不公平。要是这样的话，希望你从开始就没有把我当成是评阅人。不过，每个评阅人都会注意到杂志对篇幅的限制。接下来我想讨论的是，撰写一篇短小精悍的学术论文的技艺。

27.5　如何撰写一篇短小精悍的学术论文

前面已经说过，如今大部分杂志都要求论文的篇幅不多于6 000个单词。毫无疑问你想使自己的研究也符合这一要求，但你的资料和发现都太多了。如何才能在这样的框架之下撰写论文呢?

有三种缩短论文长度的方式：

- 严格围绕一个中心（如一个问题、一个案例、一种理论、一种模型、一种方法）。
- 如果你使用的是已有的方法或模型，就不必花时间解释了（重复做无用功）。
- 想想是否所有的脚注都有必要；如果不适当把它们放在正文里，那么你到底需要它们吗？在这里，你可不必通过长篇的脚注来说明你对学术的尊重。

用上述这些办法删减论文,就能用更多的篇幅讨论重要问题。例如:

- 集中精力讨论一个杂志读者感兴趣的问题(如与最近的学术论争有关的问题)。
- 把深入分析与概括分析结合起来(如简短的资料摘要和简单的表格),提高文章的可信性。
- 做结论时进行横向思考,例如把具体叙述与更广泛的领域联系起来。

最后,如果你的论文还是太长,可以考虑把文章分成几个部分,让不同的问题适合不同杂志的需要。还可以用多种方法处理同一份资料,这就是加里·马克斯(Gary Marx)所谓的一稿多用。接下来的一章讨论了马克斯的观点。

27.6 结 论

对于学术生涯来说,发表是件好事。不仅博士论文中涉及资料分析的重要几章可以发表,而且那些你觉得不太重要的几章也有可能发表(参见第 24 章)。

能否发表取决于许多策略选择(如出本书还是发表一篇文章?发在哪个杂志上?)。有几种方式可以提高发表概率。首先,"确定你的研究目标。你想用理论讲一个什么故事"?(Strauss and Corbin,1990:246)其次,你得问问自己:

> 要想尽可能地使分析变得清晰,使读者更好理解,是否需要这一细节?(Strauss and Corbin,1990:247)

要记住,读者可不仅限于你所在的那个学术小圈子,而且他们的口味也与后者不同。所以要毫不留情地把不必要的参考文献和材料都删除,并重新安排文章的背景信息。就像沃尔科特(Wolcott,1990:51)所说的那样,在撰写适合期刊使用的学术论文时:让文章看上去"不再像学位论文"。别指望论文会一字不易地刊用。把评阅人的意见当作对自己的鼓励,重写时尽可能写得更好些。

最后,最好能"语不惊人死不休"。古布里厄姆(Gubrium,在私下交流时)指出,质性资料本身就容易吸引读者。好好利用这一特点做做文章,并用你擅长的分析方法来处理读者可能感兴趣的材料。总之,你要设法吊起读者的胃口,吸引他们读下去,并设置问题吸引他们。

要 点

至少有五种方法有助于提高文章的发表概率:

- 确定主题。
- 不必喋喋不休地描述细节。
- 重新界定一下读者的范围。

- 做好被拒绝的思想准备,吸收评阅人的意见并再次投稿。
- 构建一个有趣的个案。

练　习

27.1　吉尔伯特(Gilbert,1993a)建议,可以从学术期刊上选一篇别人撰写的文章,并以评阅人的身份写一篇评论。如果你需要别人告诉你应该选择文章的什么部分进行评价,可以按照本章给出的“好消息”和“坏消息”中的提示进行。

现在请你的导师读读你撰写的评论。拿到导师的反馈意见后:

1. 带着批判性的眼光,想想你要怎样做才能发表文章;
2. 通过你的导师,请书评编辑给你几本书写书评(这可是发表的第一步!)。

拓展阅读

The four best sources on this topic are: Donna Loseke and Spencer Cahill's chapter 'Publishing qualitative manuscripts' in C. Seale et al. (eds) *Qualitative Research Practice* (Sage, 2004); Harry Wolcott's little book, *Writing Up Qualitative Research* (Sage, 1990), Chapter 6; Anselm Strauss and Juliet Corbin's *Basics of Qualitative Research* (Sage, 1990), Chapter 13; and Nigel Gilbert's chapter 'Writing about social research' in N. Gilbert (ed.) *Researching Social Life* (Sage, 1993a: 328-344).

28 读　者

Audiences

读完本章，你将能够：

- 知晓社会科学研究的读者范围。
- 知道怎样做才能使自己的文章满足读者的口味。

28.1 引　言

我在前面一章指出，发表论文就是为一群特定的读者来设计文章的内容。在这个意义上，我们在写作时是把读者的理解放在首位的。就像科菲和阿特金森所说的一样：

> 阅读是一个积极的过程，没有哪个文本的意义是完全固定的。当我们撰写论文——从而在书籍、学位论文、期刊论文中表达某种有倾向的阐释时——我们都得面对读者。(Coffey and Atkinson，1996：118)

在这个意义上，研究同行只是几拨可能的读者之一，其他读者还包括决策者、实践者和看热闹的外行。如果你的研究与他们的需求相关，每个群体都想听听你的论文都说了些什么。表 28.1 列举了这四组读者，并说明了他们对研究都有什么期待。

表 28.1　读者及其需求

读　者	需　求
学术同行	理论、事实或方法上的新发现
决策者	与当前政策相关的实际信息
实践者	用来更好地理解顾客的理论框架；信息；改进程序的实际建议；改革现有措施
看热闹的外行	新鲜事儿；改革现有措施或政策的思路；提高管理水平或改善服务的指导方针；使别人也能分担他们的苦恼

关于研究同行对行文和口头表述的要求,本书已经详尽地讨论过了。不过,表28.1列出的其他读者的范围可能意味着,要想满足各种读者的口味和需要,研究者还需要完成令人乍舌的工作量,以至于几乎是不可能的。可有一点容易做到:和读者成功地沟通需要尽可能地围绕着一个焦点展开。

要做到这一点有一个窍门,就是把读者的需要与我们自己的分析取向结合起来。只要稍作努力,你就能熟练地运用多种方式处理同一材料。在这个意义上,马克斯的"一稿多用"概念很有意义。他说:

> 尽量使你的文章适合多种需要。社会学"本垒打"的意思就是,使材料能适合课堂需要,能在学术会议上宣读,能在杂志上发表,还能收入一本文集,在你的著作中引用,以外文版、普及版发表,甚至还能为纪录片的拍摄提供灵感。(Marx,1997:115)

马克斯还提醒我们,有哪些读者对质性研究感兴趣。接下来我将分别讨论学术圈外的三类读者,即表28.1中给出的决策者、实践者和看热闹的外行。怎样才能为这些读者把文章改写成"普及版"?

28.2 决策者

有观点认为,社会研究可以影响公共政策,这极大地鼓舞了青年学者。但在大部分英语国家,情况并非如此。

质性研究极少能吸引公务员和管理者的注意力,因为他们习惯于关注数据和"底线"。唯一的例外可能就是戈夫曼(Goffman,1961)在《精神病院》(*Asylums*)一书中对"极权体制"灭绝人性的后果的描述。不过,他似乎也只是把所谓"社区关爱"的费用削减热给合法化了。

除此之外,那些摆弄数字的研究者的遭遇也好不到哪里去。海德利(Hadley,1987:100)指出,在英美学术圈里,那些想影响公共政策的社会研究者往往会得到这样的回复:"从没听说过你。"关于造成此种现象的原因,海德利指出:

- 通常都是在面临公共丑闻或指责时,组织才委托研究机构着手调查以便争取时间。这意味着"'顾客'发起研究的动力可能与对问题的兴趣没有必然联系"(Hadley,1987:101)。
- 委托相关机构开展一项研究后,要过一段时间才能收到研究报告,这表明顾客的兴趣可能已经转移了(参见我在第17章的讨论,当时的情况是,资助方撤走资金,从而我无法完成关于艾滋病会诊的研究)。
- 有些研究者得到的结论味如嚼蜡,从而认定他们是失败的、"不切实际的"(Hadley,1987:102)。

当然,时代不同了。写作这一部分的时候,我发现有一些公共机构已经开始认真对待质性研究了。具体来说,焦点组是“那时最受欢迎的”,我想这可能是因为它们相对便宜、快捷,而且还能给政治家、广告商们提供一些“原声录音”。不过,时下决策者们都倾向于重新界定研究“发现”的意义,潮流的变化对此几乎没有影响。

正如布卢尔(Bloor,2004)指出的那样,决策者群体不是社会研究的唯一读者。

28.3 实践者

> 社会学的现实影响力较多地体现在基层而非领导层中……[它们]与实践者密切相关,而不是与经理们形影不离。(Bloor,2004:318)

布卢尔以健康社会学为例指出,实践者而非决策者才是社会研究最可靠、最热心的读者:

> 从事健康社会学研究的社会学家……很早就意识到社会学家可以参与到有关公共政策的争论中去,不过社会研究还有别的读者,特别是病人和医学专业人士(临床医生、护士和其他专业人士)。(Bloor,2004:307)

布卢尔说,质性研究者在影响实践者方面有着双重优势。首先,他们可以与实践者建立研究关系,以便探讨实际影响。他说道:

> 对于那些身为研究对象的实践者,质性研究者可以在研究前就与他们建立联系,以便确保在研究时能得到热情的配合。密切的私人关系和工作关系往往建立在长达数周和数月的联系之上,这可以保证,不光那些身为研究对象的实践者对研究发现会有特别的兴趣,而且他们可能还愿意付出大量的时间精力一起讨论这些发现。(Bloor,2004:320-321)

其次,即使他们跟你的研究无关,详尽而透明的质性资料对许多实践者也有吸引力:

> 质性研究者的优势在于,他们可以对日常实践进行细致入微的描写,这可以鼓励实践者们发挥想象力,用他们自身的实践和研究中的描述做比较。因而,实践者可以对其实践作出切实评价,并且可以试验研究中提到的新方法。(Bloor,2004:320-321)

布卢尔的观点与我对艾滋病会诊的研究发现不谋而合。参加会诊的医生像大多数医学专业人士一样,都不相信置身事外的研究者能做出有价值的判断。这使他们坚信,你不会相信规范的、缺乏背景信息的沟通理论是*好的*。关于如何接近这种实践者,我在第 17 章中有进一步的讨论,也可参见希尔弗曼的另一本书(Silverman,2001: 294 -297)。

28.4 看热闹的外行

为什么质性研究者要向看热闹的外行报告研究成果呢？这至少出于四个方面的原因：

(1)回答被访者向你提出的问题。

(2)“核对”目前的发现是否无误。

(3)向组织和相关团体提供“反馈”。

(4)向媒体提供信息。

第17章讨论了1,2两点。关于第1点内容你可以参见“公开和秘密的过程”这一部分,第2点则可以参考“作为证明过程的反馈”这部分内容。

通常,向外行公布研究的相关内容是出于这样的原因,即你乐意向大众“反馈一些信息”。反馈的形式可因读者的不同而不同,有时读者是某个组织的成员,有时则只是对某个问题感兴趣的群体。

下面以我对医院门诊部收治儿童情况的研究为例。我向一所医院的家长协会做了一次讲演,这家医院也参与了我的研究。在讲演中,我按照表28.1所列的内容,谈了有关医患沟通的新发现。我还考察了这些发现对当前医院改革的意义。随后,一家名叫病人协会的英国组织请我为他们的时事通讯写一篇介绍研究的短文。在文章中我除了提到上述这些内容外,还为医院如何更好地照料病孩提出了若干方针。最后,我还在糖尿病患儿的家长会议上做了发言。我的目的是强调研究中的一些发现,内容是关于患儿的家长经历过的痛苦的两难抉择。我想让他们知道,别人也有着与他们相同的经历,所以他们没有必要自责。

不过,你很难通过大众传媒向公众报道研究发现。这些媒体几乎不会报道任何社会科学的发现,更不用说学生的研究发现了。

可是,你的研究也许会形成一个故事,而且你想把这个故事讲给大家听。怎样才能做到这一点呢?

可能在你做过讲演之后就有记者找你了。更常见的是,当你研究了广播节目和某些记者提到的问题,并找到“合适的”对象进行研究之后,一家媒体便开始与你联系。

例如,当我那本“关于医院门诊部中的沟通”一书出版时(Silverman,1987),我给一家全国性报纸的医学通讯员打了个电话。他对我的一些发现很感兴趣,紧接着第二天我家里就来了个记者。

这让我一时不知所措！我担心她可能会故意把我的研究描述得耸人听闻,从而可能使那些先前支持研究结果的医学人士感到很烦恼。为了防止此事发生,我让记者同意我对访谈进行录音,还要求在她的文章发表之前先过目。

没想到我的谨慎却带来了不幸的后果。经我过目的“故事”相当乏味,结果再也没能发表。

这次经历突出了研究者在宣传其研究时可能面临的困境。研究者学到的谨慎描述研究发现的方式恰好与媒体需要的动人故事相矛盾。所以,如何在媒体判断的“有报道价值”的内容与你自己希望对研究进行精确、客观的描述之间寻找平衡,一直以来都是个难题。

28.5 结　论

在本书的结束讨论“读者”问题再合适不过了。质性研究者常常只从学术角度出发,丝毫不考虑社会的接受程度。他们写的文章只能孤芳自赏,最多只能给导师看看。有时候,这种剑走偏锋的方式倒也能使你成功地拿到学位。不过在更多情况下,如果不考虑实际的和潜在的读者需求,作者就会写不下去,从而没法完成论文。

在最后的分析中,如果你想圆满完成研究并超越研究本身,就得及时对读者的反馈做出回应,他们可能正想听听你要说什么呢。就像生活中常见的那样,那些抱怨“世界太残酷”的人往往正是藐视困难、赞赏倾听的人。

要　点

沟通总要考虑到具体读者的需要:

- 学术同行想知道理论、事实或方法上的新发现。
- 决策者想知道与当前政策相关的实际信息。
- 实践者想得到可用来更好地理解顾客的理论框架;信息;改进程序的实际建议;改革现有措施。
- 看热闹的外行关心的是新鲜事儿;改革现有措施或政策的思路;提高管理水平或改善服务的指导方针;使别人也能分担他们的苦恼。

如果你想实现有效的沟通,就必须把分析焦点放在读者关心的问题上,并用读者容易接受的方式呈现结果。

练　习

28.1　请回到本章引用的加里·马克斯(Gary Marx)对“一稿多用”的评论。从你的博士论文中随便抽一章,简单描述一下怎样分别向下面不同的读者撰写这一章:

1. 专业学术杂志。
2. 不同专业的社会科学读者。
3. 决策者。

4. 实践者。

5. 大众。

下面试着为不同的读者写作不同版本。

拓展阅读

Anselm Strauss and Juliet Corbin's *Basics of Qualitative Research* (Sage, 1990), Chapter 13, covers both written and oral presentations of your research for different audiences. Gary Marx's paper, 'Of methods and manners for aspiring sociologists: 37 moral imperatives' (*The American Sociologist*, Spring 1997, 102-125), is a lively and extremely helpful guide for the apprentice researcher desiring to make links with a range of audiences. Roger Hadley's chapter 'Publish and be ignored: proselytise and be damned' in G. C. Wenger (ed.), *The Research Relationship: Practice and Politics in Social Policy Research* (Allen & Unwin, 1987:98-110) is a lively account of the pitfalls of trying to reach a policy audience. Practitioner audiences are very well discussed in Michael Bloor's chapter 'Addressing social problems through qualitative research' in D. Silverman (ed.), *Qualitative Research: Theory, Method and Practice*, 2nd edn (Sage, 2004).

29 找工作

Finding a Job

读完本章,你将能够:

- 有能力进入候选人名单。
- 运用一些策略,使你在面试中表现得更好。
- 恰如其分地对待工作机会和被拒的情形。

29.1 引 言

还有一个令人生畏的读者等着我们——老板。在老板挑选雇员的过程中有以下几个步骤:

(1)知道哪些空缺的职位适合你。

(2)进入候选人名单。

(3)从面试中胜出。

在最后一章中,我将分别讨论每个步骤。

29.2 得到有关空缺职位的信息

找工作有两个主要的信息渠道:正式的和非正式的。正式的渠道包括报纸杂志上刊登的招聘广告,专业出版物上的招聘信息,招聘会上的工作信息以及专业协会召开的会议。例如,美国社会学协会的年会就为大学提供了一个与有可能成为其雇员的年轻人见面的机会。

非正式渠道是你通过"内部人士"得到的指点和信息。最有可能成为内部人士的是你的导师,当然可能还包括审阅你的学位论文的专家。

无论通过什么渠道找工作,你都要具备相应的技能,并使其满足老板的需要。这方面的准备应该在完成学位之前就完成,从而你就能在职场上得到最好的机会。

你的研究应当表明,你有能力把问题说清楚,可以独立开展研究并在截止日期前完成。通过开展研究,你可以对某领域的知识有充分了解,这与老板的要求,无论是教职还是其他职位的要求,都密切相关。

在读书期间你还能掌握如下一些找工作可能用得上的技能:

- 信息技术。
- 基本的统计软件知识。
- 教学经验。
- 管理能力(例如,可以通过担任学生代表学到)。

所以要为未来早作打算:知道在哪里可以找到工作机会,并掌握工作所需的技能。

29.3 进入候选人名单

显而易见,要想参加面试,你首先得进入候选人名单。我也曾经是候选人,并且还参与过选拔候选人的工作。我的这些经验可能会颠覆你一贯以来的做法。例如:

- 做一份简历,使其反映你能有逻辑地、有条理地思考,这正是老板想看到的素质。拼写错误和草率的涂改应该绝对避免。千万别自轻自贱。为不同的老板设计不同风格的简历,使每份简历都能吸引老板。
- 选择熟悉你生活不同侧面的推荐人,而这些方面恰恰是老板可能感兴趣的。尽量找到"正确的"推荐人。和推荐人见面时,试着判断一下他们能在求职中起多大作用,并且/或者问问他们能否为你找一位资格更老的推荐人。要是某个推荐人并不热心,就果断地选择别人。
- 在简历上务必附一短笺,解释一下为什么你最适合这份工作,以及你目前有哪些新想法能运用到工作之中。

候选人选拔委员会会根据一致的标准评价你的申请。以我为例,多年前一所大学就要求我为医学社会学领域的某个高级职位写一份评估报告。我在评价候选人时运用了如下标准:

1. 兴趣的广泛性。
2. 发表作品的质量。
3. 从事研究的能力。
4. 与国际学术界的接触情况。
5. 作为社会学家的声望。

随后,我按照这些标准为每位候选人打分。

这样你就大概明白评审人在看你的简历时,可能使用哪些标准。当然,至于他们怎样使用这些标准则仁者见仁。根据我对选择面试者过程的研究,这些标准一般是用来使已作出的决定显得合理,而不是帮助做出决定(Silverman and Jones,

1976)。

29.4 求职面试

求职面试是我们必须经历的最令人恐惧的过程之一。这部分是因为老板会根据回答来判断我们的能力。这显然与一问一答的日常对话不同,那会儿可没人会在暗中评判你。

例如,巴顿(Button,1992)指出,在日常对话中,当回答者可能误解了问题的意思时,发问者会做出修正。如摘要 29.1 所示:

摘要 29.1[Button,1992]

Mandy:应该有 20 人能来吧。

Tina:我希望——Chris 会来吗?

Mandy:要是她能赶来肯定会来的。

Tina: Christopher 是个大傻瓜,你可别请她。

巴顿(Button,1992)比较了上面这段摘要和求职面试中一个片段的同异。这次面试是要为英国一所综合中学(或高中)选拔一位文科主任。摘要 29.2 中的对话就发生在这次面试中:

摘要 29.2 [IV = **面试官**,IE = **面试者**;Button,1992,**略有删改**]

IV:嗯,如果你是一组教师的领导,你觉得自己会是什么风格的?(0.5)

IE:你的意思是我们应该怎样选拔一个合适的人承担这项工作吗?(1.5)

IE:嗯(0.5),我觉得开展团队教学有两种方式。

巴顿指出,尽管面试官的问题听起来是关于个人管理能力的,可面试者却把它理解为教学风格("团队教学")。而选拔人也没有纠正面试者的错误理解。但选拔人随后便注意到候选人"并没有回答问题"。

巴顿指出,这与曼迪与蒂娜之间的对话不同,因为摘要显示蒂娜纠正了曼迪对其问题的错误理解:

> 当理解问题的能力关系到是否录用面试者时,面试官是不会纠正其错误理解的。当面试者可以把话接过去时[如上述片段中标明的停顿处——要注意面试官此时可能点了一下头],面试官既没有说话,也没有打断他的回答。(Mandy and Tina,1992:217)

巴顿的资料表明,面试中可别想有什么好果子吃。预先准备和计划可以帮助你更好地展示自己。表 29.1 列出了一些可以预先准备的内容。

表 29.1 通过求职面试

分析:看看这份工作涉及哪些内容,以便把个人经历与其职责联系起来。浏览一下老板的网页,并与招聘广告上列出的联系人沟通。
预演:用几句话来描述你的背景怎样与工作要求相匹配,为什么你想在这儿工作,五年内你希望做什么。大声回答这些问题,这样在正式面试时就能脱口而出。
面试:面试官是最难伺候的。无论回答什么问题都别啰嗦个没完,问问评审人你是不是把该说的都说了。如果你担心说的太少("只有干巴巴的两句"),不妨用笔把重要的话记下来提示自己。
面试后:在接受一份工作前,和老板谈谈条件和要求;如果你被拒之门外,也不要过分自责——任何任命都有运气的成分,而你可以从中吸取教训,为下一次面试做准备。

来源:改编自 Bradby,2003

求职面试就像你在大学里参加的口试一样,要在尊重评估人的前提下推销自己。所以不妨回头看看表 29.1,并按照上面给出的展示自我的技巧来做。

29.5 结 论

选拔委员会像决策者一样有自己的主张。例如,在前面给出的关于候选人的例子里,他们就没有接受我的建议。

不过,你总得参与这个游戏,可能玩得好,也可能很糟糕。所以放心大胆地做吧!

要 点

找工作有两个主要的信息渠道:

- 正式渠道(招聘广告和工作市场)。
- 非正式渠道是你能从"内部人士"那里得到的指点和信息。

无论你选择什么渠道,都要具备一定技能,并把它们与老板需要的技能联系起来。

为了增加你找到工作的可能性,你应当:

- 写一份简历模板,让它展示你的逻辑思考能力。
- 为不同的老板设计不同的简历。
- 选择了解你生活不同侧面的推荐人,而这些侧面恰是老板可能感兴趣的。
- 尽量找到"正确的"推荐人。
- 务必在简历上附一短笺,说明你能为这个职位带来什么。

好好准备你的求职面试,在打算长篇累牍地回答某个问题前,先征求一下选拔人的意见。

练　习

29.1　搜集招聘广告中你感兴趣的职位信息。把你具有的技能列个清单,然后把它们与老板需要的技能联系起来。

拓展阅读

For research on job selection interviews, see David Silverman and Jill Jones's *Organizational Work: The Language of Grading/The Grading of Language* (Collier-Macmillan, 1976) and Graham Button's chapter 'Answers as interactional products: two sequential practices used in job interviews', in P. Drew and J. C. Heritage (eds), *Talk at Work* (Cambridge University Press, 1992: 212-234).

Acourt, P. (1997) 'Progress, utopia and intellectual practice: arguments for the resurrection of the future, unpublished PhD thesis, University of London, Goldsmiths College.

Alasuutari, P. (1995) *Researching Culture: Qualitative Method and Cultural Studies*, London: Sage. Antaki, C. and Rapley, M. (1996) '"Quality of life" talk: the liberal paradox of psychological testing', *Discourse and Society*, 7 (3), 293-316.

Arber, S. (1993) 'The research process', in N. Gilbert (ed.), *Researching Social Life*, London: Sage, 32-50.

Armstrong, D., Gosling, A., Weinman, J. and Marteau, T. (1997) 'The place of interrater reliability in qualitative research: an empirical study', *Sociology*, 31 (3), 597-606.

Atkinson, J. M. (1978) *Discovering Suicide*, London: Macmillan.

Atkinson, J. M. and Heritage, J. C. (eds) (1984) *Structures of Social Action*, Cambridge: Cambridge University Press.

Atkinson, P. (1992) 'The ethnography of a medical setting: reading, writing and rhetoric', *Qualitative Health Research*, 2 (4), 451-74.

Atkinson, P. and Coffey, A. (2004) 'Analysing documentary realities', in D. Silverman (ed.), *Qualitative Research*, 2nd edn, London: Sage, 56-75.

Atkinson, P. and Silverman, D. (1997) 'Kundera's *Immortality*: the interview society and the invention of self', *Qualitative Inquiry*, 3 (3), 324-45.

Avis, M., Bond, M. and Arthur, A. (1997) 'Questioning patient satisfaction: an empirical investigation in two outpatient clinics', *Social Science and Medicine*, 44 (1), 85-92.

Back, L. (2004) 'Politics, research and understanding', in Seale C., Gobo, G., Gubrium, J. F. and Silverman, D. (eds), *Qualitative Research Practice*, London: Sage, 261-75.

Baker, C. (2002) 'Ethnomethodological analysis of interviews', in J. Gubrium and J. Holstein (eds), *Handbook of Interview Research*, Thousand Oaks, CA: Sage, 777-96.

Baker, C. and Keogh, J. (1995) 'Accounting for achievement in parent-teacher interviews', *Human Studies*, 18 (2/3), 263-300.

Barker, M. (2003) 'Assessing the "quality" in qualitative research: the case of text-audience relations', *European Journal of Communication*, 18 (3), 315-35.

Barthes, R. (1973) *Mythologies*, London: Paladin.

Baruch, G. (1981) 'Moral tales: parents' stories of encounters with the health profession', *Social Health and Illness*, 3 (3), 275-96.

Becker, H. (1963) *Outsiders-Studies in the Sociology of Deviance*, New York: Free Press.

Becker, H. (1986) *Writing for Social Scientists*, Chicago: University of Chicago Press.

Becker, H. (1998) *Tricks of the Trade: How to Think about Your Research while Doing It*, Chicago and London: University of Chicago Press.

Becker, H. and Geer, B. (1960) 'Participant observation: the analysis of qualitative field data', in R. Adams and J. Preiss (eds), *Human Organization Research: Field Relation and Techniques*, Homewood, IL: Dorsey.

Bell, J. (1993) *Doing Your Research Project*, 2nd edn, Buckingham: Open University Press.

Berelson, B. (1952) *Content Analysis m Communicative Research*, New York: Free Press.

Bergmann, J. (1992) 'Veiled morality: notes on discretion in psychiatry', in P. Drew and J. Heritage (eds), *Talk at work*, Cambridge: Cambridge University Press, 137-62.

Blaikie, N. (1993) *Approaches to Social Enquiry*, Cambridge: Polity.

Bloor, M (1978) 'On the analysis of observational data: a discussion of the worth and uses of inductive techniques and respondent validation', *Sociology*, 12 (3), 545-57.

Bloor. M. (1983) 'Notes on member validation', in R. Emerson (ed.), *Contemporary Field Research: a Collection of Readings*, Boston: Little, Brown.

Bloor, M. (2004) 'Addressing social problems through qualitative research', in D. Silverman (ed.), *Qualitative Research: Theory, Method and Practice*, 2nd edn, London: Sage, 304-23.

Blumer, H. (1969) *Symbolic Interactionism*, Englewood Cliffs, NJ: Prentice Hall.

Boden, D. and Zimmerman, D. H. (eds) (1991) *Talk and Social Structure: Studies in Ethno-Methodology and Conversation Analysis*, Cambridge: Polity, 44-71.

Bradbury, M. (1988) *Unsent Letters*, London: Andre Deutsch.

Bradby, H. (2003) 'Getting through employment interviews', in *Network*, Durham: British Sociological Association.

British Research Councils (1996) *Priorities News*, Spring, Swindon: ESRC, http://www. pparc. ac. uk/work/supervis/intro. ht.

Brown, P. and Levinson, S. (1987) *Politeness: Some Universals in Language Usage*, Cambridge: Cambridge University Press.

Bryman, A. (1988) *Quantity and Quality in Social Research*, London: Unwin Hyman.

Buchanan, D. R. (1992) 'An uneasy alliance: combining qualitative and quantitative research methods', *Health Education Quarterly*, 117-35.

Bulmer, M. (1984) *The Chicago School of Sociology*, Chicago: Chicago University Press.

Burton, D. (ed.) (2000) *Research Training for Social Scientists*, London: Sage.

Button, G. (1992) 'Answers as interactional products: two sequential practices used in job interviews', in P. Drew and J. C. Heritage (eds), *Talk at Work*, Cambridge: Cambridge University Press, 212-34.

Byrne, P. and Long, B. (1976) *Doctors Talking to Patients*, London: HMSO.

Chapman, G. (1987) 'Talk, text and discourse: nurses' talk in a therapeutic community', PhD thesis, University of London, Goldsmiths College.

Cicourel, A. (1968) *The Social Organization of Juvenile Justice*, New York: Wiley.

Clavarino, A., Najman, J. and Silverman, D. (1995) 'Assessing the quality of qualitative data', *Qualitative Inquiry*, 1 (2), 223-42.

Coffsy, A. and Atkinson, P. (1996) *Making Sense of Qualitative Data*, London: Sage.

Coffey, A., Holbrook, B. and Atkinson, P. (1996) 'Qualitative data analysis: technologies and representations', *Sociological Research Online*, 1 (1). http://www. soc. surrey. ac. uk/ socresonline/ 1/1/4. html.

Cohen, S. (1980) *Folk Devils and Moral Panics — The Creation of The Mods and Rockers*, Oxford: Martin Robertson.

Cohen, S. and Young, J. (1973) *The Manufacture of News*, London: Constable.

Cornwell, J. (1981) *Hard Earned Lives*, London: Tavistock.

Cryer, P. (1996) *The Research Student's Guide to Success*, Buckingham: Open University Press.

Curtis, S., Gesler, W., Smith, G. and Washburn, S. (2000) 'Approaches to sampling and case selection in qualitative research: examples in the geography of health', *Social Science and Medicine*, 50, 1000-14.

Dalton, M. (1959) *Men Who Manage*, New York: Wiley.

Denzin, N. (1997) *Interpretive Ethnography: Ethnographic Practices for the 21st Century*, Thousand Oaks, CA: Sage.

Denzin, N. and Lincoln, Y. (eds) (1994) *Handbook of Qualitative Research*, Thousand Oaks, CA: Sage.

Denzin, N. and Lincoln, Y. (eds) (2000) *Handbook of Qualitative Research*, 2nd edn, Thousand Oaks, CA: Sage.

Dey, I. (1993) *Qualitative Data Analysis: a User-Friendly Guide for Social Scientists*, London: Routledge.

Dingwall, R. and Murray, T. (1983) 'Categorization in accident departments: "good" patients, "bad" patients and children', *Sociology of Health and Illness*, 5 (12), 121-48.

Douglas, M. (1975) 'Self-evidence', in M. Douglas, *Implicit Meanings*, London: Routledge.

Drew, P. (2001) 'Spotlight on the patient', *Text*, 21 (1/2), 261-8.

Drew, P. and Heritage, J. C. (1992) 'Analysing talk at work: an introduction', in P. Drew and J. C. Heritage (eds), *Talk at Work*, Cambridge: Cambridge University Press, 3-65.

Durkheim, E. (1951) *Suicide*, New York: Free Press.

Durkin, T. (1997) 'Using computers in strategic qualitative research', in G. Miller and R. Dingwall (eds), *Context and Method in Qualitative Research*, London: Sage, 92-105.

Emerson, R. M., Fretz, R. I. and Shaw, L. L. (1995) *Writing Ethnographic Fieldnotes*, Chicago: University of Chicago Press.

Emmison, M. and Smith, P. (2000) *Researching the Visual*, Introducing Qualitative Methods Series, London: Sage.

Engebretson, J. (1996) 'Urban healers: an experiential description of American healing touch groups', *Qualitative Health Research*, 6 (4), 526-41.

Fielding, N. (1982) 'Observational research on the National Front', in M. Bulmer (ed.), *Social Research Ethics: An Examination of the Merits of Covert Participant Observation*, London: Macmillan.

Fielding, N. and Fielding, J. (1986) *Linking Data*, London Sage.

Fielding, N. and Lee, R. (eds) (1991) *Using Computers in Qualitative Research*, Newbury Park, CA: Sage.

Fisher, M (1997) 'Qualitative computing: using software for qualitative data analysis', Cardiff Papers in Qualitative Research, Aldershot: Ashgate.

Foucault, M. (1977) *Discipline and Punish*, Harmondsworth: Penguin.

Foucault, M. (1979) *The History of Sexuality*, Vol. 1, Harmondsworth: Penguin.

Frake, C. (1964) 'Notes on queries in ethnography', *American Anthropologist*, 66,132-45.

Fraser, M. (1995) 'The history of the child: 1905—1989', PhD thesis, University of London, Goldsmiths College.

Garfinkel, H. (1967) *Studies in Ethnomethodology*, Englewood Cliffs, NJ: Prentice Hall.

Gilbert, N. (1993a) 'Writing about social research', in N. Gilbert (ed.), *Researching Social Life*, London: Sage, 328-44.

Gilbert, N. (ed.) (1993b) *Researching Social Life*, London: Sage.

Gilbert, N. and Mulkay, M. (1983) 'In search of the action', in N. Gilbert and P. Abell (eds), *Accounts and Action*, Aldershot: Gower.

Glaser, B. and Strauss, A. (1964) 'The social loss of dying patients', *American Journal of Nursing*, 64 (6), 119-21.

Glaser, B. and Strauss, A. (1967) *The Discovery of Grounded Theory*, Chicago: Aldine.

Glaser, B. and Strauss A. (1968) *Time for Dying* Chicago: Aldine.

Glassner, B. and Loughlin, J. (1987) *Drugs in Adolescent Worlds: Burnouts to Straights*, New York: St Martin's Press.

Goffman, E. (1959) *The Presentation of Self in Everyday Life*, New York: Doubleday Anchor.

Goffman, E. (1961) *Asylums*, New York: Doubleday Anchor.

Goffman, E. (1974) *Frame Analysis*, New York: Harper and Row.

Gouldner, A. 1954) *Patterns of Industrial Bureaucracy*, Glencoe, IL: Free Press.

Gubrium, J. (1988) *Analyzing Field Reality*, Newbury Park, CA: Sage.

Gubrium, J. (1992) *Out of Control: Family Therapy and Domestic Disorder*, London: Sage.

Gubrium, J. (1997) *Living and Dying in Murray Manor*, Charlottesville, VA: University Press of Virginia.

Gubrium, J. and Buckholdt, D. (1982) *Describing Care: Image and Practice in Rehabilitation*, Cambridge, MA: Oelschlager, Gunn and Hain.

Gubrium, J. and Holstein, J. (1987) 'The private image: experiential location and method in family studies', *Journal of Marriage and the Family*, 49, 773-86.

Gubrium, J. and Holstein, J. (1995) 'Qualitative inquiry and the deprivatization of experience', *Qualitative Inquiry*, 1 (2), 204-22.

Gubrium, J. and Holstein, J. (1997) *The New Language of Qualitative Method*, New York: Oxford University Press.

Hadley, R. (1987) 'Publish and be ignored: proselytise and be damned', in G. C Wenger (ed.), *The Research Relationship: Practice and Politics in Social Policy Research*, London: Allen and Unwin, 98-110.

Hammersley, M. (1990) *Reading Ethnographic Research: A Critical Guide*, London: Longmans.

Hammersley, M. (1992) *What's Wrong with Ethnography? Methodological Explorations*, London: Routledge.

Hammersley, M. and Atkinson, P. (1983) *Ethnography: Principles in Practice*, London: Tavistock.

Handy, C. and Aitken, A. (1994) 'The organisation of the primary school', in A. Pollard and J. Bourne (eds), *Teaching and Learning in the Primary School*, London: Routledge, 239-49.

Hart, C. (1998) *Doing a Literature Review: Releasing the Social Science Imagination*, London: Sage.

Hart, C. (2001) *Doing a Literature Search*, London: Sage.

Heath, C. (2004) 'Analysing face-to-face interaction: video and the visual and the material', in D. Silverman (ed.), *Qualitative Research: Theory, Method and Practice*, 2nd edn, London: Sage, 265-81.

Hill, C. E. et al. (1988) *Therapist Techniques and Client Outcomes*, London: Sage.

Heaton, J. M. (1979) 'Theory in psychotherapy', in N. Bolton (ed.), *Philosophical Problems in Psychology*, London: Methuen, 179-98.

Heise, D. (1988) 'Computer analysis of cultural structures', *Social Science Computer Review*, 6, 183-96.

Heritage, J. (1984) *Garfinkel and Ethnomethodology* Cambridge:

Polity.

Heritage, J. and Sefi, S. (1992) 'Dilemmas of advice: aspects of the delivery and reception of advice in interactions between health visitors and first time mothers', in P. Drew and J. Heritage (eds), *Talk at Work*, Cambridge: Cambridge University Press, 359-417.

Hesse-Biber, S. and Dupuis, P. (1995) 'Hypothesis testing in computer-aided qualitative data analysis', in U. Kelle (ed.), *Computer Aided Qualitative Data Analysis: Theory Methods and Practice*, London: Sage, 129-35.

Hindess, B. (1973) *The Use of Official Statistics in Sociology*, London: Macmillan.

Holstein, J. A. (1992) 'Producing people: descriptive practice in human service work', *Current Research on Occupations and Professions*, 7, 23-9.

Holstein, J. and Gubrium, J. (1995) *The Active Interview*, Thousand Oaks, CA: Sage.

Hornsby-Smith, M. (1993) 'Gaining access', in N. Gilbert (ed.), *Researching Social Life*, London: Sage, 52-67.

Houtkoop-Steenstra, H. (1991) 'Opening sequences in Dutch telephone conversations', in D. Boden and D. H. Zimmerman (eds), *Talk and Social Structure: Studies in Ethnomethodology and Conversation Analysis*, Cambridge: Polity, 232-50.

Huber, G. L. and Garcia, C. M. (1991) 'Computer assistance for testing hypotheses about qualitative data: the software package AQUAD 3.0', *Qualitative Sociology*, 14 (4), 325-48.

Huberman, A. M. and Miles, M. B. (1994) 'Data management and analysis methods', in N. Denzin and Y. Lincoln (eds), *Handbook of Qualitative Research*, Thousand Oaks, CA: Sage, 413-27.

Hughes, E. C. (1984) *The Sociological Eye*, New Brunswick, NJ: Transaction Books.

Irurita, V. (1996) 'Hidden dimensions revealed: progressive grounded theory study of quality care in the hospital', *Qualitative Health Research*, 6 (3), 331-49.

Jeffery, R. (1979) 'Normal rubbish: deviant patients in casualty departments', *Sociology of Health and Illness*, 1 (1), 90-107.

Kafka, F. (1961) 'Investigations of a dog', in *Metamorphosis and Other Stories*, Harmondsworth: Penguin.

Kelle, U. (ed.) (1995) *Computer Aided Qualitative Data Analysis: Theory, Methods and Practice*, London: Sage.

Kelle, U. (1997) 'Theory building in qualitative research and computer programs for the management of textual data', *Sociological Research Online*, 2 (2), http://www.socresonline.org.uk/socresonline/2/2/1.html

Kelle, U. (2004) 'Computer assisted qualitative data analysis', in C. Seale, G. Gobo, J. F. Gubrium and D. Silverman (eds), *Qualitative Research Practice*, London: Sage, 473-89.

Kelle, U. and Laurie, H. (1995) 'Computer use in qualitative research and issues of validity', in U. Kelle (ed.), *Computer Aided Qualitative Data Analysis: Theory, Methods and Practice*, London: Sage, 19-28.

Kelly, M. (1998) 'Writing a research proposal', in C. Seale (ed.), *Researching Society and Culture*, London: Sage, 111-22.

Kelly, M. (2004) 'Research design and proposals', in C. Seale (ed.), *Researching Society and Culture*, 2nd edn, London: Sage, 129-42.

Kendall, G. and Wickham, G. (1998) *Using Foucault's Methods*, London: Sage.

Kent, G. (1996) 'Informed consent', in 'The principled researcher', unpublished manuscript, Social Science Division, The Graduate School, University of Sheffield, 18-24.

Kirk, J. and Miller, M. (1986) *Reliability and Validity in Qualitative Research*, London: Sage.

Kitzinger, C. and Wilkinson, S. (1997) 'Validating women's experience? Dilemmas in feminist research, *Feminism and Psychology*, 7 (4), 566-74.

Koppel, R., Cohen, A. and Abaluck, B. (2003) 'Physicians' perceptions of medication error using differing research methods', Conference paper, *European Sociological Association* (Qualitative Methods Group), Murcia, Spain.

Kuhn, T. S. (1970) *The Structure of Scientific Revolutions*, 2nd edn, Chicago: University of Chicago Press.

Lee, R. M. and Fielding, N. G. (1995) 'Users' experiences of qualitative data analysis software', in U. Kelle (ed.), *Computer Aided Qualitative Data Analysis: Theory, Methods and Practice*, London: Sage, 29-140.

Lincoln, Y. and Guba, E. (2000) 'Paradigmatic controversies contradictions and emerging influences, in N. Denzin and Y. Lincoln (eds), *Handbook of Qualitative Research*, 2nd edn. Thousand Oaks, CA: Sage, 162-88.

Lindström, A. (1994) 'Identification and recognition in Swedish telephone conversation openings', *Language in Society*, 23 (2), 231-52.

Lipset, S. M., Trow, M. and Coleman, J. (1962) *Union Democracy*, Garden City NY: Anchor Doubleday.

Livingston, E. (1987) *Making Sense of Ethnomethodology*, London: Routledge.

Loseke, D. (1989) 'Creating clients: social problems' work in a shelter for battered women', *Perspectives on Social Problems*, 1,173-93.

Loseke, D. and Cahill, S. (2004) 'Publishing qualitative manuscripts: lessons learned', in C. Seale, G. Gobo, J. F. Gubrium and D. Silverman (eds), *Qualitative Research Practice*, London: Sage, 576-91.

Lynch, M. (1984) *Art and Artifact in Laboratory Science*, London: Routledge.

Malinowski, B. (1922) *Argonauts of the Western Pacific*, London: Routledge.

Marsh, C. (1982) *The Survey Method*, London: Allen and Unwin.

Marshall, C. and Rossman, G. (1989) *Designing Qualitative Research*, London: Sage.

Marx, G. (1997) 'Of methods and manners for aspiring sociologists: 37 moral imperatives', *The American Sociologist*, Spring, 102-25.

Mason, J. (1996) *Qualitative Researching*, London: Sage.

Maynard, D. W. (1991) 'Interaction and asymmetry in clinical discourse', *American Journal of Sociology*, 97 (2), 448-95.

McKeganey, N. and Bloor, M. (1991) 'Spotting the invisible man: the influence of male gender on fieldwork relations', *British Journal of Sociology*, 42 (2), 195-210.

McLeod, J. (1994) *Doing Counselling Research*, London: Sage.

Mehan, H. (1979) *Learning Lessons: Social Organization in the Classroom*, Cambridge, MA: Harvard University Prees.

Mercer, K. (1990) 'Powellism as a political discourse', PhD thesis, University of London, Goldsmiths College.

Mergenthaler, E. (1996) 'Emotion-abstraction patterns in verbatim protocols: a new way of describing psychotherapeutic process', *Journal of Consulting and Clinical Psychology*, 64 (6), 1306-15.

Miall, D. S. (ed.) (1990) *Humanities and the Computer: New Directions*, Oxford: Clarendon.

Miles, M. and Huberman, A. (1984) *Qualitative Data Analysis*, London: Sage.

Miles, M. and Weitzman, E. (1995) *Computer Programs for Qualitative Data Analysis*, Beverly Hills, CA: Sage.

Miller, G. and Silverman, D. (1995) 'Troubles talk and counseling discourse: a comparative study', *The Sociological Quarterly*, 36 (4), 725-47.

Miller, J. (1996) 'Female gang involvement in the Midwest: a two-city comparison', doctoral dissertation, Department of Sociology, University of Southern California.

Miller, J. and Glassner, B. (2004) 'The inside and the outside: finding realities in interviews', in D. Silverman (ed.), *Qualitative Research: Theory, Method and Practice*, 2nd edn,

London: Sage, 125-39.

Miller, R. and Bor, R. (1988) *AIDS: a Guide to Clinical Counselling*, London: Science Press.

Mills, C. W. (1959) *The Sociological Imagination*, New York: Oxford University Press.

Mitchell, J. C. (1983) 'Case and situational analysis', *Sociological Review*, 31 (2), 187-211.

Moerman, M. (1974) "Accomplishing ethnicity", in R. Turner (ed.), *Ethnomethodology*, Harmondsworth: Penguin, 34-68.

Morse, J. M. (1994) 'Designing funded qualitative research', in N. Denzin and Y. Lincoln (eds), *Handbook of Qualitative Research*, Thousand Oaks, CA: Sage, 220-35.

Mulkay, M. (1984) 'The ultimate compliment: a sociological analysis of ceremonial discourse', *Sociology*, 18, 531-49.

Murcott, A. (1997) 'The PhD: some informal notes', unpublished paper, School of Health and Social Care, South Bank University, London.

Murray, R. (2003) 'Survive your viva', *Guardian Education*, 16 September.

O'Brien, M. (1993) 'Social research and sociology', in N. Gilbert (ed.), *Researching Social Life*, London: Sage, 1-17.

Oboler, R. (1986) 'For better or for worse: anthropologists and husbands in the field', in T. Whitehead and M. Conway (eds), *Self, Sex and Gender in Cross-Cultural Fieldwork*, Urbana, IL: University of Illinois Press, 28-51.

Peräkylä, A. (1989) 'Appealing to the experience o1 the patient in the care of the dying', *Sociology of Health and Illness*, 11 (2), 117-34.

Peräkylä, A. (1995) *AIDS Counselling*. Cambridge: Cambridge University Press.

Peräkylä, A. (2004) 'Reliability and validity in research based upon transcripts', in D. Silverman (ed.), *Qualitative Research: Theory, Method and Practice*, 2nd edn, London: Sage, 282-303.

Phillips, E. and Pugh, D. (1994) *How To Get a PhD*, 2nd edn, Buckingham: Open University Press.

Popper, K. (1959) *The Logic of Scientific Discovery*, New York: Basic Books.

Potter, J. (2002) 'Two kinds of natural', *Discourse Studies*, 4 (4), 539-42.

Potter, J. (2004) 'Discourse analysis as a way of analysing naturally-occurring talk', in D. Silverman (ed.), *Qualitative Research: Theory, Method and Practice*, 2nd edn, London: Sage, 200-21.

Potter, J. and Wetherell, M. (1987) *Discourse and Social Psychology: Beyond Attitudes and Behaviour*, London: Sage.

Potter, J. and Wetherell, M. (1994) 'Analysing discourse', in A. Bryman and R. G. Burgess (eds), *Analysing Qualitative Data*, London: Routledge, 47-66.

Potter, S. (2002) (ed.) *Doing Postgraduate Research*, London: Sage.

Propp, V. I. (1968) *Morphology of the Folktale*, 2nd rev. edn, ed. L. A. Wagner, Austin and London: University of Texas Press.

Psathas, G. (1990) *Interaction Competence*, Washington, DC: University Press of America.

Punch, K. (1998) *Introduction to Social Research: Quantitative and Qualitative Approaches*, London: Sage.

Punch, K. (2000) *Developing Effective Research Proposals*, London: Sage.

Punch, M. (1986) *The Politics and Ethics of Fieldwork*, Beverly Hills, CA: Sage.

Punch, M. (1994) 'Politics and ethics in fieldwork', in N. Denzin and Y. Lincoln (eds), *Handbook of Qualitative Research*, Thousand Oaks, CA: Sage, 83-97.

Pursley-Crotteau, S. and Stern, P. (1996) 'Creating a new life: dimensions of temperance in perinatal cocaine crack users', *Qualitative Health Research*, 6 (3), 350-67.

Radcliffe-Brown, A. R. (1948) *The Andaman Islanders*, Glencoe, IL: Free Press.

Rapley, T. (2004) 'Interviews', in C. Seale, G. Gobo, J. F. Gubrium and D. Silverman (eds), *Qualitative Research Practice*, London: Sage, 15-33.

Reason, P. and Rowan, J. (1981) *Human Inquiry: a Sourcebook of New Paradigm Research*, Chichester: Wiley.

Reid, A. O. (1992) 'Computer management strategies for text data', in B. F. Crabtree and W. L. Miller (eds), *Doing Qualitative Research*, Newbury Park, CA: Sage, 125-45.

Richards, L. and Richards, T. (1994) 'Using computers in qualitative analysis', in N. Denzin and Y. Lincoln (eds), *Handbook of Qualitative Research*, Thousand Oaks, CA: Sage, 445-62.

Richardson, L. (1990) *Writing Strategies: Reaching Diverse Audiences*, Newbury Park, CA: Sage. Richardson, L. (2000) 'Writing: a method of inquiry', in N. Denzin and Y. Lincoln (eds), *Handbook of Qualitative Research*, 2nd edn, Thousand Oaks, CA: Sage, 923-49.

Riessman, C. K. (1993) *Narrative Analysis*, Newbury Park, CA: Sage.

Rudestam, K. and Newton, R. (1992) *Surviving Your Dissertation*, Newbury Park, CA: Sage.

Ryen, A. (2004) 'Ethical issues', in C. Seale, G. Gobo, J. F. Gubrium and D. Silverman (eds). *Qualitative Research Practice*, London: Sage.

Sacks, H. (1974) 'On the analysability of stories by children', in R. Turner (ed.), *Ethnomethodology*, Harmondsworth: Penguin.

Sacks, H. (1984a) 'On doing "being ordinary"', in J. M. Atkinson and J. Heritage (eds), *Structures of Social Action: Studies in Conversation Analysis*, Cambridge: Cambridge University Press, 513-29.

Sacks, H. (1984b) 'Notes on methodology' in J. M. Atkinson and J. Heritage (eds), *Structures of Social Action: Studies in Conversation Analysis*, Cambridge: Cambridge University Press, 21-7.

Sacks, H. (1992) *Lectures on Conversation*, Vols 1 and 2, ed. Gail Jefferson with introduction by Emmanuel Schegloff, Oxford: Blackwell.

Sacks, H., Schegloff, E. A. and Jefferson, G. (1974) 'A simplest systematics for the organization of turn-taking in conversation', *Language*, 50 (4), 696-735.

Schegloff, E. (1986) 'The routine as achievement', *Human Studies*, 9, 111-51.

Schegloff, E. (1991) 'Reflections on talk and social structure', in D. Boden and D. Zimmerman (eds), *Talk and Social Structure: Studies in Ethnomethodology and Conversation Analysis*, Cambridge: Polity, 44-70.

Schreiber, R. (1996) '(Re)defining my self: women's process of recovery from depression', *Qualitative Health Research*, 6 (4), 469-91.

Schwartz, H. and Jacobs, J. (1979) *Qualitative Sociology: A Method to the Madness*, New York: Free Press.

Seale, C. (1996) 'Living alone towards the end of life', *Ageing and Society*, 16, 75-91.

Seale, C. (1999) *The Quality of Qualitative Research*, London: Sage.

Seale, C. F. (2002) 'Computer-assisted analysis of qualitative interview data' in J. Gubrium and J. Holstein (eds), *Handbook of Interview Research*, Thousand Oaks, CA: Sage, 651-70.

Seale, C. (ed.) (2004) *Researching Society and Culture*, 2nd edn, London: Sage.

Seale, C., Gobo, G., Gubrium, J. F. and Silverman, D. (eds) (2004) *Qualitative Research Practice*, London: Sage.

Sharples, M., Davison, L., Thomas, G. and Rudman, P. (2003) 'Children as photographers: an analysis of children's photographic behaviour and intentions at three age levels', *Visual Communication*, 2 (3), 303-30.

Silverman, D. (1981) 'The child as a social object: Down's syndrome children in a paediatric cardiology clinic', *Sociology of Health and Illness*, 3 (3), 254-74.

Silverman, D. (1983) 'The clinical subject: adolescents in a cleft palate clinic', *Sociology of Health and Illness*, (5) 3, 253-74.

Silverman, D. (1984) 'Going private: ceremonial forms in a private oncology clinic', *Sociology*, 18, 191-202.

Silverman, D. (1985) *Qualitative Methodology and Sociology: Describing the Social World*, Aldershot: Gower.

Silverman, D. (1987) *Communication and Medical Practice: Social Relations in the Clinic*, London: Sage.

Silverman, D. (1989) 'Making sense of a precipice: constituting identity in an HIV clinic', in P. Aggleton, G. Hart and P. Davies (eds), *AIDS: Social Representations, Social Practices*, Lewes: Falmer.

Silverman, D. (1990) 'The social organization ol HIV counselling', in P. Aggleton, G. Hart and P. Davies (eds), *AIDS: Individual, Cultural and Policy Perspectives*, Lewes: Falmer, 191-211.

Silverman, D. (1997) *Discourses of Counselling: HIV Counselling as Social Interaction*, London: Sage.

Silverman, D. (1998) *Harvey Sacks: Social Science and Conversation Analysis*, Cambridge: Polity, New York: Oxford University Press.

Silverman, D. (2001) *Interpreting Qualitative Data: Methods for Analysing Text, Talk and Interaction*, 2nd edn, London: Sage.

Silverman, D. (2004) 'Analysing conversation', in C. Seale (ed.), *Researching Society and Culture*, 2nd edn, London: Sage, 261-74.

Silverman, D. (ed.) (2004) *Qualitative Research: Theory, Method and Practice*, 2nd edn, London: Sage.

Silverman, D. and Bloor, M. (1989) 'Patient-centred medicine: some sociological observations on its constitution, penetration and cultural assonance', in G. L. Albrecht (ed.), *Advances in Medical Sociology*, Greenwich, CT: JAI Press, 3-26.

Silverman, D. and Gubrium, J. (1994) 'Competing strategies for analyzing the contexts of social interaction', *Sociological Inquiry*, 64 (2), 179-98.

Silverman, D. and Jones, J. (1976) *Organizational Work: The Language of Grading/the Grading of Language*, London: Collier-Macmillan.

Silverman, D., Baker, C. and Keogh, J. (1997) 'Advice-giving and advice-reception in parentteacher interviews', in I. Hutchby and J. Moran-Ellis (eds), *Children and Social Competence*, London: Falmer, 220-40.

Singleton, R., Straits, B., Straits, M. and McAllister, R. (1988) *Approaches to Social Research*, Oxford: Oxford University Press.

Smith, J. K. and Heshusius, L. (1986) 'Closing down the conversation: the end of the qualitative-quantitative debate among educational enquirers', *Educational Researcher*, 15, 4-12.

Sontag, S. (1979) *Illness as Metaphor*, Harmondsworth: Penguin.

Speer, S. (2002) '"Natural" and "contrived" data: a sustainable distinction?', *Discourse Studies*, 4 (4), 511-25.

Spencer, L., Ritchie, J., Lewis, J. and Dillon, J. (2003) *Quality in Qualitative Evaluation: a framework for assessing research evidence*, London: Government Chief Social Researcher's Office.

Spradley, J. P. (1979) *The Ethnographic Interview*, New York; Holt, Rinehart and Winston.

Stake, R. (2000) 'Case studies', in N. Denzin and Y. Lincoln (eds), *Handbook of Qualitative Research*, 2nd edn, Thousand Oaks, CA: Sage, 435-54.

Stimson, G. (1986) 'Place and space in sociological fieldwork', *Sociological Review*, 34 (3), 641-56.

Strauss, A. and Corbin, J. (1990) *Basics of Qualitative Research*, Thousand Oaks, CA: Sage.

Strauss, A. and Corbin, J. (1994) 'Grounded theory methodology: an overview', in N. Denzin and Y. Lincoln (eds), *Handbook of Qualitative Research*, Thousand Oaks, CA: Sage, 262-72.

Strong, P. (1979) *The Ceremonial Order of the Clinic*, London: Routledge.

Suchman, L. (1987) *Plans and Situated Actions: The Problem of Human-Machine Communication*, Cambridge: Cambridge University Press.

Sudnow, D. (1968a) *Passing On: the Social Organization of Dying*, Englewood Cliffs, NJ: Prentice Hall.

Sudnow, D. (1968b) 'Normal crimes', in E. Rubington and M. Weinberg (eds), *Deviance: The Interactionist Perspective*, New York: Macmillan.

ten Have, P. (1998) *Doing Conversation Analysis: A Practical Guide*, London: Sage.

Turner, R. (1989) 'Deconstructing the field', in J. F. Gubrium and D. Silverman (eds). *The Politics of Field Research*, London: Sage, 30-48.

Tyler, S. A. (1986) 'Post-modern ethnography: from document of the occult to occult document', in J. Clifford and G. Marcus (eds), *Writing Culture: the Poetics and Politics of Ethnography*, Los Angeles: University of California Press, 122-40.

Walsh, D. (1998) 'Doing ethnography', in C. Seale (ed.), *Researching Society and Culture*, London: Sage, 225-38.

Ward, A. (2002) 'The writing process', in S. Potter (ed.) *Doing Postgraduate Research*, London: Sage, 71-116.

Warren, A. (1988) *Gender Issues in Field Research*, Newbury Park, CA: Sage.

Warren, A. and Rasmussen, P. (1977) 'Sex and gender in fieldwork research', *Urban Life*, 6, 359-69.

Watts, H. D. and White, P. (2000) 'Presentation skills', in D. Burton (ed.), *Research Training for Social Scientists*, London: Sage.

Webb, B. and Stimson, G. (1976) 'People's accounts of medical encounters', in M. Wadsworth (ed.), *Everyday Medical Life*, London: Martin Robertson.

Weber, M. (1946) 'Science as a vocation', in H. Gerth and C. W. Mills (eds), *From Max Weber*, New York: Oxford University Press.

Weber, M. (1949) *Methodology of the Social Sciences*, New York: Free Press.

Whyte, W. F. (1949) 'The social structure of the restaurant' *American Journal of Sociology*, 54, 302-10.

Wield, D. (2002) 'Planning and organizing a research project', in S. Potter (ed.), *Doing Postgraduate Research*, London: Sage, 35-70.

Wilkinson, S. (2004) 'Focus group research', in D. Silverman (ed.), *Qualitative Research: Theory, Method and Practice*, 2nd edn, London: Sage 177-99.

Wilkinson, S. and Kitzinger, C. (2000) 'Thinking differently about thinking positive: a discursive approach to cancer patients' talk', *Social Science and Medicine*, 50, 797-811.

Wittgenstein, L. (1980) *Culture and Value*, trans. P. Winch, Oxford: Basil Blackwell.

Wolcott, H. (1990) *Writing Up Qualitative Research*, Newbury Park, CA: Sage.

人名英汉对照表

Acourt	埃科特
Aitken	艾特肯
Alasuutari	珀拉基拉
Anne	安妮
Anthony	安东尼
Aktinson	阿特金森
Baker	贝克
Barker	巴克尔
Barry	巴里
Baruch	巴鲁克
Becker	贝克尔
Beck	贝克
Bergmann	伯格曼
Bloor	布卢尔
Bor	鲍
Bradbury	布拉德伯里
Bruce	布鲁思
Bryman	布里曼
Button	巴顿
Buchanan	布坎南
Byrne	伯恩
Caroline	凯洛琳
Chapman	切普曼
Coffey	科菲
Corbin	科宾
Cornwell	康韦尔
Cryer	克赖尔
Dalton	道尔顿
Danny	丹尼
Derek	德里克
Douglas	道格拉斯
Drew	德鲁
Durkin	德金
Engebretson	恩格布雷森
Erkki	厄尔基
Fairclough	费尔克劳夫
Fielding	费尔丁
Fisher	费舍尔
Fraser	弗雷泽
Garfinkel	加芬克尔
Geer	吉尔
Gilbert	吉尔伯特
Glassner	格拉斯纳
Glaser	格拉泽
Glaxo	格莱克斯奥
Goffman	戈夫曼
Goldsmiths	戈德史密斯
Gouldner	古尔德纳
Greatbatch	格雷特巴奇
Greta	格里塔
Gubrium	古布里厄姆
Hammersley	哈莫斯利
Handy	汉迪
Hart	哈特
Heath	希恩
Heritage	赫里蒂奇
Holstein	霍尔斯泰因
Hughes	休斯
Huberman	休伯曼
Irurita	艾曾里塔
Jefferson	杰弗逊
John	约翰
Julia	朱莉亚
Katarin	凯塔林
Kay	凯
Kelle	凯勒
Kelly	凯利
Keogh	基奥
Kirk	柯克
Kitzinger	基青格

Koppel	科佩尔
Kuhn	库恩
Larry	拉里
Laura	劳拉
Laurie	劳里
Lee	李
Lipset	利普塞特
Livingston	利文斯顿
Loughlin	朗里恩
Long	朗
Loseke	洛瑟克
Mandy	曼迪
Marla	马拉
Marx	马克斯
Mary	玛莉
Mason	梅森
Maurice	莫里斯
Maynard	梅纳德
McKeganey	麦克贾尼
McLeod	麦克利奥德
Mehan	米恩
Mercer	莫瑟尔
Mercy	莫西
Mergenthaler	默根哈勒
Miller	米勒
Miles	迈尔斯
Mitchell	米切尔
Moerman	莫尔曼
Moira	莫伊拉
Morse	莫尔斯
Murcott	莫科特
Neil	内尔
Newton	牛顿
Nora	诺拉
Oboler	奥伯勒
O' Breien	奥・布莱恩
Pat	帕特
Peräkylä	珀拉基拉
Pertti	珀梯
Philippa	菲莉帕
Phillips	菲利普斯
Pia	皮亚
Popper	波普尔
Potter	波特
Powell	鲍威尔
Psathas	普萨斯
Pugh	皮尤
Punch	宠奇
Pursley-Crotteau	珀尔斯—史罗蒂
Ray	雷
Reason	里森
Reid	里德
Richardson	里查德森
Rita	里塔
Rowan	罗万
Rudestam	鲁德斯坦
Ryen	赖恩
Sacks	萨克斯
Sally	萨利
Sara	萨拉
Sasha	萨沙
Schegloff	金格洛夫
Schreiber	施莱伯
Seale	西尔
Sefi	瑟菲
Sharples	沙普尔斯
Simon	西蒙
Singleron	辛格尔隆
Smith	史密斯
Speer	斯皮尔
Spencer	斯潘赛
Spradley	斯普莱德利
Stake	斯泰克
Stan	斯坦
Stern	斯滕
Steven	斯迪芬

Stimson	斯蒂姆森
Silverman	希尔弗曼
Strauss	施特劳斯
Strong	斯特朗
Suchman	萨奇曼
Suzanne	苏珊娜
Tina	蒂娜
Tippi	蒂皮
Vesa	韦萨
Viviana	维维安娜
Waller	沃勒
Warren	沃伦
Webb	韦伯
Weitzman	威茨曼
Wetherell	韦瑟雷尔
Whyte	怀特
Wield	韦尔德
Wilkinson	威尔金森
Wolcott	沃尔科特
Yoji	尤基
Yoko	尤科

术语解释

相邻对(adjacency pairs):成对组成的连续活动,前者的活动会制约后一位讲话者的活动(比如,提问与回答)。

轶事嫁接法,逸闻主义(anecdotalism):指研究报告讲述了一些奇闻轶事,但是并没有令读者信服的科学可信度。

CAQDAS:质性资料的计算机辅助分析。

编码(coding):把数据指派给理论界定的范畴,以进行分析。

概念(concepts):对来自某个特定模型的想法的明确界定。

建构主义(constructionism):一种模型,它鼓励研究者通过对特定行为进行精密的研究,关注某种特定的现象是如何形成的。

内容分析(content analysis):使用包括抽样、编码和量化的系统性方法进行资料分析,通常用于文本资料。

续谈(contiuuer):指谈话传递给对方这样的信号,对方所说的已经被理解了,他可以继续说下去。

控制组(control group):没有受到刺激的一组,而其他组接受到了这种刺激;用于比较。

谈话分析(conversation analysis,CA):一种质性研究的方法,试图描述人们用于生产互动中谈话秩序的方法。它来自萨克斯(Sacks,1992)的著作。

可信度(credibility):一个研究的主张在多大程度上是基于证据作出的。

文化(culture):一组普遍的信仰、价值观以及行为方式。

异常个案分析(deviant-case analysis):在质性研究当中,通过检视一些"消极的"或者"有偏差"的案例来检验临时假设,直到所有的资料都可以统合进入你的解释。

话语分析(discourse analysis):研究"世界、社会、实践,以及内在心理世界的不同表述是如何在话语中生成的"(J. Potter, 2004:202)。

情感主义(emotionalism):社会研究的一种模型,其首要问题是生成这样的材料,它可以对人们的经验提供可信的洞察。情感主义倾向于使用开放式访谈(Gubrium and Holstein,1997)。

经验的(empirical):建立在通过试验或实验的证据的基础上。

经验主义(empiricism):一种看待问题的方式,相信有关世界的证据并不依赖模型或者概念。

民族志(ethnography):由两个不同的单词组成,"ethno"是指民族,而"graph"是"志,写作"。所以,民族志指的是有关某民族的社会科学写作。

常人方法学(ethnomethodology):有关常人——或者成员——的研究。它试图描述人们日常生活当中使用的方法。常人方法学不是一种方法论,而是一个理论模型。

田野(field):进行民族志研究的环境或者地方。

焦点小组(focus groups):小组就研究者提供的焦点(话题、视觉帮助)进行讨论。

正式理论(formal theories):将得自某一情境的发现和其他更为普遍的情况或情境联系起来的理论。

框架(frames):根据戈夫曼(Goffman,1974)的理论,人们如何对待和当下有关的事以及和当下无关的事,这界定了场景得以构成的框架。

守门人(gatekeeper):某个可以准许或者拒绝研究者进入田野的人。

谱系学的(genealogical):来自福柯(Foucault,1977)的理论,指研究在不同的历史时点话语是如何被形塑的。

概括性(generalizability):某一场景当中的研究在何种程度上可以在更广泛的范围内应用。

宏大理论(grand theory):米尔斯(Mills,1959)使用这个术语来描述那些高度抽象的思考,这些思考对于研究几乎没有什么用。

扎根理论(grounded theory):格拉泽和斯特劳斯(Glaser and Strauss,1967)的术语,描述一种理论归纳的方法,它基于对质性材料的概括。

诠释学(hermeneutics):一种和诠释有关的方法(最初来自于对圣经文本的研究)。

假设(hypotheses):可检验的假说,通常基于根据事实或经验作出的猜测。

典型风格(idioms):古布里厄姆和霍尔斯泰因(Gubrium and Holstein,1997)使用的语汇,用以描述一组对于特定概念、研究风格还有写作方式的分析性偏好。(参见模型)

归纳的(inductive):建立在对某些特定案例研究的基础上,而不是从某个理论演绎而来。

互动论(interactionism):一种理论,通常用于质性的社会学研究,它假设我们的行为和感觉来自和其他人互动的过程。

中介变量(intervening variable):一个变量,它受到某个先在的因素影响,并且影响另外一个因素。通常在量化的研究当中用以确定哪个统计联系有可能是虚假的。

访问型社会(interview society):阿特金森和希尔弗曼(Atkinson and Silverman,1997)

通过此概念说明这样一种状况,访问已经成为我们理解自身最重要的媒介。

一稿多用(leverage):马克思(Marx,1997)使用这个概念来描述为一项研究找到多方发表的办法。

低推论性描述,原汁原味的描述(low-inference descriptors):对观察作出尽量详尽的描述,包括逐字逐句地去复述人们是怎么说的,而不是由研究者来重述谈话的大概意思,以避免研究者的个人观点的影响(Seale,1999:148)。(参见信度)

成员(member):加芬克尔(Garfinkel,1967)使用此概念指涉社会的参与者。这是对"集体成员"的简略表述。(参见常人方法学)

成员资格类目设置(membership categorization device):一组范畴(例如,孩子,妈妈,爸爸 = 家庭;男性,女性 = 性别)以及如何应用这些范畴的规则。

方法论,方法(methodology):指我们在计划和执行一项研究的时候,对研究案例、材料收集的方法和分析的形式等方面所做的选择。

模型(models):为我们如何认识现实提供一个一般性的框架。它告诉我们现实是什么,又由哪些基本要素组成("本体论")以及其基本特性、知识的地位("认识论")。(参见典型风格)

叙述(narratives):使得故事(例如,开端,过程和结尾;情节和人物)有意义或者有连贯性的组织形式。它适用于某些特定的情况。

自然主义(naturalism):一种研究的模型,它试图将预先的假设减少到最小,从而以研究对象自己的方式来观察他们的世界(Gubrium and Holstein,1997)。

自然资料(naturally occurring data):在研究者不加干涉、独立发生的情况下得到的材料。

规范的(normative):有关某种理念或者价值观的;准则的。

范式(paradigm):概念框架。(参见模型)

互斥(paradigmatic):结构主义使用的术语,指一组处于两个极端的概念或者活动,其中一方的出现否定了另一方的存在(比如,一个交通灯)。

参与观察(participant-observation):一个具有如下假定的方法:为了"第一手地"理解这个世界,你必须亲自参与进去,而不只是远距离地观察。这个方法受到了早期人类学家的拥护,也为一些民族志学者所用。

实证主义(positivism):一种模型,在其研究过程当中,将"社会事实"看作是独立于参与者和研究者存在的。

后现代理论(post-modern theory):一个基于对所有概念和范式批判的跨学科运动。

偏好组织(preference organization):谈话分析的概念之一,它指出动作接受者会对他将要优先做什么作出辨识。

针对对象的设计(recipient design):针对某特定受众作出设计(这个术语来自谈话分析,用来描述所有的行动是如何以这种方式隐含地进行设计的)。

反身性(reflexivity):一个来自常人方法学的概念,它是指在所有的互动当中都存在的自我—组织特性,这种自我—组织使得所有的行动适用于其独特的情境。用它来指研究者的自我质疑是对这个术语的误用。

相对主义(relativism):一种价值取向,因为相信所有的事情都是与其特定的语境相联系的,不应当加以批判,所以拒绝采取某一特定的立场。

信度(reliability):不同的观察者或者同一个观察者在不同的情况下,都把同一个事例归入同一个范畴,这种一致程度(Hammersley,1992:67)。(参见效度)

重书历史(rewriting of history):加芬克尔(Garfinkel,1967)使用这个概念来说明,某种回顾性的叙述是如何为过去的事件寻找原因的。

抽样(sampling):统计学用以找到研究案例的一个步骤。抽样有两个功能:它使你对自己的样本的代表性有信心,而且这种代表性也使得你也可以作更为广泛的推论。

符号学(semiotics):对符号(从讲话,到潮流甚至是莫斯代码)的研究。

社会建构论(social constructionism):见建构主义

社会结构(social structure):社会学和人类学使用的术语,描述某一社会或者群体(例如家庭和阶级结构)的制度性安排。

社会调查(social survey):量化研究的一种方法,通常使用问卷对大量的人进行研究。

结构主义(structuralism):人类学使用的一个模型,旨在展示单独的个案是如何与更广泛的社会形态相联系的。结构人类学继承了20世纪早期的法国社会和语言学理论,特别是弗迪南·德·索绪尔(Ferdinand de Saussure)和爱弥尔·涂尔干(Emile Durkheim),他们将行为视作"社会"的表达,认为"社会"作为"看不见的手"形塑着人类的行动。

亚文化(sub-culture):某个特定群体共享的一组信仰、价值观和行为方式。

独立理论(substantive theory):关于某特定情况或者群体的理论。可以发展成为正式理论。

组合关系(syntagmatic):符号学使用的术语,指相关元素出现的次序(例如,交通灯的颜色是如何依次出现的)。

理论(theories):一种经过编排的概念,用以界定和解释某种现象。

多方参较(triangulation):通过比较不同的材料(例如:量化的和质性的)和不同的方法(例如:观察和访谈),来看它们是否可以相互确证。

话语轮换(turn-taking):谈话行动的次序组织。(参见谈话分析)

效度(validity):某种解释准确地说明其指涉的社会现象的程度(Hammersley,1990:57)。研究者通过"为其推论作出辩解"来回应对其研究有效性的担心(Fielding and Fielding,1986:12)。(参见信度)

变量(variables):互相孤立的因素,用以测量它们之间的关系;通常在最化研究当中使用。